# Agrarstrategien in verschiedenen Wirtschaftssystemen

## Ein Vergleich

Urs Egger, Dr., Dipl. Ing.-Agr. ETH
Institut für Agrarwirtschaft, ETH Zürich

 Verlag der Fachvereine Zürich

1989
© Verlag der Fachvereine an den
schweizerischen Hochschulen und Techniken, Zürich
ISBN 3 7281 1662 9

Der Verlag dankt dem ❋ Schweizerischen Bankverein
für die Unterstützung zur Verwirklichung seiner Verlagsziele

# Vorwort

Die vorliegende Arbeit ist als Dissertation während meiner Tätigkeit als Assistent am Institut für Agrarwirtschaft der ETH Zürich entstanden. Ich möchte daher an dieser Stelle meinem Doktorvater, Prof. Peter Rieder, und meinem Korreferenten, Prof. Jean Vallat, herzlich für die Betreuung danken.

"Internationale Agrarpolitik" ist ein Lehrgebiet von Prof. Rieder an der ETH. Aus dieser gemeinsam gestalteten Vorlesung entstand die Grundidee dieser Arbeit. Daher sollen wesentliche Teile davon als Grundlage für Studenten dieses Lehrgebietes dienen. Darüber hinaus soll sie aber auch weitere Leser ansprechen, die sich für komplexe Agrarprobleme in verschiedenen Regionen der Welt interessieren. Das Buch wurde in der Absicht geschrieben, eine Hilfestellung in der Einordnung und Analyse eben dieser Agrarprobleme zu bieten.

Zur Fertigstellung des Buches hat das angenehme Arbeitsklima am Institut wesentlich beigetragen, wofür allen Mitarbeitern Dank gebührt. Vor allem möchte ich aber die anregenden Diskussionen mit meinen Kollegen Urs Bernegger und Leo Meyer hervorheben. Unsere Institutssekretärin, Frau Erika Herz, hat mit bewundernswerter Geduld die Schreibarbeit und mit Liebe zum Detail die graphische Gestaltung der Arbeit ausgeführt. Für dieses nicht selbstverständliche Engagement möchte ich ihr herzlich danken. Last but not least danke ich speziell meinem Kollegen Sergio Caneve, der den Urtext neben seiner eigentlichen Arbeit am Institut in aufwendiger Kleinarbeit in eine druckreife Vorlage umgesetzt hat.

Für die Drucklegung der Arbeit erhielt ich einen namhaften Betrag vom Laur Fonds, den ich ebenfalls bestens verdanken möchte.

# Inhaltsverzeichnis

Seite

I. Einleitung 1

II. Wirtschaftssysteme und agrarpolitische Entscheidungsstrukturen 5

1. Anleihe bei der Systemtheorie 5
1.1. Modell und Realität 5
1.2. Was sind Systeme? 5
1.3. Was sind Wirtschaftssysteme? 8

2. Politik und Oekonomie 8

3. Kriterien zur Abgrenzung von Wirtschaftssystemen 11
3.1. Entscheidungsfindung 12
3.2. Motivationssystem 13
3.3. Koordinationssystem 13
3.4. Kontrollsystem 15

4. Agrarpolitische Entscheidungsstrukturen unterschiedlicher Wirtschaftssysteme 16
4.1. Verbandsdemokratie sozialer Marktwirtschaften 17
4.1.1. Der Wettbewerb als Regulationsmechanismus 18
4.1.2. Einfluss organisierter Interessengruppen 19
4.1.3. Kein Agrarschutz ohne Agrarlobby 23
4.2. Staatsklassen bestimmen die Agrarpolitik in bürokratischen Entwicklungsgesellschaften 26
4.2.1. Besondere Rolle des Staates in Entwicklungsländern 27
4.2.2. Dualistische Strukturen 28
4.2.3. Bürokratische Entwicklungsgesellschaften 30
4.3. Zentral geplante Staatswirtschaften 35
4.3.1. Sozialistische Agrartheorien 36
4.3.2. Unterscheidungskriterien 44
4.3.3. Systemfremde Elemente im Agrarsektor 47
4.3.4. Agrarpolitische Ziele und Massnahmen 50
4.3.5. Agrarpolitische Interessengruppen 51

|  | Seite |
|---|---|
| **III. Der Agrarsektor als Entwicklungsmotor** | 53 |

| | | |
|---|---|---|
| 1. | Einleitung | 53 |
| 1.1. | Historische Dimension | 53 |
| 1.2. | Kennzeichen des Uebergangs zur Industriegesellschaft | 54 |
| 1.3. | Entwicklung zwischen Bevölkerungswachstum und Ernährungssicherung | 55 |
| 1.4. | Urbane und ländliche Interessengruppen | 56 |
| 1.5. | Grundthese und Kapitelaufbau | 57 |
| 2. | Die Industrialisierung bleibt das Entwicklungsziel | 59 |
| 2.1. | Volkswirtschaftliche und sektorielle Ziele | 60 |
| 2.2. | Beiträge des Agrarsektors zur industriellen Entwicklung | 61 |
| 2.3. | Linkage-Effekte des Agrarsektors | 63 |
| 2.4. | Grenzen ländlicher Beschäftigung | 65 |
| 3. | Bestimmende Elemente der Rolle des Agrarsektors im Uebergang zu einer Industriegesellschaft | 68 |
| 3.1. | Institutioneller Rahmen und Sozialstruktur | 69 |
| 3.2. | Agrarmodernisierung | 80 |
| 3.3. | Elastisches Angebotsverhalten des Agrarsektors | 81 |
| 3.4. | Mechanismen der Beitragsübertragung | 83 |
| 3.5. | Zusammenfassung der Ergebnisse | 85 |
| 4. | Agrarstrategien | 86 |
| 4.1. | Debatten zur Industrialisierung in verschiedenen historischen Phasen | 86 |
| 4.1.1. | Merkantilisten versus Physiokraten | 86 |
| 4.1.2. | Die Industrialisierungsdebatte in der Sowjetunion | 89 |
| 4.1.3. | Modernisierungs- und Dependentia-Theorien | 91 |
| 4.2. | Weitere Strategieelemente | 94 |
| 4.2.1. | Agrarverfassung und die Rolle des Staates | 94 |
| 4.2.2. | Technologiewahl | 95 |
| 4.3. | Einordnung von Agrarstrategien | 97 |
| 4.3.1. | Historischer Kontext | 97 |
| 4.3.2. | Einbettung von Agrarstrategien ins gesamtwirtschaftliche System | 99 |
| 4.3.3. | Systematik von Agrarstrategien | 100 |

Seite

## IV. Ein Indikatorensystem zur Erfolgsbewertung von Agrarstrategien 103

1. Entwicklungsphasen des Agrarsektors 103
2. Modell idealtypischer Zusammenheäge zwischen Agrar- und Industriesektor 107
   2.1. Exogene Grössen 107
   2.2. Transfers zwischen Agrar- und Industriesektor 109
   2.3. Auswahl von Zusammenhängen zur Erfolgsbeurteilung 112
3. Rolle der Agrarpolitik 113
   3.1. Agrarpolitischer Massnahmenkatalog 114
   3.2. Ansatzpunkte agrarpolitischer Massnahmen 116
   3.3. Finanzierungspotential für verschiedene Agrarpolitiken 118
4. Das Indikatorensystem 119
   4.1. Ziele und Grenzen der Methode 119
   4.2. Grundlegendes zum Begriff des Indikators 120
   4.3. Messobjekte 120
   4.4. Allgemeine Entwicklung 122
   4.4.1. Einkommensniveau der Volkswirtschaft 122
   4.4.2. Grösse des Marktes 122
   4.4.3. Ressourcenausstattung 123
   4.4.4. Aussenverschuldung 124
   4.4.5. Innersektorielle Voraussetzungen in der Landwirtschaft 125
   4.5. Wirtschaftliche Beiträge des Agrarsektors 126
   4.5.1. Kapitalflüsse und Wanderung von Arbeitskräften 126
   4.5.2. Der Agrarsektor als Absatzmarkt für industrielle Produkte 127
   4.5.3. Versorgung der inländischen Bevölkerung mit Agrargütern 127
   4.6. Soziale Beiträge 129
   4.6.1. Der Agrarsektor als Arbeitskräftereservoir 129
   4.6.2. Oekologiebeitrag 130
   4.7. Internationale Zusammenhänge 132
   4.8. Zusammenfassung des Indikatorensystems und Datenprobleme 133

## V. Beurteilung der Agrarstrategien ausgewählter Länder 135

1. USA 135
   1.1. Die Entwicklung einer effizienten Agrarstruktur 135
   1.2. Rückblick auf agrarpolitische Massnahmen 142
   1.2.1. Die Anfänge 143
   1.2.2. Agrarpolitische Ziele und Institutionelles 143

|  | Seite |
|---|---|
| 1.2.3. Verschiedene agrarpolitische Phasen und ihre wichtigsten Instrumente | 145 |
| 1.3. Der aktuelle "Food Security Act" von 1985 und seine Probleme | 149 |
| 1.3.1. Die gesetzlichen Bestimmungen | 149 |
| 1.3.2. Auswirkungen für die amerikanische Landwirtschaft | 150 |
| 1.3.3. Verteilung der Kosten | 152 |
| 1.4. Agrarexporte als Teil einer Strategie | 153 |
| 1.4.1. Bedeutung der Agrarexporte auf den Weltmärkten | 154 |
| 1.4.2. Nahrungsmittelhilfe als politisches und wirtschaftliches Instrument | 155 |
| 1.4.3. Kommerzielle Exportprogramme | 158 |
| 1.4.4. Der Agrarkrieg EG - USA | 160 |
| 1.5. Oekologische Probleme | 161 |
| 1.6. Einordnung der Agrarstrategie | 163 |
| 1.7. Beurteilung der Agrarstrategie | 164 |
| 1.7.1. Voraussetzungen im Agrarsektor | 164 |
| 1.7.2. Wirtschaftliche Beiträge | 164 |
| 1.7.3. Soziale Beiträge | 166 |
| 1.7.4. Gesamtbeurteilung | 167 |
| 2. Europäische Gemeinschaft | 168 |
| 2.1. Aufbau der Gemeinschaft | 168 |
| 2.2. Die gemeinsame Agrarpolitik (GAP) | 169 |
| 2.2.1. Rechtliche Grundlagen der EG-Agrarmarktpolitik | 170 |
| 2.2.2. EG-Agrarmarktpolitik | 171 |
| 2.2.3. Die EG-Agrarstrukturpolitik | 176 |
| 2.2.4. Finanzierung der GAP | 179 |
| 2.3. Aktuelle und grundsätzliche Probleme der GAP | 180 |
| 2.3.1. Unterschiedliche Positionen der Mitgliedsländer | 181 |
| 2.3.2. Ueberschüsse | 182 |
| 2.3.3. Budgetprobleme und Kostenverteilung | 183 |
| 2.3.4. Nord-Süd-Problematik | 183 |
| 2.3.5. Süd-Erweiterung | 184 |
| 2.3.6. Strukturziele | 185 |
| 2.3.7. Reformen und Auswege | 186 |
| 2.4. Einordnung der Agrarstrategie | 187 |
| 2.5. Beurteilung der EG-Agrarstrategie an den Beispielen der Mitgliedsländer Italien und Frankreich | 188 |
| 2.5.1. Voraussetzungen im Agrarsektor | 189 |
| 2.5.2. Wirtschaftliche Beiträge | 189 |
| 2.5.3. Soziale Beiträge | 192 |
| 2.5.4. Gesamtbeurteilung | 192 |

Seite
3. Sowjetunion 194
3.1. Von der feudalistischen Gutshofwirtschaft zu den Anfängen
sozialistischer Wirtschaft 194
3.1.1. Die feudalistischen Verhältnisse im 19. Jahrhundert 194
3.1.2. Agrarprobleme in der Folge der Oktoberrevolution 198
3.2. Zwangskollektivierung und daraus hervorgegangene
Organisationsformen 200
3.3. Beitrag des Agrarsektors zur Industrialisierung in der Phase
der ersten beiden Fünf-Jahrespläne 1929-39 205
3.4. Analyse einiger aktueller Probleme im Agrarsektor 208
3.4.1. Bedeutende agrarpolitische Änderungen nach 1945 208
3.4.2. Ernteschwankungen 208
3.4.3. Konsum von Nahrungsmitteln 209
3.4.4. Planungsprobleme im Agrarsektor 210
3.4.5. Ineffizienzen in der Versorgung mit Produktionsmitteln 211
3.4.6. Aussenhandelsmonopol 212
3.4.7. Arbeitsmotivation der Kolchosebauern 212
3.5. Die Verbesserung der Fleischversorgung als zentrale Problematik
der sowjetischen Landwirtschaft 214
3.6. Neueste Reformansätze 218
3.6.1. Ziel der Selbstversorgung 219
3.6.2. Umgestaltung der Verwaltung zum Agrar-Industrie-Komplex (AIK) 219
3.6.3. Arbeitsanreize 220
3.6.4. Preisreform 220
3.6.5. Lebensbedingungen 221
3.7. Einordnung der Agrarstrategie 221
3.8. Beurteilung der Agrarstrategie 222

4. Volksrepublik China 224
4.1. Grundprobleme 224
4.2. Von der asiatischen Produktionsweise zur Entwicklung der
Agrarpolitik im Sozialismus 226
4.2.1. Die Lage um 1949 226
4.2.2. Landreform (1950-52) und Kollektivierung (1953-57) 228
4.2.3. Grosser Sprung nach vorne 1958-60 229
4.2.4. Anpassung und Reaktion (Kulturrevolution) 1961-1976 229
4.2.5. Auslösende Faktoren für die Reformen von 1978 230
4.3. Die Reformen von 1978 232
4.4. Aktuelle und zukünftige agrarpolitische Probleme 237
4.5. Einordnung der verfolgten Agrarstrategien 239
4.6. Beurteilung der Agrarstrategie 242
4.6.1. Voraussetzungen im Agrarsektor 242

|  | Seite |
|---|---|
| 4.6.2. Wirtschaftliche Beiträge | 242 |
| 4.6.3. Soziale Beiträge | 244 |
| 4.6.4. Gesamtbeurteilung | 245 |
| | |
| 5. Indien | 246 |
| 5.1. Veränderungen der sozio-ökonomischen Verhältnisse auf dem Lande während der Kolonialzeit | 247 |
| 5.2. Agrarreformversuche im unabhängigen Indien | 250 |
| 5.3. Bedeutung des Kastenwesens | 253 |
| 5.4. Abhängigkeit von nicht-institutionellen Kreditquellen | 254 |
| 5.5. Bevölkerungsentwicklung in Indien | 258 |
| 5.6. Föderalismus und Zentralregierung in der indischen Entwicklungsplanung | 260 |
| 5.7. Das indische Entwicklungsmodell mit spezieller Betrachtung der Grünen Revolution | 263 |
| 5.8. Einordnung der indischen Agrarstrategie | 267 |
| 5.9. Beurteilung der Agrarstrategie | 268 |
| 5.9.1. Voraussetzungen im Agrarsektor | 268 |
| 5.9.2. Wirtschaftliche Beiträge | 270 |
| 5.9.3. Soziale Beiträge | 270 |
| 5.9.4. Gesamtbeurteilung | 271 |
| | |
| 6. Tunesien | 272 |
| 6.1. Natürliche Voraussetzungen und soziale Rahmenbedingungen | 272 |
| 6.2. Das koloniale Erbe | 275 |
| 6.2.1. Die vorkoloniale Vergangenheit | 275 |
| 6.2.2. Die Folgen der französischen Kolonisierung | 276 |
| 6.2.3. Der Weg zur Unabhängigkeit | 278 |
| 6.3. Entwicklungsstrategien nach der Unabhängigkeit | 278 |
| 6.3.1. "Liberalismus" französischer Prägung und Aufbau des Machtapparates (1956-60) | 278 |
| 6.3.2. Nationale Entwicklungsplanung oder "Destour-Sozialismus" (1961-69) | 279 |
| 6.3.3. Reliberalisierung (ab 1970) | 280 |
| 6.3.4. Investitionsplanung | 281 |
| 6.4. Die Rolle des Agrarsektors in der tunesischen Entwicklung gemäss VI. Fünfjahresplan (1982-86) | 283 |
| 6.4.1. Der VI. Entwicklungsplan (1982-86): Ziele und Mittel | 283 |
| 6.4.2. Agrarstruktur | 286 |
| 6.4.3. Die Rolle des Agrarsektors | 288 |
| 6.5. Einordnung der Agrarstrategie | 290 |
| 6.6. Beurteilung der Agrarstrategie | 290 |
| 6.6.1. Voraussetzungen im Agrarsektor | 290 |

| | Seite |
|---|---|
| 6.6.2. Wirtschaftliche Beiträge | 292 |
| 6.6.3. Soziale Beiträge | 293 |
| 6.6.4. Gesamtbeurteilung | 293 |

**VI. Abschliessende Betrachtungen und Schlussfolgerungen** 295

1. Der agrarpolitische Entscheidungsprozess in verschiedenen Wirtschaftssystemen 295

2. Zur Rolle des Agrarsektors im Entwicklungsprozess 299
2.1. Innersektorielle Voraussetzungen 299
2.2. Beziehungen zum Industriesektor 300
2.3. Agrarstrategien 302

3. Ein Indikatorensystem zur Erfolgsbewertung von Agrarstrategien 303
3.1. Anforderungen an die Methode 303
3.2. Theoretische Fundierung des Indikatorensystems 304
3.3. Erkenntnisse aus den Anwendungsbeispielen (Kapitel V) 305

4. Beurteilung der Methode 307
4.1. Wünschenswerte Verbesserungen von Indikatoren 308
4.2. Erfüllung der Ansprüche an die Methode 309
4.3. Grenzen der Methode 309
4.4. Gesamteinschätzung der Methode 310

Literaturliste 311

Statistiken 327

Tageszeitungen 327

# I. Einleitung

Nahrungsmittelvernichtungen zur Preisstützung in den USA, schlechte Getreideernten in der UdSSR und Hungersnöte in Afrika sind Phänomene verschiedener Agrarsysteme, welche heute alle durch internationale wirtschaftliche und politische Beziehungen miteinander verbunden sind. Allen Systemen ist gemeinsam, dass der Staat eine wichtige Rolle in der sektoriellen Entwicklung der Landwirtschaft übernommen hat. Daher muss die Analyse von agrarpolitischen Ansätzen zur Erklärung obiger Phänomene im Zentrum stehen. Die Agrarpolitik ist ja letztlich Ausfluss einer bestimmten Agrarstrategie, durch welche dem Agrarsektor innerhalb der gesamten Volkswirtschaft seine Rolle zugewiesen wird. Im Zeitablauf kann sich diese Rolle ändern. Hierfür können die allgemeine ökonomische Fortentwicklung der Volkswirtschaft (Wohlfahrtsgewinne bzw. -verluste) oder aber Verschiebungen des Einflusses verschiedener Interessengruppen verantwortlich sein.

Wir gehen von der Grundhypothese aus, dass in allen Ländern Agrarprobleme bestehen. Das Ziel der Arbeit besteht nun darin, ein Analyseinstrument zu entwickeln, welches erlaubt, diese Agrarprobleme auf die gewählte Agrarstrategie zurückzuführen. Letztlich soll damit also eine Erfolgsbeurteilung einer bestimmten Agrarstrategie vorgenommen werden. Dieses Instrument kann ein Beitrag sein für die Planung von Entwicklungsprojekten in der Dritten Welt, für die Analyse internationaler Agrarmarktprobleme oder im Prozess agrarpolitischer Aenderungen.

In einem ersten Teil dieser Arbeit (Kapitel II.) sollen die verschiedenen agrarpolitischen Interessenkonstellationen in den drei von uns postulierten Wirtschaftssystemen der Sozialen Marktwirtschaft westlicher Industrieländer, der Staatswirtschaft sozialistischer Staaten und den bürokratischen Entwicklungsgesellschaften der Länder der Dritten Welt herausgearbeitet werden. Zentral ist die Frage nach den agrarpolitischen Entscheidungsstrukturen. D.h. welche gesellschaftlichen Interessengruppen sich durchzusetzen vermögen. Im Zusammenspiel verschiedener Interessengruppen und der Bürokratie, welche notabene auch eine Interessengruppe darstellt, entstehen agrarpolitische Zielsysteme. Aus diesen leiten sich dann Massnahmenbündel ab. Beim Vollzug dieser Massnahmen fliessen häufig wieder Partikularinteressen ein, was zu Abweichungen von den Zielen führen kann. Diese drei Modelle agrarpolitischer Entscheidungsstrukturen dienen als Basis für das Verständnis der Umsetzung einer Agrarstrategie in der Realität.

Beim Uebergang von einer Agrar- zu einer Industriegesellschaft hat der Agrarsektor gewisse Leistungen zu erbringen, die grundsätzlich unabhängig vom Wirtschaftssystem sind. Diese Leistungen werden Beiträge genannt und umfassen die folgenden fünf:
- Faktorbeitrag
- Produktionsbeitrag
- Marktbeitrag
- Reservoir-Funktion
- Oekologiebeitrag

Im Kapitel III. werden diese Beiträge aus der historischen und ökonomischen Literatur hergeleitet. Ebenfalls werden die innersektoriellen Voraussetzungen in der Landwirtschaft erarbeitet, die für eine erfolgreiche Entwicklung notwendig sind. Alle diese Prozesse müssen aber in ihrer historischen Bedingtheit gesehen werden. Dies gilt auch für die am Ende dieses Kapitels zu erarbeitende Systematik von Agrarstrategien.

In einem weiteren Schritt (Kapitel IV.) wird dann die eigentliche Methode zur Analyse der Agrarstrategien entwickelt. Wir werden ein Indikatorensystem vorschlagen, welches auf der Basis der fünf erwähnten Beiträge des Agrarsektors den Erfolg einer bestimmten Agrarstrategie beurteilen kann. Mit dem Indikatorensystem soll in einem zweistufigen Analyseprozess (Grob- und Feinanalyse) die Grobanalyse möglich werden. Der zweite Schritt soll die Ergebnisse der Grobanalyse aufnehmen und z.B. mit Hilfe eines Agrarstrukturmodelles verfeinern. Auf diese zweite Stufe wird jedoch im Rahmen dieser Arbeit nicht eingetreten.

In Kapitel V. wird schliesslich das Indikatorensystem auf sechs Länder angewendet. Die Auswahl wurde so getroffen, dass jedes Wirtschaftssystem mit zwei Beispielen und möglichst alle Agrarstrategien vertreten sind. Es werden die folgenden Länder betrachet:
- USA
- EG
- Sowjetunion
- VR China
- Indien
- Tunesien

In jedem Länderbeispiel wird die Agrarstrategie mit Hilfe umfangreicher Literaturstudien detailliert beschrieben und in ihren historischen Kontext gestellt. Aus der Beurteilung mit Hilfe des Indikatorensystems wird schliesslich versucht aufzuzeigen, ob für eine Verbesserung der Agrarprobleme eine andere Agrarstrategie zu wählen ist oder ob es genügt, bei gleicher Strategie andere agrarpolitische Massnahmen zu ergreifen.

Dieses letzte Element wird in den Schlussfolgerungen wieder aufgenommen (Kapitel VI.), wenn es darum geht, Schlüsse aus den Länderbeispielen zu ziehen. Ebenfalls ist die Eignung des vorgeschlagenen Indikatorensystems zu beurteilen.

# II. Wirtschaftssysteme und agrarpolitische Entscheidungsstrukturen

## 1. Anleihe bei der Systemtheorie

### 1.1. Modell und Realität

Unsere erfassbare Umwelt stellt ein komplexes Beziehungsnetz einer Vielzahl von Elementen dar. Um diese Zusammenhänge zu analysieren, wird zum Hilfsmittel des Modells gegriffen. Ein Modell stellt eine Abbildung der Realität dar, wobei der Begriff sehr weit gefasst ist (Daenzer, S.13). Ein gutes Modell soll jedoch nur die wesentlichen Elemente zur Erklärung der Realität enthalten. So bleibt es überschaubar und gleichwohl realitätsnah. Wie weit ein Modell zu detaillieren ist, ist einerseits vom Objekt her gegeben, anderseits aber auch ganz entscheidend vom Forschungsinteresse (Wagener, S.13), somit also vom weltanschaulichen Standpunkt des Forschers.

Grundsätzlich sind Modellbildungen auf zwei Arten möglich (nach Wagener, S.12):
- Abstrakte Modelle: durch Definitionen werden Elemente und deren Beziehungen geschaffen
- reale Modelle : aus der Beobachtung der Realität abgeleitet.

Für unsere Analyse wählen wir eine reale Modellbetrachtung, womit eine "spezifische Wirklichkeitsverankerung" (Kloten) erreicht werden soll (vgl. II.1.3 sowie IV.2.).

### 1.2. Was sind Systeme ?

Ein möglicher Ansatz der Modellbildung hat sich in der noch jungen Systemtheorie entwickelt (Leipold, S.4). Das Systemdenken ist zwar schon alt. Früher wurden Systeme aber als so komplex angesehen, dass sie zur Analyse in Einzelaspekte zerlegt wurden (Wagener, S.10).

Die Grunddefinition eines System umfasst 3 Aspekte (Daenzer, S.11):
- einzelne Elemente
- abgeschlossene Gesamtheit (System/Umwelt)
- Beziehungen zwischen den Elementen

Das Anordnungsmuster der Elemente innerhalb des Systems wird als Struktur bezeichnet. Diese innere Struktur bestimmt die Anpassungsfähigkeit des Systems gegen aussen, wovon letztlich seine Ueberlebensfähigkeit abhängt. Um das Ziel des Ueberlebens zu erreichen, ist ein Mindestgrad an innerer Ordnung ("erforderliche Vielfalt", Leipold, S.5) nötig, welcher der Drang der einzelnen Elemente nach Freiheit gegenübersteht. Dieses ambivalente oder dialektische Verhältnis zwischen Ordnung und Freiheit sorgt für die innere Spannung des Systems und ist gleichzeitig der Motor für seine Fortentwicklung.

*Tab. 2.1: Verhaltenseigenschaften und Systemtypen*

| Typ | Verhalten | Ergebnis |
| --- | --- | --- |
| 1. zustandserhaltend | variabel, aber determiniert | fixiert |
| 2. zielsuchend | variabel und wählbar | fixiert bzw. variabel, aber determiniert |
| 3. zielbestimmend | variabel und wählbar | variabel und wählbar |

Quelle: Wagener Hans-Jürgen, Zur Analyse von Wirtschaftssystemen

Aus diesem Spannungsverhältnis lassen sich verschiedene Systemtypen bilden (vgl. Tab. 2.1). Vom Typ 1 nimmt der Freiheitsgrad bis zum Typ 3 ständig zu. Entsprechend nimmt auch die Ungewissheit bezüglich Systemzustände zu (Leipold, S.7). Gleichzeitig hat der Typ 3 aber auch die grösste Anpassungsfähigkeit und die grössten Entwicklungsmöglichkeiten.

Wirtschaftssysteme zählen sicher zu diesem letzten Typ. Wie sie weiter zugeordnet werden können, zeigt Abbildung 2.1. Systeme organisierter Komplexität zeichnen sich durch Arbeitsteilung, Interdependenz, Organisation und Orientierung an Regeln aus (Leipold, S.8). Sie entsprechen Typ 3 bei Wagener.

*Abb. 2.1 Eingliederung von Wirtschaftssystemen*

Quelle: Leipold Helmut, Wirtschafts- und Gesellschaftssysteme im Vergleich

Soziale Systeme sind Handlungssysteme, welche dank einer gewissen Ordnung eine Gesellschaft bilden (z.B. Wirtschaftssystem, politisches System etc.). Die einzelnen Individuen sind also nur mit Ausschnitten ihrer Persönlichkeit als Elemente beteiligt. Damit die Systeme auch funktionstüchtig sind, bestehen Institutionen, welche einen sozialen Konsens während einer gewissen Zeit sichern. Darin werden Handlungen zu Rollen, die nach Regeln (Normen) ablaufen (Leipold, S.9).

Je komplexer eine Gesellschaft organisiert ist, umso grösser ist auch das Zielkonfliktpotential, was sich dann wiederum in komplexeren Organisationsstrukturen niederschlägt.

Die hierarchischen Entscheidungssysteme moderner Gesellschaften sind durch folgende Merkmale gekennzeichnet (vgl. Wagener, S.21):
1. Das System ist in Einzelteile mit funktionaler Aufgabenteilung aufgespalten.
2. Es besteht eine hierarchische Entscheidungsstruktur.
3. Die Organisationsstruktur muss folgende Funktionen erfüllen:
   - Aufgabenverteilung
   - Informationsverteilung
   - Entscheidungsverteilung
   - Kontrollverteilung
4. In aufsteigender Richtung der Hierarchie werden längerfristige, allgemeinere und weniger strukturierte Probleme behandelt.

5. Zwischen den einzelnen Ebenen besteht von oben nach unten eine Interventionsmöglichkeit, welche eine Voraussage über das Systemverhalten erlaubt.

Bisher kann also festgehalten werden, dass Wirtschaftssysteme zu den sozialen Systemen gehören, ihre Ziele selbst bestimmen und über eine hierarchische Organisationsstruktur verfügen.

### 1.3. Was sind Wirtschaftssysteme?

In der deutschsprachigen Literatur wird zwischen den Begriffen "Wirtschaftssystem" und "Wirtschaftsordnung" unterschieden. Wobei der erste Begriff für theoretische Konzeptionen und der zweite für konkret existierende Ordnungen verwendet wird (vgl. Hemmer 1978, S.82). In Anlehnung an den internationalen Sprachgebrauch und aus unserem Systemansatz heraus verwenden wir ausschliesslich den Begriff "Wirtschaftssystem".

In der Literatur findet sich eine Vielzahl von Definitionen eines Wirtschaftssystems. Aus einem Vergleich verschiedener Definitionen wird deutlich, dass das Zusammenspiel von wirtschaftlichem und politischem System für die Erklärung von Wirtschaftssystemen wichtig ist. Jedes Wirtschaftssystem kann nur im Rahmen eines Herrschaftssystemes bestehen (Wagener, S.34). Wegen der historischen Bedingtheit von Wirtschaftssystemen muss ein multidisziplinärer Ansatz zu ihrer Analyse gewählt werden (Wagener, S.6). Diesen finden wir im Bereich der politischen Oekonomie.

## 2. Politik und Oekonomie

Bei Easton umfasst das politische System alle Interaktionen, welche Werte in der Gesellschaft autoritativ verteilen. Diese Verteilung hat dann für die gesamte Gesellschaft Gültigkeit (vgl. Easton, S.30ff). Frey versteht unter Politik ein "Verfahren zur Bildung gesellschaftlicher, d.h. kollektiver Entscheidungen auf Grundlage individueller Präferenzen" (Frey 1977, S.392). Gemeinsam ist also, dass allgemein gültige Regeln durch gesellschaftliche Prozesse geschaffen werden, welche Ausdruck bestimmter Interessen sind.

Wenn wir das System mit seiner Input- und Output-Seite betrachten (vgl. Abb. 2.2), finden wir auf der einen Seite (Input) Forderungen als Ausdruck von Bedürfnissen einzelner Interessengruppen. Damit diese Forderungen auch durchgesetzt werden, müssen Unterstützungen in Form von Geldern, Stimmen etc. eingesetzt werden. Das politische System stellt dann eine bestimmte Kombination von politischen und ökonomischen Kollektivgütern her (Output). Je nachdem, ob diese Kombination der dominierenden Interessenlage entspricht, führt dies zu Korrekturen der Forderungen oder Unterstützungen. D.h. eine ungenügende Berücksichtigung gewichtiger Interessen kann deren Unterstützung sinken lassen (Leipold, S.61ff).

*Abb. 2.2: Schematische Darstellung des politischen Systems*

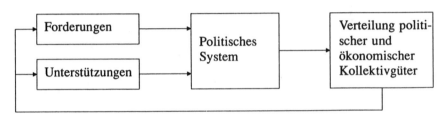

*Quelle: Leipold Helmut, Wirtschafts- und Gesellschaftssysteme im Vergleich*

Die Verbindung zum Wirtschaftssystem besteht nun in mehrfacher Hinsicht. Einmal produziert das politische System direkt ökonomische Güter (öffentliche Güter). Daneben bildet es aber auch den Rahmen für die wirtschaftliche Tätigkeit, indem es konstituierende Elemente des ökonomischen Systems garantiert (z.B. Eigentumsrechte). Weil das politische System aber Ausdruck von bestimmten Interessenverhältnissen ist, welche auf ökonomischen Stärkeverhältnissen basieren, bestimmen letztere diese Rahmenregelung. Dieses dialektische Verhältnis dreht sich also um die Frage, worauf Macht basiert und wer diese ausübt. Da das politische System nach Abbildung 2.3 auf der Unterstützung durch ökonomische Interessen beruht (Leipold, S.61), ist letztlich die Basis aller Macht in den ökonomischen Verhältnissen begründet.

Abbildung 2.3 versucht die Beziehungen zwischen Wirtschaftssubjekten und Staat als je tragende Institutionen vereinfacht darzustellen. Wir gehen davon aus, dass die Wirtschaftssubjekte auf Grund der ökonomischen Verhältnisse über die politische Ordnung den Staatsorganismus formend bestimmen. Dessen Funktionsprinzip bzw. die Beziehungsform innerhalb des Systems ist gegenüber dem Tauschprinzip des Wirtschaftssystems die Autorität (vgl. Lindblom 1980, S.38). Das Funktionsprinzip der Autorität setzt ihre Akzeptanz voraus, was in Anerkennung besseren Wissens bis hin zur Anwendung institutionellen Zwanges begründetet sein kann. Wenn bei einem zu grossen Teil der Gruppen im System diese Akzeptanz verschwunden ist, hat dies den Verlust der Regierungsfähigkeit zur Folge (Lindblom 1980, S.50).

*Abb. 2.3: Beziehungen zwischen politischem und Wirtschaftssystem*

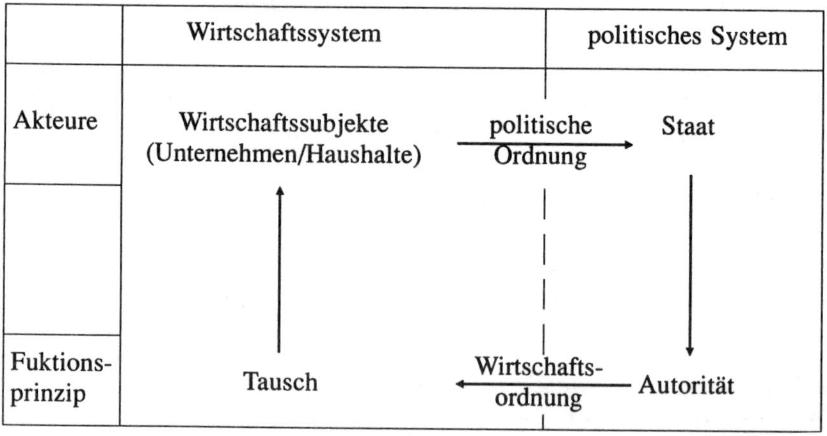

|  | Wirtschaftssystem | politisches System |
|---|---|---|
| Akteure | Wirtschaftssubjekte (Unternehmen/Haushalte) | politische Ordnung → Staat |
| Fuktionsprinzip | Tausch | Wirtschaftsordnung ← Autorität |

Beim Tauschprinzip können ebenfalls verschiedene Formen auftreten. Das Tauschprinzip gilt, ob nun das reine Marktprinzip, eine Tauschwirtschaft ohne Geld oder eine stark reglementierte Staatswirtschaft vorhanden ist.

Wenn wir nun zu Abbildung 2.3 zurückkehren, ist die Wirtschaftsordnung Ausdruck des Verhältnisses von Autoritäts- und Tauschprinzip. Aufgrund der Resultate des Tauschaktes wiederum werden die Verhältnisse unter den Wirtschaftssubjekten bestimmt, womit der Kreis geschlossen ist.

Während in den Analysen des 19. Jahrhunderts - sowohl bei den Vertretern des Liberalismus wie auch bei Marx - der Staat deutlich vom Wirtschaftssystem getrennt ist, lässt sich diese Trennung für alle modernen Gesellschaften nicht mehr aufrechterhalten. Der Staat hat sich quasi vom Ueberbau herab als bestimmendes Element in die Produktionsverhältnisse ausgedehnt (Wagener, S.51).

Wegen der zunehmenden Internationalisierung der gesellschaftlichen Arbeitsteilung ist die klassische Trennung von Staat und Wirtschaft ebenfalls nicht mehr zulässig. Denn, während viele gesellschaftliche Aktivitäten wie Wissenschaft, Technologie, Erziehung, Kunst und vor allem die materielle Produktion sich internationalisiert haben, ist der Staat und damit das politische System national geblieben (Wagener, S.52). Diese Internationalisierung der Produktion in den sogenannten multinationalen Unternehmen hat zur Formulierung neuerer theoretischer Ansätze einer "Neuen Internationalen Arbeitsteilung" geführt (vgl. Fröbel/Heinrichs/Kreye). Danach können eben diese multinational tätigen Unternehmen Nationalstaaten überspielen, indem sie Finanzmittel und Ressourcen beliebig unternehmensintern verschieben. Auch die Schaffung von internationalen Finanzinstitutionen hat für nationale Geldpolitiken und für internationales und nationales Wirtschaftsrecht viele Probleme aufgeworfen (vgl. Knieper, S.236ff). Es ergeben sich also komplexe Koordinationsprobleme zwischen den nationalen und den Weltmärkten. Wegen stetiger Veränderungen und den in der Realität zwischen den theoretisch denkbaren Extremmodellen liegenden Wirtschaftssystemen (Wagener, S.230), muss sich eine Analyse von Agrarpolitik auf jeweilige konkrete Fälle beziehen. Um gleichwohl Unterschiede, welche auf grundsätzlich anderen Ansätzen von Wirtschaftssystemen beruhen, analytisch sauber erfassen zu können, werden im folgenden Kriterien zur Unterscheidung von Wirtschaftssystemen herausgearbeitet.

## 3. Kriterien zur Abgrenzung von Wirtschaftssystemen

Es gibt die verschiedensten Ansätze zur Abgrenzung von Wirtschaftssystemen. Im allgemeinen wird die Unterscheidung in Zentralverwaltungs- und Marktwirtschaft vorgenommen. Entsprechend klein ist dann oft auch der Kriterienkatalog. Hemmer sieht z.B. allein die unterschiedliche Art der Planung als Kriterium: nämlich, ob diese zentral oder dezentral erfolgt (Hemmer 1978, S.84). Für eine realitätsnahe Analyse unserer Fragestellung ist diese Zweiteilung wenig brauchbar und zu ideologiebehaftet. Wagener ist der Ansicht, dass bei solch einfachen Leistungsvergleichen die Ideologieanfälligkeit besonders hoch ist (Wagener,

S.5). Da wir jedoch keinen solchen Leistungsvergleich anstreben, sondern lediglich die systemimmanenten Faktoren, welche bestimmte Agrarstrateigen mit beeinflussen, herausarbeiten wollen, müssen wir einen differenzierteren Kriterienkatalog entwickeln.

In Anlehnung an Leipold (Leipold, S.36ff) bilden wir 4 Kriteriengruppen:
- Entscheidungsfindung
- Motivationssystem
- Koordinationsmechanismus
- Kontrollsystem

## 3.1. Entscheidungsfindung

Grundlegend wird der Entscheid, wie Ressourcen verwendet und die resultierenden Produkte verteilt werden, durch die Eigentumsrechte an den Produktionsmitteln bestimmt (Wagener, S.172). Eigentumsrechte bestimmen auch den institutionellen Rahmen. Dieser rechtlich-institutionelle Rahmen bildet dann also das Entscheidungssystem zur Ordnung wirtschaftlicher Entscheide (Leipold, S.37).

Es lässt sich zwischen Privat-/Sondereigentum und Kollektiv- /Gemeineigentum unterscheiden. Entsprechend wird dann die wirtschaftliche Entscheidungskompetenz privaten Wirtschaftssubjekten oder dem Staat bzw. öffentlichen Institutionen übertragen.

Als zweite wichtige Bestimmungsgrösse ist der Ort der Entscheidungsfindung zu nennen, d.h. ob sie zentral oder dezentral erfolgt. Zwischen den Extremformen zentral = Staat und dezentral = Unternehmer gibt es etliche Zwischenformen mit gemischten Trägerorganisationen.

Wieweit zentrale oder dezentrale Entscheidungsfindung positive oder negative Auswirkungen hat, hängt stark von der Kombination mit den Eigentumsrechten ab: Atomistische Märkte (total dezentral) zeichnen sich durch destabilisierende Ueberreagibilität aus, wie sich überzentralisierte Planwirtschaften durch anpassungsunfähige Rigidität auszeichnen (Kornai, S.191ff).

## 3.2. Motivationssystem

Jede wirtschaftliche Tätigkeit wird aufgrund bestimmter Motive ausgeübt. Jedem Wirtschaftssystem sind daher rechtlich-institutionelle Regeln eigen, welche diese Motivationen steuern. Wie sie zu steuern sind, hängt vom gesellschaftlich vorherrschenden Menschenbild ab. Für das Wirtschaftsleben der modernen arbeitsteiligen Gesellschaften stehen sich die beiden Ansichten der Klassiker Adam Smith und Karl Marx gegenüber. Während für Smith das Eigeninteresse der Individuen den Motor der wirtschaftlichen Aktivität bildet, liegt für Marx die Grundmotivation im solidarischen Interesse (vgl. Leipold, S.42). Im einen Fall soll das Zusammenspiel der individuellen Interessen die Versorgung der Gesellschaft mit wirtschaftlichen Gütern optimal erreichen. Im andern Fall ist das Bewusstsein der Individuen soweit fortgeschritten, dass die Einsicht in gesamtgesellschaftliche Interessen wirtschaftliche Leistungen hervorbringt.

Bei einem an individuellen Interessen orientierten Anreizsystem gibt es gleichwohl gewisse Entscheide, welche zentral also kollektiv zu fällen sind. Dagegen müssen auch beim solidarischen Interesse individuell spürbare Anreize für die Leistungsbereitschaft vorhanden sein. Die konkrete Ausgestaltung des Motivationssystems berücksichtigt also in allen Wirtschaftssystemen individuelle und kollektive Zielsetzungen. Weil die Verteilung der wirtschaftlichen Erträge auf Grund der bestehenden Eigentumsordung erfolgt, ist ein entsprechend enger Zusammenhang zum Motivationssystem gegeben.

Neben materiellen Anreizen bestehen aber auch immaterielle. Die Theorie der Leistungsmotivation (vgl. z.B. McClelland) bietet hierzu Erklärungen, die in ihren Grundzügen für alle Wirtschaftssysteme Gültigkeit haben sollen. Sie müssen allerdings im Rahmen der jeweiligen historischen Verhältnissen interpretiert werden.

## 3.3. Koordinationssystem

Die Koordination wirtschaftlicher Handlungen stellt sich in jedem Wirtschaftssystem. "Denn jeder gesellschaftliche Produktionsprozess setzt sich aus individuellen Aktivitäten zusammen, die koordiniert werden müssen" (Wagener, S.78). Das einzelne aktive Wirtschaftssubjekt sieht sich also vor die Aufgabe gestellt, aus einer unübersehbaren, interdependenten Faktorenschar die richtige Wahl zu treffen (Leipold, S.47).

Diese komplexen Abläufe können grundsätzlich auf 2 Arten koordiniert werden:
- dezentral durch den Markt mittels Preisen
- zentral durch eine Verwaltung mit Planbilanzen

Es ist davon auszugehen, dass allen Koordinationsmechanismen eine Planung zugrunde liegt. Es lassen sich dabei 3 Ebenen unterscheiden:
- betriebliche Planung
- zwischenbetriebliche Planung
- überbetriebliche Planung

Grundsätzlich werden die beiden Grössen Menge und Preis geplant. Wieweit der Einzelbetrieb diese Parameter tatsächlich planen, also beeinflussen kann, hängt vom Spielraum ab, den ihm das Wirtschaftssystem lässt. Aus Tabelle 2.2 ersehen wir, die verschiedenen Erscheinungsformen von Koordinationssystemen. Beim Marktmodell kann der Einzelbetrieb nur die Menge planen, da die Preise ja vom Markt gegeben sind (Vollständige Konkurrenz). Wenn die Betriebe auch die Preise beeinflussen können, liegt ein Oligo- oder sogar ein Monopol vor. Dabei wird aber bereits vom theoretischen Optimum der vollständigen Konkurrenz abgewichen. D.h. bei den Betrieben entstehen Renten auf Kosten der Konsumenten. Bei zentraler Planung haben die Betriebe im Extremfall keinen Spielraum. Es handelt sich um ein Staatsmonopol, welches alle Planungsgrössen zentral festlegt. Beschränkt sich die Zentralbehörde auf Preisfestlegungen - übernimmt

*Tab. 2.2: Markt und Planung*

| Planung<br>Beeinflussbare Grössen für Betrieb | Dezentrale Planung | Zentrale Planung |
|---|---|---|
| Menge | vollständige Konkurrenz | Marktsozialismus |
| Preis und Menge | Oligopol Monopol | Staatsmonopol |

also die Marktfunktion - planen die Betriebe ihre Produktionsmengen (vgl. Wagener, S.79). Verluste oder Gewinne für die Konsumenten hängen davon ab, ob die Zentralverwaltung Preisverhältnisse fixiert, die dem gesamtwirtschaftlichen Knappheitsgrad der Produktionsfaktoren entsprechen.

Die beiden Extremformen der zentralen wie auch der dezentralen Planung treten in der Realität kaum auf. Allerdings gelten den Puristen sowohl des liberalen wie auch des marxistischen Lagers Mischformen als noch ineffizienterer Greuel als die andere Extremform (vgl. Bolz et al., S.34f). Gerade für den Agrarsektor sind Mischformen typisch. In Marktwirtschaften hat der Staat eine bestimmende Rolle übernommen. Während in Zentralverwaltungswirtschaften der privaten Marktproduktion ein nicht unbedeutendes Gewicht zukommt.

In der Literatur wird daher von Entscheidungsräumen gesprochen (vgl. z.B. Drewnowski). Man findet folgende Einteilung:
- Zone staatlicher Souveränität
- Zone individueller Souveränität
- Zone dualer oder multipler Souveränität

Die Entscheide im Agrarsektor spielen sich also in allen Wirtschaftssystemen vorwiegend in der Zone dualer Souveränität ab. Dabei besteht eine gewisse individuelle Wahlfreiheit, die aber vom Staat mehr oder weniger stark eingeschränkt wird (vgl. Wagener, S.286).

## 3.4. Kontrollsystem

"Im Wirtschaftsleben wird Nehmen grösser geschrieben als Geben. Es herrscht die bekannte Disproportion: Beim Hingeben sparsam, zurückhaltend, sittenstreng; beim Hereinnehmen grosszügig bis habsüchtig und gierig. Die Interessen kennen selten eine Grenze ihrer Selbstverwirklichung, sie tendieren stets dazu, sich auf Kosten der Interessen ihrer jeweiligen arbeitsteiligen Partner und der Gesamtinteressen zu verwirklichen" (Hensel, S.1). Hensel traut dem homo oeconomicus also nicht über den Weg. Es müssen daher gewisse Kontrollen eingebaut werden, damit die gesamtwirtschaftlichen Ziele erreicht werden.

Die Kontrolle wird entweder durch die Interessen selbst (Markt) oder aber durch den Staat ausgeübt. Im ersten Fall begrenzt das Konkurrenzprinzip des Marktes das Wachstum einzelner Marktteilnehmer. Weil aber in der Realität die Tendenz zur Monopolisierung besteht, was schon Eucken feststellte, werden immer mehr Kontrollfunktionen vom Staat übernommen.

Wenn sich der Staat auf die Gestaltung und Kontrolle der Wettbewerbsordnung beschränkt, spricht man von sozialer Marktwirtschaft. Während in einer Staatswirtschaft die direkte Kontrolle via Gebote und Befehle erfolgt.

Damit gewinnt also das politische System an Kontrolle über das wirtschaftliche. Entscheidend wird somit die Frage, wer die Kontrolleure kontrolliert (Leipold, S.47). Das jeweilige politische System bestimmt folglich, in wessen Interesse die Wirtschaftspolitik ausgestaltet wird.

Es bildet sich also ein Entscheidungssystem heraus, welches als Rahmen für die wirtschaftliche Tätigkeit dient. Dieser Rahmen ist bestimmt von den jeweiligen gesellschaftlichen Verhältnissen. Daher verändert er sich im Laufe der Geschichte.

Für die Analyse verschiedener Wirtschaftsstrategien muss also die Frage nach den spezifischen Entscheidungsstrukturen einer Gesellschaft im wirtschaftlichen Bereich in ihrer historischen Dimension im Zentrum stehen. Dies ist auch einer der Gründe, weshalb in dieser Arbeit Agrarstrategien anhand einzelner Länderbeispiele beurteilt werden. Wenn die Gesellschaft als eine sich in einem permanenten Veränderungsprozess befindliche soziale Formation aufgefasst wird, dient die historische Erklärung der Vergangenheit als Basis für die dialektische Entwicklung der Zukunft (Wagener, S.26).

## 4. Agrarpolitische Entscheidungsstrukturen unterschiedlicher Wirtschaftssysteme

Alle agrarpolitischen Entscheide werden im Kräftefeld von Interessengruppen gefällt. Welche Gruppen sich durchsetzen können, hängt von den vom jeweiligen Wirtschaftssystem zugelassenen Entscheidungsstrukturen ab. Wir sind uns bewusst, dass letztlich jedes Land eigene solche Strukturen aufweist. Es müsste also auch diesbezüglich speziell untersucht werden. Für die vorliegende Arbeit genügt es aber, wenn für ein Wirtschaftssystem mehr oder weniger gleiche Entscheidungsstrukturen angenommen werden. Bei den Länderbeispielen muss man sich also immer vor Augen halten, dass die eingeschlagene Agrarstrategie im Rahmen des jeweiligen systemspezifischen Interessenfeldes realisiert wird.

Wir gehen von folgenden drei Wirtschaftssystemen aus:
- Soziale Marktwirtschaft (SM)
- Bürokratische Entwicklungsgesellschaft (BEG)
- Zentral geplante Staatswirtschaft (ZGS)

Obwohl in der Literatur im allgemeinen nur das erste und das dritte System unterschieden werden (vgl. z.B. Leipold, S. 71ff), verwenden wir obige Dreiteilung. Die Ursache liegt darin, dass die Produktionsweise in den Ländern der Dritten Welt weder als kapitalistisch noch als sozialistisch bezeichnet werden kann (Elsenhans 1981, S. 24ff). Es ist daher eine eigene Form eines Wirtschaftssystems zu postulieren, die weiter unten detailliert dargestellt wird.

In den folgenden Abschnitten wird zuerst jedes System gemäss den allgemeinen Abgrenzungskriterien aus Abschnitt 3. charakterisiert. Anschliessend werden die Entscheidungsstrukturen für den Agrarsektor herausgearbeitet.

Der Agrarpreiskonflikt erweist sich als das zentrale Problem in allen Agrarsystemen. Grundsätzlich streben die Produzenten möglichst hohe und die Konsumenten möglichst tiefe Agrarpreise an. Preise müssten als Regler jeweils Angebot und Nachfrage zum Ausgleich führen. Dieses freie Spiel existiert aber in keinem Agrarsystem. Ueberall hat der Staat - wenn auch in unterschiedlichem Ausmass - diese Regelfunktion weitgehend übernommen. Daher ist die Darstellung der Entscheidungsstrukturen sektoraler Wirtschaftspolitik (Agrarpolitik) Voraussetzung für jede weitere Analyse.

## 4.1. Verbandsdemokratie sozialer Marktwirtschaften

Im Gleichgewichtsmodell der Neoklassik schafft der Markt stets einen Ausgleich zwischen Angebot und Nachfrage. Im Verlaufe der Zeit hat der Staat jedoch immer mehr in das Wirtschaftsgeschehen eingegriffen. In der Realität moderner Marktwirtschaften treten zusätzlich noch private Interessenvertreter auf, welche Einfluss auf die Wirtschaftspolitik nehmen. Dadurch entstanden in geschützten Branchen zunehmend Ueberschüsse. Dies gilt insbesondere für den Agrarsektor.

### 4.1.1. Der Wettbewerb als Regulationsmechanismus

Gemäss den 4 Kriteriengruppen aus Abschnitt 3. lässt sich eine Marktwirtschaft folgendermassen charakterisieren.

*Entscheidungsfindung:*

Die einzelnen Wirtschaftssubjekte, die in der Neoklassik in Unternehmen und Haushalte unterteilt werden, treffen ihre wirtschaftlichen Entscheide in Abhängigkeit der Marktlage autonom. Es handelt sich also um ein dezentrales Entscheidungssystem. Das Verhalten basiert auf der individuellen Gewinn- bzw. Nutzenmaximierung. Voraussetzung für das Funktionieren dieser individuellen Maximierungen, ist das Privateigentum an den Produktionsfaktoren. Für viele ist dies der Stimulus für die Wirtschaftsaktivität in Marktwirtschaften überhaupt (vgl. z.B. Masnata, S.139).

*Motivationssystem:*

Private Eigentumsrechte sind auch die Voraussetzung dafür, dass der Massstab wirtschaftlicher Tätigkeit, nämlich Gewinn oder Verlust, beim einzelnen Wirtschaftssubjekt spürbar wird. Dies gilt allerdings nur, wenn auf dem Markt Konkurrenz herrscht. Falls dies nicht mehr der Fall ist, büsst das Marktpreissystem einen Teil seiner volkswirtschaftlichen Lenkungsqualität ein. Antriebsmotor ist also das Selbstinteresse der Wirtschaftssubjekte. Deren Rationalität bestimmt ihr Verhalten und bringt damit auch eine gewisse Ordnung in die Summe individueller Entscheide (Leipold, S.93).

*Koordinationssystem:*

Auf dem Markt findet die Ressourcenknappheit ihren Ausdruck im Spiel von Angebot und Nachfrage. Die dabei entstehenden Preise sind dann Ausdruck der Knappheitssituation und von den Marktteilnehmern nicht beeinflussbar. Dies ist jedenfalls eine der grundlegenden Annahmen der Neoklassik. Damit wird der Wettbewerb zwischen den einzelnen Marktpartnern zum Regulationsmechanismus, der individuelle Interessen so ausgleicht, dass ein gesamtgesellschaftliches Optimum entsteht. Als Ergebnis dieser Vermittlungen resultiert eine Verknüpfung der Teilpläne zu einem gesamtwirtschaftlich konsistenten Plansystem. Marktbeziehungen sind identisch mit Verhandlungen der Tauschpartner, die anonym, durch Kauf oder Nichtkauf oder direkt z.B. über bilaterale Vertragsabschlüsse geführt werden (Leipold, S.92).

Diesem Modell vollständiger Konkurrenz steht in der Realität die Tendenz steigender Konzentration der Verfügung über Produktionsfaktoren gegenüber. Obwohl in verschiedenen theoretischen Ansätzen (Oligopol-, Monopoltheorien) diese Erscheinungen einbezogen werden, bleibt in der Wirtschaftstheorie das Gleichgewichtsmodell der Neoklassik dominant.

*Kontrollsystem:*
Eigentlich ist keine Kontrolle von aussen, d.h. durch den Staat nötig, denn die Interessen der Wirtschaftssubjekte begrenzen sich selbst. Wie unterschiedliche Verteilungen der Verfügung über Produktionsfaktoren und damit auch der Verteilung der Gewinne zustandekommen, ist für die Neoklassik exogen, d.h. braucht nicht erklärt zu werden (vgl. Leipold, S.100f). Alle neueren Verteilungstheorien befassen sich mit der Einkommensverteilung *innerhalb* des bestehenden ökonomischen Systems. Einzig politökonomische Ansätze gehen hier einen Schritt weiter. Es muss die machtpolitische Frage und die Rolle des Staates einbezogen werden. Denn in den heutigen sozialen Marktwirtschaften ist der Staat in Gestaltung und Kontrolle der Wettbewerbsordnung sehr aktiv. Damit wird die Frage relevant, wie das politische System auf das wirtschaftliche einwirkt und welche Gruppen dies zu beeinflussen vermögen. Daraus entstehende Korrekturen der "reinen" Wirtschaftstheorie versuchen wir im folgenden zu skizzieren.

### 4.1.2. Einfluss organisierter Interessengruppen

Wieweit Staatseingriffe gehen sollen, ist die jeweilige Streitfrage innerhalb des neoliberalen Lagers. Als Kriterium gilt im Neoliberalismus die Systemkonformität, d.h. ordnungspolitische Massnahmen dürfen nicht im Widerspruch zu den marktwirtschaftlichen Grundprinzipien stehen (Bolz et al., S.61). Weil es sich dabei um einen nur schwer präzise fassbaren Begriff handelt, wird er oft von konservativen Kreisen zur Erhaltung des Status quo missbraucht. Interessenvertreter nutzen diese Grundkonzeption der Wirtschaftspolitik in sozialen Marktwirtschaften also aus, um ihre Partikularinteressen durchzusetzen. Auf welche Weise dies geschieht, wird aus Abbildung 2.4 deutlich.

Diese bereits mehrfach erwähnten Verflechtungen zwischen politischem und wirtschaftlichem System sind gegenseitiger Natur. So sind staatliche Instanzen zum Teil direkt am Produktionsprozess mit eigenen Betrieben beteiligt. Umgekehrt haben private Organisationen auf vielfältige Weise Einfluss auf wirtschaftspolitische Entscheide (Leipold, S.112).

*Abb. 2.4: Zusammenhang zwischen wirtschaftlichem und politischem System*

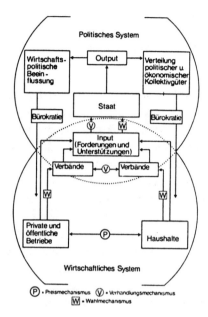

*Quelle: Leipold Helmut, Wirtschafts- und Gesellschaftssysteme im Vergleich*

Aus Abbildung 2.4 sind 3 Entscheidungsebenen herauszulesen, welche den 3 Entscheidungsräumen im Abschnitt 3.3. entsprechen (Koordinationssystem). Auf einer ersten Ebene erfolgen die Entscheide dezentral durch die einzelnen wirtschaftlichen Einheiten (individuelle Souveränität). Auch der Staat tritt als Anbieter oder Nachfrager auf.

Die zweite Ebene ist diejenige der organisierten Gruppen und Verbände. "Hier werden Entscheidungen und Interessen durch die Verbände entweder in direkten Verhandlungen untereinander oder durch Beeinflussung politischer Entscheidungsprozesse indirekt geregelt und durchgesetzt" (Leipold, S.114). In dieser Sphäre "dualer Souveränität" haben die Entscheide als fester Bestandteil sozialer Marktwirtschaften quasipolitischen Charakter.

Auf der dritten Ebene laufen schliesslich die eigentlichen politischen Entscheidungsprozesse ab. Im Zusammenhang kommen diesem Bereich der "staatlichen Souveränität" folgende zwei Funktionen zu (vgl. Leipold, S.114):

1. Verteilung oder Bereitstellung öffentlicher Güter
2. Wirtschaftspolitische, indirekte Beeinflussung der individuellen Wirtschaftsprozesse.

Die Basis für dieses Systemzusammenspiel bildet die liberale Auffassung von Demokratie und die neoliberale Konzeption von Wirtschaftspolitik. Im Gegensatz zum Laissez-faire des klassischen Liberalismus basiert die neoliberale Auffassung von Wirtschaftspolitik auf folgenden drei Prinzipien (vgl. Bolz et al., S.63):

- Notwendigkeit einer staatlichen Wettbewerbspolitik
- Umverteilung der Einkommen
- Notwendigkeit staatlicher Konjunkturpolitik

Daneben gelten die auch im Liberalismus anerkannten Oberziele der nationalen Sicherheit weiterhin. In deren Namen sind staatliche Eingriffe ins Wirtschaftsleben schon früher erlaubt gewesen.

Dieser Rahmen lässt organisierte Interessengruppen zu, welche im Bereich der dualen Souveränität versuchen, die Politik mittels Einflussnahme in ihrem Interesse zu gestalten. Ihre Legitimation beziehen sie entweder aus der Sozialpolitik, der Konjunkturpolitik oder aber aus den Oberzielen nationaler Sicherheit.

Galten die bisherigen Ausführungen für die allgemeine Wirtschaftspolitik, wollen wir uns im folgenden auf die sektorale Wirtschaftspolitik konzentrieren, welche sich auf einzelne Wirtschaftssektoren bzw. Branchen beschränkt (Peters, S.11). An dieser Stelle interessieren nicht die Ziele und Mittel sektoraler Wirtschaftspolitik, sondern die ihre Entscheidungen beeinflussenden Gruppen.

Wenn auch die Verbände über grosse Macht verfügen, geht diese doch nicht so weit, dass die staatlichen Institutionen nur noch den Willen der Verbände mittels Verordnungen absegnen (Peters, S.34). Vielmehr bleibt der Staat der "ausschlaggebende Entscheidungs- und Verantwortungsträger" wirtschaftspolitischer Massnahmen.

Im Gegensatz zur allgemeinen kommt in der sektoralen Wirtschaftspolitik der Anstoss, Massnahmen zu ergreifen meist von aussen (Peters, S.149). "Die organisierten Interessengruppen drängen den Staat, dieses oder jenes faktische oder vermeintliche Branchen- oder Gruppenproblem zu lösen oder lösen zu helfen. Dabei haben naturgemäss die einzelnen Gruppen primär nur ihr eigenes Interesse im Auge und fordern dessen Befriedigung erfahrungsgemäss auch dann, wenn dieses nur auf Kosten der Allgemeinheit oder anderer Gruppen möglich ist" (Peters, S.149).

Diese Priorisierung der eigenen Forderungen ist auch nicht weiter erstaunlich, gehört doch die Interessenwahrnehmung gegenüber Dritten (externe Funktion) nebst der Organisation der Selbsthilfe (interne Funktion) zur Hauptaufgabe der Verbände. Voraussetzungen für die Organisierbarkeit von spezifischen Interessen sind:
1. eine deutlich abgrenzbare Gruppe, die auf Grund ihrer sozialen Position an der Befriedigung eines speziellen Bedürfnisses interessiert ist und
2. die Konfliktfähigkeit, dieser Gruppe, die sich in der Fähigkeit einer Leistungsverweigerung von gesellschaftlicher Relevanz ausdrückt (vgl. Leipold, S.114f).

Wie weit sich eine Gruppe dann tatsächlich organisiert, hängt von ihrer Grösse ab. Wir verweisen in diesem Zusammenhang auf die Gruppentheorie von Olson, nach welcher allgemeine Interessen grosser, sogenannter latenter Gruppen viel schwieriger zu organisieren sind als die spezifischeren kleinerer (Olson, S.87ff). Dies ist ein zentraler Grund dafür, dass sich Produzenteninteressen besser durchsetzen als Konsumenteninteressen.

Da die Verbandsleitungen in ihren externen Funktionen Erfolge aufweisen müssen, bestehen ihre Forderungen meist in Massnahmen mit schnell wirkenden Einkommensvorteilen (Peters, S.154). Begründet werden die damit nötigen wettbewerbsmindernden Sonderregelungen mit Branchenbesonderheiten und wettbewerbsverzerrenden Marktverhältnissen. Wege zur Durchsetzung der Forderungen bestehen in (vgl. Peters, S.164ff):
- guten Kontakten zu den branchenrelevanten Ministerien
- Verbindungen zu Parteien
- der Beeinflussung der öffentlichen Meinung
- der Androhung von Kampfmassnahmen

Durch eine gute Public-Relations-Arbeit können Wähler gewonnen werden, welche wiederum das Verhalten der Parteien bestimmen können, wodurch letztlich auch die Ministerien beeinflussbar sind. Auf diesem Weg können aber nur Verbände aktiv werden, welche die relativ hohen Kosten zu tragen vermögen (vgl. Halbherr/Müdesbacher, S.93).

Von viel grösserer Bedeutung ist aber der direkte Kontakt mit Verwaltungen. Viele Verwaltungen sind für die Durchsetzung der komplexen Wirtschaftspolitik auf die Beratung und Mitarbeit von Verbänden angewiesen (Leipold, S.116). Diese Beratungsfunktion setzt bereits im vorparlamentarischen Bereich ein. In allen sozialen Marktwirtschaften sind Interessenverbände in der einen oder anderen Art in ein Vernehmlassungsverfahren zu Gesetzeserlassen einbezogen. Zusätzlich werden bekannte oder vermutete Interessen in die Formulierung von Gesetzen bereits einbezogen (Peters, S.168). Allerdings trifft die Verwaltung eine bestimmte Auswahl von Verbänden, die einbezogen werden. Dies kann als eine für die Verwaltung typische Konfliktlösungsstrategie der "selektiven, interessengeleiteten Kooperation" (Körner, S.47) bezeichnet werden. Dieses Verhalten entsteht aus dem Rechtfertigungszwang der Verwaltungsspitze gegenüber der Oeffentlichkeit. Gleichwohl bleibt die Mehrheit der Oeffentlichkeit ohne Einfluss auf die Konzeption von politischen Programmen, während Partikularinteressen von mächtigen Verbänden Berücksichtigung finden (Körner, S.48). Dieser Einbezug von Interessenorganisationen nicht nur in die wirtschaftspolitische Entscheidungsfindung, sondern auch in den Vollzug ist gerade für den Agrarsektor typisch.

### 4.1.3. Kein Agrarschutz ohne Agrarlobby

Aus der sogenannten "ersten Agrarkrise" in der zweiten Hälfte des 19. Jahrhunderts erwuchsen die ersten Schutzmassnahmen zu Gunsten der Landwirtschaft (vgl. Rieder, S.5). Diese Schutzmassnahmen wurden mit der Gründung nationaler Bauernorganisationen erreicht. Abwechselnde Ueberschuss- und Mangellagen in Krisen- und Friedenszeiten etablierten den Agrarschutz immer fester. Von Anfang an waren die landwirtschaftlichen Organisationen aber nicht nur Lobbyisten, sondern ebenso zu Selbsthilfemassnahmen verpflichtet, wie auch am Vollzug der Massnahmen beteiligt (vgl. Jörin/Rieder, S.329).

Es ist nun eine zentrale Frage, weshalb sich die wirtschaftspolitische Sonderstellung des schrumpfenden Agrarsektors ständig verstärkt hat. Entgegen den allgemeinen Grundsätzen der Marktwirtschaft nahm der Protektionismus stetig zu (Haase, S.35).

Zur Begründung dieser Eingriffe werden meist die folgenden Besonderheiten des Agrarsektors angeführt (vgl. z.B. Halbherr/Müdespacher, S.21):
- Instabilität der Agrarmärkte (Zyklen)

- hoher Anpassungsdruck mit intensivem Strukturwandel (fallende Preise, steigende Faktorkosten)
- gemeinwirtschaftliche Leistungen (Krisenversorgung, Landschaftspflege)

Aus der polypolistischen Marktposition der Produzenten wird es verständlich, dass diese versuchen mittels politischer Interventionen ihre Lage zu verbessern. Denn der Zusammenschluss in wirtschaftlich aktiven Organisationen (Genossenschaftsbewegung) vermochte die Marktstellung nicht zu verbessern (Kilchenmann, S.66). Hingegen wurden mit diesen Zusammenschlüssen agrarpolitische Erfolge erzielt.

Gemäss der Theorie von Olson bieten die landwirtschaftlichen Organisationen ihren Mitgliedern Beratung, Absatzstrukturen, Marktinformationen usw. als Hauptprodukt an (Haase, S.74). Wegen der für die Landwirtschaft typischen Heterogenität der Produzenteninteressen können verbandsinterne Schwierigkeiten entstehen. Um gegen aussen gleichwohl geschlossen auftreten zu können, setzen die Verbandsführungen folgende Mittel ein (Kilchenmann, S.75ff):
- Ideologisierung zum Gemeinwohl
- Information mittels Verbandspresse und Versammlungen
- Bildung einer kleinen Spitzenfunktionärsgruppe, welche die Entscheide bestimmt
- interner Interessenausgleich mit der Vertretung einer politischen Linie

Wegen dieser Organisationsstruktur mit einer dominierenden Führungsschicht ist der Interessenausgleich nur ein scheinbarer. Daher werden die besser gestellten Mitglieder besser vertreten und profitieren auch mehr vom "Nebenprodukt" (vgl. Haase, S,75).

Demgegenüber sind die Interessen der Konsumenten als der "Gegenseite" gemäss Olson nicht organisierbar, weil sie nicht konfliktfähig sind (Haase, S.82). Einzelne Aktionen wie Fleischboykotte bestätigen als Ausnahmen die Regel. Aber auch das Parlament hat gegenüber den Experten von Interessenorganisationen an Gewicht verloren (Halbherr/Müdespacher, S.121). Daher werden viele Entscheide unter Ausschluss der Oeffentlichkeit im Vollzug der Gesetzgebung getroffen (Jörin/Rieder, S.12f).

Neben der grundsätzlichen Bejahung und dem Ausbau des Agrarschutzes erklärt diese Entscheidungsstruktur auch die Verteilung der dabei entstehenden Kosten. Getragen werden die Kosten von Konsumenten oder Steuerzahlern. Dies stellt zwar in seiner Gesamtheit die gleiche Gruppe dar, bedeutet aber eine unterschiedliche Belastung der verschiedenen sozialen Gruppen. Wieweit diese Kostenverteilung Gegenstand permanenter Verhandlungen ist, hängt von der Grundstruktur des agrarpolitischen Instrumentariums ab. Es sind die folgenden 3 Varianten möglich:

1. *Belastung der Konsumenten vorgegeben:* Das Abschöpfungssystem, wie es beispielsweise von der EG angewendet wird, belastet einseitig die Konsumenten. Einzig die Strukturpolitik wird teilweise aus Steuergeldern der Mitgliedsstaaten durch deren nationale Verwaltungen finanziert. Der Agrarschutz wird aber mittels des hohen Konsumentenpreisniveaus finanziert. Problematisch wird das System, wenn Ueberschüsse entstehen und anstatt mit Abschöpfungen die Kasse zu füllen, Exporterstattungen gewährt werden müssen. Dann werden neue Finanzierungsquellen gesucht. Im Falle der EG ist die vorläufige Lösung eine Erhöhung des Mehrwertsteueranteils, womit wiederum die Konsumenten belastet werden. In der supranationalen Organisationsstruktur können sich also Konsumenteninteressen noch weniger gut behaupten als in nationalstaatlichen. Für die Interessenvertretung der Produzenten bedeutet dies die politisch stabilste Lösung, ist doch von durch nationale Administrationen vertretenen Steuerzahlern eher Widerstand zu erwarten (vgl. Braun).

2. *Belastung der Steuerzahler vorgegeben:* Das von England vor seinem EG-Beitritt generell angewendete Deficiency-payment-system überträgt die Verbilligung der im Inland produzierten Nahrungsmittel auf das Weltmarktpreisniveau dem Staat und damit dem Steuerzahler die Kosten. Weil die englische Landwirtschaft schon früh einen so starken Strukturwandel durchgemacht hatte, dass nur noch ein relativ kleiner, aber effizienter Agrarsektor übrig blieb, benötigte sie nie sehr hohe Stützungspreise. Da zudem sehr viele Nahrungsmittel günstig importiert wurden, kostete das System relativ wenig. Dies lag sowohl im Interesse der gut organisierten Gewerkschaften wie auch der Industrie, welche dank günstigen Nahrungsmittelpreisen tendenziell tiefere Löhne zahlen konnte.

3. *Wechselnde Verteilung zwischen Konsumenten und Steuerzahlern:* Während in den beiden ersten Fällen Aenderungen der Verteilung nur bei einem Systemwechsel möglich sind, ist in diesem dritten Fall die Aenderung der Verteilung Gegenstand permanenter Verhandlungen im agrarpolitischen Ent-

scheidungsprozess. Ein solches Mischsystem besteht beispielsweise in der Schweiz bei vielen Marktordnungen. Widerstand der Steuerzahler wird mit Hilfe der Fiskalillusion überwunden (Halbherr/Müdespacher, S.289), während die Konsumenten ohnehin schwach vertreten sind. Druck entsteht von dieser Seite, wenn Parallelität mit Handelsinteresse besteht. Wieweit der dabei entstehende Interessenausgleich (Halbherr/Müdespacher, S.289) ein tatsächlicher Konsens oder nur ein Scheinkonsens darstellt, bleibt dahingestellt (vgl. Kilchenmann, S.84).

In diesem Spiel der Interessen müsste schliesslich auch die Rolle der Verwaltung kurz beleuchtet werden. Denn eine Regierung kann nicht als selbstlose "Dienerin am Gemeinwohl" (Frey 1981, S.259) betrachtet werden. Sondern sie verfolgt mit ihren Technokraten in der Administration innerhalb eines je nach System relativ grossen, autonomen Handlungsspielraumes eigene Interessen. Diese bestehen meist darin, dass auf dem Weg des geringsten Widerstandes dem gerade stärksten Druck von aussen nachgegeben wird. Dieses Verhalten wird vom theoretischen Ansatz des "muddling through" ziemlich realistisch beschrieben (vgl. Lindblom 1975). Damit passt sich das administrative Verhalten bestehenden Interessenkonstellationen an.

Zusammenfassend lässt sich also feststellen, dass in sozialen Marktwirtschaften Interessenorganisationen einen Agrarschutz durchgesetzt haben. Dieser ist gemessen an der Bedeutung des Agrarsektors in Wirtschaft und Bevölkerung überproportional. Dies wird mit öffentlichen Leistungen und Besonderheiten des Sektors begründet. Die Kostenverteilung zwischen Konsumenten und Steuerzahlern entspricht der jeweiligen Organisationsstärke. Da die Konsumenten in aller Regel schlechter organisiert sind, tragen sie in unterschiedlichen Ausgestaltungen des agrarpolitischen Instrumentariums meistens die Hauptlast der Agrarkosten.

## 4.2. Staatsklassen bestimmen die Agrarpolitik in bürokratischen Entwicklungsgesellschaften

Viele Autoren stellen fest, dass es keine existierenden Wirtschaftssysteme gibt, welche nicht Mischformen der theoretischen Extreme sind (vgl. z.B. Tuchtfeldt, S.344). Insbesondere gilt dies für Entwicklungsländer, welche sich nicht in den Kapitalismus-Sozialismus-Raster einpassen lassen (Lösch, S.24). Im folgenden begründen wir, weshalb für die Länder der Dritten Welt ein eigenes Wirtschaftssystem postuliert wird.

### 4.2.1. Besondere Rolle des Staates in Entwicklungsländern

Tendenziell lässt sich in den Mischsystemen der Länder in der Dritten Welt eine Ausweitung staatlicher Kompetenz in der Wirtschaft feststellen (Elsenhans 1981, S.14). Es besteht meist eine staatliche Wirtschaftsplanung und eine grosse Anzahl Staatsunternehmen, ohne dass eigentliche staatssozialistische Verhältnisse geschaffen werden (Lösch, S.24). Diese Struktur ist auch in marktwirtschaftlich organisierten Entwicklungsländern anzutreffen (Hemmer 1978, S.91). In diesen werden viele wirtschaftliche Tätigkeiten aus institutionellen Gründen dem Staat überlassen. Getragen wird dieser Prozess von einer in den Industrieländern des Westens und des Ostens ausgebildeten Elite. Diese übernimmt den Regierungs- und Verwaltungsapparat der Kolonialmächte und macht damit die wirtschaftliche Entwicklung zur Staatsaufgabe (Lösch, S.25). Weil aber die "politisch-moralischen und sozial-technischen" Fähigkeiten (Lösch, S. 72) beschränkt bleiben, werden die oft zu hohen Erwartungen in die entwicklungspolitischen Möglichkeiten des Staates enttäuscht. Denn bedeutende Teile der Wirtschaft sind in diesen offenen Volkswirtschaften von Entwicklungen auf den Weltmärkten abhängig. So können z.b. die instabilen Bewegungen auf den Rohstoffmärkten kaum von den Regierungen beeinflusst werden (Hemmer 1985, S.17).

Die spezifischen Ausprägungen dieser Staatstätigkeit variieren sowohl zwischen den einzelnen Ländern (vgl. Banerjee, S.55) als auch zwischen den verschiedenen Entwicklungsphasen eines Landes (Hemmer 1985, S.16). Hintergrund für diese Vielfalt bildet die Komplexität der sozio-ökonomischen Strukturen in Entwicklungsländern. Vor allem der Agrarsektor ist von einem Nebeneinander von Lohnarbeit und feudalistischen Abhängigkeitsverhältnissen, von Subsistenz- und Marktproduktion, von traditioneller und moderner Technologie geprägt (Ghose 1983a, S.7). Oft dominieren personalisierte Machtbeziehungen, die auf Grund von Landbesitz und nicht auf Grund ökonomischer Marktverhältnisse bestehen (Ghose 1983a, S.11).

## 4.2.2. Dualistische Strukturen

In den verschiedenen Ansätzen der Dualismustheorien (Hauptvertreter Boeke) werden zwei nebeneinander bestehende Sozialsysteme in den Ländern der Dritten Welt beschrieben (vgl. Grimm, S.47). Soziale und wirtschaftliche Strukturen sind nicht integriert, was auch unter dem Begriff der strukturellen Heterogenität zusammengefasst wird (Nohlen/Sturm, S.93ff). Entstanden ist dieser Dualismus, weil von aussen (aus den Industrieländern) ein modernes System übertragen wurde, welches teilweise das ursprünglich bestehende verdrängte. Dieses moderne System umfasst den Import von Wertvorstellungen, gesellschaftlichem Organisationsprinzip und Technik. Meist bleibt der moderne Sektor hauptsächlich auf den urbanen Bereich beschränkt, wodurch der Gegensatz Stadt/Land stark ausgeprägt wird (Grimm, S.54). Parallel dazu geht die Interessenvertretung: bessere Vertretung moderner, städtischer Interessen.

*Entscheidungsfindung:*

Neben Privat- und Staatseigentum sind oft noch traditionelle kollektive Besitzformen vorhanden, welche Bereiche betreffen, die nur teilweise in den Markt integriert sind. Entscheidungen werden also sowohl zentral als auch dezentral gefällt. Der Staat bestimmt allerdings mit der Festlegung von Eigentumsordnung, Wirtschaftspolitik und mit eigener wirtschaftlicher Aktivität das Wirtschaftsleben relativ stark (Banerjee, S.55). Möglich ist dies allerdings nur, weil ein schwacher Privatsektor ohne starke staatliche Hand keine wirtschaftliche Entwicklung hervorbringen würde (Lösch, S.27).

*Motivationssystem:*

In den Dualismustheorien wird dem homo oeconomicus des modernen Sektors ein Verhalten im traditionellen Sektor gegenübergestellt, welches sich folgendermassen auszeichnet (vgl. Grimm, S.48ff):
  - begrenzte Bedürfnisse
  - individuelle Bedürfnisse von Gemeinschaft begrenzt
  - mangelnder Wettbewerbsgeist
  - Fatalismus

Wir übernehmen diese eher abwertende Darstellung nicht telquel. Dennoch bleibt die Tatsache, dass verschiedene Wertsysteme und damit auch Motivationen zu wirtschaftlicher Tätigkeit nebeneinander bestehen. Allerdings vermitteln auch im modernen Sektor nicht durch Knappheit bestimmte Löhne die Arbeitsmotivation. Denn bei privater Wirtschaftsaktivität drückt die "industrielle Reservearmee" der Abwanderungswilligen in den ländlichen Räumen derart auf die Löhne, dass sie nur ein verzerrtes Anreizsystem darstellen (Hemmer 1978, S.92). Im staatlichen Bereich hingegen werden viele Arbeitsstellen auf Grund persönlicher Beziehungen und nicht auf Grund wirtschaftlicher Leistungen besetzt (Hemmer 1978, S.98).

*Koordinationssystem:*
Weil an Stelle des westlichen Unternehmertyps parasitäre Händler auftreten, die Kapital entweder konsumieren oder ins Ausland transferieren, fehlt es an Kapitalakkumulation und einem funktionsfähigen Preismechanismus (Hemmer 1978, S.93). Auf der andern Seite vermag ein nur begrenzt leistungsfähiger Verwaltungsapparat zentrale Pläne nicht durchzusetzen (Hemmer 1978, S.97). Es entstehen daher ineffiziente private Polypolisten und ebenso ineffiziente öffentliche Monopole. Es sind zwar alle Entscheidungsräume nebeneinander vorhanden, ergänzen sich aber nicht, sondern behindern sich eher gegenseitig (vgl. Hemmer 1978, S.106). Preis- und Plansystem sind also nicht aufeinander abgestimmt. Auch hier kompliziert die dualistische Struktur dieses Koordinationssystem. Treffen wir doch auf der einen Seite Tauschwirtschaft mit geringer Arbeitsteilung und arbeitsintensiver Produktion. Dem steht im modernen Sektor die Geldwirtschaft mit hoher Arbeitsteilung und kapitalintensiver Produktion gegenüber (vgl. Grimm, S.48).

*Kontrollsystem:*
Ueber den Markt werden wegen der erwähnten Verzerrungen keine Kontrollen der wirtschaftlichen Aktivitäten ausgeübt. Da aber die Bürokratiemitglieder der Staatsverwaltung Eigeninteressen verfolgen, ist die Erreichung von entwicklungspolitischen Zielen im allgemeinen Interesse meist nicht gewährleistet (Lösch, S.27). Weil die Befugnisse des Staatsapparates ständig gestiegen und die Kontrollmöglichkeiten durch übrige Gruppen klein geblieben sind, steigt die Gefahr der Privilegierung einer kleinen Gruppe (Lösch, S.59). Mangelnde Kontrolle wirtschaftlicher Tätigkeit ist also ein bedeutendes Kennzeichen von Wirtschaftssystemen der Entwicklungsländer.

Da die aufgeführten Phänomene von verschiedenen Autoren jeweils einzeln beschrieben werden, ergibt sich ein uneinheitliches Bild. Wir wollen daher im folgenden den Ansatz von H. Elsenhans über die bürokratische Entwicklungsgesellschaft herausgreifen und skizzieren. Die Wahl fiel auf diesen Autor, weil er obige Kennzeichen in einen einheitlichen Rahmen stellt, der als Erklärungsansatz für agrarpolitische Entscheidungen genügt.

### 4.2.3. Bürokratische Entwicklungsgesellschaft

Elsenhans geht von der Tatsache steigender staatlicher Aktivität im Wirtschaftsleben von Ländern der Dritten Welt aus, was sich unter anderem in gehäuften Verstaatlichungen und Staatseingriffen gegen Kapitalinteressen ausdrückt (Elsenhans 1981, S.13). Diese Bedeutung des Staates hat sich herausgebildet, indem die Dritte Welt in der historischen Entwicklung in eine ungleiche Spezialisierung hineingedrängt wurde. Der Reichtum der Privilegierten wurde nicht von wachsenden Binnenmassenmärkten geschaffen, sondern vom Rohstoffexport in die Industrieländer des Nordens (Elsenhans 1984, S.37). Das Konkurrenzprinzip des Kapitalismus wurde nicht in die Kolonien übertragen bzw. nur in einzelne Branchen. Daher entstand eine nach Branchen unterschiedliche Produktivität, was dem Ausgleich der Profitrate in der kapitalistischen Produktionsweise widerspricht. Diese strukturelle Heterogenität wurde von einer kleinen privilegierten Schicht in der Verwaltung im Interesse der Kolonialmächte aufrechterhalten (S.22; wo nicht anders vermerkt, stammen Angaben der Seitenzahlen dieses Abschnittes aus Elsenhans 1981). Nach der Unabhängigkeit entwickelte sich daraus dann die dominante Klasse. Unter dominanter Klasse versteht Elsenhans diejenige gesellschaftliche Gruppe, welche sich Mehrwert aneignen kann. Nur handelt es sich in den Ländern der Dritten Welt nicht um eine Klasse von Unternehmern, sondern um eine zentralisierte Klasse von Bürokraten (S.24).

Bei diesem Ansatz stellt sich natürlich sofort die Frage der Abgrenzung gegenüber den Gesellschaften des "real existierenden Sozialismus", die ja auch eine bürokratische Führungsklasse aufweisen. Da es sich in beiden Fällen um bürokratische Aneignung des Mehrproduktes handelt, liegen die Unterschiede im politischen Bereich (S.27):
- In der Dritten Welt ist der Gegensatz Staatsklasse/Bauern dominant, während im "real existierenden Sozialismus" der Gegensatz zwischen städtischer Arbeiterschaft und Staatsklasse im Vordergrund steht. Im zweiten Fall sind die Interessen der Unterprivilegierten homogener.

- In der Dritten Welt sind die Möglichkeiten der Planung, der Kontrolle und der Repression kleiner. Dafür ist auch der Legitimierungszwang gegenüber der Bevölkerung kleiner.
- Die Rüstungsspirale zwingt im Militärblock der UdSSR wenigstens in einem Sektor zur Entwicklung von Hochtechnologie.

Elsenhans anerkennt die Schwierigkeit der Abgrenzung gegenüber Gesellschaften, die den "wissenschaftlichen Sozialismus" (China, Kuba) verfolgen (S.26). Für unsere Zwecke wollen wir aber diese Länder wegen ihrer zentralistischen Entscheidungsstruktur im Agrarbereich zu den zentral geplanten Staatswirtschaften zählen.

Unter dem Begriff der "Staatsklasse" wird im folgenden eine selbständige Klasse verstanden,
- die sich über die "Kontrolle des Staatsapparates bildet und reproduziert" (S.121),
- die über die Macht verfügt, sich den überwiegenden Teil des gesellschaftlichen Mehrproduktes bürokratisch anzueignen (S.141),
- und die relativ frei über dieses Mehrprodukt verfügt (S.118).

"Die bürokratische Entwicklungsgesellschaft (BEG) ist eine *besondere* Produktionsweise, die aus der Dominanz einer bürokratischen Staatsklasse zu erklären ist, die sich Mehrprodukt *zentralistisch* aneignet und ohne Orientierung an *Rentabilitätskriterien* investiert" (S.24f; Hervorhebungen U.E.). Eine "besondere Produktionsweise" ist die BEG deshalb, weil sich die Staatsklasse weder am Kriterium möglichst egalitärer Einkommensverteilung (Sozialismus), noch an den Marktkräften (Marktwirtschaft) orientieren muss. Sie muss dies nicht wegen fehlender ökonomischer und politischer Kontrollen. Diese fehlen, weil es keinen Marktmechanismus und keine nationale Kapitalistenklasse gibt, die die Staatsausgaben begrenzen würden (S.129). Potentielle Oppositionsgruppen werden klientelhaft ins System einbezogen, indem ihnen gewisse Privilegien überlassen werden. Insbesondere ist die städtische Arbeiterschicht eher an einer gewissen Umverteilung von Renten, nicht aber an der Entmachtung der Staatsklasse interessiert (S.175f). Zusammenfassend ist dieser Prozess in Abbildung 2.5 dargestellt. Die Ausweitung der staatlichen Wirtschaftstätigkeit bildet also die Grundlage für die Staatsklassen der heutigen Dritten Welt.

Aus dieser staatlichen Wirtschaftstätigkeit entsteht für die Staatsklasse die Möglichkeit zur Selbstprivilegierung. Diese kann in einer besseren Güterversorgung oder in nichtmateriellen Gratifikationen bestehen (S.145). Weil kaum Widerstand unterprivilegierter Klassen vorhanden ist - teilweise wegen mangelnder Organisation, teilweise wegen der Einbindung in Klientelbeziehungen - kann diese Selbstprivilegierung durchgesetzt werden. Allerdings besteht auf der andern Seite doch ein gewisser Legitimationszwang. Ist doch blosse Repression kein Mittel mehr zur Aufrechterhaltung der Stabilität (S.23).

Selbstprivilegierungstendenzen dürfen also nicht übertrieben werden, da sonst Entwicklungsstrategien ineffizient werden und neue Fraktionen der Staatsklasse

*Abb. 2.5: Ausweitung staatlicher Wirtschaftstätigkeit durch die Staatsklasse*

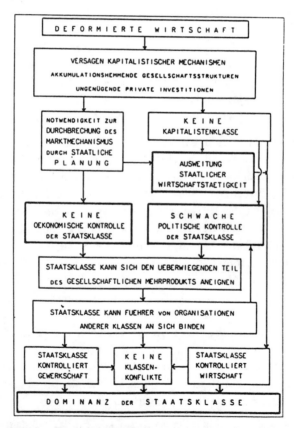

*Quelle: Loosli Markus, Die Agrarexportpolitik in Entwicklungsländern und ihre Auswirkungen auf die Agrarstruktur am Beispiel Ghanas*

an die Macht gelangen (S.193). Es entsteht der in Abbildung 2.6 dargestellte Zyklus der Veränderung von Entwicklungsstrategien. "Ein solches System kann von der Staatsklasse solange aufrechterhalten werden, wie der Verteilungsspielraum ausreicht, um die gesellschaftlichen Gruppen, die potentiell am ehesten zu Widerstand fähig sind, nämlich städtische Jugend und die städtischen Arbeiter, mit begrenzten ökonomischen Vorteilen zu pazifizieren. Fällt diese Stütze weg bzw. ist die Duldung des Prestigekonsens der Staatsklasse durch die städtischen Arbeiter (und Arbeitslosen) und die Bauern nicht mehr möglich, entstehen soziale Gegenbewegungen, die die Macht der Staatsklasse bedrohen" (S.209).

*Abb. 2.6: Machtzyklus zwischen Selbstprivilegierung und Legitimationszwang*

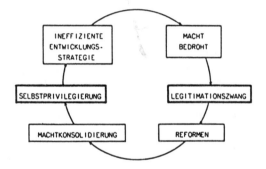

*Quelle: Loosli Markus, Die Agrarexportpolitik in Entwicklungsländern und ihre Auswirkungen auf die Agrarstruktur am Beispiel Ghanas*

Die Entwicklung zur BEG hat folgende soziale Strukturierung hervorgebracht (Elsenhans 1984, S.46ff):
- Transformation traditioneller, feudaler Grossgrundbesitzer in Agrarkapitalisten setzt Arbeitskräfte frei und verstärkt die Forderung nach Einfuhr moderner landwirtschaftlicher Inputs und Mechanisierung.
- Herausbildung von Mittelbauern, die wegen des Einsatzes von familieneigenen Arbeitskräften günstig für den Markt produzieren. Da ein grosser Teil davon Exportprodukte sind, besteht ein Interesse an hohen Ausfuhrpreisen.
- Industriearbeiter bilden eine in den Städten lebende Minderheit, die aber dank relativ guten Löhnen und wegen ihres hohen Bedrohungspotentials der politischen Stabilität eine privilegierte Stellung geniessen.
- Produzenten im kleingewerblichen Sektor (informeller Sektor): arbeitsintensive Billigstproduktion und - dienstleistungen, die aber vom Wachstum der

übrigen Sektoren abhängen. Hier werden die mit der Hoffnung auf eine Beschäftigung als Industriearbeiter vom Land Abgewanderten aufgefangen, wobei die meisten in schlechten Lebensverhältnissen vegetieren.
- Die nationale Bourgeoisie nimmt die Akkumulationsfunktion nicht wahr, sondern konsumiert Renten, die zum Teil aus Grundbesitz erwachsen.
- Neue Mittelklasse: in den Industrieländern nach elitärem Bildungsideal ausgebildete Akademiker, die nicht selber über Produktionsmittel verfügen und daher in der Verwaltung, in der Armee oder in den freien Berufen tätig sind.

Die unterschiedliche Konfliktfähigkeit dieser sozialen Gruppen bestimmt den Spielraum für die Selbstprivilegierung der Staatsklasse. Aus Abbildung 2.7 ersehen wir, dass sich eben die städtischen Interessen durchsetzen. Sie werden in

*Abb.2.7: Kapitalabfluss aus den ländlichen Gebieten*

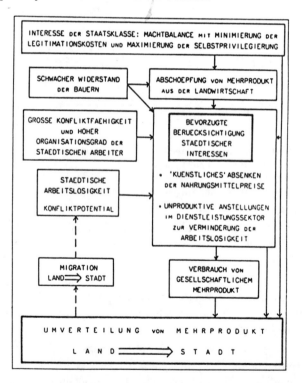

Quelle: Loosli Markus, Die Agrarexportpolitik in Entwicklungsländern und ihre Auswirkungen auf die Agrarstruktur am Beispiel Ghanas

Form tiefer Nahrungsmittelpreise entschädigt. Da für die Agrarproduzenten das selbe Preisniveau gilt, müssen viele die Produktion aufgeben und wandern in den informellen Sektor in den städtischen Zentren ab, wodurch sich dort wiederum der Druck erhöht (S.176f). Ebenfalls vom Agrarsektor getragen wird der aufgeblähte Verwaltungsapparat, in welchem die "neue Mittelklasse" beschäftigt wird.

Neben Grundgebühren, Zöllen, Steuern, etc. ist die kollektive Aneignung von Mehrprodukt durch die Staatsklasse in Form von Besteuerungen der Rohstoffexporte das wichtigste Mittel. Meist stammt der überwiegende Teil des angeeigneten Mehrproduktes aus dieser Quelle (S.150). Voraussetzungen für diese Aneignung sind die Spezialisierung auf Rohstoffe (internationale Arbeitsteilung) und die Monopolisierung der Vermarktung durch den Staat. Dies wird möglich, weil der Marktmechanismus ausgeschaltet ist (S.148f). Weil die Abschöpfung von Exportrenten die Grundlage für die Existenz der Staatsklassen bildet, ist diese an internationalen Rohstoffpreiserhöhungen interessiert.

Zusammenfassend lässt sich also sagen, dass die Staatsklassen in der Dritten Welt mit ihrer Agrarpolitik primär die Exportprodukte fördern. Grundnahrungsmittel sollen möglichst billig zur Verfügung stehen, damit die Versorgung der städtischen Massen zu tiefen Kosten möglich ist. Es werden also städtische Interessen gegenüber den ländlichen bevorzugt. Bei der Entscheidungsfindung sind die Staatsklassen gleichwohl darauf angewiesen, mittelfristig einen Ausgleich zwischen Selbstprivilegierung und Legitimationszwang zu finden. D.h. sie werden mittels Reformen sporadisch auch der ländlichen Bevölkerung gewisse Zugeständnisse machen. Dies ist nötig, damit die ökonomische Basis für die Selbstprivilegierung - nämlich die agrarische Exportproduktion - nicht zerstört wird. Denn die Staatsklasse finanziert sich aus der Abschöpfung von Exportrenten.

## 4.3. Zentral geplante Staatswirtschaften

Aus der Bezeichnung dieses Wirtschaftssystems geht bereits hervor, dass der Koordinationsmechanismus als wichtigstes Merkmal betrachtet wird. Wir sind uns bewusst, dass dabei die zweite wichtige Komponente, nämlich der kollektive Produktionsmittelbesitz sozialistischer Gesellschaften in der Bezeichnung nicht berücksichtigt ist. Obwohl auch Privatbesitz denkbar wäre (vgl. Bolz et al.,

S.94), verstehen wir im folgenden unter zentral geplanten Staatswirtschaften nur sozialistische Gesellschaften. Trotz gemeinsamer Grundprinzipien ist die Vielfalt der Ausprägungen sozialistischer Wirtschaftssysteme im Auge zu behalten (Gey/Quaisser, S.21). Da die moderne Agrarpolitik auf den Prinzipien des Marxismus beruht, wollen wir im folgenden zuerst einen Exkurs in die Entwicklung sozialistischer Agrartheorien unternehmen.

### 4.3.1. Sozialistische Agrartheorien

*Begriffliches:*

In der Literatur und im Alltag werden die Begriffe "Sozialismus" und "Kommunismus" oft sehr unterschiedlich verstanden und verwendet. Für unseren Gebrauch wollen wir uns an folgenden Inhalt halten, ohne diesen als strenge Definition zu verstehen. Sozialismus ist die erste Phase der kommunistischen Gesellschaft, wie sie aus der kapitalistischen Gesellschaft nach einem längeren Prozess hervorgegangen ist (Stufentheorie von Karl Marx). Die Produktionsmittel sind im Besitz der Allgemeinheit, welche die Produktion gemeinsam organisiert (Planung) und die Verteilung der Produkte bestimmt. Daneben wird mit Sozialismus aber auch die Bewegung der Arbeiterklasse zur Veränderung der kapitalistischen Gesellschaft bezeichnet (vgl. Bischoff). Kommunismus stellt die nach dem Sozialismus anzustrebende Endstufe gesellschaftlicher Entwicklung dar. Da wird dann die altbekannte Forderung bezüglich Arbeit und Verteilung erfüllt sein: "Jeder nach seinen Fähigkeiten, jeder nach seinen Bedürfnissen".

Im folgenden Abschnitt sollen einige zentrale sozialistische Gedanken und Forderungen zur Landwirtschaft vorgestellt werden. Wir werden nur die wichtigsten Theoretiker mit einem Schwergewicht bei den Klassikern (Marx/Engels) herausgreifen. Da keine spezifische Agrartheorie entwickelt wurde, müssen die Ansichten zur Landwirtschaft aus verschiedenen Werken zusammengeführt werden.

Mit fortschreitender Entwicklung der sozialistischen Bewegung wurden Ansichten der Klassiker geändert (sog. "Revisionismus") bis im real existierenden Sozialismus schliesslich Anwendungsversuche der Theorie möglich wurden.

Alle agrartheoretischen Auseinandersetzungen in der sozialistischen Literatur drehen sich um die folgenden drei Themen:

- Stellung der Bauern im Kapitalismus (insb. Klassenfrage)
- Rolle der Bauern im Revolutionsprozess
- Form der Landwirtschaft im Sozialismus

*Erste sozialistische Agrartheoretiker:*

Ideen zur kollektiven Organisation der Wirtschaft sind im Verlauf der Philosophiegeschichte immer wieder aufgetaucht. So sei nur an den griechischen Philosophen Plato erinnert. Von sozialistischem Gedankengut lässt sich aber erstmals bei den sog. "Frühsozialisten" sprechen. Diese entwarfen hauptsächlich abstrakte Modelle ("Utopien"), weshalb sie von Marx auch als "utopische Sozialisten" bezeichnet wurden. Wegen ihrer starken Verwurzelung im physiokratischen Gedankengut kommt der Landwirtschaft in diesen Entwürfen grosse Bedeutung zu. Die kollektive Bodenbewirtschaftung als zentrales Thema ihrer Modelle rechtfertigt die Bezeichnung als Sozialisten. Weil die meisten überzeugt waren, die neue soziale Ordnung und der technische Fortschritt steigere die landwirtschaftliche Produktion soweit, dass Armut und Versorgungsprobleme gelöst werden, sind sie dem antimalthusianischen Lager zuzurechnen. Einige von ihnen versuchten auch ihre sozialen Modelle auf landwirtschaftlichen Musterbetrieben zu verwirklichen (z.B. Robert Owen). Wichtige Vertreter waren: Thomas Morus, Graf von Saint-Simon, Robert Owen, Charles Fourier, Pierre Proudhon. Viele ihrer Ideen tauchen später bei den Klassikern wieder auf.

*Die Klassiker: Karl Marx (1818-1883) und Friedrich Engels (1820-1895):*

Grundlegend für die sozialistische Agrartheorie sind die Werke von Karl Marx und Friedrich Engels. Die Entwicklung der Landwirtschaft ist bei ihnen in den allgemeinen gesellschaftlichen Entwicklungsmechanismus eingebettet. Danach verändern sich Gesellschaftssysteme aus dem Kampf zweier sich gegenüber stehender Klassen. Hauptobjekt Marx'scher Analyse ist die kapitalistische Gesellschaftsstufe, in welcher sich Kapitalist und Proletarier gegenüberstehen. Nach diesen Gesetzen folgt, dass "der Unterschied von Kapitalist und Grundrentner wie von Ackerbauer und Manufakturarbeiter verschwindet und die ganze Gesellschaft in die beiden Klassen der Eigentümer und eigentumslosen Arbeiter zerfallen muss" (Marx 1844). Noch bestehende Unterschiede zwischen dem rein kapitalistisch organisierten Industriesektor und der von bäuerlichen Elementen geprägten Landwirtschaft sind historischer und nicht inhaltlicher Natur. "Wir unterstellen, dass die Agrikultur, ganz wie die Manufaktur, von der kapitalistischen Produktionsweise beherrscht, d.h. dass die Landwirtschaft von Kapitalisten betrieben wird. Es (ist) also ein gleichgültiger Einwurf, wenn erinnert wird, dass auch andere Formen des Grundeigentums und des Ackerbaus existiert haben oder noch existieren" (Marx 1894). "Was den Bauern vom Proletarier trennt, (ist) nicht mehr sein wirkliches Interesse, sondern sein illusionäres Vorurteil" (Marx 1871).

Da die Landwirtschaft im 19. Jahrhundert nur gerade in England kapitalistisch betrieben wurde, musste für den Agrarsektor im übrigen Europa ein feineres Analyseinstrumentarium entwickelt werden. Nach Engels gliedert sich die Bauernschaft in folgende Gruppen (Engels 1971):
  1) Steuerfreie feudale Grundherren
  2) Gross- und Mittelbauern
  3) Selbständige Kleinbauern
  4) Pacht- und Feudalbauern
  5) Ackerbautaglöhner

Von diesem fünf Gruppen sind die ersten beiden der Bourgeoisieklasse zuzurechnen, wobei nur diejenigen Mittelbauern, welche Lohnarbeiter beschäftigen, dazu gehören. Die Gruppen 4) und 5) sind auf Grund ihrer ökonomischen Lage dem Proletariat zugehörig. Schwierigkeiten der Zuordnung entstehen allerdings mit der Gruppe der Kleinbauern, deren ökonomische Lage sie dem Proletariat zuweisen würde (Verschuldung!), ihr Bewusstseinsstand, insbesondere der "eingefleischte Eigentumssinn" (Engels), sie aber ihre wahren Interessen nicht erkennen lässt. Der kapitalistische Wettbewerb wird diese Zuweisung allerdings bewerkstelligen, indem nur wenige zu selbständigen Grossbauern aufsteigen und die Mehrheit zu Lohnabhängigen wird, womit dann die Zweiklassengesellschaft erreicht wäre.

*Die Bauern als Revolutionspotential:*

Nach Marx'scher Auffassung sind für eine sozialistische Revolution folgende Voraussetzungen nötig:
  – hochentwickelte kapitalistische Gesellschaft
  – hoher Stand der Produktivkräfte (Produktivkräfte: Wechselwirkung von Produktionsmitteln und menschlicher Arbeit)
  – Mehrheit von Lohnarbeitern
  – Grundbesitz stark konzentriert

Die Arbeiterklasse trägt den revolutionären Prozess, welcher aber erst in hochentwickelten Industriestaaten ausgelöst wird. Der Bauer wird von Engels als "politisch wenig aktives Element und meist indifferent oder reaktionär" (Engels 1851) eingeschätzt. Sein Beitrag zur Revolution ist eher gering, wenn er nicht sogar als Hemmschuh wirkt. Erst ein Jahr vor seinem Tod misst Engels der Entwicklung auf dem Lande grösseres Gewicht bei: "Die Eroberung der politischen Macht durch die sozialistische Partei ist in absehbare Nähe gerückt. Um aber die politische Macht zu erobern, muss diese Partei vorerst von der Stadt aufs Land gehen, muss eine Macht werden auf dem Land" (Engels 1894).

Erst die revolutionäre Praxis in Russland und später in China brachten eine andere Einschätzung des bäuerlichen Revolutionspotentials. In diesen Agrarstaaten stellten die Arbeiter gegenüber den Bauernmassen eine Minderheit dar. Dadurch war eine bäuerliche Mitbeteiligung an der Revolution unumgänglich, jedoch unter der Führung der Partei, welche aus dem Industrieproletariat gebildet wurde. "Die Bauern wollen ihre Kleinbetriebe behalten, diese Betriebe gleichartig normieren und sie periodisch wieder zerteilen...Gut. Deshalb wird kein vernünftiger Sozialist mit den Dorfarmen brechen... Dann wird, wenn das Proletariat die Herrschaft in den ausschlaggebenden Orten errungen und die politische Macht errungen hat, alles andere sich von selbst finden, als Resultat der "Macht des Beispiels", als Resultat praktischer Erwägungen. Der Uebergang der politischen Macht an das Proletariat - das ist der Kern der Sache... Das Leben wird schon nachher zeigen, welche Abweichungen nötig werden. Das ist Nebensache. Wir sind keine Doktrinäre. Unsere Teilnahme ist kein Dogma, sondern eine Anleitung zur Tat" (Lenin 1921, S.40). Aus diesem Pragmatismus heraus wurde dann auch nach der Revolution entgegen der Marx'schen Forderung der Boden an die Bauern verteilt. Noch stärker setzte Mao Tse Tung in China auf die Bauernmassen, in welchen er die führende revolutionäre Kraft sah. So war denn die chinesische KP zum überwiegenden Teil aus Bauern zusammengesetzt. Wegen dieser bäuerlichen Interpretation von Sozialismus wurde auch schon die Frage aufgeworfen, ob Mao noch als Marxist und nicht eher als Agrarreformer einzustufen sei.

### *Die Landwirtschaft im Sozialismus:*

Die marxistische Denkweise (Wissenschaftliche Dialektik) lässt keine konkrete Ausformulierung zukünftiger Gesellschaftsmodelle zu. "Der Marxismus ist selber Teil der Entwicklung; er besitzt demnach grundsätzlich eine offene, keine geschlossene Haltung; er kann nicht in Dogmen gefasst werden, sonst wäre er nicht wissenschaftlich... Er ist Theorie und Praxis in dialektischer Einheit, er ist kein Kochbuch mit fertigen Rezepten" (Farner 1972). So finden sich bei den Klassikern nebst grundlegenden Forderungen wie Kollektivierung der Produktionsmittel nur wenige Hinweise zur Ausgestaltung der Landwirtschaft im Sozialismus:

*1) Vorzüge des Grossbetriebes*

"Die wissenschaftlichen Kenntnisse, die wir besitzen, und die technischen Mittel der Landbearbeitung, die wir beherrschen, wie Maschinerie etc., können wir nie erfolgreich anwenden, wenn wir nicht einen Teil des Bodens in grossem Massstab bearbeiten" (Marx 1872). Economies of scale gelten also auch im Sozialismus und die Vorteile industrieller Produktion sollen in der Landwirtschaft angewendet werden.

*2) Aufhebung des Unterschiedes zwischen Stadt und Land*

Dabei sollten nicht nur die Lebensbedingungen ausgeglichen, sondern auch die Arbeitsteilung aufgehoben werden, was schon viele Frühsozialisten (z.B. Morus, Campanella, Morelly) gefordert hatten. Engels entwickelte daraus sogar die Forderung, die modernen grossen Städte abzuschaffen (Engels 1872); die Staatsbürger sollten "sowohl Industrie wie Ackerbau treiben und die Vorteile sowohl des städtischen wie des Landlebens in sich vereinigen" (Engels 1847). Dahinter steht auch die Idee, die Trennung von Kopf- und Handarbeit, welche unter anderem im Stadt/Land-Gegensatz ihre Ausprägung findet, aufzuheben.

*3) Nationalisierung des Bodens*

*4) Gemeinschaftliche Arbeitsorganisation*

Zur Steigerung der Arbeitsproduktivität und Anwendung wissenschaftlicher Neuerungen soll die Arbeit genossenschaftlich organisiert werden.

Weil mit diesen wenigen Andeutungen ein weites Feld offen blieb, entzündeten sich viele Diskussionen über die sozialistische Zukunft. Gegen Ende des 19. Jahrhunderts zeichnete sich immer mehr ab, dass die Marx'sche Verelendungstheorie nicht im erwarteten Ausmass zutraf und auch die Voraussagen bezüglich Konzentrationserscheinungen in der Landwirtschaft nicht eintraten. Zudem wurden die mittlerweile in vielen europäischen Parlamenten vertretenen Sozia-

listen vor praktische agrarpolitische Probleme gestellt. Daher galt es, eine agrarpolitische Linie zu entwickeln. Grundsätzlich boten sich zwei Strategien an:
a) Vergrösserung der sozialen Polarisierung verstärkt die Revolutionsneigung
b) Unterstützung unterprivilegierter Schichten gewinnt diese für die eigene Sache

Bereits bei den Klassikern finden sich über den einzuschlagenden Weg Differenzen. Während Marx der Ansicht war, man müsse die sozialen Gegensätze, auch auf dem Lande, eher noch akzentuieren, um die Revolution nicht unnötig hinauszuschieben, wollte Engels den Bauern (Kleinbauern und Ackerbautaglöhnern) helfen. Er empfiehlt die Schaffung von grossen Genossenschaften (Engels 1945) und ist auch bereit, den selbständigen Kleinbauern eine verlängerte Uebergangszeit zu gewähren. Aus den in den meisten europäischen Ländern hierzu geführten Diskussionen greifen wir die deutsche Agrardebatte als Beispiel heraus.

*Die deutsche Agrardebatte:*
Da sich bis Ende des 19. Jahrhunderts in der Landwirtschaft keine Tendenz zum Grossbetrieb abzeichnete, begannen sich in der agrartheoretischen Diskussion der Sozialisten Zweifel an der Ueberlegenheit des Grossbetriebs in der Landwirtschaft breit zu machen. Diese Auseinandersetzung zur Agrarfrage wird als Agrardebatte bezeichnet. Es standen sich die Verfechter einer streng marxistischen Agrartheorie und die sogenannten Revisionisten, d.h. Kritiker von Marx, gegenüber. Hauptexponenten der sog. "deutschen Agrardebatte" waren der Marxist Karl Kautsky und sein Gegenspieler, der Revisionist Eduard David. Kautsky (1854-1938) wandte die Wirtschaftstheorie von Marx konsequent auf die Landwirtschaft an. Seine wichtigsten Thesen (Kautsky 1899):
a) Der Bauer ist kein Landproletarier, da er nach seiner Stellung im Produktionsprozess eindeutig zu den Kapitalisten gehört.
b) Um das Kleinbauerntum nicht zu stärken, sollten die Kleinbauern in keiner Form unterstützt werden.
c) Die Ergebnisse der Betriebszählungen zeigen keine Abnahme der Betriebe.

Dass die marxistische These zunehmender Konzentration in der Landwirtschaft nicht eintraf, begründete Kautsky wie folgt:
1. *Produktionsfaktor Boden:* Der Boden ist Privateigentum. Wegen des unelastischen Bodenangebots können Landwirtschaftsbetriebe nicht so schnell expandieren wie Industriebetriebe, die unbeschränkt Maschinen kaufen oder

sogar selber entwickeln können. Diese These wird durch die Tatsache gestützt, dass in "bodenunabhängigen" Zweigen der Landwirtschaft, z.B. Schweine- und Geflügelhaltung" eine Tendenz zu Grossbetrieben mit industriellen Produktionsmethoden festzustellen ist.

2. *Elastisches Arbeitsangebot des Bauern:* Bei wirtschaftlichen Schwierigkeiten schindet sich der Bauer ab und kann so trotzdem überleben; er kann eventuell auch einem Nebenwerwerb nachgehen.
3. *Agrarkrisen:* Wenn bei Agrarkrisen die Preise zusammenbrechen, sind die Kleinbauern als Selbstversorger überlebensfähig, im Gegensatz zu den vom Markt abhängigen Grossbetrieben.

Allerdings wächst der Einfluss des Kapitalismus auch in der Landwirtschaft, denn die Kleinbauern werden von den Kapitalisten nach und nach enteignet, und zwar durch Hypotheken und Pacht: "Also auch in der Landwirtschaft bemächtigt sich die Kapitalistenklasse immer mehr und mehr der Produktionsmittel, enteignet den arbeitenden Landwirt und beutet ihn aus. Auf anderem Wege kommt sie so in der Landwirtschaft zu demselben Ziel wie in der Industrie" (Kautsky 1911, S.21).

Den grössten Teil seines Werkes "Die Agrarfrage" widmete Kautsky jedoch der Aufzählung von Vorteilen des Grossbetriebes. In der folgenden Aufstellung werden die wichtigsten aufgeführt:

*Vorteile in der Produktion:*
 a) Materialeinsparung (Inventar)
 b) Bodenbearbeitungsvorteile (Parzellengrösse)
 c) Arbeitsteilung
 d) Wissenschaft (ein wissenschaftlich ausgebildeter Landwirt hat nur die Aufgaben der Leitung und Beaufsichtigung)
 e) Bewässerungs- und Entwässerungsanlagen
 f) Zweckmässiger Bewirtschaftungsplan (Anbau geeigneter Früchte für den Markt statt Selbstversorgung)

*Vorteile im Kredit und im Handel:*
 a) Verkauf von Produkten (bessere Marktübersicht, billigerer Transport)
 b) Einkauf von Produktionsmitteln (Mengenrabatt)
 c) Kredit (weniger starke Belastung durch Notarkosten usw.)

Mit diesem Hauptteil seines agrartheoretischen Werkes hat Kautsky eine wichtige Grundlage für spätere Entwicklungen geliefert.

Die Agrardebatte ist im Rahmen des beginnenden Revisionismus zu sehen, in dessen Verlauf Marx'sche Thesen in der sozialistischen Bewegung angezweifelt und "revidiert" wurden. Im Agrarbereich war Eduard David (1863-1930) ein Hauptvertreter. Nach ihm weisen industrielle und landwirtschaftliche Produktion grundsätzliche Unterschiede auf. "Die industrielle Güterherstellung ist ein mechanischer, die landwirtschaftliche Produktion ist ein organischer Prozess" (David 1922, S.44). Die Ueberlegenheit des Kleinbetriebes erklärt er folgendermassen:

1. Der Arbeiter muss beaufsichtigt werden, um effizient zu arbeiten. Im industriellen Grossbetrieb ist dies eher möglich als in der landwirtschaftlichen Produktion, welche dezentralisiert erfolgt.
2. Auch die Arbeitsteilung ist in der Landwirtschaft nie so weitgehend möglich wie in der Industrie und zwar wegen der organischen Natur der landwirtschaftlichen Produktion.
3. Durch die Maschinen lässt sich das Tempo des Produktionsprozesses, das durch die Natur bestimmt wird, nicht wesentlich beschleunigen. Wegen der Düngerproduktion der Tiere (auch der Zugtiere) ist der Motor der tierischen Zugkraft unterlegen.

Das erste Argument widerspricht der marxistischen Auffassung, dass der Arbeiter im sozialistischen Produktionsprozess von sich aus besser arbeitet als der kapitalistische Arbeiter. Dagegen dürfte das zweite Argument weitgehend zutreffen. Den 3. Punkt hat die technische Entwicklung eindeutig widerlegt.

Aus heutiger Sicht lässt sich inhaltlich an der Agrardebatte folgendes kritisieren:
- Es wird nur von Bodenintensität gesprochen, während die Kapitalintensität unberücksichtigt bleibt (Veredlungsbetriebe!).
- Keine saubere Trennung von technischer und Eigentumseinheit.
- Der technische Fortschritt wurde unterschätzt.

Darüber hinaus weist die Agrardebatte aber durchaus aktuelle Bezüge auf (Oekologiediskussion). Dass in der Landwirtschaft der Anwendung technischen Fortschritts mit steigenden Betriebsgrössen Grenzen gesetzt sind, wurde in neuester Zeit in der DDR deutlich, welche die Grossbetriebe am konsequentesten gefördert hatte. Vor allem innerbetriebliche Transporte wirken limitierend.

Somit hatten wahrscheinlich beide Exponenten der Agrardebatte in einzelnen Punkten recht.

### 4.3.2. Unterscheidungskriterien

Zur Strukturierung der Abgrenzung sollen auch in diesem Abschnitt die gleichen 4 Kriteriengruppen wie weiter oben verwendet werden.

*Entscheidungsfindung:*

Die kollektiven Eigentumsrechte an den Produktionsmitteln sind ein wichtiges Grundprinzip sozialistischer Wirtschaftssysteme (vgl. z.B. Knight, S.3). Allerdings treten verschiedene Formen auf. Neben dem eigentlichen Staatseigentum sind auch Formen von Gesellschaftseigentum anzutreffen. Hierbei ist insbesondere an Jugoslawien zu denken (vgl. Leipold, S.156ff). Aber auch die neueren Reformbewegungen beispielsweise in Ungarn und China haben neue Formen von Gemeineigentum hervorgebracht.

Der Agrarsektor weist als Besonderheit drei verschiedene Eigentumsformen auf: staatlich, genossenschaftlich, privat (Bergmann 1979a, S.330). Die unterschiedliche Ausprägung gruppiert sich im Agrarsektor um den Bodenbesitz. Bodenreformen spielten in allen sozialistischen Revolutionen eine wichtige Rolle (vgl. V.3.). Während beim Staatseigentum alle Produktionsmittel dem Staat gehören und die Beschäftigten Angestellte eines Unternehmens sind, haben die Genossenschaften in länderweise unterschiedlichen Modellen privaten Grundbesitz beibehalten, wofür auch eine Rente bezahlt wird. Allerdings muss der Boden in der Genossenschaft bewirtschaftet werden (Bergmann 1979a, S.332). Daneben verfügen die Genossenschaftsbauern noch über kleine Flächen an Privatland zur individuellen Nutzung. Einzig Polen stellt eine Ausnahme dar, wo dem privaten Bodenbesitz von Landwirtschaftsbetrieben noch grosse Bedeutung zukommt (ca.70% der landwirtschaftlichen Nutzfläche). Bei den Genossenschaften handelt es sich um demokratische Institutionen, die aber völlig in die zentrale Planung eingegliedert sind. Es wird ihnen deshalb auch Pseudodemokratie vorgeworfen, bei welcher die Genossenschaftsführung politisch von oben bestimmt werde (Gey/Quaisser, S.29). Meist kommen diesen drei Typen von Bodenbesitzformen auch unterschiedliche Aufgaben in der Produktion zu. So werden Staatsbetriebe oft in neu erschlossenen Gebieten geschaffen. Genossenschaften betreiben grossflächige, kapitalintensive Betriebszweige, während sich der Privatsektor auf kleinflächige, eher arbeitsintensive Produktionen wie Gemüse, Kleintierzucht, Eier etc. konzentriert.

Der Ort wirtschaftlicher Entscheidungsfindung ist zentral bei staatlichen Behörden (Knight, S.3). Dies gilt sowohl für die Mikro- wie auch für die Makroebene. Obwohl Reformansätze in den meisten Ländern versuchten mehr Entscheide zu dezentralisieren, blieben die wirtschaftlichen Grundsatzentscheide zentralisiert. Damit liegt also eine "gesellschaftliche Wohlstandsfunktion vom diktatorischen Typ vor, die aber durchaus das Ergebnis eines demokratischen Abstimmungsmechanismus sein kann" (Hemmer 1978, S.69).

*Motivationssystem:*
Die Annahme, solidarisches Interesse genüge zur Motivation für wirtschaftliche Leistungen in sozialistischen Gesellschaften, hat sich als ungenügend herausgestellt. Gerade die neuesten Entwicklungen in der Sowjetunion und in der Volksrepublik China versuchen mit Aenderungen im Motivationssystem Verbesserungen der wirtschaftlichen Leistungen zu erreichen. Im einen Fall mit verschärften Kontrollen, im andern Fall mit der Oeffnung von Privatmärkten. In der Sowjetunion bleibt die neue Lösung im bestehenden Rahmen, sie soll nur effizienter werden. Für das Management werden Prämien bei Planerfüllung ausgesetzt. Im Agrarsektor werden noch zusätzlich bessere Preise für die Ueberplanerfüllung bezahlt. Solche Zusatzeinnahmen werden dann in Prämienform an die einzelnen Arbeiter leistungsabhängig weitergegeben (Knight, S.5). Zwischen den Betrieben entsteht ein gewisser Wettbewerb auf dem Arbeitsmarkt mit dem Oberziel quantitativer Planerfüllung. Allerdings bewirkt dies oft qualitative Mängel der Produkte, was dann die gesamte Wirtschaft behindert (Yanov, S.20).

Der chinesische Weg versucht mit Gewinnmöglichkeiten für Bauern, neue Motivationen zur Produktionssteigerung zu schaffen. Damit kommt also ein qualitativ neues Motivationselement hinein. Die Grenzen, über solche incentives Einkommensunterschiede zwischen den Individuen wachsen zu lassen (Knight), S.5), wurden also von den politischen Behörden erweitert. Dadurch sind allerdings bereits erhebliche Probleme mit extremen Preissteigerungen und Bereicherungen einzelner entstanden (vgl. NZZ 30.11.85). Damit wird auch das sozialistische Grundprinzip der Konsumgüterverteilung gemäss Arbeitsleistung (Gey/Quaisser, S.22) angekratzt.

*Koordinationssystem:*

Aus der marxistischen Theorie leitet sich die Koordination der wirtschaftlichen Tätigkeiten durch Planung ab. Damit soll die Koordination im Gegensatz zur ex post-Regelung beim Markt ex ante erreicht werden. Ebenfalls theoretisch begründet ist die Erfassung individueller Produktionsaufwendungen in Arbeitseinheiten, die Bilanzierung in stofflichen Grössen und die Entscheidungskompetenz über Investitionen bei zentralen Investitionen (Bolz et al., S.99). Somit ersetzt also die naturalwirtschaftliche Steuerung den geldwirtschaftlichen Mechanismus, was die Beseitigung aller Marktbeziehungen bedeutet (Gey/Quaisser, S.22ff).

Die gesellschaftliche Zielfunktion ergibt sich aus der Zielfunktion der zentralen Planungsbehörde, welche für alle Individuen verbindlich wird (Hemmer 1978, S.96). Damit diese Ziele auch erreicht werden, muss die Planungsinstanz folgende Voraussetzungen erfüllen (vgl. Hemmer 1978, S.95):

a) genaue Kenntnisse über verfügbare Produktionsfaktoren (Qualität und Quantität)
b) Kenntnisse über sämtliche einzelbetriebliche Produktionsfunktionen
c) genügend grosse Berechnungskapazitäten zur Auswertung
d) konsistente Wohlstandsfunktion mit kollektiver Nutzenmaximierung
e) Machtbefugnis zur Durchsetzung der Anordnungen

Als weitere grundlegende Voraussetzung ist die Abschottung gegenüber den Weltmärkten anzuführen. Denn nur bei Ausschluss dieses Einflusses kann ein geschlossenes Preissystem aufgebaut werden (Knight, S.4).

Zur Umsetzung bestehen verschiedene Planungsmodelle. Gemeinsam sind ihnen die folgenden Grundzüge (Bolz et al., S.102ff):
- politische Festlegung von Zielgrössen (z.B. Wachstum der Produktion)
- nationale Zielgrössen werden auf Sektoren, Regionen, Betriebe übertragen, wobei den Betrieben im Rahmen von groben Plangrössen doch ein gewisser Spielraum bleibt
- zeitlich abgestufte Planungshorizonte (15-20 Jahre, 5 Jahre, 1 Jahrespläne).

Im Agrarsektor kommt als Besonderheit hinzu, dass die staatlichen Aufkäufe nur einen Teil des Bedarfes decken. Darüber hinausgehende Verkäufe sollen mit höheren Preisen und übrigen Anreizen gefördert werden. Beim nicht in die

Planung einbezogenen Privatsektor wird die Lenkung durch gesetzliche Vorschriften über die Absatzmöglichkeiten erreicht.

Grundsätzlich werden zwei Planungsmodelle unterschieden, welche meist mit der Sowjetunion und der VR China assoziiert werden. Im ersten Fall liegt eine strenge zentralistische Planung vor, welche mit Befehlen von "oben nach unten" arbeitet. Demgegenüber besteht im andern Modell die Möglichkeit auf regionaler und lokaler Ebene quasi von "unten nach oben" noch Korrekturen einzubringen.

Aus diesem Planungsansatz ergibt sich ein dreistufiges Preissystem (vgl. Bergmann 1979a, S.311f):
1. Grundnahrungsmittel mit Ablieferungspflicht haben tiefe Preise. Auf diese Weise kann der Faktorbeitrag des Agrarsektors erzwungen werden.
2. Ueberschüsse über das Pflichtquantum hinaus werden zu wesentlich höheren Preisen übernommen.
3. Veredelungsprodukte aus der Hofwirtschaft unterliegen keinen Preisvorschriften. Sie können daher auf Bauernmärkten frei verkauft werden.

Diesen Preisen kommt allerdings nicht die Rolle des Koordinationsreglers zu. Vielmehr bieten sie meist ein verzerrtes Bild der Realität, d.h. sie sind kein Massstab für ökonomische Knappheiten (Bohnet/Schinke, S.10). Somit wird der Agrarsektor immer noch in erster Linie durch den Aufkaufplan gelenkt. Das Preissystem bietet zu wenig Anreize für Mehrproduktion. Wir können also von einer "nachfrageorientierten Mengensteuerung mit dem Staat als Monopsonist" (Bohnet/Schinke, S.11) sprechen.

*Kontrollsystem:*

Aus der Ordnung des Koordinationssystems geht hervor, dass auch die Kontrolle der Machtansprüche der Wirtschaftssubjekte vom Staat ausgeübt werden muss (Leipold, S.47). Damit kompliziert sich der Verwaltungsapparat noch einmal. Denn es muss eine Vielzahl von Kontrollregelungen eingebaut werden. Offen bleibt das brisante Problem der Kontrolle der Kontrolleure (Leipold, S.47).

### 4.3.3. Systemfremde Elemente im Agrarsektor

In allen sozialistischen Revolutionen waren die Bauern tragendes Element der revolutionären Bewegung. Sie wurden dafür dann auch in Abweichung von der Verstaatlichungstheorie mit der privaten Bodennutzung entschädigt (Schweizer,

S.107). Der Boden verblieb jedoch im Kollektivbesitz und wurde nur zur Nutzung abgegeben. Die späteren Kollektivierungen stiessen dann alle auf mehr oder weniger grossen Widerstand bei den Bauern. Ausgelöst wurden diese Kollektivierungen durch das Misstrauen in die private Bauernwirtschaft, welche als ständige Reproduktion kapitalistischer Verhältnisse angesehen wurde (Gey, S.103). Auch in den nach dem 2. Weltkrieg in Europa entstandenen Volksdemokratien begann ab Ende der 40er Jahre der Klassenkampf auf dem Lande, der mit der Kollektivierung endete. Dadurch wurden die Bauern von Mitträgern der Revolution zu Klassenfeinden, was den Verlust der bäuerlichen Loyalität gegenüber dem Staat zur Folge hatte (Gey/Quaisser, S.28). Obwohl in der heutigen Kollektivbauerngeneration diese Verbitterung nachgelassen hat (Bergmann 1984a, S.81), bleibt der gewaltsame Uebergang zur Kollektivwirtschaft ein Hauptgrund für die mangelnde Arbeitsmotivation im real existierenden Sozialismus. Daher kommt der Produktion auf der privaten Parzelle für die Produzenten nicht nur einkommensmässig, sondern eben auch ideologisch grosse Bedeutung zu. Allerdings wird die zusätzliche Arbeit auf der Privatparzelle von den jungen einkommensmässig bessergestellten Generationen nicht mehr so hoch eingeschätzt (Bergmann 1979a, S.59). Trotz anfänglicher Bekämpfung hat sich der Privatsektor heute überall fest etabliert und wird als integraler Faktor der Agrarproduktion angesehen (Bergmann 1984a, S.79).

Aus Tabelle 2.3 ist ersichtlich, dass die Flächenanteile des Privatsektors in einigen osteuropäischen Ländern grosse Unterschiede aufweisen. Allgemein ist ein genereller Rückgang des Anteils festzustellen, obwohl sich dieser Prozess in den letzten Jahren verlangsamt hat. Gleichzeitig ist die Bedeutung der Privatproduktion anteilmässig viel bedeutender als die Flächenanteile. So wurde z.B.

*Tab. 2.3: Anteile der privat bewirtschafteten landwirtschaftlichen Fläche einiger osteuropäischer Länder (in %), 1980*

| | | |
|---|---|---|
| Bulgarien | 9,7 % | 598'000 ha |
| Ungarn | 12,0 % | 797'000 ha |
| DDR | 10,6 % | 570'000 ha |
| Rumänien | 15,6 % | 3'000'000 ha |
| UdSSR | 1,4 % | 7'900'000 ha |
| CSSR | 5,7 % | 390'000 ha |

*Quelle: Schinke Eberhard, Der Anteil der privaten Landwirtschaft an der Agrarproduktion in den RGW-Ländern*

die Kartoffelversorgung 1980 in der Sowjetunion zu über 60% aus der Privatproduktion gedeckt oder die Eierversorgung in Ungarn und Rumänien ebenfalls zu über 60% (Schinke, S.27). Ursache für diese Bedeutungsverschiebung ist die Konzentration des Privatsektors auf Intensivkulturen im pflanzlichen wie auch im tierischen Bereich. Diese Betriebszweige sind schwierig in das auf Vollmechanisierung beruhende Konzept der sozialisierten Grossbetriebe zu integrieren. Im Tiersektor besteht meist eine enge Zusammenarbeit mit den Kollektivbetrieben, indem letztere das Futter liefern (Schinke, S.14). Deshalb wären die Privatflächen eigentlich noch grösser.

Unter dem Beschäftigungsaspekt betrachtet bietet die Nebenerwerbslandwirtschaft des Privatsektors eine ausgleichende Ergänzung zum Grossbetrieb. Füllt sie doch Beschäftigungslücken und vermag Arbeitsspitzen mit Familienmitgliedern abzudecken. Sie ist auch nicht auf Kolchos- bzw. LPG-Bauern beschränkt, sondern allen auf solchen und Staatsbetrieben Beschäftigten möglich. Allerdings gelten in den meisten Ländern Beschränkungen der Fläche und der Nutztierbestände (Schinke, S.12).

Ursprünglich wurden mit der Tolerierung dieses systemfremden Sektors folgende Ziele verfolgt (Schinke, S.13):
- Erleichterung des Ueberganges zur Kollektivierung
- Einkommensverbesserung
- Selbstversorgung der Kollektivbauernfamilien

Weil der Privatsektor im Verlaufe der Entwicklung zur Sicherstellung der Marktversorgung städtischer Regionen bei einzelnen Produkten sehr bedeutend wurde, erhielt er zum Teil auch vermehrte Unterstützung durch Input-Zuteilungen. Damit sind die ursprünglichen Ziele etwas in den Hintergrund gedrängt worden. Zwar wird auf diese Weise das Versorgungsziel besser erreicht. Gleichzeitig schafft es aber auch ein grundlegendes Problem sozialistischer Agrarpolitik. Denn die Anerkennung des Privatsektors läuft der Sozialisierung der gesamten Wirtschaft entgegen. Somit wird das aus ideologischen Gründen bekämpfte Überbleibsel kapitalistischer Agrarproduktion aus pragmatischen Gründen der Versorgungssicherheit gefördert. Dieses Dilemma könnte jedoch gerade einen Ansatzpunkt für Reformen im Agrarsektor bilden. Gleichzeitig stellt es das Gegenstück zur systemfremden Agrarpolitik in den westlichen Industrieländern dar. Daraus lässt sich also die Hypothese ableiten, dass die Agrarpolitik sowohl westlicher wie auch östlicher Industrieländer in grundlegenden Bereichen von

systemfremden Elementen getragen wird, welche systemkonsistente Lösungen weitgehend verhindern.

### 4.3.4. Agrarpolitische Ziele und Massnahmen

Aus marxistischer Agrartheorie und praktischer Agrarpolitik wird im folgenden versucht, ein agrarpolitisches Ziel- und Massnahmensystem zu entwickeln. Die agrarpolitischen Ziele haben sich in Abhängigkeit der grundsätzlichen Rolle, welche dem Agrarsektor zur Entwicklung der sozialistischen Gesellschaft zugewiesen wird, gewandelt (Bergmann 1984a, S.89). Die in Tabelle 2.4 zusammengestellten Ziele stammen mit Ausnahme des allgemein gültigen Produktionszieles aus der marxistischen Agrartheorie und haben daher grundlegenden Charakter. Aus der Priorisierung der Ziele können sich Zielkonflikte ergeben. So mussten auf Grund des Vorranges der Produktionssteigerung bei den übrigen Zielen zum Teil Abstriche gemacht werden. Entsprechend wurden auch die Massnahmen im pragmatischem Sinn angepasst (vgl. Bergmann 1979a, S.306ff). Ein weiteres theoretisch abgeleitetes Grundprinzip musste im Laufe der Zeit aufgegeben werden, nämlich das Autarkiestreben sozialistischer Staaten im Agrarbereich (Marton, S.68). Wegen starker Schwankungen der Primärproduktion musste davon seit Beginn der 70er Jahre verschiedentlich abgewichen werden. Dieses Verhalten wurde somit zu einer bedeutenden Ursache für die be-

*Tab. 2.4: Ziele und Massnahmen sozialistischer Agrarpolitik*

| Ziele<br>Politik | Sozialisierung | Produktions-<br>steigerung | Industrialisierung<br>der Landwirtschaft | Aufhebung des Unter-<br>schiedes Stadt/Land |
|---|---|---|---|---|
| Struktur-<br>politik | Verstaatlichung des Bodens | Unterstützung genossenschaftlicher/ privater Sektor | Betriebsvergrösserung Kooperation Agrokombinate | Einkommensverteilung der Genossenschaft |
| Markt-<br>politik | Planwirtschaft Ablieferungspflicht der Grundnahrungsmittel | höhere Preise für Ueberplanerfüllung | Produktionsmittelsubventionierung Vertragsproduktion | freier Verkauf der Hofwirtschaftsprodukte (Einkommen) |
| Wohlfahrts-<br>politik | Altersrente bei Landverkauf an Staat | moralische und materielle Anreize (Prämien, Ferien, Wohnung) | ganzjährige Anstellung in Staatsbetrieben | Sozialversicherung Gewerkschaften |

*Quelle: Eigene Darstellung, z.T. basierend auf Bergmann 1979a*

kannten grossen Instabilitäten der internationalen Getreidemärkte einerseits. Anderseits hatte es aber auch den Zwang, Devisen durch Exporte zu erwirtschaften, zur Folge.

### 4.3.5. Agrarpolitische Interessengruppen

Weil die starke, zentralistische Führung sozialistischer Staaten kaum die Interessenvertretung im Sinne westlicher Agrarpolitik zulässt, fallen die agrarpolitischen Entscheide in erster Linie innerhalb der zuständigen Bürokratie. Diese fällt ihre Entscheide über Ziele und Massnahmen also aus ihrem subjektiven Urteil über die Bedürfnisnähe der Entscheide (Gey/Quaisser, S.30).

Weil es keine autonome gesellschaftliche Macht gibt, die den Apparat kontrolliert, können sich Sonderinteressen seiner Mitglieder durchsetzen (Bahro,S.250). Dadurch stehen den unmittelbaren Produzenten die Funktionäre als quasi eigene Klasse antagonistisch gegenüber (Bahro, S.284). Beim Agrarsektor gilt es zu berücksichtigen, dass er aus allgemein politstrategischen sowie agrarstrategischen Ueberlegungen nicht prioritär behandelt wird. So sind militärische Interessen meist besser vertreten als die politisch schlecht organisierte Landbevölkerung (v.a. Sowjetunion) (Bergmann 1984a, S.83). Entwicklungsstrategisch wurde meist der industriellen Entwicklung Priorität eingeräumt, wozu der Agrarsektor das Kapital für die Investitionen zu liefern hatte (vgl. III. 4.1.2.).

Weil mit Ausnahme der sozialistischen Dritt-Welt-Länder (v.a. VR China) urbane, proletarische Interessen die Partei dominieren, hat eine konsumentenorientierte Politik den Vorrang. Ein Ausdruck davon sind die subventionierten tiefen Nahrungsmittelpreise (vgl. Marton, S.67). Da diese Preisebene von der Produzentenpreisebene zusätzlich durch planerische Eingriffe abgehoben ist, entstanden für die Produzenten oft völlig verzerrte Preisrelationen (Knight, S.4). Dadurch kann sich keine standortgerechte Spezialisierung herausbilden, was eine ineffiziente Strukturzementierung zur Folge hat (Gey/Quaisser, S.31). Weil die Planerfüllung für den einzelnen Bürokraten nicht wie beim Unternehmer mit individuellem Reichtum, sondern mit der Verhinderung von Aerger verbunden ist (Bahro, S.259), wird der Plan um keinen Preis geänderten Verhältnissen angepasst (Bahro, S.186).

Institutionell weist die Agrarbürokratie meist sehr komplizierte Strukturen auf. So werden z.B. Preisentscheide auf verschiedenen ministeriellen und regionalen

Ebenen gefällt, müssen aber zusätzlich noch wegen ihrer politischen Bedeutung von den obersten Instanzen abgesegnet werden (Bohnet/Schinke, S.19). Dadurch hat sich der Apparat in einem eigentlichen "Bürokratisierungsprozess" stets weiter ausgedehnt (Bahro, S.187). In verschiedensten Phasen wurden Rufe nach Reformen zur Effizienzsteigerung laut. Diese beinhalten hauptsächlich die Forderung nach dezentralisierter Entscheidungsfindung (Knight, S.23). Weil die Bürokratie aber über alle Entscheidungsbefugnisse verfügt, ist sie nicht genötigt diesen Rufen nachzugeben. Denn alle Reformen in Richtung vermehrter Marktwirtschaft machen die Entwicklung weniger kontrollierbar. Zur Verhinderung der Untergrabung der Machtbasis bleibt daher das Ziel des voll sozialisierten Agrarsektors erhalten (Gey/Quaisser, S.64ff). Mit dem "Widerstand von oben" (Yanov, S.38) werden Reformen im Agrarsektor verhindert und die Konsumorientierung der Bevölkerung als Stütze zur Herrschaftserhaltung eingesetzt (Gey/Quaisser, S.51). Weil die Versorgung mit industriellen Konsumgütern ohnehin unzureichend ist, erhält das Nahrungsmittelangebot bei der Bevölkerung den Charakter eines Gradmessers für den Wohlstand (Gey/Quaisser, S.55). Dies bewirkte dann auch die Aufgabe der Autarkiepolitik, indem Versorgungslücken auf den Weltmärkten gedeckt wurden. Dadurch wurde aber das System nicht grundlegend reformiert.

Wieweit die aktuellen Veränderungen in der VR China und in der Sowjetunion bleibende Reformansätze bringen, bleibt abzuwarten. Diese müssten Raum für Eigeninitiative der Basis schaffen, was aber über bisherige leistungsbetonte Anreize hinausgeht, welche ja keine Produktionssteigerung gebracht haben (Gey/Quaisser, S.58). Ohne solche Reformen wird der agrarpolitische Entscheidungsprozess innerhalb der Bürokratie bleiben. Die direkt an der Produktion Beteiligten werden versuchen im Rahmen des vom Plan gelassenen Spielraumes sich optimal zu verhalten. Wegen den Preisverzerrungen entspricht dies aber selten auch dem gesamtgesellschaftlichen Optimum. Womit die Rückständigkeit des Agrarsektors nicht nur der Entwicklungsstrategie, sondern ganz entscheidend der bürokratischen Schwerfälligkeit angelastet werden muss (Gey/Quaisser, S.33).

# III. Der Agrarsektor als Entwicklungsmotor

## 1. Einleitung

Im Zusammenhang mit dem Senghaas'schen Werk "Von Europa lernen" ist die in der entwicklungspolitischen Diskussion altbekannte Streitfrage der Uebertragbarkeit von Entwicklungserfahrungen erneut aktuell geworden (vgl. Hein, S.43). Wir schliessen uns der Ansicht von Hein an, dass "Von Europa lernen" nur heissen kann, Perspektiven für die Analyse von Entwicklungsprozessen zu gewinnen (Hein, S.48). Bei der Ableitung von Strategien ist Vorsicht walten zu lassen. Insofern ist jede Analyse Kind ihrer Zeit (Steppacher, S.279). Werturteile als Ausdruck des Standpunktes jedes Forschers (Bergmann 1979b, S.101) bestimmen die Theoriebildung als historische Realität.

Auch wenn die heutige Entwicklungsforschung und die Diskussion in der Oeffentlichkeit noch weitgehend von den Modernisierungstheorien dominiert sind (Menzel 1985, S.11), gibt es alternative Ansätze. So haben wir im Kapitel II unserer Arbeit einen Systemansatz zugrunde gelegt. Dieser geht im Gegensatz zur faktorisolierenden Methodik der Modernisierungstheorien von einem alle Faktoren einbeziehenden Verständnis des Entwicklungsprozesses aus. Daraus leitet sich in Anlehnung an Decurtins (S.7ff) und Nohlen/Nuscheler (1982a, S.54ff) ein multidimensionaler Entwicklungsbegriff ab, welcher neben ökonomischen auch humanindividuelle, kulturelle, soziale, politische und ökologische Elemente enthält.

### 1.1. Historische Dimension

Aus dem dialektischen Entwicklungsprozess von Produktivkräften und Produktionsverhältnissen (Bergmann 1979a, S.324) ergibt sich die historische Dimension jeder Analyse in unserem Sinne. Daher ist die Situation heutiger Entwicklungsländer nicht mit derjenigen der Industrieländer am Vorabend der industriellen Revolution gleichzusetzen - zumal auch dies kein Prozess war, der in allen

Ländern gleichzeitig und nach gleichem Muster ablief. In der Dritten Welt sind hauptsächlich folgende Unterschiede gegenüber dem damaligen Europa festzustellen (vgl. Priebe/Hankel, S.11):
- das Bevölkerungswachstum ist mit 2,5-3 %/Jahr doppelt so hoch
- die Produktivität der Landwirtschaft ist geringer
- die Lebensansprüche sind höher
- die Uebersetzung des traditionellen Handwerks in die Entwicklung industrieller Produktion ist wegen seiner Zerstörung und importierter Hochtechnologie nicht mehr möglich

Fundamentale Bedeutung kommt der Existenz eines Weltmarktes zu. Für die Vertreter der Dependencia-Theorien ist die Einbindung der Entwicklungsländer in den Welthandel das entscheidende Entwicklungshindernis. Demgegenüber sehen die auf neoklassischer Basis argumentierenden Modernisierungstheoretiker die Entwicklung gerade aus vermehrter Weltmarktintegration. Die Ausrichtung einer Volkswirtschaft auf den Binnenmarkt oder auf die Exportwirtschaft wird uns im Abschnitt über Agrarstrategien zentral beschäftigen. An dieser Stelle soll nur die Frage aufgeworfen werden, wo die Industrieländer heute stehen würden, wären sie seinerzeit der englischen Aufforderung, ihre Produktion nach komparativen Kostenvorteilen auf Agrarprodukte auszurichten, gefolgt (vgl. Heierli, S.3). Die ökonomische Ueberlegenheit Englands erlaubte das Freihandelspostulat und fand ihren Niederschlag in der ökonomischen Theoriebildung.

Neben diesen historisch bedingten speziellen Situationen einzelner Länder lassen sich aber auch allgemein gültige Funktionen des Agrarsektors beim Uebergang von einer Agrar- zu einer Industriegesellschaft herauskristallisieren.

Diese Elemente und die verschiedenen Strategien zur Erreichung des Ueberganges sollen in diesem Kapitel behandelt werden. Hintergrund bleibt die oben erwähnte historische Bedingtheit.

## 1.2. Kennzeichen des Ueberganges zur Industriegesellschaft

Der Rückgang des Anteils des Agrarsektors am Bruttosozialprodukt und bei den Beschäftigten gilt in der Literatur übereinstimmend als Kennzeichen für diesen Uebergang (vgl. z.B. von Urff, S.19). Schon den Merkantilisten war diese Tatsache bekannt. Sie versuchten denn auch mit ihren Empfehlungen diese Entwicklung zu fördern (Schäfer, S.133). Für einen erfolgreichen Uebergang ist es unerlässlich, dass der industrielle Sektor die aus dem Agrarsektor ausscheidenden Arbeitskräfte auch zu absorbieren vermag. Wenn das Wachstum solcher Arbeitsplätze aber wie heute in der Dritten Welt geringer als das Bevölkerungswachstum ist, bleibt kurz- und mittelfristig nur die Beschäftigungsmöglichkeit im Agrarsektor (Hemmer 1978, S.316). Wenn in dieser Situation der Agrarsektor vernachlässigt wird, wird er zum Entwicklungshemmnis. Der Schaffung neuer Produktionsverhältnisse muss die Entwicklung der Produktivkräfte vorausgehen (Bergmann 1979a, S.324). Jedenfalls ist industrielle Entwicklung nur auf der Basis des Agrarsektors möglich. Dieser hat auf verschiedene Weise Ressourcen bereitzustellen. Das dabei entstehende Gefälle zwischen urbanen (industriellen) und ländlichen (agrarischen) Räumen ist erst abbaubar, wenn die primäre Akkumulation abgeschlossen und der industrielle Sektor zur inneren Kapitalbildung fähig ist (Bergmann 1979b, S.128). Als weitere Voraussetzung ist die Orientierung der Entwicklung auf die Erhöhung der Masseneinkommen zu nennen (Senghaas 1982, S.89).

## 1.3. Entwicklung zwischen Bevölkerungswachstum und Ernährungssicherung

Auch in Europa fand die Industrialisierung bei Bevölkerungswachstum statt, welches allerdings wesentlich geringer war als heute in der Dritten Welt. Der Agrarsektor steht in diesem Prozess also unter dem doppelten Druck wachsender Bevölkerung und der Ernährungssicherung. Diese Beobachtung machte seinerzeit schon Malthus als er seine pessimistische Theorie entwickelte. Wenn weder im industriellen Sektor noch im Agrarsektor genügend Arbeitsplätze vorhanden sind, fehlt die Kaufkraft zum Nahrungsmittelerwerb. Daher entsteht eine ungleiche Nahrungsmittelverteilung mit den Problemen von Hunger und Unterernährung (de Haen, S.40). Weil sich in der Dritten Welt der Grossteil des Bevölkerungswachstums in den ländlichen Räumen auswirkt (Thorbecke, S.321), kommt dem Agrarsektor sowohl für Beschäftigung wie auch als Nahrungsmittelproduzent zentrale Bedeutung zu. Damit die Armut verschwindet, ist ein allgemeiner Einkommensanstieg nötig (Mukhoti, S.3). Dessen Realisierung stehen jedoch die dualistischen Strukturen entgegen (de Haen, S.42). Das heisst also, dass für eine Entwicklung dieser Dualismus von modernem Sektor in urbanen und traditionellem Sektor in ländlichen Räumen überwunden werden muss. Die Malthus-Problematik ist also grundsätzlich lösbar (vgl. III.3.3.).

## 1.4. Urbane und ländliche Interessengruppen

Der Ueberwindung des Stadt-/Land-Gegensatzes stehen allerdings die Interessen verschiedener sozialer Gruppen entgegen. Im Abschnitt 4.3.1. von Kapitel II haben wir gezeigt, dass die klassische marxistische Theorie (F. Engels) Mühe hatte, die soziale Schichtung auf dem Lande im Europa des 19. Jahrhunderts ins Zweiklassenschema einzupassen. In der modernen Realität der Dritten Welt ist die Sozialschichtung noch komplexer geworden. Schäfer unterscheidet folgende Gruppen (Schäfer, S.208):
- Tagelöhner
- Saison- und Wanderarbeiter
- Kleinpächter
- kleine selbständige Bauern, die zusätzlich Lohnarbeit leisten
- Grundbesitzer und Verpächter
- Guts- und Plantagenbesitzer

Auch die urbanen Gruppen weisen eine grosse Vielfalt auf:
- unbeschäftigte und arbeitslose Bewohner der Slums und Elendsviertel
- Kleinhändler
- traditionelle Handwerker
- Arbeiter in den modernen Betrieben
- Angestellte des modernen Dienstleistungssektors
- Staatsbürokratie
- Export- und Importhändler
- Industrielle
- Angestellte multinationaler Firmen

Die klassischen Interessengegensätze von Feudalherr/Bauer und Kapital/Arbeit haben sich in der Dritten Welt überlagert, wodurch der zentrale und komplexe Gegensatz Stadt/Land entstand (Thorbecke, S.323). Als ökonomisch dominante Klasse steht die Staatsbürokratie über diesem komplexen Spannungsfeld (vgl. nach Elsenhans, Kap. II.4.2.).

Als Hauptkonfliktpunkte haben sich die folgenden herauskristallisiert (Schäfer, S.208):
1) die Vermögensverteilung als Folge der Agrarverfassung
2) die Preise von Agrar- und Industriegütern
3) die Verteilung staatlicher Investitionen auf die urbanen und die ländlichen Räume
4) Partizipation am politischen Entscheidungsprozess.

Aus dem Industrialisierungsziel jedes Entwicklungsprozesses seit dem 19. Jahrhundert ergab sich eine Priorisierung urbaner Interessen. Weil aber heute in der Dritten Welt die erfolgreiche Industrialisierung aus verschiedenen Gründen blockiert ist, führt diese Bevorzugung der städtischen Räume zu weiteren Entwicklungshemmnissen. So dienen subventionierte Grundnahrungsmittelpreise in den Städten primär der Stützung des jeweiligen Regimes (Lachmann, S.158).

Wenn man schliesslich noch den Aussenhandel in Betracht zieht, erfüllt er keine entwicklungspolitische Aufgabe. Sondern er dient entweder den Rohstoffinteressen der Industriemetropolen oder der Finanzierung der Staatsklassen in der Dritten Welt (vgl. II.4.2.). Es bleibt also jeweils zu fragen, welche soziale Gruppe vom Aussenhandel profitiert und ob sie Kapital akkumuliert, welches der internen Entwicklung zur Verfügung gestellt wird (Heierli, S.13).

Dieser Hintergrund ist parallel zu Kapitel II zu sehen. Die Analyse der Rolle des Agrarsektors im Entwicklungsprozess muss daher in diese Interessenstruktur eingebettet sein.

## 1.5. Grundthese und Kapitelaufbau

Diesem Kapitel möchten wir folgende Grundhypothese voraussetzen:

Der Agrarsektor ist in allen heutigen Gesellschaften ein Problemkind unabhängig von Entwicklungsstand, Wirtschaftssystem und eingeschlagener Agrarstrategie. Im Durchschnitt bleiben die Einkommen im Agrarsektor hinter denjenigen der übrigen Wirtschaftssektoren zurück.

Je nach Wirtschaftssystem präsentiert sich die Problemlage allerdings etwas anders:

**Soziale Marktwirtschaften (SM):**
- Ueberschüsse auf Grund hoher garantierter Preise und gesättigter Nachfrage
- Entleerung marginaler Räume wegen ungenügender Einkommen und relativ grosser Arbeitsbelastung
- ökologische Probleme infolge zu hoher Produktionsintensität
- Belastung der Weltmärkte mit den Ueberschüssen, was tendenziell tiefe Preise bewirkt

**Zentral geplante Staatswirtschaften (ZGS):**
- Versorgungslücken in einzelnen Jahren trotz Autarkieprinzip
- ineffiziente Produktion
- ungenügende Ertragskraft des Agrarsektors wegen systematischer Desinvestition
- ungenügendes Konsumgüterangebot
- Instabilitätsfaktor auf den Weltmärkten wegen sprunghaftem Nachfragen grosser Mengen in einzelnen Jahren

**Bürokratische Entwicklungsgesellschaften (BEG):**
- ungenügende Nahrungsmittelversorgung bewirkt Unterernährung und Hunger
- ungenügende Kaufkraft infolge weitverbreiteter Armut
- mangelnder Anbau von Grundnahrungsmitteln infolge fehlender Preisanreize
- meist extrem ungleiche Bodenbesitzverteilung
- viele Landlose und Unterbeschäftigte auf dem Lande, was Landflucht zur Folge hat
- Förderung der Exportproduktion, welche den Instabilitäten und dem tendenziellen Zerfall der Rohstoffpreise auf den Weltmärkten ausgesetzt ist

Diese problembeladene Stellung des Agrarsektors entspringt aus seiner Rolle in einem mehr oder weniger weit fortgeschrittenen Prozess der Industrialisierung. Darin ist es seine Aufgabe, diesen Prozess zu unterstützen und nicht eine agrarisch geprägte Gesellschaft anzuvisieren. Alle übrigen Bereiche der Wirtschaft folgen den Gesetzen der Industrie (Arbeitsteilung, lineare Produktionsfunktion, totale Marktintegration). Dagegen können industrielle Produktionsweisen in der Agrarproduktion auf Grund ihrer Bindung an den Boden, der Naturabhängigkeit und des Ertragsgesetzes nur beschränkt eingesetzt werden (Hemmer 1978,

S.319). Wegen der Dominanz und der höheren Produktivität des Industriesektors bleibt der Agrarsektor in einem gewissen Sinne ein Fremdkörper in der Industriegesellschaft. Es findet keine sektorautochthone Rollendefinition statt, weshalb Problemlösungen exogen vorgegeben werden. Das bedeutet aber auch, dass Entwicklungsblockaden in der übrigen Wirtschaft eine eigene Entwicklung des Agrarsektors verhindern.

In der SM können diese Blockaden ökologische Grenzen und Nachfragesättigungen sein, in den ZGS Allokationsprobleme der Investitionsmittel infolge hoher Rüstungs- und Verwaltungskosten und in den BEG multinationale Dominanz des modernen Sektors.

Zur Darlegung dieser Rolle des Agrarsektors im Entwicklungsprozess wird der nachfolgende Aufbau gewählt:

In einem ersten Abschnitt (III.2.) werden die Konsequenzen für den Agrarsektor aus dem übergeordneten Industrialisierungsziel abgeleitet. Anschliessend (III.3.) wird die Form der Beiträge des Agrarsektors bei diesem Uebergang, sowie die zu deren Realisierung notwendigen Voraussetzungen diskutiert. Im III.4. werden daraus verschiedene mögliche Strategien abgeleitet.

## 2. Die Industrialisierung bleibt das Entwicklungsziel

In allen Entwicklungsstrategien bleibt die Industrialisierung über ideologische Grenzen hinweg das Ziel der Entwicklung (de Haen, S.39). Uneinigkeit besteht allerdings bezüglich des Industrialisierungsmodelles und vor allem bezüglich des zugrundeliegenden Wirtschaftssystems. Seit den siebziger Jahren tauchen in den Industrieländern im Rahmen der grünen Bewegung Utopien auf, welche in der Industrialisierung schlechthin das Böse sehen. Es soll daher quasi eine moderne Agrargesellschaft wiederentstehen (z.B. Grosch/Schuster, S.209ff). Solche Ansätze gehören in den Bereich der Utopie und zielen letztlich an den Problemen vorbei. Zur Erreichung eines minimalen Wohlstandes für alle Menschen müssen die Vorteile industrieller Arbeitsteilung genutzt werden. Allerdings muss schonender mit den Ressourcen der Erde umgegangen werden und muss allen Menschen der Zugang zu Produktionsmitteln und deren Erträgen ermöglicht werden. Wir verstehen daher Industrialisierung im Sinne des früher definierten Entwicklungsbegriffes durchaus als erstrebenswertes Ziel.

## 2.1. Volkswirtschaftliche und sektorielle Ziele

Die Erreichung des gesamtwirtschaftlichen Industrialisierungszieles kann auf verschiedene Weise geschehen und ist an die Erfüllung verschiedener Voraussetzungen gebunden. Mit der raschen und auf die Förderung einzelner Schlüsselindustrien ausgerichteten Industrialisierung in der Dritten Welt wurde das Ziel wirtschaftlicher Entwicklung nicht erreicht. Das aus den Modernisierungstheorien abgeleitete Industrialisierungsmodell, welches vor allem nach der Rostow'schen Stufentheorie auf dem Entwicklungsweg der Industrieländer beruht, hat in der Dritten Welt versagt (Decurtins, S.40). Dies liegt zum einen an der bereits erwähnten Nichtübertragbarkeit historischer Entwicklungsmodelle. Zum andern wurde aber bei diesen Modernisierungsstrategien die europäische Erfahrung vernachlässigt, dass "nachhaltige Industrialisierung ohne produktive Landwirtschaft nicht möglich ist" (von Blanckenburg, S.39).

Industrialisierungsziel und ländliche Entwicklung sind also sich gegenseitig bedingende Teile jedes Entwicklungsprozesses. Ländliche Entwicklung bedeutet aber nicht nur Steigerung der Produktion, sondern auch Partizipation der ländlichen Bevölkerung an deren Früchten in Form erhöhter Einkommen (Mukhoti, S.11). Dies erst ermöglicht die Kaufkraft im Agrarsektor, welche dann die "linkages" zu den vor- und nachgelagerten Sektoren schafft (de Haen, S.38). Fehlen solche "linkages" infolge einseitiger Industrialisierung (Sohn, S.461), entwickelt sich die gesamte Wirtschaft zur Peripherie (Senghaas 1982, S.79).

Als weitere Erkenntnis über die Voraussetzungen einer erfolgreichen Entwicklung aus der europäischen Erfahrung gilt sicher die Binnenmarktorientierung der industriellen Produktion (Senghaas 1982, S.89). Exportorientierung ist nur in ganz speziellen Situationen erfolgreich, was in einem späteren Abschnitt diskutiert wird. Das Ziel einer exportorientierten Entwicklung muss auf Rohstoffveredelung lauten (Menzel 1985, S.22).

Zwischen den einzelnen Zielgruppen (Priebe/Hankel, S.14) von
- Wachstum
- Beschäftigung
- Verteilungsgerechtigkeit
- Stabilität

ist ein Gleichgewicht zu finden. Die ausschliessliche Priorisierung des Wachstumszieles in der Dritten Welt hat die Peripheriesierungstendenz noch weiter verstärkt. In welcher Form der Agrarsektor seinen Beitrag zur gleichgewichtigen Entwicklung leisten kann, wird im folgenden gezeigt.

## 2.2. Beiträge des Agrarsektors zur industriellen Entwicklung

Für jede industrielle Entwicklung muss der Agrarsektor Vorleistungen erbringen (Bergmann 1979b, S.127). Vorindustrielle Wirtschaftsräume alimentieren also die industrielle Produktion (Senghaas 1982, S.79). Dieses Alimentieren wird in der deutschsprachigen Literatur mit "Beiträgen" des Agrarsektors bezeichnet. Unbestritten ist der Begriff jedoch nicht, bestehen doch Interdependenzen zwischen den beiden Sektoren, indem die Industrie auch Inputs für den Agrarsektor zur Verfügung stellt (von Urff, S.21).

Kuznets (1963) dürfte als einer der ersten modernen Oekonomen die Beiträge der Landwirtschaft systematisch geordnet haben. Das Problem des Ueberganges zur industriellen Produktion war allerdings bereits Karl Marx bewusst. Mit seinem Konzept der "ursprünglichen Akkumulation" spricht er die Notwendigkeit einer Startinvestition für die industrielle Produktion an (Schäfer, S.140). In einem historischen Rückblick werden die verschiedenen Möglichkeiten, diesen "ursprünglichen Akkumulationsbeitrag" zu schaffen, deutlich. Aber auch für Marx stand der Agrarsektor als Lieferant im Vordergrund (Schäfer, S.140). Das Marx'sche Schema bleiben umstritten, gewann aber in der sowjetischen Industrialisierungsdebatte an Bedeutung (vgl. III.4.1.).

Kuznets unterscheidet folgende Beiträge (nach Bergmann 1979b, S.103):
- Produktionsleistung (Lebens- und Genussmittel, Rohstoffe, Arbeitstiere)
- Marktbeitrag (Verkauf von Agrarprodukten, Käufe anderer Güter, Bezahlung von Dienstleistungen)
- Faktorbeitrag (Landverkauf, Angebot von Arbeitskräften, Kapitalabzug)

Bergmann (1979b, S.103) fügt dem noch einen Sozialbeitrag hinzu. Dieser umfasst die Funktion als Reservoir für ganz oder nur zeitweilig in den übrigen Sektoren nicht benötigte Arbeitskräfte: der Agrarsektor als Sozialversicherung. Verschiedene weitere Autoren bezeichnen die Beiträge etwas anders, ohne aber weitere inhaltliche Ausdehnungen vorzunehmen (vgl. z.B. Hemmer 1978, S.316). Von Urff (S.29) weist auf den Steuerbeitrag hin, schätzt ihn aber für die heutige Dritte Welt als vernachlässigbar klein ein. Wieweit er in europäischen

Ländern einmal eine Rolle spielte, bleibt unerforscht, dürfte aber auch dort nicht sehr bedeutend gewesen sein. Man trifft in der Literatur auch den Begriff "Zahlungsbilanzbeitrag" (vgl. z.B. von Urff, S.23). Dieser scheint uns aber zu stark auf die Situation heutiger rohstoffabhängiger Dritt-Welt-Länder zugeschnitten zu sein. Für unsere Modellvorstellung muss diese Funktion nicht separiert werden, sondern kann auf die Kuznets-Beiträge verteilt werden.

Eigentlich sollten diese Beiträge gleichzeitig geleistet werden (Myint, S.332). Allerdings stehen ihrer Mobilisierung grundlegende Hemmnisse entgegen, die der Eigenheit des Agrarsektors entspringen (Bergmann 1979b, S.104):
- Feudale bzw. Kolonialstrukturen
- atomisierte Agrarbevölkerung akkumuliert wenig
- Subsistenzsektor akkumuliert gar nicht
- schwache Monetarisierung
- schwache Anreize zur Marktbelieferung

Hinter diesen Hemmnissen steckt weitgehend die Notwendigkeit einer Aenderung der Ausrichtung des Agrarsektors. Denn für die aus der Vernetzung der Wirtschaftssektoren entstehende kumulative Verstärkung ist die Marktintegration des Agrarsektors Voraussetzung (Manig, S.94). Subsistenzwirtschaft kann keine breite Entwicklung in Richtung Industrialisierung in Gang setzen (Manig, S.96); für den Sozialbeitrag kommt ihr aber grosse Bedeutung zu.

Für die Wirksamkeit von Preisanreizen, welche die Steigerung der Marktproduktion erst ermöglichen, sind aber gewisse Bedingungen zu erfüllen (Fertig/ Hestermann, S.130f):
- klares Bodenrecht
- gleichmässige Verteilung des Landbesitzes
- flankierende Massnahmen (Infrastruktur, Absatzkanäle, Kreditwesen)
- keine Dumpingpreise auf den Weltmärkten

Vor allem extrem ungleiche Besitzverhältnisse in der Dritten Welt wirken demotivierend für eine Produktionssteigerung. Denn der Mehrertrag muss in irgendeiner Form dem Bewirtschafter zukommen (Hemmer 1978, S.320). Hinzu kommt die fehlende "Akkumulationsatmosphäre" (Hemmer 1978, S.321) bei Grossgrundbesitzern. Hohe Besitzkonzentration bewirkt nur bei grosser Produktivität des Agrarsektors und Absorption der Arbeitskräfte durch die übrigen Sektoren eine Produktionssteigerung (Fall England als Erstindustrialisierer). In den übrigen Fällen werden die Kleinproduzenten marginalisiert und ziehen sich auf die Subsistenzproduktion zurück (Fall Dritte Welt heute).

Wegen des Bevölkerungswachstums in allen Uebergangsphasen seit dem 19. Jahrhundert ist das Nachfragepotential für zusätzliche Agrarproduktion vorhanden (Decurtins, S.48). Ob dieses Potential auch realisiert wird, hängt allerdings von Einkommenswachstum und -elastizitäten ab (Hemmer 1978, S.317). Einkommen in den übrigen Sektoren wird aber nur geschaffen, wenn die linkages zum Agrarsektor funktionieren.

Das Bild der Landwirtschaft in den industrialisierten sozialistischen Staaten zeigt, dass ohne diese linkages der Agrarsektor keine Produktionssteigerung erzielen kann. Die Gründe dafür liegen nach Bergmann (1979a, S.325) im
- zu hohen Faktorbeitrag (systematische Desinvestition)
- Ausbleiben von Produktionsmittellieferungen
- der zu schnellen Transformation der Agrarverfassung
- passiven Widerstand der Produzenten

In der Dritten Welt treten infolge mangelnder Reproduktionsfähigkeit des Agrarsektors zusätzlich zur Unterversorgung ökologische Schäden auf (Steppacher, S.200). Zur Realisierung der Beiträge des Agrarsektors muss also die bereits erwähnte Dualität der Entwicklungsziele vorhanden sein.

## 2.3. Linkage-Effekte des Agrarsektors

Nach der Rostow'schen Stufentheorie kann der Agrarsektor wegen fehlender "backward and forward linkages" nicht die Rolle des "leading sectors" übernehmen (von Urff, S.21). Gleichwohl fällt ihm als Zulieferer und Abnehmer eine wichtige Rolle zu. Wir sehen jedoch gerade in dieser Verknüpfung letzlich den Motor des Wandels von einer Agrar- zu einer Industriegesellschaft. Mit der produktiveren Nutzung ländlicher Ressourcen (de Haen, S.38) wird eine rurale Entwicklung eingeleitet. Diesem "linkage-schaffenden" Prozess steht nach historischer Erfahrung eine anhaltende Subsistenzlandwirtschaft entgegen (Senghaas 1982, S.67).

Für eine industrielle Entwicklung sind diese linkage-Effekte Voraussetzung. "Industrielle Produktion ist durch den Einsatz von Maschinen gekennzeichnet, die mit nichtmenschlicher Energie angetrieben werden" (Elsenhans 1984, S.28).

Als weitere Charakteristika sind die folgenden zu nennen (nach Malassis 1973b, S.269):
1) Erfinder- und Innovationsgeist
2) Intensive Nutzung technischen Wissens
3) wissenschaftlich fundierte Arbeitsteilung
4) Massenproduktion
5) hohe Arbeitsproduktivität

Der Vorteil liegt also in der Produktion gleichartiger Produkte. Je grösser deren Stückzahl, umso tiefer sind die Herstellungskosten. Daher sind für eine Akkumulation von Kapital Massenmärkte Voraussetzung und für den Einsatz von technischem Fortschritt wachsende Massenmärkte (Elsenhans 1984, S.28). Massenmärkte entstehen aber nur bei genügender Kaufkraft. Dafür sind steigende Produktivität im Agrarsektor und Beschäftigungsmöglichkeiten im industriellen Bereich Bedingung. Für den Agrarsektor bedeutet dies, dass Abwanderung unerlässlich ist (Bergmann 1979b, S.107).

Diese Abwanderung und Anpassung an die neuen Arbeitsverhältnisse gehen aber nicht reibungslos vonstatten. In der Anfangsphase jeder Industrialisierung treten Schwierigkeiten v.a. bei der Disziplinierung neu beschäftigter Arbeitskräfte auf, die sich erst an den von der Maschine bestimmten Arbeitsrhythmus gewöhnen müssen. Dieses Phänomen war sowohl bei der Industrialisierung in der ersten (vgl. z.B. Heer/Kern, S.107), wie auch heute in der Dritten Welt (vgl. z.B. Leggewie, S.60) zu beobachten. Der von den entwickelten Ländern eingeschlagene Industrialisierungsweg ist allerdings auch in der Folge nicht frei von Problemen geblieben. Praktisch alle Industriezweige sehen sich heute mit Entfremdung am Arbeitsplatz und ökologischen Problemen konfrontiert. Wo die industrielle Produktionsweise auf den Agrarsektor übergegriffen hat, treten dieselben Phänomene auf (Troughton, S.214). Weil die landwirtschaftliche Produktion jedoch viel mehr unsteuerbaren Einflüssen unterliegt, ist sie schwieriger zu organisieren und daher immer weniger produktiv als die industrielle (Hemmer 1978, S.329). Gleichzeitig ist aber auch zur Steigerung der Agrarproduktion der Einsatz industrieller Inputs nötig. Dies gilt insbesondere für die ökologischen Problemregionen der Dritten Welt (Bewässerung z.B.) (Elsenhans 1982, S.171). Auf diese Weise entsteht also die Verflechtung mit dem industriellen Vorleistungssektor.

Wachsende industrielle Produktion bedeutet auch steigende Nachfrage nach Agrarprodukten. Wegen der relativ hohen positiven Einkommenselastizitäten bei tiefem Einkommensniveau ist dieser Effekt absolut gesehen gross. In einer geschlossenen Volkswirtschaft entstehen dadurch höhere Preise, welche dann als Anreiz für die landwirtschaftliche Produktion dienen (Elsenhans 1979, S.529). Wenn also die "linkages" geschaffen werden können, besteht kein Grund zu Agrarpessimismus.

Das postrevolutionäre Kuba hat den Entwicklungsweg einer solchen verbundenen Agro-Industrialisierung eingeschlagen. Auf den Export ausgerichtet dient die Zuckerproduktion als Leitsektor. Um diesen Leitsektor herum wurde die Industrie aufgebaut. Neben den Verarbeitungsanlagen werden heute auch die Maschinen für Zuckeranbau und -ernte in Kuba selber hergestellt (Fabian, S.655). Auf diese Weise hat die Bedeutung des Industriesektors von 1961-81 von 31% auf 46% (BIP) zugenommen und der Anteil des Zuckersektors konnte von 12% auf 8% reduziert werden (Brundenius, S.77). Dank dieser Mechanisierung stieg die Arbeitsproduktivität im Agrarsektor deutlich. Saisonal freiwerdende Arbeitskräfte konnten in anderen Bereichen der Landwirtschaft beschäftigt werden (Fabian, S.672).

Mit einer solchen "Ruralisation" (Groeneveld, S.22) werden attraktivere Lebens- und Arbeitsbedingungen in den ländlichen Räumen geschaffen, womit die Entstehung urbaner Elendszonen verhindert werden kann. Allerdings bestehen für ländliche Industrialisierung und Agrarmodernisierung auch Grenzen.

## 2.4. Grenzen ländlicher Beschäftigung

Das Wachstum des gesamten Arbeitskräftebestandes einer Volkswirtschaft ist abhängig vom gewichteten Wachstum der landwirtschaftlichen und der nichtlandwirtschaftlichen Beschäftigung (Thorbecke, S.321).

$$(1) \quad \frac{\Delta A_g}{A_g} = \frac{\Delta A_l}{A_l} * \frac{A_l}{A_g} + \frac{\Delta A_{nl}}{A_{nl}} * \frac{A_{nl}}{A_g}$$

$A_g$ = gesamte Arbeitskräfte
$A_l$ = landwirtschaftliche Arbeitskräfte
$A_{nl}$ = nichtlandwirtschaftliche Arbeitskräfte

Abgeleitet nach der Zeit erhält man folgende Wachstumsrate für die landwirtschaftlichen Arbeitskräfte:

$$(2) \quad A'_l = (A'_g - A'_{nl}) * \frac{1}{A_l/A_g} + A'_{nl}$$

Aus Gleichung (2) ist ersichtlich, dass der landwirtschaftliche Arbeitskräftebestand eine Funktion des Bevölkerungswachstums ist, was sich im gesamten Arbeitskräftebestand niederschlägt, und des Wachstums nichtlandwirtschaftlicher Arbeitsplätze. Wenn also nur wenige industrielle Arbeitsplätze geschaffen werden, und das Bevölkerungswachstum hoch ist, führt das zu einem Anstieg der landwirtschaftlichen Arbeitskräfte. Deren Bestand wird ab folgender Bedingung rückläufig (Thorbecke, S.322):

$$(3) \quad A'_l < 0 \quad \text{wenn} \quad A_l/A_g < \frac{A'_{nl} - A'_g}{A'_{nl}}$$

D.h. also die Wachstumsrate des nichtlandwirtschaftlichen Arbeitskräftebestandes muss grösser sein als diejenige aller Arbeitskräfte. Erfahrungsgemäss tritt dieser absolute Rückgang erst bei einer Schwellenbreite von 50-70% Anteil der Landwirtschaft an der Gesamtbeschäftigung ein (Thorbecke, S.322).

Ob die nötigen Arbeitsplätze ausserhalb des Agrarsektors geschaffen werden, hängt entscheidend von den wirtschaftlichen Strukturen ab. In den dualistischen Strukturen deformierter Dritt-Welt-Oekonomien verhindern diese eine harmonische Industrialisierung. Wir treffen dann die in Abbildung 3.1 dargestellten Wanderungsströme an: Nur wenige Beschäftigte im modernen Industriesektor der Stadt, viele Marginalisierte auf dem Lande und im informellen urbanen Sektor (Thorbecke, S.325).

Die Agrarproduktion muss also die "richtige" Arbeitsintensität aufweisen. "Richtig" bedeutet abgestimmt auf das Arbeitsplatzangebot in den übrigen Sektoren. Kapitalextensive Arbeitsplätze können im Agrarsektor leichter geschaffen werden (Manig, S.98). Damit werden mittels effizienter Nutzung ländlicher Arbeitskräfte Agrarproduktionspotentiale besser genutzt (Mukhoti, S.3). In Verbindung mit industriellen Inputs ("selektive Mechanisierung", Thimm/von Urff, S.394) kann auch in der Uebergangsphase die Agrarproduktion gesteigert werden. Allerdings ist dazu eine egalitäre Agrarstruktur Voraussetzung. Denn dualistische Grossgrundbesitzerstrukturen fördern kapitalintensive Produktionsweisen (Schäfer, S.186).

*Abb. 3.1: Wanderungsströme von Arbeitskräften in dualistischen Gesellschaften*

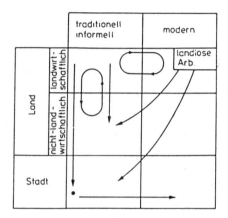

*Quelle: Thorbecke Erik, Ländliche Beschäftigungsstrukturen und Beschäftigungspolitik*

Wir haben festgestellt, dass Produktivitätssteigerungen im Agrarsektor nötig sind (vgl. III.2.3.). Wenn keine grosse Nachfragesteigerung nach Agrarprodukten zu erwarten ist, bleiben die Beschäftigungsmöglichkeiten beschränkt. Folglich sind Arbeitsplätze in den übrigen Sektoren zu schaffen. Solange grossindustrielle Arbeitsplätze nicht vorhanden sind, ist ein ländlicher sekundärer Sektor zu entwickeln, der aus einer Vielzahl kleiner Produktionseinheiten besteht (Manig, S.101). Diese Beschäftigung kann neben oder in Kombination mit der landwirtschaftlichen Tätigkeit stehen. Mit dieser "intersektoralen Migration" (Thorbecke, S.324) wird die Abwanderung in die urbane Arbeitslosigkeit oder Unterbeschäftigung im informellen Sektor verhindert. Auch im Europa des 19. Jahrhunderts bot die Heimarbeit - wenn auch unter schlechtesten Bedingungen - solche Nebenbeschäftigung.

Langfristig überwiegen die "economies of scale" einer arbeitsteilig organisierten Gesellschaft (Bergmann 1979b, S.124). Kurz- und mittelfristig kommt aber der Schaffung arbeitsintensiver Beschäftigungsmöglichkeiten (landwirtschaftliche und nichtlandwirtschaftliche) in den ländlichen Räumen Priorität zu. Wie lange diese Uebergangsphase dauert, hängt vom Bevölkerungswachstum ab. Bei den hohen Zuwachsraten in der Dritten Welt heute wird also die Perspektive von Subsistenzproduktion und lokalem Handwerk noch für einige Zeit gültig bleiben (Hein, S.47).

## 3. Bestimmende Elemente der Rolle des Agrarsektors im Uebergang zu einer Industriegesellschaft

In den "klassischen" zwei-Sektoren-Modellen des Typs "Lewis-Fei-Ranis" (von Urff, S.24) wird die Rolle des Agrarsektors beim Uebergang zu einer Industriegesellschaft wie folgt definiert (von Urff, S.24):
- landwirtschaftlicher Subsistenzsektor und Industriesektor
- Agrarsektor: Grenzprodukt der Arbeit = 0
- Kapitalakkumulation im Industriesektor bestimmt Nachfrage nach Arbeitskräften
- parallel zur Freisetzung von Arbeitskräften müssen Nahrungsmittel zu deren Erhalt freigesetzt werden

Diese Modelle haben sich für die dualistischen Strukturen der Dritten Welt (Agrarsektor markt- und subsistenzorientiert) als zu vereinfachend erwiesen. De Haen (S.43) führt hierzu folgende Kritikpunkte an:
- keine Steigerung der Nahrungsmittelproduktion ohne Produktivitätserhöhung
- Dominanz der Kapitalgüterproduktion im Industriesektor baut keinen auf Konsumgütern basierenden Binnenmarkt auf
- Vollbeschäftigungshypothese im Industriesektor ist unrealistisch
- Aussenhandel kann nicht ausgeschlossen werden

Auch der historische Rückblick auf die europäische Industrialisierung macht deutlich, dass dieser Prozess von mehr Voraussetzungen und komplexen Strukturen bestimmt wurde (Senghaas 1982, S.80ff). Wir wollen daher im folgenden versuchen, die wichtigsten Voraussetzungen für diesen Uebergang auszuleuchten.

## 3.1. Institutioneller Rahmen und Sozialstruktur

In der modernen Literatur setzt sich nun doch langsam die Erkenntnis durch, dass die institutionellen Rahmenbedingungen für jeden Entwicklungsprozess zentral sind (vgl. z.B. de Haen, S.49). D.h. also dass insbesondere die Agrarverfassung nicht als Exogene für die wirtschaftliche Entwicklung des Agrarsektors betrachtet werden darf. Besitzverhältnisse an Produktionsmitteln bzw. Verfügung über das Mehrprodukt bestimmen weitgehend die Motivation zu Produktionssteigerungen (vgl. II.4.1., sowie Hemmer 1978, S.320). Im Ararsektor ist der Zugang zum Boden Voraussetzung für die Entfaltung von Eigeninitiative (Priebe/Hankel, S.15). Ohne diese Zugangsmöglichkeit nützen auch übrige Veränderungen im institutionellen Bereich (Preispolitik, Input-Subventionen) nichts. Allerdings dürfen auch diese nicht vernachlässigt werden. Ohne geeignete Absatzkanäle und den zunehmenden Einbezug in binnenwirtschaftliche Geldkreisläufe (Monetisierung) können Steigerungen der Agrarproduktion nicht in höhere Einkommen umgesetzt werden. Diese Institutionen (z.B. finanzielle Infrastruktur) müssen jedoch den ländlichen Bedürfnissen der Mehrheit angepasst sein (z.B. Zugang zu Krediten).

Neben der steigenden Anzahl Bewohner ländlicher Räume in der Dritten Welt, welche gar keinen Bodenzugang haben, ist vor allem das häufig praktizierte Ernteanteilsystem als Entwicklungshemmnis anzusehen (Steppacher, S.181). Auch in Europa waren diese ernteabhängigen Zahlungen an den Grundherrn (Zehntabgaben) zusammen mit institutionell festgelegtem Anbauprogramm (Dreizelgenordnung) das Haupthindernis für Eigenanstrengungen zur Produktionssteigerung.

Somit kann die Erkenntnis als gesichert angesehen werden, dass Agrarreformen Voraussetzung für Produktionssteigerungen sind (Hemmer 1978, S.318). Und zwar gilt dies sowohl bei extremer Besitzkonzentration wie auch bei Bodenzersplitterung (Hemmer 1978, S.319). Eng verwandt mit dem Begriff der Agrarreform ist die Bodenreform. Im allgemeinen deutschen Sprachgebrauch werden die beiden Begriffe meist synonym verwendet, obwohl die Agrarreform eigentlich umfassender ist und nicht nur Massnahmen umfasst, welche sich auf den

Boden beziehen. Allerdings ist der Boden und die Verfügungsmöglichkeit über ihn bei allen Reformbestrebungen zentral, so dass die Gleichsetzung verständlich ist. Obwohl die jeweilige politische Organisation, welche Agrarreformen vorantreibt, den Begriffsinhalt entsprechend ihren Zielen prägt, bleibt die Bodenordnung meist das Kernstück.

Die verschiedenen Reformansätze lassen sich wie in Abbildung 3.2 einteilen.

Als Vorbedingungen für den Erfolg von Agrarreformen sind folgende zu nennen (Bergmann 1979b, S.107):
- radikale, schnelle Durchführung
- alternative Beschäftigung für Abgewanderte
- produktionssteigernde Inputs
- Schaffung entsprechender Institutionen
- entschädigungslose Enteignung

Am letzten Punkt scheitern sehr viele Reformversuche. Denn, positive Umverteilungseffekte entstehen nur bei dieser Form. Falls der Staat entschädigt oder sogar die Kleinbauern, sind die Verteilungswirkungen gering bis fehlend (Hemmer 1978, S.320). So bleibt es in der Dritten Welt meist bei technologischen Reformen (Grüne Revolution). Von diesen profitieren dann allerdings gerade jene Schichten in stärkerem Masse (Grossgrundbesitzer), welche Bodenbesitzveränderungen verhindern (Mukhoti, S.16).

Aus der europäischen Geschichte wird deutlich, dass einer erfolgreichen nachholenden Entwicklung Umverteilungsprozesse beim Boden vorausgehen müssen. Wo keine entsprechenden Agrarreformen durchgeführt wurden, hat sich die Gesellschaft zur Peripherieoekonomie entwickelt (z.B. Südosteuropa) (Senghaas 1982, S.74). Wenn sich aus Pseudoreformen noch ungleichere Besitzverhältnisse ergaben, stärkte dies die Landoligarchien und deformierte die Wirtschaftsstruktur noch stärker (Senghaas 1982, S.65).

*Abb. 3.2: Verschiedene Formen von Agrarreformen*

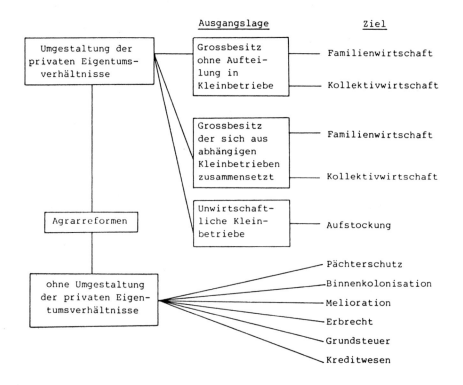

*Quelle: eigene Darstellung nach Handwörterbuch der Sozialwissenschaften, Stuttgart/Tübingen/Göttingen 1959, Bd. II, S.342*

## Exkurs

Vor diesem Hintergrund der Peripherieentwicklung bei fehlender Agrarreform wollen wir im folgenden drei moderne Beispiele aus der Dritten Welt (VR China, Indien, Brasilien) näher untersuchen. Wir betrachten zuerst die Ausgangslage, dann die Ziele, das Reformmodell und fragen schliesslich nach der Zielerreichung.

### 1. Ausgangslage

*Volksrepublik China:* In China bestand vor der Revolution kein eigentlicher Grossgrundbesitz. Gleichwohl gab es eine deutliche Diskrepanz zwischen den "landlords" und den Dorfarmen ohne Bodenbesitz. Letztere hatten Pachtzinsen (Arbeits-/Produkte-/Geldrente) zu bezahlen. Hinzu kam eine steigende Verschuldung meist bei den Bodenbesitzern (Ruso, S.57ff).

*Indien:* 1951 besassen 29% der Landbevölkerung 45% des Bodens. Daneben gab es sehr viele landlose Pächter und Landarbeiter (Ruso, S.82). Durch das Zamindarsystem und die Liquiditätsprobleme der Produzenten entstanden Abhängigkeitsverhältnisse, welche Produktivitätsfortschritte hinderlich waren.

*Brasilien:* Von 1940-1985 ist die Fläche und die Anzahl Betriebe bei den Kleinbetrieben anteilmässig gestiegen (vgl. Tab. 3.1). Die gesamte durchschnittliche Betriebsfläche hat sich allerdings verkleinert. Bei den Grossbetrieben ist die Be-

*Tab. 3.1: Brasilien - Zahl und Betriebsfläche landwirtschaftlicher Betriebe nach Grössenklassen 1940-1985 (in %)*

| Grössen-klasse in ha | 1940 Zahl | 1940 Beriebsfl. | 1960 Zahl | 1960 Betriebsfl. | 1970 Zahl | 1970 Betriebsfl. | 1985 Zahl | 1985 Betriebsfl. |
|---|---|---|---|---|---|---|---|---|
| < 5       | 21.8 | 0.6  | 30.8 | 1.0  | 36.6 | 1.3  | 52.8 | 2.6  |
| 5 - 10    | 12.6 | 0.9  | 14.0 | 1.4  | 14.6 | 1.8  |      |      |
| 10 - 20   | 16.7 | 2.3  | 16.4 | 3.1  | 15.6 | 3.5  |      |      |
| 20 - 50   | 23.9 | 7.2  | 20.2 | 8.3  | 16.7 | 8.7  | 37.1 | 18.7 |
| 50 - 100  | 10.7 | 7.2  | 8.2  | 7.6  | 6.9  | 8.2  |      |      |
| 100 - 1000 | 12.8 | 33.5 | 9.4  | 34.4 | 8.4  | 37.2 | 8.8  | 35.0 |
| 1000 - 10000 | 1.4 | 31.4 | 0.9 | 28.6 | 0.7 | 27.3 | 0.8 | 28.8 |
| > 10'000  | 0.1  | 16.9 | 0.04 | 15.6 | 0.03 | 11.8 | 0.05 | 15.1 |
| Total | 1'904'589 | 197'720'247ha | 3'337'769 | 249'862'142ha | 4'932'202 | 293'012'168ha | 5'835'000 | 376.3 mio.ha |

Quellen: Kohlhepp Gerd, *Brasiliens problematische Antithese zur Agrarreform: Agrarkolonisation in Amazonien*
Statistisches Bundesamt, *Statistik des Auslandes: Brasilien 1988*

triebsgrösse etwa gleich geblieben und hat sich ihr Anteil verkleinert. Gleichwohl ist die brasilianische Agrarstruktur noch deutlich von der kolonialen Vergangenheit geprägt, in welcher der Latifundienbesitz vorherrschte. Bei Neusiedlungen in Rodungsgebieten müssen Besitzurkunden vorgewiesen werden. Dies erweist sich für die oftmals schreibunkundigen Kleinbauern als zu grosses administratives Hindernis, um Bodenbesitzer zu werden. Zudem ist der Zugang zu Krediten und Inputs für Kleinproduzenten wegen Liquiditätsproblemen oft erschwert (Kohlhepp, S.472).

## 2. Ziele der Agrarreformen

*Volksrepublik China*:

a) Umwandlung der sozio-ökonomischen Strukturen auf dem Land (Sozialisierung der Landwirtschaft). Beseitigung feudalistischer Abhängigkeitsverhältnisse.

b) Neue ökonomische Beziehungen entwickeln die Produktivkräfte, wodurch der landwirtschaftliche Output gesteigert wird.

c) Entwicklung der Landwirtschaft im Rahmen der gesamtgesellschaftlichen Veränderung, innerhalb welcher die Landwirtschaft ihren Beitrag zum Fortschritt der Industrialisierung leistet.

d) Bäuerliche Tradition der Kommunistischen Partei Chinas und die sowjetische Erfahrung lassen keine rasche und gewaltsame Kollektivierung ratsam erscheinen (vgl. Ruso, S.132).

*Indien:*

a) Genossenschaftliche Bewirtschaftung auf Dorfebene (Panchayat).

b) Abschaffung feudaler Rechte (Steuereinzug) der Zamindare.

c) Produktivitätssteigerung (Ruso, S.180).

*Brasilien*:

a) Enteignung von Mini- und Latifundien für gerechtere Verteilung und rationellere Landnutzung

b) Neuregelung der Pachtverhältnisse (Vertragsdauer, Pachtzins).

c) Bodenbesitz-Besteuerung progressiv für grössere Betriebe (Kohlhepp, S.475).

## 3. Reformmodelle

*Volksrepublik China*

Das Modell der "sanften" Kollektivierung wurde in mehreren Etappen umgesetzt (vgl. Tab. 3.2). Im Agrargesetz vom 30. Juni 1950 wurde der bäuerliche

Tab. 3.2: Formen der organisierten Landwirtschaft, Stadien der Kollektivierung in der VR China

| Zeitraum | Organisationstyp | Eigentum an Land, Zugtiere und Maschinen | ∅ Zahl der Haushalte und Nutzfläche | Art der Arbeit | Einkommen der Mitglieder |
|---|---|---|---|---|---|
| 1950-55 | gegenseitige Hilfe (saisonal oder ständig) | privat | 6-15 Haushalte, für LN keine Schätzung | landwirtschaftliche Arbeiten | jedes Mitglied erhält das Produkt seines eigenen Bodens, gelegentlich + Bonus für Extraarbeit |
| 1952-56 | Produzentengenossenschaften | privat und kooperativ | 32 Haushalte, 37 ha | dto. und eigene Nebenbeschäftigungen | Dividenden aus Anteilen an der Genossenschaft (einschl. Grundrente) u. Arbeitsentgelt |
| 1953-58 | Produzentengenossenschaften höheren Typs | kollektiv | 160 Haushalte, 150 ha (Juni 1958) | landwirtschaftliche Arbeiten, Nebenbeschäftigung u. agrotechnische Projekte grossen Stils | vor allem Arbeitsentgelt, wenig oder kein Entgelt für Land |
| 1958 | Volkskommunen | kollektiv | 5.000 Haushalte, 4.564 ha (1959) | Landwirtschaft, Forst, Fischerei, Tierhaltung, Nebenbeschäftigung, lokale Industrien usw. | 20-30 v.H. des Einkommens + Gratislieferung von Lebensmitteln, manchmal Kleidung, der Rest sind Löhne (1960) |

*Quelle: Bergmann Theodor, Agrarpolitik und Agrarwirtschaft sozialistischer Länder*

Grundbesitz anerkannt und der Bodenhandel erlaubt. Bezüglich Betriebsorganisation waren lediglich der Aufbau von Versuchsstationen und Staatsfarmen vorgesehen, jedoch keine obligatorische Genossenschaftsbildung (Schweizer, S.131). In dieser ersten Phase wurden gewisse kapitalistische Elemente zugelassen. Enteignet werden sollten nur die Grundbesitzer (landlords), damit deren Land an Landlose verteilt werden konnte. Dadurch wurde eine Vielzahl von Kleinbetrieben geschaffen, welche sich aber nach einer anfänglichen Produktionssteigerung bald als zu wenig produktiv erwiesen (vgl. Ruso, S.139ff).

Dieses Phänomen hat grundsätzlichen Charakter: Nach Enteignung grösserer Betriebe, welche primär für den Markt produzierten, verschlechterte sich die Versorgung der nicht-landwirtschaftlichen Bevölkerung. In China wurde daher die schrittweise Kollektivierung eingeleitet. Anfänglich über organisierte Nachbarhilfe, dann durch Produktionsgenossenschaften bis zur höchsten Form, der Volkskommune, welche ein integratives System mit weitgehender Selbstversorgung darstellt. Heute ist dieser "volkswirtschaftliche Mikrokosmos" allerdings wieder aufgesplittert und Kompetenzen wurden dezentralisiert. Dieses chinesische Modell ist die weitestgehende Form einer Agrarreform, die jedoch stets als ein dem Bewusstseinsstand der Bauern angepasster Prozess verstanden wurde (vgl. Ruso, S.153).

*Indien*

Die Bodenbesitzrechte der Zamindare werden ersetzt:
- Bhoumidare: Vollbesitz mit freier Verfügung (meist ehemalige Zamindare)
- Sirdar: kein Verkaufsrecht und nur landwirtschaftliche Nutzung möglich. Kann theoretisch mittels Kauf (10-fache Grundsteuer) zu Bhoumidarrecht erhöht werden (meist ehemalige Pächter der Zamindare).

An der Grundbesitzverteilung wird wenig verändert. Landverteilungen an Landlose sind vorgesehen, indem Besitzhöchstgrenzen festgelegt werden (unterschiedlich nach Bundesstaat 40-120 acres). Aufhebung des Pächterstatus in einzelnen Bundesstaaten, sowie Einführung des Prinzips der "self-cultivation". In einzelnen Bundesstaaten (z.B. Kerala) werden schärfere Kontrollen dieser Prinzipien durchgeführt. Schliesslich erhalten die ehemaligen Zamindare für den Verlust ihrer Steuereinzieheinkünfte Entschädigungen ausbezahlt, welche sich nach dem früheren Einkommen richten (vgl. Ruso, S.80ff).

Organisatorisch wurde parallel dazu das Panchayatsystem aufgebaut, was eigentlich eine Erweckung vorkolonialer Dorfstrukturen mit sozialistischem Anspruch darstellt. Damit erhielt Indien eine Verwaltung, welche aus einer staatlichen Administration und einem Selbstverwaltungssystem besteht. Der Staat ist vereinfacht gesagt für Ruhe und Ordnung zuständig und der Panchayat für die ländliche Entwicklung (vgl. Nesselrath, S.29).

*Brasilien:*

Bereits 1946 wurde eine Agrarreform gesetzlich verankert, die aber wegen den Entschädigungszahlungen nicht durchführbar war. Nach dem Militärputsch von 1964 wurde das "Estatuto da Terra" erlassen. Danach sollen nur noch mittlere Betriebsgrössenklassen bestehen. Als Masseinheit dient der sogenannte "módulo". 1 módulo ist eine Betriebsgrösse, mit welcher 4 Erwachsene ihren Lebensunterhalt sicherstellen können. Er umfasst keine fest definierte Fläche, sondern ist den jeweiligen regionalen ökologischen Verhältnissen angepasst.

*Nicht erwünscht sind*
- Betriebe < 1 módulo
- Betriebe > 600 módulos ( 72'000 ha unabhängig von ökologischen Bedingungen)

*Erwünscht sind:*
- Betriebe zwischen 1 und 600 módulos, wobei verschiedene sozio-ökonomischen Kriterien erfüllt sein müssen
- Spezialbetriebe mit Grossgrundbesitz, welche nicht alle diese Kriterien erfüllen müssen

Zur Erreichung dieser Agrarstruktur war eine Reihe von agrarpolitischen Massnahmen vorgesehen. Als diese kaum Wirkungen zeigten, wurde ab 1970 als Ausweichprogramm die grossangelegte Erschliessung Amazoniens vorangetrieben. Es wurde ein Strassennetz (Transamazonica) geschaffen, womit sich die Kolonisation ausbreiten sollte. Jeder Siedler erhielt 100 ha Land, wovon nur die Hälfte gerodet werden durfte. Das Land befindet sich in Strassennähe.

*4. Zielerreichung*

*Volksrepublik China:*

Gemessen am Ziel hat die Volksrepublik China sehr viel erreicht. Die Landwirtschaft konnte ihre Aufgaben erfüllen und es wurde eine ziemlich egalitäre Einkommensverteilung auf dem Land erreicht, obwohl noch ein Rückstand gegenüber der Industrie besteht. Die Sicherung der Nahrungsmittelversorgung ist mit Ausnahme von Extremjahren gelungen. Alle diese sozio-ökonomischen Umwälzungen wären ohne Partizipation der Bauern kaum möglich gewesen. Es scheint also gelungen zu sein, diese in den Umwandlungsprozess einzubeziehen und sie zu Akteuren werden zu lassen. Wie weit die Agrarreform eine tragfähige Basis für zukünftige Entwicklungen bildet, bleibt abzuwarten. Heute liegen die Probleme nicht mehr in der Bodenordnung, sondern eher darin, wie sinkende Arbeitsproduktivität überwunden werden kann und die gesellschaftlich optimale Verteilung der Produktion (v.a. Industrie) erreicht wird (Ausnützung der economies of scale) (vgl. Menzel 1979, S.386ff).

*Indien*:

Das Ziel der genossenschaftlichen Bewirtschaftung und damit einer gleichmässigen Verteilung von Produktionsfortschritten wurde nicht erreicht. Von den quasi feudalen Rechten unter dem Zamindarsystem wurde lediglich der Steuereinzug auf den Staat übertragen; die Bodenbesitzrechte sind die alten geblieben und damit in Verbindung mit dem Kastenwesen auch die Dominanz einer dörflichen Oberschicht. Mit dem Panchayatsystem wurde eine Ordnung gewählt, welche nie eine demokratische Tradition besass. Es ist daher gut verständlich, wenn viele Kleinbauern, aus Angst dominiert zu werden, gar nicht in die Genossenschaften eintraten.

Da zu wenig Land zur Verteilung zur Verfügung stand und gleichzeitig die Besitzhöchstgrenzen nicht kontrolliert werden konnten (Besitzverteilung auf Familienmitglieder), ergab sich eine steigende Landbesitzkonzentration. Als weiterer Prozess ist eine zunehmende Proletarisierung ehemaliger Pächter festzustellen, weil sie nach Abschaffung des Pächterstatus zur Lohnarbeit gezwungen wurden. Interessanterweise gilt Bewirtschaftung mit Hilfe von Lohnarbeit als "self-cultivation"! Die den Zamindaren ausbezahlte Entschädigung diente diesen als Startkapital, wodurch sie gegenüber den Pächtern und Kleinbauern deutlich bessere Voraussetzungen hatten.

Insgesamt hat sich also die ungleiche Verteilung trotz Agrarreform vergrössert. Da zudem die Produktion nicht zunahm, begann die Regierung grössere Betriebe zu fördern (Grüne Revolution). Heute allerdings sind die sozialen Reformziele nicht und die Produktionsziele nur teilweise erreicht (vgl. Nesselrath, S.90; Ruso, S.106).

*Brasilien*:

Die Agrarreformmassnahmen erwiesen sich als undurchführbar. Denn für die Zusammenlegung der Minifundas hätten alternative Beschäftigungsmöglichkeiten geschaffen werden müssen, welche aber nicht vorhanden waren. Von Seiten der Grossgrundbesitzer wurde soviel politischer Druck ausgeübt, dass keine Enteignungen vorgenommen wurden. So blieb die Agrarstruktur nach INCRA (Instituto Nacional de Colonizaçao e Reforma Agraria) 1972 etwa die folgende: 72% Minifundien, 23% Latifundien und nur 5% in der erwünschten Grössenordnung.

Mit der Umstellung vieler Grossbetriebe auf extensive Rinderwirtschaft und der steigenden Mechanisierung wurden weitere Arbeitskräfte freigesetzt. Diese vergrösserten das Heer der Taglöhner (sog. boia-frias), welches seit dem neuen Arbeiterstatut von 1963 entstanden ist. 1974 sind 55% der Landarbeiter Wanderarbeiter. Dieser Druck und Hungerkatastrophen 1970 nach einer Dürre im Nordosten führten schliesslich zum Agrarkolonisationsprogramm in Amazonien. Dies ist allerdings ein Ausweichprogramm, welches die Besitzverhältnisse in den alten Siedlungsgebieten nicht antastete. So bewirtschafteten 1980 1.2% der Landwirte (>1000ha) 45.8% der Fläche und 50.4% der Landwirte (<10ha) 2.4% der Fläche (Bröckelmann-Simon).

Abgesehen von ökologischen Problemen (Tropenböden!) führte das Programm nicht zur Ansiedlung armer Familien. 1977 waren erst 7,5% der geplanten Anzahl Siedler angesiedelt, wovon nur ein Drittel aus dem Problemgebiet des Nordostens stammte. Weil diese Umsiedlung scheiterte (Auswahlprinzip, mangelnde Geländevermessung, rascher Ertragsabfall, fehlende Absatzmöglichkeiten, etc.) sprangen grosse Rindviehzüchter in die Lücke. Die Regierung änderte dann die Zulassungskriterien, so dass bald extensive Rinderbetriebe auf Grossbetrieben entstanden, hinter denen oft branchenfremde Unternehmen stehen.

Weil deren Fleischproduktion auf den Export ausgerichtet ist und die Weltmarktsituation den Absatz erschwert, muss die Amazonaskolonisation auch von der Produktionsseite her als gescheitert betrachtet werden. Mittlerweilen herrschen beinahe chaotische Verhältnisse, denen das INCRA wenig entgegenzusetzen hat:
 - viele private Grossprojekte
 - viele Eigentumstitel, welche nur zum Teil legal sind
 - gewaltsame Auseinandersetzungen (Kohlhepp, S.482ff).

Die Regierung von J. Sarney versuchte mit dem Nationalen Agrarreformplan vom 10.10.1985 erneut dem Estatuto de Terra zur Durchsetzung zu verhelfen. Aber auch dieser neueste Versuch scheiterte am Widerstand der Grossgrundbesitzer, obwohl die Ziele bescheiden angesetzt wurden: Bis 1989 Verteilung von 43 mio ha an 1.5 mio Familien. Dies entspricht etwa 10% des potentiell verteilbaren Landes und betroffener Familien. 1986 waren jedoch erst 130'000 ha an 5'000 Familien verteilt. Zahlreiche hängige Gerichtsfälle und zunehmende Gewalt lassen das Ende dieser Agrarreform erahnen (Böckelmann-Simon).

Zusammenfassend lässt sich sagen, dass die indische und brasilianische Agrarreform gescheitert bzw. teilweise gar nicht ausgeführt worden sind. Armut, Hunger, ungleiche Verteilung, soziale Unruhen, usw. konnten auf diese Weise nicht beseitigt werden bzw. haben sich teilweise sogar verstärkt. Auf der andern Seite ist es dem integrativen, kollektivistischen Ansatz Chinas gelungen, die Ernährungssicherung mehr oder weniger zu stabilisieren. Dabei wurde die Bevölkerung in ein am Kollektivgedanken orientiertes Gesellschaftssystem integriert. Daher sind die Chancen Chinas dem Peripheriesierungsdruck zu entgehen, deutlich besser. Ob sie dann tatsächlich auch realisiert werden, hängt von übrigen institutionellen Faktoren ab, welche wir im folgenden theoretisch behandeln wollen. (Ende Exkurs)

Weil bäuerliches Verhalten stark von unterschiedlichen kulturspezifischen Normen geprägt ist, lassen sich auch keine allgemeinen Aussagen über institutionelle Ausgestaltungen machen (de Haen, S.47). Das gesamte soziale System ist für die Kapitalbildung von Bedeutung (Steppacher, S.160). Daher kommt neben der Besitzstruktur vor allem der Bildung von human capital grosse Bedeutung zu (Mukhoti, S.64). Bildungseinrichtungen auf allen Stufen verbessern das Arbeitskräftepotential und erhöhen die Mobilisierungschancen der Menschen in den ländlichen Räumen (de Haen, S.46).

Jede institutionelle Aenderung wird von Trägergruppen durchgeführt. Die europäische Industrialisierung war geprägt von einer Ablösung der alten ökonomisch und politisch dominanten Feudalklasse durch das Bürgertum. Dieses brauchte für die Durchsetzung der kapitalistischen Produktionsweise mobile Arbeitskräfte, steigende landwirtschaftliche Produktivität und freien Bodenhandel. Wegen dieser gesellschaftlichen Machtablösung konnten die nötigen institutionellen Rahmenbedingungen auch durchgesetzt werden.

In der russischen Revolution bestand während der Durchführung Deckungsgleichheit der Interessen von Bauern und kommunistischer Partei (Bergmann 1979a, S.321). Nach Etablierung des sowjetischen Sozialismus brach ein Gegensatz über die Agrarreformvorstellungen auf. Die gewaltsame Durchsetzung der Kollektivierung wirkt bis heute nach, indem die Agrarproduzenten nicht ihre volle Produktionsbereitschaft entfalten.

In der Dritten Welt schliesslich hat keine nationale Bourgeoisie die alte Feudalklasse vertrieben. Vielmehr wuchs aus der Kolonialstruktur eine bürokratische Staatsklasse, welche die Oekonomie beherrscht (Elsenhans 1981). Die alte Grundbesitzerstruktur aus der Kolonialzeit blieb also erhalten. Zur Machterhaltung werden diese Landoligarchien klientelhaft in die Machtbalance eingebaut. Ansätze von Agrarreformen werden soweit zugestanden als für die Stabilität des Staates dem Basisdruck nachgegeben werden muss. Institutioneller Wandel im Anschluss an die Kolonialzeit ist also unumgänglich (Bergmann 1979b, S.104).

Aenderungen institutioneller Rahmenbedingungen bedeuten Veränderungen der Eigentumsverteilung, was nur eintritt, wenn eine neue ökonomische Klasse an Gewicht gewinnt.

## 3.2. Agrarmodernisierung

Neben diesen institutionellen Voraussetzungen sind auch produktionstechnische Aenderungen nötig, was wir mit Agrarmodernisierung bezeichnen möchten. Denn die Mobilisierung von Produktivitätsreserven erweist sich als eines der Kernprobleme jeder Entwicklung (Priebe/Hankel, S.13). Allerdings muss die angewandte Form der Modernisierung der jeweiligen Situation des betreffenden Landes angepasst sein. Insbesondere können keine Rezepte aus den Industrieländern auf Länder der Dritten Welt übertragen werden (Planck 1968, S.101). Gleichwohl lassen sich aus einer historischen Analyse hierzu einige Schlüsse ziehen.
 1. Die Agrarmodernisierung hat sich als unumgängliche Voraussetzung erwiesen. Wenngleich nicht immer die selbe Abfolge wie beim Erstindustrialisierer England (hohe landwirtschaftliche Leistungsfähigkeit - dynamischer Industrialisierungsprozess) zu beobachten war (Senghaas 1982, S.68). So fand beispielsweise in den Niederlanden eine Agrarmodernisierung ohne Frühindustrialisierung statt. Anstelle davon trat im 16./17. Jahrhundert der

Zwischenhandel mit exotischen Produkten, was in andern Fällen ein Hinweis für eine Peripherieentwicklung darstellte. Weil aber die Agrarmodernisierung erfolgt war, konnte zu einem späteren Zeitpunkt die Industrialisierung ohne Peripheriesierung einsetzen (Senghaas 1982, S.72). Auch die erfolgreichen Entwicklungen der modernen Schwellenländer Taiwan und Südkorea basieren auf Agrarmodernisierung (Menzel 1985, S.35). Allerdings muss die Vernetzung mit Agrarreformen vorhanden sein (Hemmer 1978, S.318).

2. Durch die Ueberschussproduktion des Agrarsektors werden Märkte auf dem Lande geschaffen (Priebe/Hankel, S.39). Weil ein auf Agrarmodernisierung ausgerichteter Agrarsektor zum Nachfrager industrieller Produkte wird, vergrössert sich die Arbeitsteilung (Manig, S.94). D.h. je eher die Agrarproduktion auf Modernisierung ausgerichtet ist, umso erfolgreicher setzt ein Industrialisierungsprozess ein (Senghaas 1982, S.41).

3. Zusätzlich muss jedoch die Breitenwirksamkeit der Agrarmodernisierung gegeben sein. Dies gilt einerseits innerhalb des Agrarsektors, indem Kleinbetriebe modernisiert werden (Mukhoti, S.2). Es gilt aber auch für den Industriesektor, welcher seine Produktion auf Massenkonsumgüter und landwirtschaftliche Inputs ausrichtet. Auf diese Weise kann auch der Nachteil mangelnder Ressourcenausstattung überspielt werden (vgl. Fall Schweiz, Senghaas 1982, S.89).

Der Gedanke der Agrarmodernisierung findet sich bereits bei den Physiokraten (Schäfer, S.134) und müsste für die Entwicklung der Dritten Welt in einem neophysiokratischen Sinne wieder aufgenommen werden (vgl. III.4.1.).

## 3.3. Elastisches Angebotsverhalten des Agrarsektors

Neomalthusianer greifen heute die von Malthus vertretene These wieder auf, die landwirtschaftliche Produktion bleibe hinter der Bevölkerungsentwicklung zurück. Aus der landwirtschaftlichen Produktionssteigerung in den Industrieländern wurde deutlich, dass dieser Agrarpessimismus nicht gerechtfertigt ist. Vielmehr werden Produktionsreserven mobilisiert, wenn die Rahmenbedingungen (Institutionen, Agrarpolitik, Wachstum übriger Sektoren, etc.) stimmen. Produktivitätssteigerungen pro Arbeitskraft und pro Fläche sind in weiten Teilen der

Erde noch in grossem Ausmass möglich (Priebe/Hankel, S.10). Allerdings ist auch zu sehen, dass die Landwirtschaft in den Industrieländern heute einen Intensitätsgrad erreicht hat, bei welchem der Grenzertrag äusserst klein und die negativen externen Effekte gross sind.

Die Ursachen für das Hungerproblem in der Dritten Welt sind jedoch im politsozio-ökonomischen und nicht im technologischen Bereich zu suchen.

Im Gegensatz zur industriellen Produktion besteht in der Landwirtschaft eine Obergrenze von Betriebsgrösse und Erträgen. Denn die Flächengebundenheit, begrenzte Organisierbarkeit und Naturabhängigkeit wirken limitierend (Hemmer 1978, S.319).

Gleichwohl kann grundsätzlich von einem elastischen Angebotsverhalten der Produzenten ausgegangen werden (de Haen, S.48). Allerdings müssen Preisanreize dafür vorhanden sein. Bei diesen gilt es jedoch zwischen kurz- und langfristigen Reaktionen zu unterscheiden. Ebenfalls treten unterschiedliche Elastizitäten beim Einzelprodukt und bei der gesamten Agrarproduktion auf.

Fertig/Hestermann haben in einer Literaturanalyse folgende Werte für Dritt-Welt-Länder festgestellt (Fertig/Hestermann, S.128):
    kurzfristig : Gesamtangebotselastizität   0.1-0.8
    längerfristig : Gesamtangebotselastizität   0.3-1.2

Diese Angaben bestätigen die altbekannte agrarökonomische Erkenntnis, dass das Angebot kurzfristig deutlich weniger elastisch als in der längerfristigen Betrachtung ist. Aus der breiten Spanne von Werten lässt sich allerdings bereits ablesen, dass diese Theorie relativ weit interpretierbar ist. Bond behauptet gar, die langfristige Elastizität sei nur unwesentlich grösser als die kurzfristige (Cleaver 1985, S.7). In ihrer empirischen Studie, die auf afrikanischen Länderdaten beruht, kommt sie zum Ergebnis von 0.12. Sie versucht dabei das Ausweichen auf Subsistenzproduktion und andere Einflüsse als der Preis, wie Staatseingriffe, Terms of Trade, Düngerverbrauch etc., mit einzubeziehen. Diesem Vorgehen ist methodisch entgegen zu halten, dass bei Ausweichmöglichkeiten in die Subsistenz zwei "Märkte" unterschieden werden müssten.

Für die Marktproduktion ist der Zusammenhang mit der Preispolitik gegeben. Cleaver zeigt für die afrikanischen Länder südlich der Sahara folgenden Zusammenhang (Cleaver 1985, S.9):

| Preispolitik | Jährliches Wachstum der Agrarproduktion 1970-80 (in %) |
| --- | --- |
| tiefe oder keine Preisdiskrimination | 2.9 |
| mittlere | 1.8 |
| hohe | 0.8 |

Wir gehen also von einer elastischen Angebotsreaktion aus. Diese ist jedoch im weiteren von der betrieblichen Organisationsform des Agrarsektors abhängig.

Je nach Ressourcenausstattung (Arbeit/Boden) können grössere oder kleinere Betriebe die effizientere Betriebsform sein. Im allgemeinen produzieren die Kleinbetriebe jedoch intensiver (Output/ha) (Lipton/Heald, S.2). Wenn die Produktpreise genügend hoch sind, wird auch in neue Technologien investiert. Eine weitere Voraussetzung hierzu ist jedoch ein effizientes System von Input-Angebot und Absatz, sowie dessen Stabilität (Lipton/Heald, S.19ff). So wird sich das Verhältnis von Subsistenz- und Marktproduktion zu Gunsten letzterer verschieben (Hemmer 1978, S.318). D.h. also dass in weiten Teilen der Dritten Welt die Kleinproduzenten die kritische Masse darstellen, welche letztlich über die Angebotselastizität des gesamten Agrarsektors entscheidet.

## 3.4. Mechanismen der Beitragsübertragung

Es gibt verschiedene Möglichkeiten, wie die in III. 2.2. aufgeführten "Beiträge" des Agrarsektors mobilisiert werden. Der Nettoabfluss von Ressourcen ist gegeben (Mukhoti, S.22), stellt quasi die zeitlose Aufgabe dieses Sektors beim Uebergang zur Industrialisierung dar, weil es ausser bei Ausplünderung eroberter Gebiete (z.B. Spanien in Lateinamerika) gar keinen andern Lieferanten geben kann (Priebe/Hankel, S.34ff).

Allerdings wandelt sich der Begriff der Kapitalbildung trotz der zeitlosen Aufgabe im Laufe der Zeit (Steppacher, S.206). So findet diese heute in der

Dritten Welt wegen der Möglichkeiten des Technologietransfers unter anderen Bedingungen statt als zur Zeit der europäischen Industrialisierung.

Generell gilt, dass die landwirtschaftliche Produktivität das Wachstum des industriellen Sektors bestimmt (Senghaas 1982, S.67). D.h. das Gesamtpotential der Beitragsleistungen ist begrenzt (Bergmann 1979b, S.104). Oder anders ausgedrückt: die einzelnen Beiträge sind korreliert (Myint, S.345). Zu ihrer Mobilisierung müssen also Prioritäten gesetzt werden. Die quantitative Erfassung dieser Beiträge fand schon Kuznets eines der schwierigsten Probleme der Oekonomie (vgl. Schweizer, S.203). Als grobe Kennziffer schlagen Priebe/Hankel den "agrarwirtschaftlichen Wachstumskoeffizienten" (AWK) vor (Priebe/Hankel, S.37).

$$AWK = \frac{\text{reale Wachstumsrate des Agrarsektors}}{\text{reale Wachstumsrate der Gesamtwirtschaft}}$$

Bei einem grossen Anteil des Agrarsektors an der gesamten Wirtschaft müsste auch ein AWK von deutlich über 1 entstehen. Ein empirischer Vergleich von Priebe/Hankel (S.38) zeigt, dass viele Länder der Dritten Welt AWK's von unter 1 aufweisen. D.h. die Beitragsmöglichkeiten des Agrarsektors werden keineswegs ausgeschöpft.

Daneben wird in der Literatur immer wieder auf die Möglichkeit hingewiesen, mit dem Einsatz unterbeschäftigter Arbeitskräfte in Infrastrukturprojekten einen Beitrag zur nichtmonetären Realkapitalbildung zu leisten (vgl. z.B. von Urff, S.29). So erreichte z.B. in der VR China das so gebildete Realkapital in der Infrastruktur zeitweise 25% des Volkseinkommens (Hemmer 1978, S.322). Voraussetzung dafür sind allerdings egalitäre Rahmenbedingungen und eine minimale Produktivität im Agrarsektor.

Je nach Form der Kapitalübertragung tritt Widerstand der Bauern auf (Bergmann 1979a, S.322). D.h. es kommt darauf an, ob die Beiträge freiwillig oder erzwungen geleistet werden (Myint, S.328). Zu den freiwilligen Formen zählen
- der Spartransfer
- gewisse Steuern

Diese waren aber weder im historischen Rückblick noch heute in der Dritten Welt von Bedeutung. Vielmehr werden die erzwungenen angewendet:
- Preispolitik
- Exportsteuern
- Zwangsablieferungen

Diese Mittel werden alle vom Staat eingesetzt, der somit auch die Verwendung des Transfers bestimmt. Es ist aber auch zu bedenken, dass die europäische Industrialisierung selber ohne solche Stasstseingriffe "Zwangscharakter" hatte. Denn, weite Teile der Agrarbevölkerung wanderte gegen ihren Willen ab. Die Lebensumstände in der Stadt waren damals denn auch trostlo und kosteten manches Menschenleben.

Auf Grund von Besitzstrukturen kann aber auch ein Kapitalabfluss stattfinden, der nicht dem Aufbau der Industrie dient. Dies ist der Fall, wenn Grossgrundbesitzer ihre Bodenrentenbezüge für Luxuskonsum einsetzen (Steppacher, S.181). Verelendung in städtischen und ländlichen Regionen sind die Folge, wie heute in weiten Teilen der Dritten Welt.

## 3.5. Zusammenfassung der Ergebnisse

Aus einer Literaturübersicht können wir die Rolle des Agrarsektors im Uebergang zur Industriegesellschaft folgendermassen charakterisieren.
1) Zugang zum Boden ist Voraussetzung für die Entwicklung von Eigeninitiative.
2) Es müssen daher zur Verhinderung unproduktiver Grossgrundbesittümer und zersplitterter Kleinstbetriebe Agrarreformen durchgeführt werden.
3) Pseudoreformen deformieren die Oekonomie allerdings noch stärker als gar keine.
4) Ohne Bildung von human capital können keine Reformen durchgeführt werden.
5) Jede Aenderung von institutionellen Rahmenbedingungen setzt eine ökonomisch potente Trägergruppe voraus.
6) Produktivitätsreserven müssen auf angepasste Art und Weise mobilisiert werden.
7) Agrarmodernisierung bedarf zur Schaffung ländlicher Märkte der Breitenwirksamkeit.

8) Der Agrarsektor weist insgesamt längerfristig ein elastisches Angebotsverhalten auf.
9) Ressourcenabfluss aus dem Agrarsektor zur Industrialisierung ist unumgänglich.
10) Realkapital im Infrastrukturbereich kann auch auf nichtmonetäre Weise durch unterbeschäftigte landwirtschaftliche Arbeitskräfte gebildet werden.
11) Die unfreiwilligen Formen der Beitragsrealisierung (Preispolitik, Exportsteuern, Zwangsablieferungen) herrschen vor.

## 4. Agrarstrategien

Zur Erreichung des Industrialisierungszieles (vgl. III.2.) können die Elemente des letzten Abschnittes verschieden kombiniert werden. Wir wollen im folgenden die Kombinationen ausgewählter, noch zu definierender Elemente, welche die Rolle des Agrarsektors im Entwicklungsprozess bestimmen, als Agrarstrategien bezeichnen. Auch in Industrieländern mit relativ geringer Bedeutung des Agrarsektors werden bestimmte Agrarstrategien verfolgt. In diesem Abschnitt versuchen wir, eine Systematik von Agrarstrategien zu schaffen.

### 4.1. Debatten zur Industrialisierung in verschiedenen historischen Phasen

Bevor wir auf die Agrarstrategien eintreten, werden theoretische Auseinandersetzungen zur Industrialisierung in drei Phasen beginnender Industrialisierung in verschiedenen Regionen der Welt analysiert:
1. Auseinandersetzung zwischen Merkantilisten und Physiokraten bei beginnender Industrialisierung in Westeuropa.
2. Industrialisierungsdebatte in der Sowjetunion in den 1920er Jahren.
3. Modernisierungstheoretiker versus Dependencia-Vertreter über die zu verfolgende Industrialisierung in der heutigen Dritten Welt.

#### 4.1.1. Merkantilisten versus Physiokraten

Die Physiokratie war eine Reaktion auf die in Frankreich herrschende merkantilistische Politik im 18. Jahrhundert, d.h. sie wurde als Kritik dazu formuliert.

Allerdings brachte sie es nie zur konkreten Umsetzung in der Wirtschaftspolitik. Schumpeter bezeichnet sie gar als vorübergehende Modeerscheinung in den Versailler Salons im Zuge der allgemeinen Verherrlichung des idyllischen Landlebens (Schumpeter 1965, S.295ff). Gleichwohl können die physiokratischen Ueberlegungen als Wegbereiter des Liberalismus bezeichnet werden (Schäfer, S.131), ohne dass ihre Verfechter - vor allem der Hauptvertreter F. Quesnay - die Abschaffung des absolutistischen Monarchentums anstrebten. Wegen dieser Rolle als Feldbereiterin des Liberalismus wurde das physiokratische Gedankengut von den Liberalisten - allen voran Adam Smith - weniger verachtet als das merkantilistische. Letzteres wurde mit allen Mitteln als unwissenschaftlich abqualifiziert (Schäfer, S.119). Dies war schliesslich auch der wirtschaftspolitische Feind, den die Liberalisten zu bekämpfen hatten.

Wir wollen im folgenden die beiden Ansätze auf ihre wirtschaftspolitische Ausrichtung hin vergleichen - im Bewusstsein, dass beide Theoriegruppen noch weitere Aspekte enthalten. Dabei entpuppt sich der physiokratische Ansatz im Gegensatz zu vielfach gelesenen Einschätzungen durchaus als dynamische Entwicklungstheorie des Agrarsektors. Demgegenüber förderte merkantilistische Politik den gewerblich-industriellen Sektor (Steppacher, S.14).

Für die Physiokraten war eine industriell dominierte Gesellschaft undenkbar, aber ihnen kommt der Verdienst zu, die Grenzen gesamtwirtschaftlicher Entwicklung einer Agrargesellschaft in der Produktivität des Agrarsektors erkannt zu haben. Demgegenüber kann gemäss Merkantilisten nur eine moderne Industrie einen hochentwickelten Staat hervorbringen (Schäfer, S.128). Dazu war die Ausbeutung der Landwirtschaft denn auch gerechtfertigt. Ihre Politik z.B. in Frankreich liess daher einen unterkapitalisierten und rückständigen Agrarsektor entstehen. Die Motivation für eine solche Entwicklung lag in einer Stärkung des Staates, während später im Liberalismus sich die individualistische Haltung der Kapitalistenklasse durchgesetzt hatte. Die absolutistischen Fürstenstaaten hatten ausgedient. Zuvor allerdings waren alle Infrastrukturlöcher, welche für Privatinvestitionen nicht interessant waren, von ihnen gestopft worden (Schäfer, S.123). Diese Situation ist durchaus mit der Rolle des Staates in der Dritten Welt heute vergleichbar.

Für unsere weitere Analyse können wir die Erkenntnisse verwenden, dass der Merkantilismus von dualistischen Wirtschaftsstrukturen ausging, woraus sich

Tab. 3.3: *Merkantilismus und Physiokratie im Vergleich*

**Merkantilismus**  **Physiokratie**

*Wirtschaftssektoren:*

| Merkantilismus | Physiokratie |
|---|---|
| 1) weit entwickelter gewerblicher, industrialisierter Sektor<br>2) heimisches Hinterland zur Produktion von Rohstoffen und Nahrungsmitteln<br>3) externes Hinterland für Absatz heimischer Produkte und Lieferung komplementärer Rohstoffe | 1) produktive Klasse der Bauern<br>2) sterile Klasse von Industrie und Handwerk<br>3) distributive Klasse der Grundbesitzer |

*Wirtschaftliche Ziele:*

| Merkantilismus | Physiokratie |
|---|---|
| a) Expansion von Sektor 1 und Förderung von 2 und 3 soweit nötig für diese Expansion<br>b) Aufbau eines modernen Nationalstaates<br>c) Durchsetzung des kapitalistischen Wirtschaftsprinzips im Sektor 1 | a) prioritäre Förderung des Agrarsektors (Hebung Einkommen)<br>b) Einführung der freien Marktwirtschaft<br>c) Agrarmodernisierung (technisch und institutionell) |

*Wirtschaftspolitik:*

| Merkantilismus | Physiokratie |
|---|---|
| 1. Niedrigzinspolitik zur Förderung von Investitionen<br>2. Hochpreispolitik für Produkte des modernen Sektors durch Vergabe von Monopolrechten<br>3. Niedrigpreispolitik für Produkte des traditionellen Sektors mittels Abgaben und Exportverboten für Nahrungsmittel<br>4. Niedriglohnpolitik mittels Förderung der Immigration<br>5. aktive Handelsbilanz | 1. staatlicher Infrastrukturausbau und einheitliche Besteuerung<br>2. Aufhebung des Teilpachtsystems und Uebergang zur Vollpacht<br>3. hohe Agrarpreise<br>4. höhere Löhne zur Nachfrageerhöhung nach Agrarprodukten<br>5. Freihandel |

*Entwicklungsmechanismus:*

| Merkantilismus | Physiokratie |
|---|---|
| - Interessengemeinschaft von Landesfürst und Unternehmerkapitalisten gegen alte Feudalstruktur<br>- billiges Kapital fliesst in profitträchtigen modernen Sektor, der sich von kleinen Inseln ausgehend ausbreitet<br>- Infrastrukturausbau unterstützt dies<br>- Agrarsektor und Kolonien dienen als billige Rohstofflieferanten | - Wohlergehen der Gemeinschaft hängt von der produktiven Klasse ab, die als einzige einen Ueberschuss erzielt<br>- durch steigende Produktivität (moderne Technologie) nimmt dieser Ueberschuss zu, wodurch die Nachfrage nach gewerblichen Produkten anwächst<br>- der Agrarsektor trägt die übrigen Sektoren und begrenzt somit das gesamtwirtschaftliche Wachstum<br>- mit der institutionellen Befreiung des Agrarsektors durch die Marktwirtschaft setzt der allgemeine Wohlstand ein |

*Quelle: eigene Zusammenstellung nach Schäfer Hans-Bernd, Landwirtschaftliche Akkumulationslasten und industrielle Entwicklung; Steppacher Rolf, Surplus, Kapitalbildung und wirtschaftliche Entwicklung*

eine Industriegesellschaft entwickeln sollte. Während die Physiokraten die Grenzen der Ausbeutung des Agrarsektors aufzeigten.

### 4.1.2. Die Industrialisierungsdebatte in der Sowjetunion

Ausgangspunkt der 1924/25 einsetzenden Industrialisierungsdebatte war ein Rückgang des Angebotes an Agrarprodukten trotz befriedigender Produktion. Dies war eine Folge der Reprivatisierung der Landwirtschaft im Rahmen der "Neuen ökonomischen Politik" (NEP). Denn die wieder erstarkten Grossbauern fanden wegen der hohen Preise für Industriegüter keinen Anreiz zur Angebotserhöhung (von Urff, S.30).

Die rasche Industrialisierung war als Ziel unbestritten - offen war hingegen der Weg dorthin (Schweizer, S.112). Während der 5 Jahre dauernden Debatte kristallisierten sich drei Meinungen heraus. Am Schluss hatte sich ein superindustrialistischer Kurs in Verbindung mit Zwangskollektivierung im Agrarsektor und Beseitigung jeglicher Opposition unter Stalin durchgesetzt (Schäfer, S.136). Wir wollen an dieser Stelle aber nicht auf die Entwicklung des Agrarsektors in der Sowjetunion eintreten, sondern die Strategieelemente sektorieller Entwicklung hervorheben.

*1) Priorität des Agrarsektors*

Lew M. Schanin und G.J. Sokolnikow behaupteten, dass Investitionen in der Landwirtschaft schnellere Produktionssteigerungen als im Industriesektor erlaubten. Deshalb seien diese zu fördern, die industrielle Produktion auf die Verarbeitung von Agrarprodukten auszurichten und die übrigen Industrieprodukte zu importieren, was über Agrarexporte finanzierbar wäre (Schweizer, S.113). Dieser Ansatz erlangte nie grosse Bedeutung in der Debatte. Er geht auch von irrigen Annahmen aus, hat doch die erfolgreiche industrielle Entwicklung ihre höhere Kapital-Produktivität bewiesen.

*2) Priorität des Industriesektors*

Ewgeni Preobraschenski war der wichtigste Oekonom der sogenannten "Linken Opposition" unter Trotzkis Führung. Seiner Analyse zufolge war während der NEP-Phase nicht akkumuliert worden (Schweizer, S. 114). Neben diesem ökonomischen Problem galt es auch, die kapitalistischen Tendenzen in der Landwirtschaft zurückzudämmen. Diesen beiden Uebeln sollte mittels des Konzepts der "ursprünglichen sozialistischen Akkumulation" abgeholfen werden. Dieses Konzept stellt eine Uminterpretation der "ursprünglichen Akkumulation" im Kapitalismus von Karl Marx dar (vgl. III. 2.2.).

Preobraschenski unterteilte die Gesamtakkumulation in einen aus dem modernen industriellen Sektor und in einen aus dem vorsozialistischen Agrarsektor stammenden Teil. Der sozialistische Industriesektor sollte seine Produkte über ihrem Wert und der nicht-sozialistische unter ihrem Wert liefern. Dank dieses "ungleichen Tausches" fliessen Akkumulationsmittel in den modernen Sektor. Dessen rasches Wachstum sollte noch durch Getreide- und Maschinenimporte zusätzlich gefördert werden. Innerhalb des Industriesektors sollte die Schwerindustrie Vorrang haben (Schäfer, S.142). Zusätzlich seien administrative Massnahmen wie z.B. Getreideablieferungspflicht notwendig. Weil aber nach Abzug von Arbeitskräften in die Industrie und Produktivitätssteigerungen im Agrarsektor die Einkommen dort nicht sinken, wäre dieser "ungleiche Tausch" für den einzelnen Produzenten gut verkraftbar.

*3) Gleichzeitige Entwicklung von Agrar- und Industriesektor*

N. Bucharin stellte der "ursprünglichen sozialistischen Akkumulation" sein Konzept des gleichgewichtigen Wachstums mit gleich hohen Profitraten in beiden Sektoren gegenüber. Ein Argumentationsstrang ist ebenfalls politisch: Wenn die Akkumulation auf dem Rücken der Bauern erfolge, werde das "Bündnis zwischen Arbeitern und Bauern" gefährdet, was auf Jahre hinaus die Existenz des Staates in Frage stelle (Schäfer, S.145). Die ökonomische Kritik geht dahin, dass die Bauern auf überhöhte Industriepreise mit Verminderung des Agrarangebotes reagieren würden, was letztlich einem Rückzug auf Subsistenzproduktion gleichkomme. Dadurch wäre auch die industrielle Entwicklung gefährdet.

Bucharin's Modell forderte demnach hohe Agrarpreise und tiefe Industriegüterpreise, womit über die steigende Nachfrage des Agrarsektors auch die industrielle Produktion angekurbelt würde (Schweizer, S.114). Zudem hoffte er, über private Ersparnisse im Agrarsektor freiwillig Investitionsmittel zu erhalten. Dieser letzte Punkt erwies sich als illusorisch, wodurch die kommunistische Partei in der Sowjetunion von Bucharins Linie abschwenkte (Schäfer, S.147).

Im Vergleich dieser drei Ansätze ist derjenige von Schanin als Entwicklungsmodell auszuschliessen. Denn der Ansatz kann nicht zu gesamtwirtschaftlichem Wachstum führen. Von ihrer Grundkonzeption können wir die "ursprüngliche sozialistische Akkumulation" als neo-merkantilistisch und Bucharins Kritik als neo-physiokratisch bezeichnen (Schäfer, S.137). Gerade die sowjetische Entwicklung hat dann deutlich gemacht, dass der erste Ansatz kurzfristigem und der zweite längerfristigem Denken entsprang. Gemeinsam ist ihnen die Geschlossenheit des Systems. D.h. die Entwicklung soll aus der eigenen Ressourcenbasis heraus stattfinden. Bezüglich dieses Punktes stellt sich denn auch sofort die Frage der Uebertragbarkeit auf kleine, ressourcenarme Länder.

### 4.1.3. Modernisierungs- und Dependencia-Theorien

Unter dem Oberbegriff der Modernisierungstheorien wird eine ganze Reihe von Erklärungsansätzen der Unterentwicklung der Dritten Welt sowie Strategien zu ihrer Ueberwindung zusammengefasst. Sie alle entspringen der Neoklassik. In den einzelnen Ansätzen werden jeweils verschiedene Gründe für die Unterentwicklung in den Vordergrund gestellt, wie Kapitalmangel, fehlende Unternehmerpersönlichkeiten, Traditionalität, u.a. (Grimm, S.23ff). Gemeinsam ist diesen Theorien, dass sie von einem Prozess der Nachahmung und Angleichung an die westlichen Industrieländer ausgehen (Nohlen 1984, S.405).

Länder der Dritten Welt müssen aus ihrem Zustand der Tradition in die Moderne gelangen. Der Weg dahin wurde u.a. von W.W. Rostow in seiner Stufentheorie des wirtschaftlichen Wachstums entwickelt (Rostow 1956). Er unterteilt den Entwicklungsprozess in folgende 5 Phasen:
- traditionale Gesellschaft
- Anlaufperiode zur Schaffung der Voraussetzungen für den wirtschaftlichen Aufschwung
- wirtschaftlicher Aufschwung ("take-off")
- Reifestadium
- Zeitalter des Massenkonsums

Um die "take-off" Phase zu erreichen sind drei Voraussetzungen notwendig (Nohlen 1984, S.548):
1. Anstieg produktiver Investitionen auf mindestens 10% des Volkseinkommens;

2. Entwicklung mehrerer bedeutender industrieller Branchen mit hohen Wachstumsraten;
3. Schaffung des notwendigen politischen, sozialen und institutionellen Rahmens.

Für Rostow und die übrigen Modernisierungstheoretiker kann die wirtschaftliche Entwicklung nur über das Wachstum der Industrie erfolgen. Einzelne Branchen müssen dank Anwendung moderner Wissenschaft und Technik zu sogenannten "führenden Sektoren" werden. Im Laufe der Zeit lösen sich verschiedene Branchen in dieser Rolle ab. Historisch betrachtet erfüllten in den Industrieländern die Textilwirtschaft, der Eisenbahnbau, Eisen- und Stahlindustrie, Chemische-, Elektro-Industrie, Fahrzeugbau, usw. diese Aufgabe (Timmermann, S.32). Ein führender Sektor ist durch folgende Eigenschaften gekennzeichnet (Hemmer 1978, S.286):
- hohe Einkommenselastizität der Nachfrage nach seinen Produkten
- überdurchschnittliche Wachstumsrate
- hohe Angebotselastizität für kurzfristiges rasches Produktionswachstum
- Schaffung und Weitergabe technologischer Verbesserungen an andere Branchen

Weil dem Agrarsektor diese Eigenschaften fehlen, kann er nach Ansicht der Modernisierungstheoretiker nicht zum führenden Sektor werden. Höchstens eine gewisse ergänzende Funktion kann ihm zur industriell dominierten Entwicklung zukommen (Hemmer 1978, S.288).

Als unerlässlich wird die Integration in die Weltwirtschaft angesehen (Nohlen 1984, S.406). Können doch auf diese Weise die fehlenden Entwicklungsfaktoren wie Kapital und Know how im Austausch gegen Produkte mit komparativen Kostenvorteilen eingeführt werden.

Vor allem gegen diese Weltmarktintegration richtet sich die Gruppe der Dependencia-Theorien. Entwickelt wurden diese wirtschafts- und sozialwissenschaftlichen Ansätze Mitte der 60er Jahre in Lateinamerika. Im Rückblick erscheinen sie als Antwort auf das Scheitern des weltmarktintegrativen Entwicklungsmodelles, wie es von den meisten lateinamerikanischen Ländern angewendet wurde (Nohlen 1984, S.137). Auf einen einfachen Nenner gebracht, verhindert die jahrhundertelange Abhängigkeit der Dritten Welt von den Industrieländern ihre Entwicklung. Für viele Dependenztheoretiker kann es keine generelle Theoriebildung zur Ueberwindung von Unterentwicklung geben, vielmehr müssen die einzelnen Länder selbst beginnen, ihren spezifischen Entwicklungsweg zu formulieren. Aus der Gruppe der Theoretiker, welche eine Theoriebildung für möglich halten, wollen wir im folgenden den Dissoziationsansatz von D. Senghaas herausgreifen (Senghaas 1978). Danach sollen Entwicklungsökonomien aus dem Weltmarkt herausgelöst werden (Dissoziation), um mit eigenen Ressourcen eine eigenständige Wirtschaft und Gesellschaft aufzubauen (autozentrierte Entwicklung).

Das Binnenmarktpotential wird durch eine schrittweise wechselseitige Verkettung von Landwirtschaft und Industrie erschlossen (Senghaas 1978, S.269). Die Industrie hat Grundgüter und allgemein erwerbbare Ausrüstungsgüter herzustellen, indem lokale Ressourcen genutzt und so die nötigen linkages hergestellt werden. Damit dieser Prozess nicht von den dominanten kapitalistischen Weltmarktbeziehungen gestört wird, ist die Oekonomie davon abzukoppeln. Dies bedeutet aber keine völlige Abschottung. Vielmehr kann der Aussenhandel durchaus ergänzende Funktion zur Binnenmarktentwicklung haben (Senghaas 1978, S.278).

Aus dem Vergleich dieser beiden Gruppen von Entwicklungsstrategien für die Dritte Welt ersehen wir, dass neben dem altbekannten Unterschied in der sektoralen Priorität vor allem die Aussenhandelsregelung unterschiedlich ist. Einmal ist die Einbindung in die internationale Arbeitsteilung Voraussetzung für Entwicklung und einmal gerade das Hindernis dafür (Riese 1986, S.163).

Für unsere weitere Arbeit können wir aus diesem Ausschnitt der Theoriediskussion über die Rolle des Agrarsektors folgende Schlüsse ziehen: Die auf die Physiokraten und Merkantilisten zurückgehende unterschiedliche Gewichtung von Agrar- und Industriesektor hat sich bis heute gehalten. Wir können also die zwei grundsätzlich verschiedenen Strategieelemente unterscheiden:
1. gleichzeitige Entwicklung beider Sektoren
2. prioritäre Entwicklung der Industrie

Mit zunehmender Ausdehnung des Welthandels hat die strategische Rolle des Aussenhandels an Bedeutung gewonnen. Auch hier lassen sich zwei Strategieelemente unterscheiden:
1. Aussenhandel als Entwicklungsförderer mittels Weltmarktintegration
2. Aussenhandel höchstens in Ergänzungsfunktion einer Binnenmarktentwicklung mittels Dissoziation

Wir werden diese Elemente für die später folgende Systematik von Agrarstrategien wieder aufnehmen.

## 4.2. Weitere Strategieelemente

Neben den beiden im Abschnitt 4.1. aus dem historischen Theorievergleich gewonnenen konstitutiven Elementen von Agrarstrategien lassen sich als weitere die Agrarverfassung und die verwendete Technologie hinzufügen.

### 4.2.1. Agrarverfassung und die Rolle des Staates

Der Staat kann seine Rolle auf zwei unterschiedliche Arten einsetzen: entweder beschränkt er sich auf eine rahmengebende Funktion oder er wird selber wirtschaftlich aktiv. Auf jeden Fall bestimmt er die Agrarverfassung, d.h. wie weit Privateigentum an Boden garantiert oder eingeschränkt ist. Im Detail wurden die verschiedenen Wirtschaftssysteme in Kapitel II dargestellt.

Wenn sich der Staat auf die Rahmengebung beschränkt, liefert der Agrarsektor seine Beiträge mehr oder weniger freiwillig und ist der Austausch von Produktionsfaktoren ungehindert. Gegenüber einer reinen Marktlösung entstehen aber insofern Unterschiede, als das Preissystem verändert wird, wodurch sich Anreize für andere Produkte herausbilden können. Grenzen solcher Eingriffe ins marktwirtschaftliche Prinzip wurden oft beschrieben (z.B. Lachmann, S.165).

Wenn der Staat selber im Wirtschaftsprozess engagiert ist, kann er die Beiträge des Agrarsektors erzwingen und der Produktionsfaktorenfluss ist reglementiert. Der Staat sichert die nationale Kapitalakkumulation ab (Hein, S.42). Entsprechend bestimmt er auch die Investitionsverteilung. Werden mittels administrativ gesenkter Preise und tiefen Investitionsraten im Agrarsektor Mittel abgezogen, bestehen auch in einem solchen System keine Produktionsanreize und der Output des Sektors stagniert oder sinkt.

Bezüglich Agrarstruktur kann man zwischen bi- und unimodalen Strategien unterscheiden (Thimm/von Urff, S.395). Bimodale Strategie bedeutet Förderung grösserer Betriebe, die für den Markt produzieren, während die Kleinbetriebe vor allem als Rückhaltebecken für überschüssige Arbeitskräfte dienen. Wegen dieser Förderung und der absoluten Garantie des privaten Bodenbesitzes verstärkt sich die bestehende Bodenbesitzkonzentration noch weiter. Mit einer unimodalen Strategie wird dagegen eine gleichmässige Betriebsgrössenverteilung angestrebt. Dies kann mit entsprechender Politik auch unter marktwirtschaftlichen Bedingungen erreicht werden, wie die Beispiele von Taiwan und Süd-Korea zeigen (Menzel 1985, S.35). Auch bei Verstaatlichung des Bodens sind sowohl bimodale wie auch unimodale Strategien denkbar. Entscheidend ist letztlich die Frage, ob Agrarreformen den Zugang zu den Produktionsmitteln für die Produzenten verbessern.

### 4.2.2. Technologiewahl

Im Abschnitt 2.4 haben wir die Grenzen ländlicher Beschäftigung aufgezeigt. An dieser Stelle wollen wir diskutieren, wie sich verschiedene Technologien ausgedrückt als bestimmtes Verhältnis von Arbeit/Kapital/Boden (Faktorkombination) in unterschiedlichen Umständen auswirken. Wir gehen also davon aus, dass die Anwendung technischen Fortschritts nicht unabhängig von der Agrarstruktur ist. So können beispielsweise grössere Betriebe in der Dritten Welt eher von modernen Technologien profitieren oder der institutionelle Rahmen (fehlende Agrarreform) kann sich als Hindernis für die Anwendung technischen Fortschritts erweisen (Bergmann 1979b, S.110).

Wir finden sowohl traditionelle wie auch moderne Technologien, die arbeitsintensiv oder -extensiv sind. Allerdings sind es unterschiedliche Gründe, die zu Differenzen in der Arbeitsintensität führen. So sind traditionelle arbeitsextensiv, weil es zu wenig zusätzliche Ressourcen hat und moderne, weil andere Ressourcen (v.a. Mechanisierung) Arbeitskräfte ersetzen (Steppacher, S.204). Im ersten Fall ist durch die Steigerung des Arbeitseinsatzes eine Produktionserhöhung möglich, während im zweiten Fall der Erfolg von den übrigen Ressourcen abhängig ist (Grüne Revolution).

Aus der historischen Analyse können wir die Bevölkerungsdichte als Bestimmungsgrund für die Intensität des Arbeitseinsatzes herleiten. Senghaas unterscheidet die dicht besiedelten Agrarländer Europas und die dünn besiedelten Siedlerkolonien (Senghaas 1982, S.75ff). Erstere zeichneten sich vor der industriellen Revolution durch eine knappe land-man-ratio aus (wenig Boden, viele Arbeitskräfte, wenig Kapital). Wegen der Auflösung feudaler Hemmnisse (Agrarreform) konnte die Bodenleistung erhöht werden (Intensivierung). Erst die Verknappung der Arbeitskräfte im Verlaufe der Industrialisierung erhöhte die Arbeitsproduktivität. Die Mechanisierung erfolgte dann zu einem späteren Zeitpunkt. Wenn die Mechanisierung zu früh einsetzt, wird das Arbeitskräftepotential nicht genutzt und anstatt Kapital zu bilden, wird Kapital verbraucht. Dies ist eines der zentralen Probleme der Industrialisierung des Agrarsektors in sozialistischen Staaten (Priebe/Hankel, S.11).

In den Siedlerkolonien waren reichlich Boden und wenig Arbeitskräfte vorhanden. Die Agrarmodernisierung war daher zuerst auf Mechanisierung ausgerichtet (hohe Arbeitsproduktivität). Ertragssteigernde Mittel (Intensivierung) wurden erst nach Erschöpfung der Bodenreserven zur Steigerung der Flächenproduktivität eingesetzt. Dank der frühen Mechanisierungsmöglichkeiten wurde eine lokale Landmaschinenindustrie angeregt, die bald Impulse zur weiteren Industrialisierung abgab.

Diese Zusammenhänge sind in Abbildung 3.3 dargestellt. Gleichzeitig ersehen wir, dass Peripherie-Oekonomien weder intensiviert noch mechanisiert haben. Daher wurde auch kein Agrarmodernisierungsprozess in Gang gesetzt.

*Abb. 3.3: Typen von Agrarmodernisierung*

|  | Mechanisierung + | − |
|---|---|---|
| Intensivierung + | entwickelte Gesellschaften | Europäische Agrargesellschaften |
| Intensivierung − | Siedlerkolonien (z.B. USA) | Peripherien |

*Quelle: Senghaas Dieter, Von Europa lernen*

Für unsere Fragestellung können wir den Schluss ziehen, dass die Technologiewahl durchaus entscheidend für Erfolg oder Misserfolg einer Agrarstrategie sein kann. Ob die der jeweiligen Situation angepasste Faktorkombination gewählt wird, hängt von den sozioökonomischen Kräfteverhältnissen ab. So vermag beispielsweise die Landoligarchie ihren Grossgrundbesitz in Lateinamerika immer noch zu verteidigen, obwohl eigentlich arbeitsintensivere Bewirtschaftungsformen angebrachter wären.

Aus der Kombination von Agrarverfassung (Agrarreform) und Technologiewahl bilden wir ein drittes konstitutives Element von Agrarstrategien (vgl. III. 4.3.3.).

## 4.3. Einordnung von Agrarstrategien

Bevor wir uns der eigentlichen Systematik von Agrarstrategien zuwenden, wollen wir diese in ihren historischen Kontext und die gesamtwirtschaftlichen Voraussetzungen hineinstellen.

### 4.3.1. Historischer Kontext

Wie wir in der Einleitung dieses Kapitels dargestellt haben (vgl. III.1.1.), bestehen in verschiedenen historischen Phasen unterschiedliche Bedingungen für die Entwicklung einer Oekonomie. Aus Abbildung 3.4 können wir ersehen, wann welche Ländergruppe einen eigenen Entwicklungsweg zur modernen Industriegesellschaft begann. Jeder dieser Wege wird durch die Existenz früherer Entwicklungen anderer Gruppen beeinflusst. Vermittelt werden diese Einflüsse durch internationale, politische und vor allem durch die ökonomischen Beziehungen über die Weltmärkte.

Da uns an dieser Stelle die aktuelle Agrarentwicklung interessiert, sollen zwei Probleme eingeführt werden, denen früher weniger grosse Bedeutung zugemessen wurde. Wir sprechen von der Oekologie der Agrarproduktion und vom Stadt/Land-Konflikt. Oekologische Probleme haben erst in den 70er Jahren solche Ausmasse angenommen, dass sie allgemein zur Kenntnis genommen wurden. Heute sind dies in vielen Teilen der Erde zentrale Fragen. Vielerorts ist eine Grenze erreicht worden, welche die Weiterführung der Landwirtschaft in Frage stellt. Das Hauptproblem sind die oftmals irreversiblen Folgen von Bodenerosion wegen Monokulturen oder Bodenvergiftung wegen zu intensiver Produktion. Ist in der Dritten Welt die Ueberlebensfrage sehr direkt damit verbunden, verhinderten bisher in den Industrieländern bäuerliche Einkommensforderungen einen Strategiewechsel.

Heute hat der Gegensatz von Interessen, die den städtischen Räumen entstammen und denjenigen der ländlichen Räume die intraruralen Konflikte überspielt. In den Industrieländern begann dieser Prozess bereits im Mittelalter, als die Städte die Landschaft mit Abgaben belasteten und tiefe Nahrungsmittelpreise erwirkten (Schäfer, S.125). In den späteren Phasen des Agraraliberlismus z.B. in England im 19. Jahrhundert wurde die Landwirtschaft durch die ökonomische Entwicklung zum Strukturwandel gezwungen. Weil aber die grössere Gruppe der Industriearbeiter von den tiefen Nahrungsmittelpreisen profitierte, war der

*Abb. 3.4: Verschiedene Entwicklungswege im historischen Ablauf*

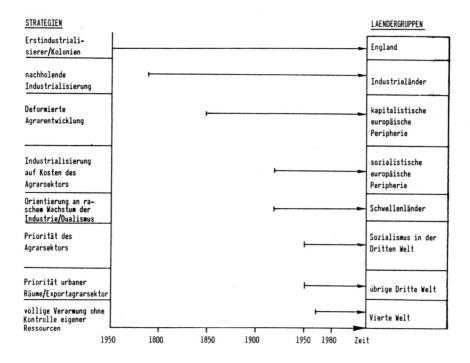

Gesamteffekt positiv (Heierli, S.14). In den später entstandenen protektionistischen Systemen erfolgt zwar via staatliche Massnahmen ein Ressourcenrückfluss in die Landwirtschaft. Der Einkommensrückstand wurde damit jedoch nicht aufgeholt. Heute kommen Nutzungskonflikte zwischen städtischen Erholungsinteressen durch Tourismus und ländlichen Produktionsinteressen hinzu. Zudem ist auch die bereits erwähnte Oekologiedebatte über die optimale Intensität der Agrarproduktion hier einzuordnen.

In den sozialistischen Ländern Osteuropas verfügt eine urbane Bürokratie über das landwirtschaftliche Mehrprodukt. Dieses wird im Sinne Preobraschenskis mehrheitlich in die städtische Industrie investiert. Die ländlichen Räume bleiben unterversorgt. In der Dritten Welt schliesslich ist die Dominanz städtischer Interessen ganz deutlich (von Urff, S.34). Ist deren Befriedigung doch für das

Ueberleben der jeweiligen Staatsklasse prioritär. Der Absentismus der Landoligarchie in Lateinamerika lässt auch die Auseinandersetzung um die Bodenbesitzverteilung zu einem Stadt/Land-Konflikt werden. Die Ausformulierung und Umsetzung jeder Agrarstrategie ist also unter diesem Interessengegensatz zu analysieren.

### 4.3.2. Einbettung von Agrarstrategien ins gesamtwirtschaftliche System

Jede Agrarstrategie wird unter bestimmten Bedingungen eingesetzt. Wir wollen daher im folgenden die exogenen Systemgrössen definieren. In Abbildung 3.5 sind die 5 exogenen Grössen aufgeführt. Wir können in der Realität verschiedene Kombinationen dieser Grössen antreffen. Werden darauf Agrarstrategien (I,II...) angewendet, ergeben sich unterschiedliche Folgen bezüglich Form der Beiträge des Agrarsektors zum Entwicklungsprozess. Letztere sollen dann die Beurteilung erlauben, ob eine bestimmte Agrarstrategie unter der betrachteten Kombination der exogenen Grössen erfolgreich war oder nicht. Solche Beurteilungen werden für verschiedene Länder im Kapitel V vorgenommen.

*Abb. 3.5: Umfeld von Agrarstrategien*

| Exogene Grössen | Agrarstrategien | Implikationen |
|---|---|---|
| Bevölkerungswachstum | I | |
| Bevölkerungsdichte | II | |
| Ressourcenausstattung | III | Form der Beiträge des Agrarsektors |
| | IV | |
| Entwicklungsstand übriger Wirtschaftssektoren | • • • | |
| Wirtschaftssystem | • | |

## 4.3.3. Systematik von Agrarstrategien

Indem wir die Elemente von Abschnitt 4.1. und 4.2. wieder aufnehmen, versuchen wir im folgenden eine Systematik von Agrarstrategien zu entwickeln. Wir wählen 3 Bereiche als konstitutive Elemente von Agrarstrategien aus:

*Sektorale Priorität*

Wie in der Analyse der Diskussionen zur Industrialisierung gezeigt wurde, unterscheiden wir 2 mögliche Prioritäten:
1. Industriesektor
2. gleichgewichtige Entwicklung von Industrie- und Agrarsektor

*Institutioneller Rahmen und Technologie:*

Auch hier sind 2 verschiedene Ansätze anzutreffen:
1. Agrarreform zur breiteren Streuung von Grundbesitz, unimodale Agrarstruktur, an vorhandene Ressourcen angepasste Technologie, breitenwirksame Agrarmodernisierung.
2. Keine Agrarreform, Bodenverteilung nach Markt- und Machtverhältnissen, bimodale Agrarstruktur, moderne kapitalintensive neben traditioneller Technologie.

*Aussenhandel:*

Zwei Konzepte stehen sich gegenüber:
1. Binnenmarktorientierung durch Abkopplung, nur selektiver Aussenhandel, kleine Aussenverschuldung
2. Exportorientierung des Agrarsektors, Kapital- und Technologieimport, tendenziell steigende Aussenverschuldung.

Von den 8 möglichen Kombinationen scheiden 2 aus, weil sich die gleichgewichtige Entwicklung von Industrie- und Agrarsektor nur mittels Agrarreformen und unimodaler Agrarstruktur realisieren lässt. Wir können daher noch die folgenden 6 Typen unterscheiden:

*I Sowjetische Strategie:*

Priorität Industriesektor/Agrarreform/Abkopplung.

Dies ist der "klassische" Entwicklungsweg der Sowjetunion in den Anfängen, wie er später auch von einigen Ländern der Dritten Welt übernommen wurde. Agrarreform kann Bodenverstaatlichung bedeuten.

*II Neoklassisches Dritt-Welt-Entwicklungskonzept:*
Priorität Industriesektor/keine Agrarreform/Exportorientierung.

Der Agrarsektor wird nicht nur zur inländischen Förderung des Industriesektors eingesetzt, sondern auch als Devisenbringer. Mit den Devisen werden Know how zur Industrieförderung und Luxusgüter für die Staatsklasse eingeführt. Der Staat lässt allerdings auch Freiräume für ausländische Investoren im Industrie- wie auch im Agrarsektor. Viele Entwicklungsländer verfolgen diesen Weg.

*III Klassisches Industrialisierungs-Modell:*
Priorität Industriesektor/Agrarreform/Exportorientierung.

Der Agrarsektor dient in einem kleineren Ausmass der Devisenbeschaffung. Er ist aber wie die gesamte Wirtschaft stark in die internationale Arbeitsteilung integriert. Dank der Agrarreform kann der Agrarsektor als Auffangbecken für in den übrigen Sektoren noch nicht benötigte Arbeitskräfte dienen. Taiwan und Süd-Korea sind die einzigen Beispiele nachholender Industrialisierung in der Dritten Welt, während die meisten Industrieländer dieser Strategie gefolgt sind.

*IV Chinesische Strategie:*
Industrie- und Agrarsektor/Agrarreform/Abkoppelung.

Self-Reliance-Strategie, die auf eigene Kräfte baut. Dank der Agrarreform und des Schutzes gegenüber dem Weltmarkt ist es für den Agrarsektor möglich, die nötigen linkages mit dem Industriesektor aufzubauen. Voraussetzungen für diese Strategie sind eine genügende Ressourcenbasis und ein grosser Binnenmarkt. Bisher wurde diese Strategie lediglich von der Volksrepublik China in der Phase 1960 bis Ende der 70er Jahre angewendet.

*V Agroindustrielle Exportproduktion als Leitsektor:*
Industrie- und Agrarsektor/Agrarreform/Exportorientierung.

Langsamer Entwicklungsweg, der eine Anpassung an vorhandene Kolonialstrukturen darstellt. So ist die Agrarproduktion auf Export ausgerichtet und/oder es müssen alte Schulden zurückbezahlt werden. Die agrarischen Exportprodukte sollen für den Aufbau von vor- und nachgelagerter Industrie dienen. Als Beispiel kann Kuba mit dem Zuckersektor erwähnt werden.

*VI Klassische Importsubstitution:*
Priorität Industriesektor/keine Agrarreform/Abkoppelung.

Der Aussenhandelsschutz soll in erster Linie dem Aufbau der eigenen Industrie dienen. Die Entwicklung des Agrarsektors hängt völlig von der Entwicklung der Industrie ab. Er muss deren Aufbau jedoch voll tragen. Die Landbesitzer sollen Produkte der eigenen Industrie nachfragen und in diese investieren. Starke Staatskontrollen sind Voraussetzung. Als Beispiele sei die Phase der Importsubstitution in Lateinamerika während der 50er Jahre erwähnt.

Diese sechs Grundstrategien müssen als theoretische Vereinfachungen verstanden werden. Wenn sie in der Realität angewendet werden, weisen sie jeweils spezifische Ausprägungen auf, so dass wir eher von Strategiegruppen mit gemeinsamen Grundzügen sprechen wollen. Agrarstrategien müssen daher länderspezifisch untersucht werden.

# IV. Ein Indikatorensystem zur Erfolgsbewertung von Agrarstrategien

In diesem Kapitel wird eine Methode zur Beurteilung von Agrarstrategien entwickelt. Die Methode besteht in der Anwendung eines Indikatorensystems. Wenn wir im folgenden dieses Indikatorensystem herleiten, gehen wir von einer bestimmten Abfolge von Entwicklungsphasen des Agrarsektors aus. In einem zweiten Abschnitt stellen wir ein Modell idealtypischer Zusammenhänge zwischen Agrar- und Industriesektor vor. Bevor wir dann zur eigentlichen Methode gelangen, wird gezeigt, wo in diesem erwähnten Modell agrarpolitische Massnahmen ansetzen.

## 1. Entwicklungsphasen des Agrarsektors

Wir haben im Kapitel III gezeigt, dass die wirtschaftlichen Entwicklungsmöglichkeiten von den jeweiligen historisch unterschiedlichen Verhältnissen abhängen. Gleichwohl lassen sich aus den Beobachtungen verschiedenster Autoren für den Agrarsektor relevante allgemein gültige Veränderungen im Zeitablauf herauskristallisieren.

Wenn die Bedeutung des Agrarsektors an der gesamten Volkswirtschaft ab nimmt, nimmt diejenige des Industriesektors zu. Wenn wir diese triviale Aussage nach Entwicklungsphasen differenzieren, gelangen wir zur Darstellung in Tabelle 4.1. Hinter den Zahlenverhältnissen steckt die Annahme, dass bis in Phase I der Industriegesellschaft die Arbeitsproduktivität im Agrarsektor halb so gross wie in den übrigen Sektoren ist (Malassis 1973b, S.268). Nachher findet eine Angleichung der Produktivität statt bis in der postindustriellen Gesellschaft der Gleichstand erreicht ist. Diese Angleichung wird dank stark zunehmender Mechanisierung und der Anwendung von biologisch-technischem Fortschritt im Agrarsektor möglich.

Die Prozentzahlen in Tabelle 4.1 geben nur etwa die Tendenz an. Wir haben das Zahlenbeispiel von Malassis übernommen, sind uns aber bewusst, dass beispielsweise die nordamerikanische oder englische Landwirtschaft nur noch 3% der Erwerbstätigen beschäftigen. Entscheidender als die exakten Werte sind die

*Tab. 4.1: Bedeutung von Agrar- und Industriesektor in verschiedenen Entwicklungphasen*

| Phase | Anteil Beschäftigte (in%) | | Anteil BIP (in%) | |
|---|---|---|---|---|
| | Agrarsektor | Industriesektor | Agrarsektor | Industriesektor |
| Agrargesellschaft | 80 | 20 | 66 | 33 |
| Industrialisierungsprozess | 50 | 50 | 33 | 66 |
| Industriegesellschaft | I: 20<br>II: 10 | 80<br>90 | 11<br>8 | 88<br>92 |
| Postindustrielle Gesellschaft | 5 | 95 | 5 | 95 |

*Quelle: Malassis Louis, Agriculture et processus de développement*

derart beschriebenen Prozesse. Danach verläuft ein Entwicklungsprozess so, dass landwirtschaftliche Arbeitskräfte den Sektor nur verlassen, wenn Arbeitsplätze in den übrigen Sektoren vorhanden sind. Da im Industrialisierungsprozess dieser Uebergang nicht immer glatt vonstatten geht, muss der Agrarsektor eine Reservoirfunktion wahrnehmen. Dadurch sinkt seine Arbeitsproduktivität.

Wenn der Industriesektor genügend wächst und den Agrarsektor mit technisch fortgeschrittenen Produkten versorgt, kann dort mechanisiert und die Produktivität angeglichen werden. In einem 3-Sektorenmodell würden wir sehen, dass in der Phase zwischen dem Industrialisierungsprozess und der Industriegesellschaft eine bedeutende Wanderung in den Dienstleistungssektor stattfindet. Daher ist die Differenz in der Produktivität zwischen Agrar- und eigentlichem Industriesektor noch grösser (Chenery et al., S.66).

Neben dem oben beschriebenen Produktivitätsvergleich sind weitere Veränderungen im Erscheinungsbild des Industriesektors typisch: Mit steigendem Einkommen steigt der Ausgabenanteil für Industrieprodukte (Chenery et al., S.56). Damit ist nachfrageseitig die entscheidende Voraussetzung vorhanden für rasches Wachstum, nämlich eine einkommenselastische Endnachfrage (Binswanger, S.9). Der wachsende Gebrauch von Zwischenprodukten im Agrarsektor stimuliert die industrielle Produktion. Schliesslich kön-nen sich auf Grund von im Zeitablauf veränderten Faktorproportionen (Arbeit/ Kapital) komparative Kostenvorteile einzelner Entwicklungsregionen wandeln (Chenery et al., S.63ff). Gerade ländliche Räume können dabei einen Funktionswandel erfahren. Neben touristischen und kulturellen Funktionen (z.b. Nationalpärke) kommen sie als Standort für industrielle Produktion und Wohnort nichtlandwirtschaftlicher Bevölkerung in Frage (Malassis 1973b, S.277).

Für den Agrarsektor sind die in Abbildung 4.1 aufgeführten Veränderungen relevant. Die exogenen Einflüsse wurden weiter oben diskutiert. Alle bisherigen Industrialisierungsprozesse waren auch mit steigender Urbanisierung verbunden. Die bisher gewichtigste Ausnahme - nämlich das ländliche Industrialisierungsmodell der VR China - scheint sich in neuester Zeit auch diesem Trend anzupassen. Wenn die Arbeitsproduktivität im Agrarsektor auf ein mit den übrigen Sektoren vergleichbares Niveau steigen soll und gleichzeitig die Flächenabhängigkeit der Agrarproduktion erhalten bleibt, erfolgt ein Konzentrationsprozess der Bevölkerung in städtischen Räumen. Erst in postindustriellen Gesellschaften ist wieder ein gewisser Trend "zurück auf's Land" festzustellen (Lonsdale, S.281ff), wodurch der Urbanisierungsprozess gebremst wird.

Die Gültigkeit der Engel'schen Gesetze darf vorausgesetzt werden (Egger, S.6). Damit erklärt sich der relative Rückgang der Nahrungsmittelausgaben und die Aenderung der Konsummuster. Parallel zu Einkommensunterschieden finden sich unterschiedliche Konsummuster auf dem Lande und in der Stadt (Timmer et al., S.250). Tendenziell werden die Einkommenselastizitäten unelastischer, womit eine wesentliche Wachstumsgrösse wegfällt. Aber in den ersten beiden Phasen kann der Agrarsektor dank elastischer Nachfrage durchaus ein Wachstumssektor sein.

*Abb. 4.1: Für den Agrarsektor relevante Umfeldveränderungen im Zeitablauf*

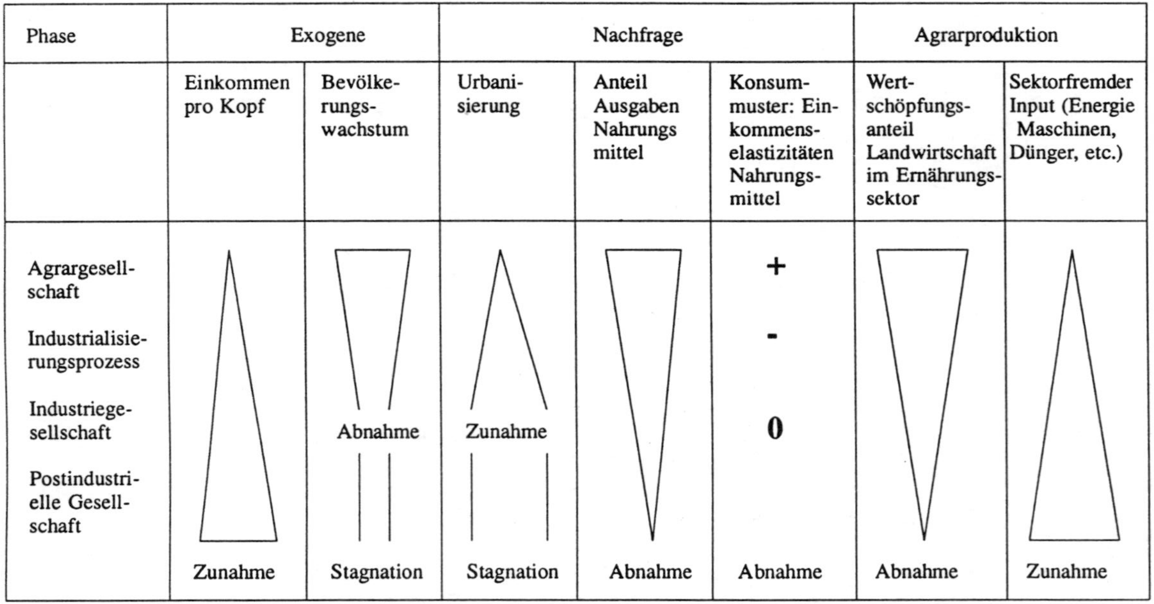

| Phase | Exogene | | | Nachfrage | | Agrarproduktion | |
|---|---|---|---|---|---|---|---|
| | Einkommen pro Kopf | Bevölkerungswachstum | Urbanisierung | Anteil Ausgaben Nahrungsmittel | Konsummuster: Einkommenselastizitäten Nahrungsmittel | Wertschöpfungsanteil Landwirtschaft im Ernährungssektor | Sektorfremder Input (Energie Maschinen, Dünger, etc.) |
| Agrargesellschaft | | | | | + | | |
| Industrialisierungsprozess | | | | | - | | |
| Industriegesellschaft | | | | | 0 | | |
| Postindustrielle Gesellschaft | Zunahme | Abnahme / Stagnation | Zunahme / Stagnation | Abnahme | Abnahme | Abnahme | Zunahme |

Die landwirtschaftliche Produktion verändert sich in folgender Richtung (Troughton, S.220):
- grössere Produktionseinheiten
- höhere Kapitalintensität
- zunehmende Spezialisierung
- sektorale Integration in grössere Ernährungssysteme

Diese letzterwähnte Integration bedeutet eine Zunahme industriell verarbeiteter Nahrungsmittel am Endkonsum und damit eine Zunahme des Wertschöpfungsanteils für Verarbeitung und Verteilung (Malassis 1973a, S.380). Da gleichzeitig auch der Inputzukauf steigt, geschieht dieser Integrationsprozess von zwei Seiten. Auf diese Weise wandelt sich die Landwirtschaft von einer weitgehend auf Subsistenz ausgerichteten Urproduktionsform zu einem in die Agroindustrie integrierten Rohstofflieferanten (Malassis 1973a, S.381). Solche Integrationsformen sehen zwar je nach Wirtschaftssystem unterschiedlich aus, definieren aber die Rolle der landwirtschaftlichen Produktion gleich. In den Marktwirtschaften bedeutet diese Integration gleichzeitig einen Einbezug ins internationale Kapital. Denn die Agroindustrie ist via oligopolistische Marktformen dominant auf den Weltmärkten präsent (Malassis 1973a, S.384). Dieser steigende Einfluss der vor- und nachgelagerten Sektoren im Zeitablauf lässt einzelne Autoren von einer Unterordnung des Agrarsektors unter städtisch-industrielle Interessen sprechen (Mishra et al., S.14).

## 2. Modell idealtypischer Zusammenhänge zwischen Agrar- und Industriesektor

In diesem Abschnitt wollen wir ein Modell von Beziehungen zwischen Agrar- und Industriesektor erarbeiten. Diese Beziehungen haben unabhängig von Entwicklungswegen sprich Agrarstrategien ihre Gültigkeit.

### 2.1. Exogene Grössen

Als Exogene dieses Modelles beziehen wir die folgenden Grössen ein (vgl. Abb. 4.2):

1. Bevölkerung
2. Ressourcenausstattung
3. Wirtschaftssystem

Der Einfluss der *Bevölkerung* auf die wirtschaftliche Entwicklung ist einerseits im Wachstum und anderseits in der absoluten Grösse spürbar. Bei Betrachtung der Geschichte heutiger industrialisierter Staaten ist der Zusammenhang steigender Wohlstand/sinkendes Bevölkerungswachstum evident. Die Theorie der "Demographischen Transformation" erklärt diese Entwicklung (Hauser, S.130ff). Aber auch für die Länder der Dritten Welt deutet vieles auf die Gültigkeit dieser Aussage hin (vgl. z.B. Singh, S.58). Durch die absolute Grösse einer Bevölkerung wird das Potential des Binnenmarktes bestimmt, was den Erfolg von binnenmarkt- oder weltmarktorientierten Strategien beeinflussen kann.

Die Annahme "natürlicher Faktorausstattung" ist zumindest als problematisch anzusehen (Senghaas 1978, S.28). Denn die Ausbeutung bestimmter Rohstoffe, der Anbau von z.B. Agrarexportprodukten oder arbeitsintensive Industriesektoren entstehen aus historischen Prozessen. Es gibt Studien, welche für die Dritte Welt zeigen, dass die *Ressourcenausstattung* für den Entwicklungserfolg weder eine hinreichende noch eine notwendige Bedingung ist (Wilkens et al., S.76). Auch die Geschichte europäischer Länder (z.B. Schweiz) gibt einen Hinweis in diese Richtung (Senghaas 1982, S.71). Da es aber auch eine ganze Anzahl von Ländern gibt, in welchen die Ressourcenausstattung spezifische Entwicklungswege angebahnt hat (Oelländer) oder aber ökonomische Ineffizienzen überdeckt (z.B. UdSSR), behalten wir diese Grösse als Exogene bei.

Das *Wirtschaftssystem* beeinflusst das Modell exogen. Wir haben im Kapitel II. die agrarpolitischen Entscheidungsstrukturen in den drei Wirtschaftssystemen aufgezeigt. Da wir jedoch keine Erfolgsbeurteilung einzelner Wirtschaftssysteme vornehmen wollen, bleibt dieser Einfluss ausserhalb des Modelles. Darin enthalten sind auch soziopolitische Dimensionen wie Menschenrechte, politische Mitbestimmung, soziale Sicherheit, materielle Sicherheit benachteiligter Schichten etc. (Wilkens et al., S.13).

Nach der Definition der Exogenen stellt sich die Frage, aus welchen Sektoren das Modell bestehen soll. In den klassischen Arbeiten von C. Clark und J. Fourastié ist ein 3-Sektorenmodell (Primärproduktion, Industrie, Dienstleistungen) entwickelt worden (vgl. Malassis 1973b, S.264ff). Für die heutige Dritte Welt müsste mit dem sogenannten "informellen Sektor" ein vierter Sektor eingeführt werden. Drängt der Abwanderungsdruck doch viele Menschen, die weder im Agrar- noch im Industriesektor Beschäftigung finden, in diesen Sektor (Keppler, S.31). Allerdings bestehen neben Bezeichnungs- auch erhebliche Definitionsprobleme (Stetter/Wolf, S. 197), fallen doch sowohl gewerbliche wie auch Dienstleistungsaktivitäten in diesen Sektor. Entsprechend werden keine Statistiken über diesen Sektor geführt. Für unseren Ansatz können wir diese Unterscheidung daher nicht vornehmen.

Wenn wir im folgenden auch auf den 3-Sektorenansatz verzichten und ein 2-Sektorenmodell verwenden, lässt sich dies aus unserer Ausrichtung auf den Agrarsektor begründen. Ob landwirtschaftliche Arbeitskräfte in den Industrie- oder in den Dienstleistungssektor abwandern, spielt für die Landwirtschaft keine Rolle. Umgekehrt ist auch die Vereinfachung zulässig, dass die Versorgung mit industriellen Gütern und mit Dienstleistungen aus dem nicht-landwirtschaftlichen Sektor erfolgt. Was wir mit diesem Ausschluss verlieren, ist die spezifische Situation einiger auf Dienstleistungen spezialisierter Dritt-Welt-Länder (z.B. Panama, Singapur, Hong Kong). Allerdings sind dies Ausnahmefälle. Zudem deuten Untersuchungen darauf hin, dass die Dritte Welt im Aussenhandel mit Dienstleistungen den selben Nachteilen wie im Warenhandel unterliegt (Keppler, S.84). Für unsere Fragestellung genügt also ein 2-Sektoren-Modell.

## 2.2. Transfers zwischen Agrar- und Industriesektor

Wir können den Uebergang von einer Agrar- zu einer Industriegesellschaft im wirtschaftlichen Bereich als Prozess von Transfers auffassen (Malassis 1973b, S.181). Damit diese Transfers einen gesellschaftlichen Fortschritt bedeuten, müssen sie der "Bildung innerer wirtschaftlicher Kreisläufe" (Priebe/Hankel, S.14) dienen. Die Bedeutung des Agrarsektors in der gesamten Volkswirtschaft ist ein Hinweis auf den Entwicklungsstand (Priebe/Hankel, S.65). In den voll integrierten Organisationsformen (z.B. Kibbuz; Meir, S.259ff) ist es allerdings schwierig, landwirtschaftliche und industrielle Aktivitäten zu trennen.

Grundsätzlich gehen wir von der Ueberschusstheorie des Agrarsektors aus (vgl. III.2.2.), wobei sich beide Sektoren gegenseitig stimulieren (Malassis 1973b, S.190). Vereinfacht ausgedrückt versorgen sich die beiden Kreisläufe gegenseitig mit Gütern, Dienstleistungen, Arbeitskräften und Kapital. Dabei können widersprüchliche soziale und wirtschaftliche Ziele durchaus zu Reibungsverlusten führen (Singh, S.11). Wie sich diese Beziehungen idealisiert darstellen lassen, erläutern wir anhand von Abbildung 4.2.

Damit das zur Erfüllung seiner Beiträge notwendige Wachstum erreicht werden kann, muss der Agrarsektor zuerst die im Kapitel III entwickelten Voraussetzungen erfüllen (Agrarreform, Agrarmodernisierung, Bildung, Produktivitätssteigerung). Dazu ist es unumgänglich, dass Investitionen im ländlichen Raum erfolgen (Timmer et al., S.250), sowie eine Reformpolitik durchgeführt wird. Aber auch im Industriesektor ist Wachstum zur Einkommensschaffung nötig. Denn auf diese Weise kann der Agrarsektor seine Produkte (Nahrungsmittel, industrielle Rohstoffe) absetzen. Mit dem erzeugten Einkommen werden industrielle Investitions- und Konsumgüter, sowie Dienstleistungen nachgefragt (Rangarajan, S.26). Wie diese Nachfrage strukturiert ist, hängt von der Einkommensverteilung im Agrarsektor ab. Je egalitärer diese ist, umso eher werden Investitionsgüter für die landwirtschaftliche Produktion und Massenkonsumgüter nachgefragt (Elsenhans 1984, S.31). Mit dem Einsatz dieser Investitionsgüter kann sich die Produktionstechnik modernisieren. D.h. das Verhältnis von eingesetzter Arbeit und Kapital verändert sich.

Im Optimalfall herrscht sowohl im Industrie- wie auch im Agrarsektor Vollbeschäftigung. Dies ist dann der Fall, wenn landwirtschaftliche Arbeitskräfte nur bei einkommenssichernder Beschäftigung ausserhalb des Agrarsektors abwandern (Timmer et al., S.249). Da dies in der Realität kaum der Fall ist, kommt dem Agrarsektor die Rolle eines Arbeitskräftereservoirs zu. Obwohl die Bestimmungsgründe für die Abwanderung komplex sind, steht die Lohnerwartung im Vordergrund (Mellor, S.19). Es kann aber auch ein Abwanderungsdruck entstehen. Nämlich dann, wenn durch Mechanisierung Arbeit substituiert wird (Binswanger, S.7), und keine Arbeitsplätze ausserhalb des Agrarsektors angeboten werden. Dann kann der Agrarsektor seine Reservoir-Funktion nicht erfüllen und es entstehen Armutsgebiete in den städtischen Regionen.

Neben dem Transfer von Arbeitskräften muss auch Kapital aus der Landwirtschaft herausfliessen, womit anfänglich Investitionen im Industriesektor getätigt werden. Dieser Abfluss darf allerdings die Modernisierungsinvestitionen im Agrarsektor nicht gefährden. Als weitere Quellen für Investitionen im Industriesektor stehen Exporterlöse oder Auslandkredite zur Verfügung. Aussenverschuldung stört aber die weitere Entwicklung nur dann nicht, wenn genügend stabile Exporterlöse vorhanden sind. Im Agrarbereich sind die Weltmärkte bekanntlich

*Abb. 4.2: Rolle des Agrarsektors im Industrialisierungsprozess*

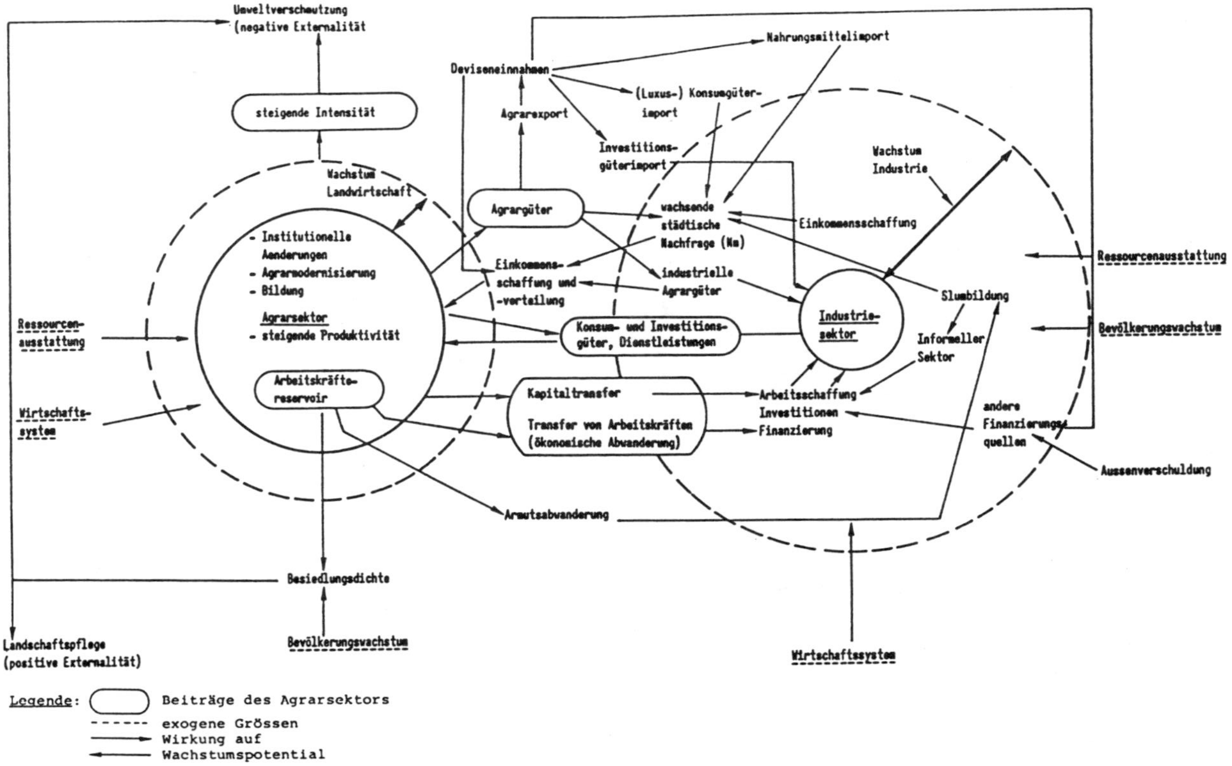

von grossen Instabilitäten gekennzeichnet, so dass keine sicheren Exporterlöse zu erwarten sind. Erst genügend grosse Industrie- und Dienstleistungsexporte erlauben die Deckung von Aussenschulden oder die unbedenkliche Nahrungsmitteleinfuhr (Cordts, S.21). Entscheidend für den Erfolg von Exportanstrengungen ist die Verwendung der Deviseneinnahmen. Rein konsumtive Verwendung und geringer Rückfluss in den Agrarsektor behindern weiteres Wachstum. Umgekehrt kann aber auch die effizientere Nutzung lokaler Ressourcen (z.B. Energie) die Zahlungsbilanz durch verminderte Einfuhren verbessern (UNIDO, S.21).

Zum sich gegenseitig verstärkenden Wachstum können zudem ländliche Industrialisierung (UNIDO, S.11), Lagerhaltung und Transport (UNIDO, S.20), sowie ganz allgemein die gesteigerte Nachfrage nach Dienstleistungen (Banken, Versicherung etc.) beitragen (Keppler, S.31).

Schliesslich ist auf die Externalitäten der Entwicklung des Agrarsektors zu verweisen. Neben der sozialen Reservoir-Funktion sind dies vor allem die Umweltfolgen. Gesteigerte Intensität infolge von Agrarmodernisierung kann sowohl negative (Umweltverschmutzung oder -zerstörung) wie auch positive Auswirkungen (Landschaftspflege und -erhaltung) haben. Grossen Einfluss auf die Richtung dieser Auswirkungen hat die in unserem System exogene Grösse der Bevölkerungsdichte. Bei hoher Bevölkerungsdichte ist die Gefahr der Uebernutzung ländlicher Räume grösser.

## 2.3. Auswahl von Zusammenhängen zur Erfolgsbeurteilung

Da wir letztlich beurteilen wollen, ob eine bestimmte Agrarstrategie in der Lage ist, Beiträge des Agrarsektors zur allgemeinen Entwicklung zu garantieren, greifen wir aus Abbildung 4.2 diese Beiträge heraus. Einerseits sind dies die ökonomischen Beiträge:
- Versorgung mit Agrargütern
- Kauf von Investitions- und Konsumgütern, sowie Dienstleistungen durch den Agrarsektor
- Transfer von Kapital und Arbeitskräften aus dem Agrasektor

anderseits die sozialen Beiträge:
- Arbeitskräftereservoir
- Oekologiebeiträge

Für diese 5 Beiträge gilt es also ein Indikatorensystem zu entwickeln. Wir werden dazu Indikatoren in folgenden Bereichen verwenden:

1. Allgemeine Entwicklung:
   - Einkommensniveau der Volkswirtschaft
   - Grösse des Marktes
   - Ressourcenausstattung
   - Aussenverschuldung
   - innersektorielle Voraussetzungen in der Landwirtschaft

2. Wirtschaftliche Beiträge:
   - Kapitalflüsse
   - Wanderung von Arbeitskräften
   - Absatzmarkt für industrielle Produkte
   - Versorgung mit Agrargütern

3. Soziale Beiträge:
   - Agrarsektor als Arbeitskräftereservoir
   - Oekologiebeitrag

4. Internationale Zusammenhänge:
   - Beeinflussung der Agrarstrategien in Ländern der Dritten Welt durch übrige Agrarstrategien.

Vor der detaillierten Erläuterung des Indikatorensystems sollen aber noch die Ansatzpunkte agrarpolitischer Massnahmen aufgezeigt werden.

## 3. Rolle der Agrarpolitik

Die politische Stabilität eines Landes beeinflusst alle mittel- und langfristigen Investitionsentscheide (Wilkens et al., S.12). Wirtschaftspolitik, welche die Faktorallokation stark verzerrt, kann anhaltendes Wachstum behindern (Timmer et al., S.251). So benachteiligt beispielsweise eine überbewertete Währung die Exportsektoren und bevorteilt Importeure (Bates, S.303). Denn agrarpolitische Massnahmen, die aufgrund sozialer Ziele ergriffen werden, können wirtschaftliche Allokationsprozesse verändern und zu erheblichen Differenzen zwischen sozialer und wirtschaftlicher Zielerreichung führen (Timmer et al., S.142). Entscheidend ist dabei, ob die Agrarpolitik Anreize zur Produktionsausdehnung bietet oder nicht (Timmer et al., S.251). Für Wachstum in späteren Phasen sind anfänglich Investitionen im Agrarsektor notwendig. Damit diese getätigt werden können, ohne dass die übrigen Funktionen des Agrarsektors vernachlässigt werden, braucht es oftmals die Unterstützung des Staates (Elsenhans 1979, S.567). Da der Staat aber auch als Arbeitgeber auftritt, kann dies die Agrarpolitik beeinflussen. So ist in vielen Ländern der Dritten Welt die industrielle Produktion weitgehend verstaatlicht. Daher besteht ein staatliches Interesse an niedrigen Löhnen und an tiefen Nahrungsmittelpreisen (Bates, S.299), was die Agrarpolitik entsprechend beeinflusst. Um diesen Realitäten gerecht zu werden, führen wir im folgenden die agrarpolitischen Eingriffe in unser Modell der intersektoriellen Beziehungen ein.

## 3.1. Agrarpolitischer Massnahmenkatalog

Agrarpolitische Ziele weisen ein breites Spektrum auf. Sie gehen von den eher "klassischen" Zielen der Sicherstellung der Nahrungsmittelversorgung (Timmer et al., S.14) bis zu sozialen Zielen wie Schutz der Umwelt (OECD 1986, S.43). Aber auch Ziele benachbarter Politikfelder (z.B. Regionalpolitik) werden von agrarpolitischen Massnahmen betroffen. Dabei ist etwa an die Ziele von Infrastrukturverbesserungen oder der Aktivierung brachliegender Ressourcen in peripheren Regionen zu denken (vgl. z.B. Krammer/Scheer, S.28). Entsprechend verschieden sind agrarpolitische Massnahmen. Wir wollen daher in Tabelle 4.2 agrarpolitische Massnahmen und Ziele, die sie erreichen sollen, aufführen. Da viele Massnahmen oft nicht die gewünschten Effekte erzielen, sind auch mögliche Nebenwirkungen aufgezählt. Wenn wir im folgenden also von agrarpolitischen Massnahmen sprechen, verstehen wir darunter die in Tabelle 4.2 aufgeführten. Nach dieser Definition ist nun zu zeigen, wo diese Massnahmen in unserem intersektoriellen Beziehungsmodell ansetzen.

*Tab. 4.2: Ueberblick über die Massnahmen der Agrarpolitik*

|  | MASSNAHMEN | Wirkungsbereich GENERELL | Wirkungsbereich ZIELGRUPPE |
|---|---|---|---|
| AUSSENHANDEL | Teilnahme an internat. Abkommen | X | |
| AUSSENHANDEL | Uebernahmepflicht der Importeure | | Importeure |
| AUSSENHANDEL | Exporterstattungen | X | |
| AUSSENHANDEL | Staatsmonopol (Ein-/Ausfuhr) Exportsteuer) | X | |
| AUSSENHANDEL | Ein-/Ausfuhrverbot | X | |
| AUSSENHANDEL | Zölle | X | |
| AUSSENHANDEL | Abschöpfung | X | |
| AUSSENHANDEL | Preiszuschläge | X | |
| AUSSENHANDEL | Ein-/Ausfuhrkontingente | | Kontingentsinhaber |
| KONSUM | Nahrungsmittelhilfe: Programmhilfe | X | |
| KONSUM | Nahrungsmittelhilfe: Food for Work | | ländliche Arme |
| KONSUM | Staatliche Lagerhaltung und Verkaufsläden | X | |
| KONSUM | Margen- und Preiskontrollen im Handel | X | |
| KONSUM | Rationierung | X | |
| KONSUM | Nahrungsmittelverbilligung | X | |
| KONSUM | | | städtische/ländliche Arme |
| PRODUKTION | Infrastruktur (Beratung, Strassenbau, Bewässerung, Melioration, etc.) | X | |
| PRODUKTION | Agrarreform (Bodenbesitz) | | Kleinproduzenten Landlose |
| PRODUKTION | Direktzahlungen | | Kleinproduzenten Landlose |
| PRODUKTION | Exportsteuer | X | |
| PRODUKTION | Kontingente | X | |
| PRODUKTION | | | Vertragsproduktion |
| PRODUKTION | Produktionsfaktorenverteuerung | X | |
| PRODUKTION | Produktionsfaktorenverbilligung (Dünger, Stallbauten, etc.) | X | |
| PRODUKTION | | | Kleinproduzenten |
| PRODUKTION | Staatliche Anbauplanung/ Pflichtablieferungen | X | |
| PRODUKTION | Abgestufte Preisgarantien | | benachteiligte Regionen, Kleinproduzenten |
| PRODUKTION | Preisgarantie/Abnahmegarantie | X | |

*Anmerkung: X = Wirkung der Massnahmen nicht auf bestimmte Gruppen beschränkt*

## 3.2. Ansatzpunkte agrarpolitischer Massnahmen

Wenn wir die Ansatzpunkte agrarpolitischer Massnahmen grob zusammenfassen wollen, kommen wir auf die in Abbildung 4.3 vorgenommene Unterteilung in sozioökonomische Grundlagen, landwirtschaftliche Produktion und deren Externalitäten.

Um agrarpolitische Massnahmen im eigentlichen Sinn handelt es sich nur bei den direkt auf die Produktion wirkenden. Bei den die Nachfrage beeinflussenden Massnahmen stellt sich das Abgrenzungsproblem zur Sozialpolitik. Viele davon haben grosse Auswirkungen auf die Agrarproduktion. Um die Einteilung zu vereinfachen, rechnen wir alle direkt nachfragebeeinflussenden Massnahmen zur Sozialpolitik. Im Bereich der Grundlagen sind einerseits Massnahmen in der Grundschulung zur Bildung von "human capital" zu nennen (Wilkens et al., S.101). Aber auch die fachspezifische Ausbildung und die landwirtschaftliche Beratung gehören in dieses Feld. Zur Infrastrukturpolitik gehört neben den materiellen Investitionen (Kredite, Strassenbau, Meliorationen etc.) (vgl. Singh, S.33) auch die Durchsetzung von Reformen im institutionellen Bereich.

*Abb. 4.3: Verschiedene Politikbereiche*

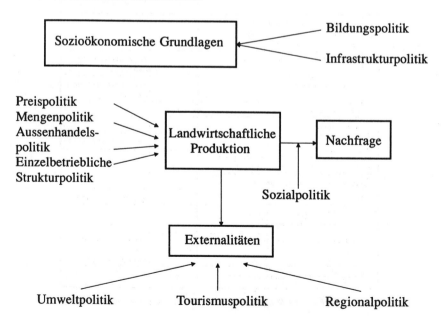

## Abb. 4.4: Ansatzpunkte agrarpolitischer Massnahmen

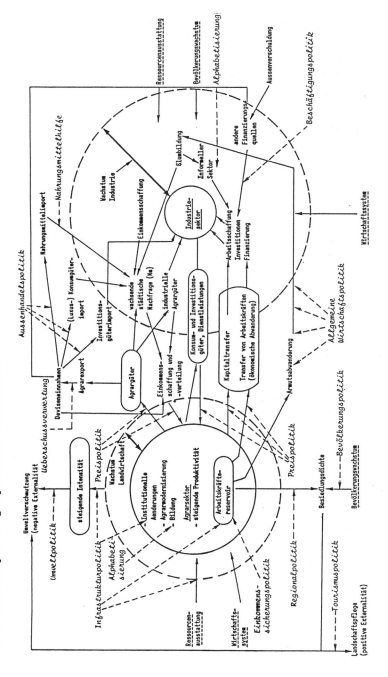

Anmerkung: Das Grundschema entspricht Abbildung 4.2. Dieses wurde um die agrarpolitischen Eingriffe ergänzt.

Jede Form von Agrarproduktion hat positive und negative Externalitäten zur Folge. Diese sollen ausgenützt respektive unterdrückt werden, wozu Tourismus-, Regional- und Umweltpolitik dienen. Alle drei Formen sind eng miteinander verbunden und wirken sich stark in der Besiedlungsdichte aus. Damit ist natürlich auch die Verbindung zur Wanderung von Arbeitskräften gegeben. Macht es doch einen Unterschied, ob eine Politik der Konzentration von Arbeitskräften in der Stadt verfolgt wird (Byerlee/Eicher, S.290) oder ob wie z.B. in der VR China Ueberlegungen über interregionale Arbeitskräftewanderungen zur Verhinderung städtischer Arbeitslosigkeit angestellt werden (Binswanger, S.39).

Im Zentrum jeder Agrarpolitik steht die Preispolitik. Mit ihr muss versucht werden, das gesamtökonomische Nahrungsmittelpreisdilemma (tiefe Konsumentenpreise/hohe Produzentenpreise) zu lösen (Timmer et al., S.252). Die übrigen agrarpolitischen Massnahmen im Aussenhandelsbereich oder die Mengenpolitik leiten sich praktisch vom preispolitischen Grundsatzentscheid ab.

Wo die einzelnen agrarpolitischen Massnahmen im Beziehungsgeflecht von Agrar- und Industriesektor ansetzen, ist in Abbildung 4.4 dargestellt. Auch hier ist die zentrale Bedeutung der Preispolitik ersichtlich, beeinflusst sie doch alle ökonomischen Beiträge des Agrarsektors.

## 3.3. Finanzierungspotential für verschiedene Agrarpolitiken

Die Finanzierung eines eigentlichen Agrarschutzes setzt weit entwickelte Industriegesellschaften voraus. Denn die übrigen Wirtschaftssektoren müssen genügend wirtschaftskräftig sein, um die Transfers an den Agrarsektor finanzieren zu können. Es können sich also nur reichere Länder Agrarschutz leisten. Die verschiedenen Möglichkeiten der internen Verteilung der Kosten des Agrarschutzes wurden bereits in Kapitel II diskutiert. Wie stark diese Verteilung zwischen reichen Industrieländern differieren kann, ist aus Tabelle 4.3 ersichtlich.

In den Ländern der Dritten Welt fehlt einerseits das wirtschaftliche Potential zur Finanzierung eines Agrarschutzes. Anderseits dient der Agrarsektor zur Finanzierung der herrschenden Staatsklasse. Deshalb legen die staatlichen Marketing Boards Produktpreise so fest, dass die Staatseinnahmen maximiert werden

*Tab. 4.3: Kosten und Nutzen des Agrarschutzes (in mrd Dollar)*

| Land und Jahr | Kosten für Verbraucher | + Kosten für Steuerzahler | − Vorteile der Produzenten | = Gesamte inländische Kosten |
|---|---|---|---|---|
| EG (1980)[a] | 34.6 | 11.5 | 30.7 | 15.4 |
| Japan (1976) | 7.1 | - 0.4 | 2.6 | 4.1 |
| USA (1985) | 5.7 | 10.3 | 11.6 | 4.4 |

a) Ohne Griechenland, Portugal und Spanien
Quelle: Weltbank, Weltentwicklungsbericht 1986

(Bates, S.301). Auf diese Weise bleibt das zugunsten des Agrarsektors eingesetzte agrarpolitische Instrumentarium beschränkt.

In den Zentral geplanten Staatswirtschaften schliesslich wären die Möglichkeiten für Agrarschutz gegeben durch ein generelles staatliches Aussenhandelsmonopol und genügend hohes Bruttosozialprodukt. Allerdings liegen die Investitionsschwerpunkte meist im Industriesektor.

# 4. Das Indikatorensystem

## 4.1. Ziele und Grenzen der Methode

Mit der in diesem Abschnitt zu entwickelnden Methode soll der Erfolg einer Agrarstrategie unter bestimmten historischen Verhältnissen beurteilt werden. Es kann nicht das Ziel sein, eine Rangliste von verschiedenen Strategien zu erstellen. Denn die jeweiligen spezifischen Verhältnisse und allfällige gegenseitige Beeinflussungen lassen dies nicht zu. Eine Rangliste ist aber auch gar kein erstrebenswertes Ziel, sondern die Methode soll in einem ersten Schritt die Hauptprobleme einer Agrarstrategie aufzeigen (Grobanalyse). In einem zweiten Schritt muss dann eine detaillierte Länderanalyse die Erkenntnisse vertiefen (Feinanalyse).

Der methodische Ansatz besteht aus einem Indikatorensystem, welches mit relativ geringem Suchaufwand die Grobanalyse ermöglicht. Auf diese Weise können Planer oder Mitarbeiter der Entwicklungszusammenarbeit schnell einen Ueberblick über mögliche Projekte und deren Problemhintergrund erhalten. So kann auch leicht die Richtung von nötigen Strategieänderungen bestimmt werden. Wie weit das dann tatsächlich geschieht, ist jedoch eine Frage des agrarpolitischen Entscheidungsprozesses. Die drei in Kapitel II entwickelten Modelle der Entscheidungsfindung sollen hierbei den Realitätsbezug schaffen, so dass die Methode nicht zu einer akademischen Angelegenheit wird.

## 4.2. Grundlegendes zum Begriff des Indikators

Ein Indikator ist nicht einfach eine statistische Grösse, vielmehr weist er auf Aspekte eines komplexen Zusammenhanges hin (Nohlen/ Nuscheler 1982b, S.452). Er braucht diesen Aspekt nicht selber zu messen, sondern kann indirekt Hinweise geben (z.B. durchschnittliche Lebenserwartung bei Geburt als ein Hinweis auf gesundheitliche Verhältnisse). Bei der Auswahl von Indikatoren stellt sich die Frage der Validität (OECD, 1986, S.6). Misst er das, was er messen soll und sind die Daten von genügender Qualität (Konstanz und Verfügbarkeit). Bezüglich Daten ist zu sehen, dass diese nicht einfach willkürlich gesammelt, sondern eben für einen bestimmten Zweck produziert werden (Miles, S.20), also immer eine bestimmte Auswahl darstellen. Schliesslich dürfen Indikatoren nie für sich alleine gebraucht werden. Sie gehören in einen bestimmten Theoriekontext hinein, innerhalb dessen sie einen Aussagewert bekommen (Nohlen/Nuscheler 1982b, S.453). In unserem Falle wurde dieser Theoriekontext in den vorstehenden Kapiteln geliefert.

Für unsere Zwecke verwenden wir sowohl ökonomische wie auch soziale Indikatoren. Dies entspricht unserem breit gefassten Entwicklungsbegriff. Für die Sozialindikatorenbewegung können solche Indikatoren nicht nur einem Forschungszwecke dienen, sondern sie haben immer auch die Funktion von Politikinstrumenten (Miles, S.16). Nach unserer Ansicht gilt dies auch für ökonomische Indikatoren. So soll ja auch die hier zu entwickelnde Methodologie ein Planungsinstrument sein.

## 4.3. Messobjekte

Der beste Massstab für den Entwicklungserfolg von Agrarstrategien wäre die sektorweise Messung von durch politische Massnahmen zusätzlich mobilisierten

Ressourcen (Wilkens et al., S.97). Da es dafür aber an Daten mangelt, kann der rein quantitativ ausgerichtete Ansatz von Wilkens et al. nur zu wenig gesicherten Aussagen gelangen. Für unsere Zwecke können wir uns mit den Veränderungen der Sektorbeiträge begnügen. Denn die Indikatoren dürfen nicht einzeln betrachtet werden. Auch wenn sie quantifizierbar sind, bedürfen sie der Erläuterung und Interpretation. Entscheidend ist dabei nicht der exakte Wert eines ein-

*Abb. 4.5: Messablauf mit dem Indikatorensystem*

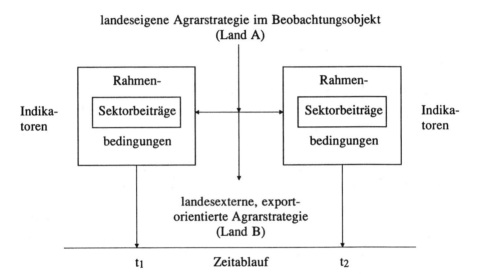

zelnen Indikators, sondern die Richtung, in welche sich das gesamte Ensemble der Indikatoren bewegt (Menzel 1985, S.265). In dieses Ensemble schliessen wir auch Veränderungen der Rahmenbedingungen ein (vgl. Abb. 4.5). Die Indikatoren werden so gewählt, dass sie Aussagen zulassen, wie die angewandte Agrarstrategie die Entwicklung von $t_1$ bis $t_2$ beeinflusst hat. Sollte zwischen $t_1$ und $t_2$ ein Strategiewechsel vorgenommen worden sein, müsste die Betrachtungsperiode entsprechend unterteilt werden. Für unsere Zwecke wählen wir grundsätzlich den Betrachtungszeitraum 1960 bis 1985. Denn in dieser Zeit haben sich sowohl die Landwirtschaft in den Industrieländern stark gewandelt, wie auch die Unabhängigkeitsprozesse in der Dritten Welt neue Verhältnisse geschaffen. Da die Methode aber die Beurteilung einer bestimmten Agrarstrategie erlauben soll, ist die Wahl des Beobachtungszeitraumes entsprechend flexibel zu gestalten.

Zusätzlich soll noch speziell der Einfluss von exportorientierten Strategien auf andere Entwicklungswege untersucht werden. In Abbildung 4.5 bedeutet dies also den Einfluss der Strategie von Land B auf das Beobachtungsobjekt Land A.

Im folgenden wird nun das Indikatorensystem geordnet nach Rahmenbedingungen, wirtschaftlichen und sozialen Beiträgen, sowie nach internationalen Einflüssen entwickelt. Ueber die Anwendung der Methode folgt am Schluss des Kapitels eine Betrachtung. Vor allem ist aber auf die Fallbeispiele im Kapitel V. zu verweisen.

## 4.4. Allgemeine Entwicklung

### 4.4.1. Einkommensniveau der Volkswirtschaft

Die Diskussion zum umstrittenen BSP-Indikator als Anzeiger für Entwicklung darf als bekannt vorausgesetzt werden (vgl. z.b. Nohlen/Nuscheler 1982b, S.457f). Nach neuesten Untersuchungen können wir davon ausgehen, dass die Unbrauchbarkeit des Indikators nicht bewiesen wurde (vgl. Wilkens et al., S.39). Für unsere Zwecke ist es unerheblich, ob das BSP/Kopf etwas höher oder tiefer liegt. Aber es gibt genügend Auskunft, ob es sich um ein reiches oder ein armes Land handelt. Entsprechend unterschiedlich ist das Potential zur Finanzierung verschiedener Agrarstrategien (z.B. Agrarschutz). Durch Strukturindikatoren muss dieser Grobanzeiger allerdings in der Interpretation noch verfeinert werden.

$$\frac{\text{Bruttosozialprodukt}}{\text{Bevölkerung}}$$

### 4.4.2. Grösse des Marktes

Unter dem dynamischen Aspekt wird die Grösse eines Marktes neben den Einkommen von der absoluten Bevölkerungszahl und dem Bevölkerungswachstum bestimmt. Bezüglich Entwicklungsstrategie liegt für ein grosses, bevölkerungsstarkes Land die Binnenmarktorientierung näher (Menzel 1985, S.258). Für ein kleines Land ist die Frage der Exportorientierung offener. Daher möchten wir einen Indikator einbeziehen, der in Kombination von Bevölkerungsgrösse und -wachstum Auskunft über das interne Marktpotential gibt.

*Abb. 4.6: Marktpotential*

|  |  | Bevölkerungswachstum | |
|---|---|---|---|
|  |  | tief | hoch |
| Bevölkerungs- | klein | I Stagnation | II Zunahme |
| grösse | gross | III Zunahme | IV starke absolute Zunahme |

Aus den Kombinationen in Abbildung 4.6 ergeben sich folgende 4 verschiedene Situationen bezüglich ökonomischer Grundproblematik:

I  Da auch das Einkommensniveau hoch sein dürfte, sind nachfrageseitig keine Wachstumsimpulse für den Agrarsektor zu erwarten. Für die Einkommenssicherung im Agrarsektor sind entweder eine exportorientierte Strategiekomponente oder Einkommensgarantien durch die Agrarpolitik vorzusehen.

II Das Hauptproblem liegt in der Arbeitsplatzschaffung für die wachsende Bevölkerung. Das Binnenmarktpotential ist im Wachstum begriffen.

III Wegen der Grösse des Marktes ist noch eine absolute Zunahme festzustellen, was für einen kleinen Sektor wie den Agrarsektor Absatzchancen bietet. In einer späteren Entwicklungsphase sind Exportmöglichkeiten zu suchen.

IV Das grosse Marktpotential ruft nach einer Binnenmarktstrategie. Allerdings dürfte es schwierig sein, die grosse Anzahl notwendiger Arbeitsplätze zu schaffen.

### 4.4.3. Ressourcenausstattung

Im Industriebereich wollen wir nur speziell grosse Vorkommen einzelner Rohstoffe in Betracht ziehen (z.B. Erdöl, Erze). Diese können eine Wirtschaft derart entscheidend prägen, dass ein spezieller auf diesen Rohstoffen basierender Entwicklungsweg gewählt wird. Für die landwirtschaftliche Entwicklung spielen die vorhandenen Bodenreserven eine entscheidende Rolle. Wir verwenden dafür folgendes Verhältnis:

$$\text{Landnutzungsdichte} = \frac{\text{Ackerfläche}}{\text{Bevölkerung}}$$

Verhältnisse mit knapper Nutzfläche pro Kopf der Bevölkerung verlangen eine flächenintensive Nutzung, während eine hohe "land-man-ratio" extensive Bewirtschaftung und relativ grosse Landreserven erlauben. Zu letzterem ist zu bemerken, dass die Bodenqualität eine grosse Rolle spielt. So sind z.b. in Afrika zwar noch grosse Landreserven vorhanden, aber ein Grossteil davon ist nicht für die Produktion geeignet, da es sich um dünne und fragile Böden handelt (Mellor/Delgado). Obiger Koeffizient ist also immer mit einer Bodenqualitätsbeurteilung zu relativieren. Falls eine sinkende Landnutzungsdichte nicht mit einer erhöhten Intensität einhergeht, ist auf eine Verschlechterung der Versorgung zu schliessen.

### 4.4.4. Aussenverschuldung

Bei tiefem und mittlerem BSP/Kopf kann eine hohe Aussenverschuldung Einfluss auf die Entwicklung der Volkswirtschaft haben, indem der Zwang zur Devisenbeschaffung eine gewisse Exportorientierung vorgibt. Als Indikator verwenden wir eine Grösse, die die Auslandschuld mit dem Export in Verbindung bringt. Denn Auslandschulden können nur via Exporte zurückbezahlt werden.

$$\text{Schuldendienstquote} = \frac{\text{Schuldendienst}}{\text{Exporterlöse}}$$

Kritische Grenze : 20 %

Wenn diese kritische Grenze erreicht ist, können Entwicklungshindernisse auftreten. Allerdings wird die Einschätzung dieser kritischen Grenze in der internationalen Fachdiskussion der jeweiligen weltweiten Verschuldungslage angepasst. So ist die Grenze der Schuldendienstquote unter dem Druck der verschärften internationalen Verschuldung in den letzten Jahren ständig nach oben korrigiert worden (vgl. Kaiser/Wagner). Auch diese Werte sind daher im Gesamtkontext zu interpretieren.

## 4.4.5. Innersektorielle Voraussetzungen in der Landwirtschaft

Damit der Agrarsektor überhaupt eine aktive Rolle im Entwicklungsprozess wahrnehmen kann, müssen die in Kapitel II und III dargelegten innersektoriellen Voraussetzungen erfüllt sein. Wir erfassen diese mit folgenden Indikatoren:

### Bildung

Wir können davon ausgehen, dass eine weitverbreitete Grundschulausbildung mit fachlicher Berufsbildung und Beratung für Landwirte korreliert ist (OECD, 1986, S.59). Folglich kann ein Indikator über die Verbreitung der Grundschule anzeigen, wie der Bildungsstand in fachlicher Hinsicht im Agrarsektor ist.

$$\frac{\text{Anzahl Grundschüler}}{\text{Total Altersgruppe}}$$

### Produktivität

Steigende Produktivität ist eine Voraussetzung für landwirtschaftliches Wachstum. Uns interessiert nicht nur das Wachstum der Produktion, sondern auch wie dieses erzielt wurde (Einsatz der Produktionsfaktoren). Wegen der grossen Bedeutung der Beschäftigung verwenden wir die Arbeitsproduktivität. Wenn diese rasch und stark ansteigt, ist dies ein Hinweis auf einen produktiven Agrarsektor im Modernisierungsprozess. Gleichzeitig können wir aus der absoluten Grösse des Indikators ersehen, ob der Agrarsektor eine Reservoir-Funktion zu erfüllen hat. Wegen der in allen Regionen der Welt herausragenden Bedeutung der Getreideproduktion verwenden wir diese in einem Indikator.

$$\frac{\text{Getreideproduktion}}{\text{Anzahl Arbeitskräfte im Agrarsektor}}$$

### Agrarmodernisierung

Mit dem Einsatz von Handelsdünger steigt auch die Anwendung übriger moderner Agrartechnologie. Daher kann die Verwendung von Handelsdünger pro Fläche als Indikator für Agrarmodernisierung und die Intensität der Produktion dienen.

$$\frac{\text{Jährlicher Verbrauch von Handelsdünger}}{\text{Ackerfläche}}$$

## 4.5. Wirtschaftliche Beiträge des Agrarsektors

### 4.5.1. Kapitalflüsse und Wanderung von Arbeitskräften

*Produktivitätsvergleich*

Es ist anzunehmen, dass Kapital in die produktivsten Sektoren fliesst. Der beste Indikator dafür ist die Profitrate. Da diese aber nicht erhältlich ist, behelfen wir uns mit einem Produktivitätsvergleich der Arbeitskraft ausgedrückt in

$$\frac{\text{BIP des Agrarsektors/Arbeitskraft}}{\text{BIP des Industriesektors/Arbeitskraft}}$$

Eine Angleichung der beiden Produktivitäten bedeutet eine zunehmende Attraktivität des Agrarsektors für Investitionen. Sinkende Produktivität im Agrarsektor kann neben dem Kapitalabfluss aber auch auf zu hohen Arbeitskräftebestand hinweisen. Falls Angaben über sektorale Terms of Trade vorhanden sind, kann die Aussage über die Richtung der Kapitalflüsse bzw. über die Vorteilhaftigkeit des Tausches für einen Sektor präzisiert werden.

*Wanderungsrate*

Die Veränderung des Anteils der Stadtbevölkerung kann als Indikator für die Wanderung von Arbeitskräften dienen (Wilkens et al., S.33). Wenn also das städtische Bevölkerungswachstum grösser ist als dasjenige der Gesamtbevölkerung, nehmen wir eine Zuwanderung von Arbeitskräften an. Dass es sich bei diesen Zuwanderern um meist jüngere Arbeitssuchende handelt, zeigen alle Untersuchungen in der Dritten Welt (Hauser, S.238). Das absolute Bevölkerungswachstum ist einzubeziehen, um die Bedeutung des Wanderungsstromes abzuschätzen. Weil die jeweiligen Wachstumsraten von weiteren Faktoren (Geburten- /Sterbeziffern) beeinflusst werden, kann nur der Trend im zeitlichen Ablauf als zu- oder abnehmend beurteilt werden.

$$\frac{\text{Bevölkerungswachstum Städte}}{\text{Gesamtes Bevölkerungswachstum}}$$

## 4.5.2. Der Agrarsektor als Absatzmarkt für industrielle Produkte

Die Kaufkraft im Agrarsektor ist Voraussetzung für die Erfüllung der Rolle als Absatzmarkt für industrielle Produkte im Konsumgüterbereich (Malassis 1973b, S.163). Um dieses Nachfragepotential abschätzen zu können, müssen wir die reale ländliche Kaufkraft kennen. Diese wird folgendermassen errechnet:

$$\frac{\text{BIP Agrarsektor}}{\text{Arbeitskräfte im Agrarsektor}}$$

Dieser Wert ist dann noch mit der Inflationsentwicklung zu deflationieren und auf das Ausgangsjahr (=100) zu indexieren. Nur wenn dieser Index im Laufe der Zeit deutlich ansteigt, können wir die Erfüllung der Absatzfunktion des Agrarsektors annehmen. Denn die oft ungleiche Einkommensverteilung in den ländlichen Räumen müsste eigentlich auch berücksichtigt werden.

Um eine Idee zu haben, wieweit der Agrarsektor im Inland produzierte landwirtschaftliche Produktionsmittel kauft, wird der eingesetzte Stickstoffdünger mit dem inländisch produzierten verglichen. Daraus lässt sich ableiten, ob eine allfällige Zunahme der Intensität in der Agrarproduktion die Entstehung einer vorgelagerten Industrie stimuliert hat. Der Stickstoffdünger wurde gewählt, weil zu seiner Produktion keine hochkomplizierte Technologie und ausser Energie keine weiteren Rohstoffe nötig sind. Somit könnte dieser linkage-Effekt also praktisch in jedem Land entstehen..

$$\frac{\text{Inländisch produzierter N-Dünger}}{\text{Total eingesetzter N-Dünger}}$$

## 4.5.3. Versorgung der inländischen Bevölkerung mit Agrargütern

*Produktionswachstum*

Der Index der Nahrungsmittelproduktion pro Kopf der Bevölkerung wird von der FAO berechnet. Daraus können wir ersehen, ob die angewandte Agrarstrategie die Produktion von Nahrungsmitteln stimuliert oder nicht. Diese Entwicklung ist allerdings mit dem Versorgungsniveau der Bevölkerung mit Nahrungsmitteln zu relativieren.

$$\text{Index} = \frac{\text{Nahrungsmittelproduktion}}{\text{Bevölkerung}}$$

*Deckung der Ernährungsbedürfnisse*
Obwohl die innerfamiliäre Verteilung von Nahrungsmitteln nicht immer optimal ist und vor allem Kleinkinder anfällig auf Proteindefizite sind, nehmen wir an, dass bei genügender Energieversorgung auch die Proteinzufuhr gesichert ist (Berg, S.30). Mindestnormen der FAO (Kalorien pro Kopf) sind ständig wieder Gegenstand kontroverser Diskussionen, da es sich höchstens um grobe Schätzungen handelt und über die Verteilung nur sehr rudimentäre Vorstellungen bestehen (von Blanckenburg, S.147). Da es das Ziel jeder Ernährungssicherungspolitik sein muss, die Ernährungsbedürfnisse der gesamten Bevölkerung zu decken, nehmen wir an, dass zur Erreichung dieses Zieles die FAO-Normen zu 120% erreicht sein müssen (von Blanckenburg, S.145). Bei deutlich höheren Prozentzahlen treten vermehrt Ueberernährungs- und Verschwendungsprobleme auf. Nur bei extrem ungleichen Verteilungen der Nahrungsmittel werden mit diesem Ansatz von 110-120% nicht alle Bedürfnisse gedeckt.

$$\text{Versorgungs-Index in \%} = \frac{\text{Kalorienkonsum pro Kopf und Tag}}{\text{FAO-Norm}}$$

*Inländische Versorgung*
Um den Beitrag des Agrarsektors zur Deckung der Nahrungsbedürfnisse feststellen zu können, müssen wir der Deckung der Kaloriennormen die inländische Produktion gegenüberstellen. Da wir nicht über weltweite Angaben zum Selbstversorgungsgrad verfügen, weichen wir auf die Agrarhandelsbilanz aus. In Kombination mit der Ernährungslage sind folgende Situationen möglich:

|  | | Agrarhandelsbilanz | |
|---|---|---|---|
|  |  | negativ | positiv |
| Deckung der Ernährungs-bedürfnisse der gesamten Bevölkerung | nicht erreicht | I | II |
|  | erreicht | III | IV |

Grundsätzlich ist jede Situation, in der die Ernährung nicht für die gesamte Bevölkerung gesichert ist, negativ zu werten. Die Rolle des Agrarsektors erklärt sich aber unterschiedlich.

Fall I : entweder vermögen die übrigen Sektoren nötige Nahrungsmittelimporte durch Exporte nicht zu decken oder der Agrarsektor produziert zu wenig;

Fall II : entweder ist der Agrarsektor zu stark auf Exporte ausgerichtet oder die Deviseneinnahmen werden falsch, d.h. nicht für Nahrungsmittelimporte, verwendet;

Fall III : die übrigen Sektoren vermögen die Nahrungsmittelimporte zu decken, was ökonomisch sinnvoll sein kann, aber eventuell in Krisenzeiten Versorgungsschwierigkeiten hervorrufen kann;

Fall IV : der Agrarsektor erfüllt seine Versorgungsfunktion voll und kann sogar noch exportieren. Im Extremfall können diese Exporte allerdings agrarpolitisch bedingte, unerwünschte Ueberschüsse sein.

## 4.6. Soziale Beiträge

### 4.6.1. Der Agrarsektor als Arbeitskräftereservoir

Der Transfer von Arbeitskräften aus dem Agrarsektor in die übrigen Sektoren ist nur sinnvoll, wenn dort die Arbeitsproduktivität höher liegt (Malassis 1973b, S.158). Also dürfte die Arbeitslosenrate in den übrigen Sektoren ein Indikator für Abwanderungswillige sein (Byerlee/Eicher, S.289). Sicherlich wird der Entscheid zur Abwanderung auch von weiteren Faktoren wie Arbeitsqualität, Freizeit, Wohnung etc. beeinflusst (OECD 1986, S.101), entscheidend für die ökonomische Entwicklung sind aber die ersten beiden Punkte. Daher gelangt die Arbeitslosenrate als Indikator in unsere Bewertung. Für die Interpretation müssen wir aber die Arbeitsproduktivität im Agrarsektor in Betracht ziehen.

> Arbeitslosenrate im
> Industriesektor

In der konkreten Politik stellt sich für den Staat die Frage, welche Lösung billiger ist. Nämlich via Agrarpolitik Strukturerhaltung zu betreiben und die Abwanderung aus dem Agrarsektor zu bremsen. Oder aber den Strukturwandel zu fördern und mittels Arbeitslosenunterstützung die abgewanderten Arbeitskräfte aufzufangen. Diese Problematik stellt sich gegenwärtig vor allem in den Mitgliedsländern der EG. Hingegen muss der Agrarsektor in den Ländern der Dritten Welt mangels ausgebauter Sozialversicherungen meist diese Reservoirfunktion übernehmen. Bei steigender und hoher Arbeitslosigkeit ist es also eher gerechtfertigt, eine tiefere Arbeitsproduktivität im Agrarsektor auszuweisen.

### 4.6.2. Oekologiebeitrag

Negative und noch viel ausgeprägter positive Externalitäten können kaum mit aussagekräftigen Indikatoren erfasst werden. So sind Landschaftserhaltung und die Besiedlung von Randgebieten positive Externalitäten der Landwirtschaft. Nur gibt es dafür keine Messgrössen. Wir werden diesen Punkt in den Länderstudien allenfalls in qualitativer Form einbeziehen. Negative Externalitäten, welche direkt aus der Agrarproduktion entspringen, lassen sich eher messen. Allerdings dürfen wir die hierfür verwendeten Indikatoren lediglich als Trendgrössen verstehen. Denn sie treten meist lokal und zeitlich begrenzt auf. Daher sagen Durchschnittswerte eines gesamten Landes weniger aus.

Die langfristigen Ziele der Erhaltung bzw. Verbesserung von Boden- und Wasserqualität, sowie der Reduktion von Bodenerosion sind weltweit anerkannt (OECD 1986, S.70). Gleichwohl sind die Böden in weiten Teilen der Erde heute von Erosion, Versauerung und Versalzung bedroht. So weisen beispielsweise in Afrika nördlich des Aequators 35%, im Nahen Osten 60% und in Indien 51% der Böden bereits solche Erscheinungen auf (Andreae, S.376). Diese Erscheinungen treten dann auf, wenn mit unangepassten Methoden gewirtschaftet wird bzw. wenn die Produktionsweise zu intensiv ist und natürliche agronomische Grenzen missachtet werden (Andreae, S.255ff). Da diese Grenzen auf allen Standorten verschieden sind, müssen die folgenden allgemeinen Indikatoren mit den jeweiligen landes- bzw. regionalspezifischen Verhältnissen relativiert werden.

## *Erosion*

Ackerflächen sind nur während eines Teiles des Jahres bedeckt und daher erosionsgefährdeter als ganzjährig bewachsene Weideflächen. Wenn also die Ackerfläche relativ zur Weidefläche zunimmt, kann dies ein Hinweis auf steigende Erosionsgefahr sein. Nur beschränkt anwendbar ist dieser Indikator für die Reisanbauländer in den Monsungebieten, in denen kaum Weideflächen vorhanden sind.

$$\frac{\text{Ackerfläche}}{\text{Weidefläche}} = \text{Zu- oder Abnahme}$$

## *Waldfläche*

Im ökologischen Gefüge kommen dem Wald vor allem folgende Funktionen zu: Schutz gegen Bodenerosion, Hochwasser und Dürre, Fruchtbarkeit der angrenzenden landwirtschaftlichen Flächen, Windschutz, Schutz vor Verschlammung von Reservoirs und Kanälen, Lebensraum für Tiere und Erholungsraum für Menschen (Dewitz/Goedecke, S.142). Allerdings sind auch hier klimatisch bedingte Unterschiede bei Verlust des Waldes zu berücksichtigen. So hat die Abholzung in Gebieten mit tropischem Klima wesentlich schneller extrem negative Folgen als in den gemässigteren Klimazonen (Dewitz/Goedecke, S.143). Die Abnahme der Waldfläche in der Dritten Welt kann auch Hinweise geben auf den Brennholzkonsum, was wiederum Aufschluss über zu dichte Besiedlung geben kann. Hingegen lässt dieser Flächenindikator keine Aussagen zum Waldsterben in den Industrieländern zu. Allerdings sind diese auch nicht durch Agrarstrategien verursacht.

Entwicklung der Waldfläche

*Düngereinsatz*

Hohe Intensitäten in der Agrarproduktion der Industrieländer sind meist mit hohen Düngergaben und damit korreliert mit dem Einsatz von Pflanzenschutzmitteln verbunden. Es ist bisher allerdings noch nicht gelungen, klare Grenzen herauszuarbeiten, bei denen negative ökologische Effekte auftreten (Gewässerverschmutzung, Versauerung, Rückstände etc.). Allerdings dürfen wir annehmen, dass bei hohen Gaben die Auftretenswahrscheinlichkeit solcher Schäden grösser ist. Von entscheidender Bedeutung ist in diesem Zusammenhang die vorhandene Bodenstruktur. Es wird der selbe Indikator wie in IV. 4.4.5 beschrieben, verwendet.

Diese drei Indikatoren können bei vorsichtiger Beurteilung Hinweise geben, ob negative Externalitäten im ökologischen Bereich auftreten. Allerdings sind auch dann noch spezifische lokale Gegebenheiten zusätzlich einzubeziehen.

## 4.7. Internationale Zusammenhänge

In diesem Abschnitt wollen wir den Einfluss von exportorientierten Agrarstrategien auf andere Agrarstrategien untersuchen. Wegen der protektionistischen Regelungen des Aussenhandels in den Industrieländern und den sozialistischen Staaten ist bei diesen der Aussenhandelseinfluss ausgeschlossen. Wir beschränken diesen Indikator daher auf offene Marktwirtschaften in den Ländern der Dritten Welt.

Falls diese Länder ebenfalls exportorientierte Strategien verfolgen, ist der Einfluss doppelt (Export- und Importseite). Auf der Exportseite sehen sie sich den für internationale Agrarmärkte typischen Instabilitäten gegenüber (vgl. Rieder 1983, S.84), was auch die Exporterlöse entsprechend schwanken lässt. Auf der Importseite können billige Einfuhren von Grundnahrungsmitteln der Entwicklung des eigenen Agrarsektors hinderlich sein. Wir verwenden daher die beiden folgenden Indikatoren:

> Preisentwicklung der jeweiligen wichtigsten Agrarexportprodukte

$$\frac{\text{Import von Getreide}}{\text{Produktion von Getreide}}$$

Wenn der Importanteil stetig bis zu einem hohen Prozentsatz zunimmt, ist ein negativer Einfluss der Agrarexporte aus den Industrieländern anzunehmen.

## 4.8. Zusammenfassung des Indikatorensystems und Datenprobleme

In Tabelle 4.4 ist das ganze Indikatorensystem zusammenfassend dargestellt. Wir möchten an dieser Stelle noch einmal betonen, dass das Indikatorensystem nur gesamthaft verwendet werden kann. Auf diese Weise erlaubt es, eine Aussage über die Bewegungsrichtung der wirtschaftlichen Entwicklung eines Landes infolge einer angewandten Agrarstrategie zu machen.

Ein wichtiges Kriterium zur Auswahl der Indikatoren war die leichte Verfügbarkeit der Daten. Von daher liegt es auf der Hand, sich auf Statistiken der UNO-Institutionen abzustützen. Deren Probleme bezüglich Erhebung via nationale Verwaltungen sind vor allem in den Ländern der Dritten Welt hinlänglich bekannt (vgl. z.B. Szczepanik 1975, S.83). Da die Vergleichbarkeit zwischen den Ländern nur beschränkt nötig ist, können wir diese Daten mit nationalen Angaben (Handbücher, Länderberichte) ergänzen. Basis bleiben aber die folgenden internationalen Statistiken:

Weltbank, Weltentwicklungsbericht (Indikatoren Nr. 1,2,3,5,6,9,10,11)
FAO, Production Yearbook (Indikatoren Nr. 4,7,9,13,14,16,17,18,19)
FAO, Trade Yearbook (Indikatoren Nr. 14,19)
FAO, Fertilizer Yearbook (Indikatoren Nr. 8,12)
ILO, Yearbook of Labour (Indikator Nr. 15)
UN, Demographic Yearbook (Indikatoren Nr. 2,10)
UN, Statistical Yearbook (Indikatoren Nr. 3,9,11)
UN, Yearbook of National Accounts (Indikator Nr. 9)
UNCTAD, Monthly Commodity Price Bulletin (Indikator Nr. 19)

Teilweise sind leider offensichtliche Sprünge in den Datenreihen feststellbar, die auf Erhebungsänderungen zurückzuführen sein dürften. In solchen Fällen muss die Betrachtung auf Teilperioden des gesamten Zeitraumes (1960-85) beschränkt werden. Schliesslich ist noch auf die allgemeine Problematik von Statistik und Realität hinzuweisen. Ob eine Agrarstrategie erfolgreich ist oder nicht, hängt von der Reaktion der Agrarproduzenten ab und nicht von Planungsdaten! (Timmer et al., S.142).

*Tab. 4.4: Indikatorensystem zur Erfolgsbeurteilung von Agrarstrategien*

| Sachverhalt | Indikator | Bewertung |
|---|---|---|
| **1. Allgemeine Entwicklung** | | |
| Einkommensniveau der Volkswirtschaft | (1) BSP/Kopf | Potential zur Finanzierung von Agrarstrategien |
| Grösse des Marktes | (2) Kombination von: Bevölkerungswachstum und Bevölkerungsgrösse | Strategieempfehlungen für 4 Fälle: I Exportkomponente II Arbeitsplatzschaffung III Absatzchancen für Agrarsektor IV Binnenmarktstrategie |
| Ressourcenausstattung | (3) falls in grossem Ausmass: mineralische Vorkommen | spezieller Entwicklungsweg |
| | (4) Landnutzungsdichte = landw. Nutzfl. / Bevölkerung | Bewirtschaftungsintensität Einbezug der Bodenqualität |
| Aussenverschuldung | (5) Schuldendienstquote = Schuldendienst / Exporterlöse | kritische Grenze : 20% |
| Innersektorielle Voraussetzungen in der Landwirtschaft | (6) Verbreitung der Grundschulbildung und | Korrelation mit Berufsausbildung |
| | (7) Produktivität = Getreideproduktion / landw. Arbeitskraft und | Produktivitätssteigerung im Zeitablauf ist notwendige Voraussetzung |
| | (8) Agrarmodernisierung = Kunstdünger / Fläche | Einsatz von moderner Technologie und Know how ist damit korreliert |
| **2. Wirtschaftliche Beiträge** | | |
| Kapitalflüsse | (9) Produktivitätsvergleich = BIP Agrarsektor/AK / BIP Industriesektor/AK und | Kapital fliesst in produktiveren Sektor |
| | Sektorale Terms of Trade = Produzentenpreisindex / Produktionsmittelpreisindex | Richtung der Kapitalflüsse |
| Wanderung von Arbeitskräften | (10) Wanderungsrate = Wachstum städt. Bevölkerung / Wachstum Gesamtbevölkerung | Zuwanderung aus ländlichen Gebieten wenn Wanderungsrate >1 und zunehmend |
| Absatzmarkt für industrielle Produkte | (11) Reale ländl. Kaufkraft = BIP Agrarsektor / Arbeitskraft im Agrarsektor deflationiert und indexiert und | Zunahme bedeutet Potential für Kauf von Konsumgütern |
| | (12) inländisch produzierter N-Dünger / Total eingesetzter N-Dünger | hoher Anteil: Agrarsektor bedeutender Abnehmer inländischer Produktionsmittel (linkage-Effekt) |
| Versorgung mit Agrargütern | (13) Index der Nahrungsmittelproduktion pro Kopf und | Trend der Produktion relativ zur Bevölkerung |
| | (14) Kombination von: Deckung der Ernährungsbedürfnisse und Agrarhandelsbilanz | 120% der FAO-Norm zur Deckung der Ernährung der gesamten Bevölkerung Aufgabenerfüllung des Agrarsektors: I Agrarproduktion zu klein II Agrarsektor zu stark exportorientiert III übrige Sektoren decken Nahrungsmittelimporte IV Versorgung erreicht, Exporteur |
| **3. Soziale Beiträge** | | |
| Agrarsektor als Arbeitskräftereservoir | (15) Arbeitslosenrate übriger Sektoren | wenn hoch, Reservoir sinnvoll |
| Oekologiebeitrag | (16) Erosionsgefahr = Ackerfläche / permanente Weidefläche und | bei Anstieg Zunahme Erosionsgefahr |
| | (17) Entwicklung der Waldfläche und | Abnahme bedeutet Uebernutzung ländl. Räume |
| | Indikator (8) | bei hohen Gaben Tendenz steigender ökologischer Probleme |
| **4. Internationale Zusammenhänge** | | |
| Beeinflussung der Agrarstrategien in Ländern der Dritten Welt durch übrige Agrarstrategien | (18) Preisentwicklung der wichtigsten Agrarexportprodukte | Instabilität und Elastizität der Nachfrage bewirken schwankende Exporterlöse |
| | (19) Einfuhr Getreide / Eigenproduktion Getreide | bei Zunahme und hohen Werten: negativer Einfluss auf Entwicklung des Agrarsektors |

# V. Beurteilung der Agrarstrategien ausgewählter Länder

Im folgenden werden die Agrarstrategien von sechs Ländern bzw. Ländergruppen (USA, EG, Sowjetunion, VR China, Indien, Tunesien) mit Hilfe des in Kapitel IV entwickelten Indikatorensystems analysiert. Die Auswahl der Länderbeispiele erfolgte derart, dass alle drei Wirtschaftssysteme und möglichst viele Typen von Agrarstrategien vertreten sind. Pro Länderbeispiel werden zuerst auf Grund von Literaturstudien Hauptprobleme der sozio-ökonomischen Entwicklung des Agrarsektors herausgearbeitet. Auf diese Weise werden die speziellen historischen Verhältnisse klargelegt, unter welchen sich die Agrarstrategie eines Landes entwickelt. Gleichzeitig wird so die Agrarstrategie beschrieben. Dies wiederum erlaubt die Klassierung der Strategie gemäss Raster von Kapitel III. Anschliessend wird die jeweilige Strategie mit Hilfe der Indikatoren beurteilt. Zusammen mit den aus der Literatur gewonnenen Erkenntnissen sollte so ein abgerundetes Bild über den Entwicklungserfolg entstehen.

## 1. USA

Lange Zeit galt die amerikanische Landwirtschaft dank ihrer hohen Arbeitsproduktivität als erstrebenswertes Vorbild. Seit sich aber Meldungen über Konkurse von Farmen und Armut in den ländlichen Räumen der USA ab Mitte der 80er Jahre zu häufen begonnen haben (vgl. z.B. Catrina oder Lewis), sind vermehrt Zweifel an diesem amerikanischen Modell aufgetaucht. Die Farmbevölkerung beträgt heute nur noch 3% der gesamten Bevölkerung (USDA). Gleichwohl kämpfen auch die USA mit den in allen Industrieländern bekannten landwirtschaftlichen Ueberkapazitäten. Entsprechend beschäftigt sich die Agrar-politik regelmässig mit Ueberschussproblemen und Einkommensstützung (EG 1984b, S.7).

### 1.1. Die Entwicklung einer effizienten Agrarstruktur

Die amerikanische Landwirtschaft des 19. Jahrhunderts weist die Merkmale auf, die typisch sind für ein Land, in welchem genügend freie Fläche zur Verfügung steht. Dank technischer Fortschritte der Landmaschinenindustrie entwickelte sich die Landwirtschaft in der 2. Hälfte des 19. Jahrhunderts auf der Basis einer pferdegezogenen Mechanisierung (Binswanger, S.8). Bisher unbebautes Land wurde unter den Pflug genommen und die langsameren Ochsen vom Pferd verdrängt. Die landwirtschaftliche Nutzfläche verdoppelte sich von 1870 bis 1920, während die durchschnittliche Betriebsgrösse unverändert blieb (vgl. Tab 5.1). Dies war eine Folge weiträumiger Besiedlung im mittleren Westen der USA, was die Zahl der Farmen und Arbeitskräfte steigen liess. In diese Zeit fällt auch die Gründung mehrerer Land Grant Colleges (heute z.t. Universitäten), die als regionale Entwicklungszentren gelten. Voraussetzung für dieses Wachstum war eine elastische Nachfrage auf den Exportmärkten (Binswanger, S.9). Bei einer unelastischen Nachfrage hätte nämlich die Mechanisierung zu einer Ersetzung der Arbeitskräfte geführt.

Bis etwa 1920 hatte sich diese Form der Landwirtschaft nicht grundsätzlich gewandelt. Bezüglich betrieblicher Produktionsmittel waren die meisten Farmen weiterhin Selbstversorgungswirtschaften. Die Bodenfruchtbarkeit wurde mit Naturdünger und durch bestimmte Rotationsfolgen erhalten, die Erträge hatten sich demzufolge seit Beginn des 19. Jahrhunderts nicht wesentlich verändert (Windhorst, S.12).

Erst um 1940 begann der Prozess, durch den Arbeitskräfte durch Maschinen ersetzt wurden (Binswanger, S.9). Aus Tabelle 5.1 ist dies am zunehmenden Einsatz von arbeitssparenden Mähdreschern ersichtlich, was zu stark sinkendem Arbeitsaufwand pro Fläche führte (siehe letzte Kolonne). Wie die Tabelle weiter zeigt, werden schon ab den 20er Jahren Pferde durch Traktoren ersetzt. Auslöser für diesen Prozess war die zunehmende Nachfrage nach Arbeitskräften in den übrigen Sektoren, wodurch dort die Löhne stiegen (Binswanger, S.9). So lohnte es sich, die Arbeit durch Kapital zu ersetzen. Gleichzeitig fanden auch die ertragssteigernden Mittel (Zuchtfortschritte mit Hybridsorten, Dünger, Pflanzenschutz) Verbreitung (Windhorst, S.15). Seit den 60er Jahren geht die Anzahl eingesetzter Maschinen wieder zurück (vgl. Tab. 5.1). Dies ist auf grössere Kapazitäten einzelner Maschinen und stärkere Motoren, sowie den Rückgang der Anzahl Farmen an sich zurückzuführen.

Als weiteres Merkmal wollen wir die Agrarverfassung kurz streifen. Eine derart enge Beziehung zu Hof und Boden wie sie für den Familienbetrieb in Europa typisch ist, dürfte es in den USA kaum je gegeben haben (Windhorst, S.12).

Tab. 5.1: Wachstum der amerikanischen Landwirtschaft 1870-1978

| Jahr | Anzahl Betriebe in 1000 | Landwirtsch. Nutzfläche in mio acres | Durchschn. Betriebsgrösse in acres | Landw. Arbeitskräfte (mio) | Mähdrescher in 1000 | Traktoren in 1000 | Arbeitsaufwand für Weizen Std./acre |
|---|---|---|---|---|---|---|---|
| 1870 | 2660 | 408 | 153 | | | | |
| 1880 | 4009 | 536 | 134 | | | | |
| 1890 | 4565 | 623 | 137 | | | | |
| 1900 | 5737 | 839 | 146 | | | | |
| 1910 | 6406 | 879 | 137 | 13.6 | 1 | 10 | 13.6 (1915/19) |
| 1920 | 6518 | 956 | 147 | 13.4 | 4 | 246 | 10.5 (1925/29) |
| 1930 | 6546 | 987 | 151 | 12.5 | 61 | 920 | 8.8 (1935/39) |
| 1940 | 6350 | 1061 | 167 | 11.0 | 190 | 1567 | 5.7 (1945/49) |
| 1950 | 5648 | 1202 | 213 | 9.9 | 714 | 3394 | 3.8 (1955/59) |
| 1960 | 3956 | 1178 | 298 | 7.1 | 1040 | 4685 | 2.9 (1965/69) |
| 1970 | 2949 | 1102 | 374 | 4.5 | 790 | 4619 | |
| 1975 | 2767 | 1081 | 391 | 4.3 | 524 | 4469 | |
| 1978 | 2672 | 1072 | 401 | 3.9 | 538 | 4350 | 2.9 (1974/78) |

Quelle: Binswanger Hans P., Agricultural Mechanization

Dies erklärt sich zum einen aus der amerikanischen Agrargeschichte, die von ständiger Neulandgewinnung verbunden mit häufigen Besitzerwechseln von Betrieben geprägt ist. Zum andern weisen die Betriebe wegen des hohen Mechanisierungsgrades einen grossen Kapitalbedarf auf. Die Rendite des Kapitals hat daher in der Erfolgsbeurteilung Vorrang. Kapital ist zudem der mobilere Faktor als Boden oder Arbeit. Diese grössere Mobilität ist am Vordringen kapitalindustrieller Betriebe ersichtlich, welches parallel zum oben beschriebenen Prozess der Intensivierung verlief (Windhorst, S.12).

Bei diesen Betrieben handelt es sich um Grossunternehmen, die Kapital in die Landwirtschaft investieren und sich bei ungenügender Rendite wieder zurückziehen. Ferner ist ihre weitgehende Integration in vor- und nachgelagerte Industriezweige charakteristisch. Wegen dieser Orientierung an industriellen Rentabilitätskriterien ist die Bindung an den Boden praktisch null. Ihre gegenüber den Familienbetrieben andere Organisationsstruktur ist in Tabelle 5.2 dargestellt. Viele Betriebe werden in den USA von Managementgesellschaften verwaltet. Ihre Zahl hat von 78'000 im Jahre 1978 auf 110'000 1985 zugenommen (Agri Finance). Anforderungen an die Produktion werden von den Abnehmern gestellt. Dabei werden wegen des hohen Kapitalbedarfs Maschinen und Produktionsanlagen oft von den Abnehmern finanziert (Windhorst, S.18). Anfänglich war diese vertikale Integration vor allem im Tiersektor verbreitet, heute ist sie

*Tab. 5.2: Charakteristika von kapitalindustriellen und Familienbetrieben*

| Charakteristikum | Kapitalindustrielle Betriebe | Familienbetriebe |
|---|---|---|
| Boden | Besitz/Pacht | vornehmlich Besitz |
| Technologie | kapitalintensiv | arbeitsintensiv |
| Organisation | bürokratisch | Familie |
| Kapital | reichlich | knapp |
| Arbeitszeit | geregelt | unregelmässig |
| Angestellte | bedeutend | unbedeutend |
| Fixkosten | gross | klein |
| Subventionen | viel | wenig |
| Erträge pro Fläche | tief | hoch |
| Erträge pro AK | hoch | tief |

*Quelle: Vogeler Ingolf, The Myth of the Family Farm*

auch im pflanzlichen Sektor anzutreffen. Verstärkt wird dieser Prozess noch durch das Auftreten von branchenfremden Unternehmen, die mit grossen Investitionen steigende Anteile der Produktion kontrollieren (z.B. Coca Cola, Bank of America etc., Vogeler, S.124ff). Diese Integration der Agrarproduktion in die Agribusinesskette ist in den USA sehr weit fortgeschritten. Ausdruck dafür ist die zunehmende Konzentration von Land und Produktion bei Grossbetrieben (Vogeler, S.25ff). Aus der Lorenzkurve in Abbildung 5.1 können wir diese zunehmende Konzentration anhand der von 1954 bis 1974 stets einseitiger verteilten Umsätze von Betriebsklassen ablesen.

*Abb. 5.1: Verteilung der Umsätze nach Betriebsgruppen*

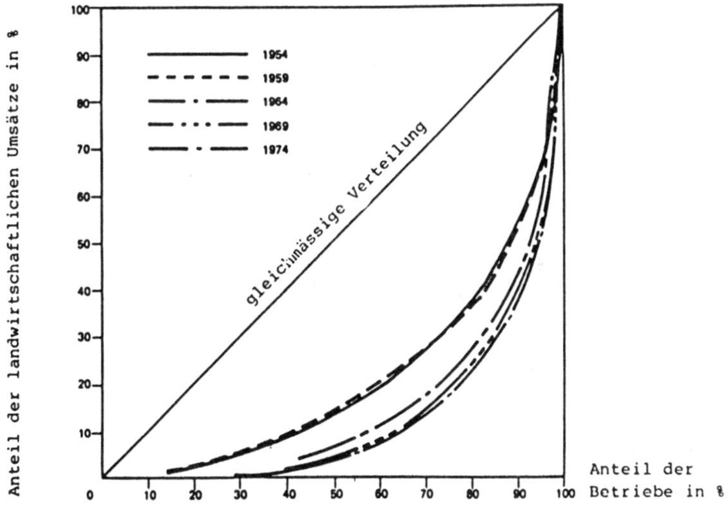

*Quelle: Vogeler Ingolf, The Myth of the Family Farm*

Von 1980 bis 1985 hat sich die Anzahl landwirtschaftlicher Betriebe nochmals von 2.433 auf 2.285 Millionen reduziert (USDC). Obige Prozesse haben sich also fortgesetzt. Verstärkt wurde diese Betriebsabnahme durch eine sprungartige Zunahme von Konkursen von 1982 bis 1985 (USDC). Dies ist vorwiegend eine Folge der gestiegenen Zinsen. So nahmen diese für Agrarkredite von durchschnittlich 6.3% (1973) auf 9.9% (1983) zu (USDA). Hinzu kam die gegenüber andern Produktionsfaktoren relativ grössere Teuerung bei Investitionsgütern (Gebäude, Boden, Maschinen) seit den 60er Jahren (vgl. Abb. 5.2). Die dadurch ausgelöste Verschuldungszunahme wurde nach dem Zinsanstieg zur überschweren Hypothek. Der Zinsanstieg brachte vor allem die mittleren Familienfarmen in Schwierigkeiten. Denn die kapitalstarken Grossunternehmen verfügen über genügend Reserven und die Kleinstbetriebe sichern ihr Ueberleben mit ausserlandwirtschaftlichem Einkommen (Manegold, S.144). Aber auch Banken, die stark im Agrarkreditgeschäft tätig waren, mussten teilweise Konkurs anmelden (Manegold, S.144).

*Abb. 5.2: Entwicklung der Produktionskosten der amerikanischen Landwirtschaft 1967-80*

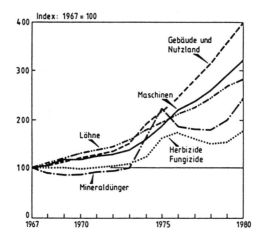

*Quelle: Windhorst Hans-Wilhelm, Die Agrarwirtschaft der USA im Wandel*

Die USA weisen auch bezüglich landwirtschaftlichen Arbeitskräften einige Besonderheiten auf. Zwar haben diese im amerikanischen Agrarsektor relativ stark an Bedeutung verloren (vgl. Tab. 5.3). In einzelnen Regionen sind sie aber immer noch sehr wichtig. So produzieren vor allem die Südstaaten (Kalifornien, Texas, Florida) einen hohen Anteil an arbeitsintensiven Gemüsen, Früchten und Gartenbauprodukten. Auf nur 3% der totalen Anbaufläche produzierend bezahlen diese Spezialbetriebe 35% der Gesamtlohnsumme (Martin, S.1). Seit Beginn der 70er Jahre ist der Anteil familienfremder Arbeitskräfte sogar deutlich gestiegen (vgl. Tab.5.3). Dies weist auf die bereits erwähnte Veränderung der Agrarstruktur in Richtung vertikal integrierter Landwirtschaft hin. In den oben

*Tab. 5.3: Familieneigene und -fremde Arbeitskräfte in der amerikanischen Landwirtschaft 1950-85 ( in 1000 Personen)*

| Jahr | Landwirtschaftliche Arbeitskräfte total | Familieneigene Arbeitskräfte | Familienfremde Arbeitskräfte | Anteil der Familienfremden in % |
|---|---|---|---|---|
| 1950 | 9926 | 7597 | 2329 | 23.4 |
| 1955 | 8364 | 6347 | 2017 | 24.1 |
| 1960 | 7057 | 5172 | 1885 | 26.7 |
| 1965 | 5610 | 4128 | 1482 | 26.4 |
| 1970 | 4523 | 3348 | 1175 | 25.9 |
| 1975 | 4342 | 3026 | 1317 | 30.3 |
| 1980 | 3705 | 2402 | 1303 | 35.1 |
| 1985 | 3570 | 2197 | 1373 | 38.4 |

Quelle: *Holt James S., Labor in Florida Agriculture*

erwähnten Süd-Regionen war und ist dieser Anteil hoch, weil ein Grossteil der Arbeit von saisonalen Wanderarbeitern ausgeführt wird. So werden beispielsweise in Kalifornien seit mehr als 100 Jahren jährlich Hunderttausende von Saisonstellen angeboten (80er Jahre: 400'000-500'000 Stellen) (Martin, S.17). Diese Saisonniers wandern in drei Hauptsträngen (West- und Ostküste, sowie Zentrum) von Süden nach Norden und wieder zurück, den jeweiligen erntereifen Produkten folgend (Vogeler, S.229ff). Ueber die Anzahl dieser Wanderarbeiter bestehen unterschiedliche Angaben. Sicher ist, dass ihre Lebensbedingungen schlecht sind (Vogeler, S.233ff). Sie haben sich bisher auch kaum organisiert, was einerseits mit der Arbeitsorganisation, aber anderseits mit ihrer Herkunft erklärt werden muss. Denn ein Grossteil davon sind Schwarze (Holt, S.21). Allerdings ist ihr Anteil sinkend (Vogeler, S.237), treten doch vermehrt Araber und Asiaten (z.T. Flüchtlinge) auf diesen Arbeitsmärkten auf (Martin, S.13). Vor allem sind immer wieder illegale Grenzübertritte von Mexikanern festzustellen, welche durch Schlepperorganisationen eingeschleust werden (Martin, S.15). Mit diesen riskanten Grenzübertritten sind immer Hoffnungen auf spätere Arbeitsstellen in andern Sektoren oder Erwerb einer Farm verbunden (Martin, S.15). Wegen dieser Schwarzarbeiter treten jedoch immer wieder Störungen auf den Arbeitsmärkten auf (Martin, S.1), indem das Ueberangebot an Arbeitskräften auf die Löhne drückt. Zudem sind auch bei den übrigen Anstellungsbedingungen (Arbeitszeit, Arbeitsqualität, Sozialleistungen etc.) keine Verbesserungen zu erwarten. Bisher sind jedoch alle Versuche der USA, die Grenze zu Mexiko dicht zu machen (z.B. mit Elektrozäunen), fehlgeschlagen. An diesem Punkt berühren sich ländliche Entwicklungsprobleme des Nordens und des Südens, welche sich nicht einfach mit einem Zaun abtrennen lassen. Da jedoch bei Wanderarbeitern und Kleinfarmern in der amerikanischen Landwirtschaft ebenfalls Armutsprobleme bestehen, ist zu fragen, ob die Unterstützung des Familienbetriebes durch die US-Agrarpolitik tatsächlich nur ein Mythos ist, wie es Vogeler darzulegen versucht (Vogeler).

## 1.2. Rückblick auf agrarpolitische Massnahmen

Als Beginn der eigentlichen Agrarmarktpolitik in den USA können die 20er Jahre angesehen werden. Damals kam es zu einem Preisverfall bei landwirtschaftlichen Erzeugnissen. Mit dem "Agricultural Adjustment Act of 1933" und den bis zum Zweiten Weltkrieg verabschiedeten Massnahmen wollte die Regierung die Situation der Landwirte verbessern, indem sie versuchte, das Angebot zu begrenzen, die Nachfrage anzukurbeln und die Preise bestimmter landwirtschaftlicher Erzeugnisse direkt zu stützen.

Die wichtigsten Bestimmungen aus dieser Zeit, die nach wie vor Geltung haben, lassen sich wie folgt zusammenfassen (EG 1984b, S.6):
- Reduzierung der Anbaufläche bei gleichzeitiger Gewährung von Entschädigungen;
- Lombardkredite an die Landwirte, meistens verbunden mit der Auflage einer Mitwirkung an den Programmen zur Anbauflächenreduzierung;
- Anbau- und Verkaufsquoten, gegebenenfalls in Verbindung mit Preisgarantien für bestimmte Erzeugnisse;
- Vereinbarungen mit dem Berufsstand über die Organisation der Märkte, insbesondere für Milch, Obst und Gemüse ("Marketing agreements and orders");
- kostenlose Verteilung von Ueberschusserzeugnissen;
- Beihilfen für Absatzförderungsmassnahmen;
- Möglichkeit der Begrenzung der Einfuhren.

## 1.2.1. Die Anfänge

Vor den 20er Jahren dieses Jahrhunderts wurde - wie in Europa - vor allem die landwirtschaftliche Forschung und das Ausbildungssystem gefördert. Mit dem "Morrill Act" von 1862 wurde die finanzielle Basis für die Errichtung von landwirtschaftlichen Colleges und solchen für die Mechanikerausbildung geschaffen. In diesem Act wird festgelegt, dass Bundesland verkauft und der Erlös für obige Zwecke verwendet werden soll (Vogeler, S.195). Im selben Jahr wurde auch das Landwirtschaftsdepartement (USDA) gegründet, welches anfänglich neben Verbreitung von Wissen (Land Grant Colleges) auch Saatgut vertrieb.

Diese Massnahmen müssen als Reaktion auf Unruhen auf dem Lande gesehen werden, die durch einen anderen Beschluss, nämlich den "Homestead Act" (1862), hervorgerufen worden waren. Dieses Gesetz sah den Verkauf von Bundesland an Siedler bis maximal 160 acres pro Siedler vor. Das Gesetz konnte nur in der bürgerkriegsbedingten Abwesenheit der Südstaatenvertreter durch das Parlament gebracht werden. Denn die Südstaatler fürchteten um die Existenz des Plantagensystems (Vogeler, S.47). Folgende Gründe bewirkten aber, dass kaum Land auf diese Weise abgegeben wurde:
- nur noch Boden schlechterer Qualität war frei
- Umgehungen des Gesetzes
- gleichzeitig weitere Gesetze, die Land für andere Bundeszwecke benötigten (Eisenbahn, Indianerreservate, Bundesbetriebe)

Die Entstehung des Morrill Act darf aber nicht nur als Reaktion auf ländliche Unruhen interpretiert werden, sondern er wurde von industriellen Kreisen vor allem unterstützt, weil diese sich von verbesserter Forschung und Ausbildung Produktivitätssteigerungen versprachen (Vogeler, S.195). Schon sehr früh bestand also das von Industrieseite geäusserte doppelte Interesse am Agrarsektor: Verkauf von Produktionsmitteln (v.a. Maschinen) und Uebernahme freigewordener Arbeitskräfte. Hier dürfte eine der Wurzeln für die spätere enge Verflechtung mit dem Agribusiness liegen.

## 1.2.2. Agrarpolitische Ziele und Institutionelles

Wie in anderen geschützten Agrarsystemen bildeten sich in den USA folgende agrarpolitische Ziele heraus (vgl. Commodity Credit Corporation Charter Act von 1968):

- Stabilisierung, Stützung und Schutz der landwirtschaftlichen Einkommen und Preise;
- Massnahmen zur Aufrechterhaltung einer ausgewogenen und angemessenen Versorgung mit landwirtschaftlichen Erzeugnissen;
- Erleichterung einer geordneten Verteilung der landwirtschaftlichen Erzeugnisse.

Zur Erreichung dieser Ziele wurde die "Commodity Credit Corporation" (CCC) geschaffen. Mittels dieser Institution, die folgende Kompetenzen hat, wird der Absatz der amerikanischen Agrarprodukte weitgehend gesteuert (EG 1984b, S.6). Die CCC kann:
- die Preise der landwirtschaftlichen Erzeugnisse durch Darlehen, Ankäufe, Zahlungen und andere Massnahmen stützen;
- alle für die Erzeugung und Vermarktung der landwirtschaftlichen Erzeugnisse erforderlichen Produktionsmittel zur Verfügung stellen;
- landwirtschaftliche Erzeugnisse zum Verkauf an andere Regierungseinrichtungen, an ausländische Regierungen und an inländische, ausländische oder internationale Hilfsorganisationen und zur Befriedigung des Inlandbedarfs liefern;
- überschüssige landwirtschaftliche Erzeugnisse aus dem Markt nehmen und absetzen oder die Rücknahme aus dem Markt und den Absatz fördern;
- den Inlandverbrauch von landwirtschaftlichen Erzeugnissen durch direkte oder indirekte Erweiterung der Binnenabsatzmärkte und durch direkte oder indirekte Entwicklung neuer Märkte und neuer Vermarktungs- und Verwendungsmöglichkeiten für diese Erzeugnisse steigern;
- Ausfuhren tätigen, Exportgelegenheiten schaffen oder die Entwicklung öffentlicher Absatzmöglichkeiten für landwirtschaftliche Erzeugnisse fördern;
- alle sonstigen vom Kongress genehmigten oder vorgesehenen Massnahmen durchführen.

Der wichtigste Mechanismus zur Preisstützung besteht in einer Kreditvergabe an die Farmer (loan rate). Im Unterschied zu Garantiepreissystemen leiht die CCC den beteiligten Farmern Barmittel, wobei ihr das in anerkannte Lager eingebrachte Getreide als Sicherheit dient. Die Farmer können die Darlehen zurückzahlen, erhalten dann ihre Ernte zurück und können sie verkaufen; es steht ihnen aber auch offen, die Ernte an die CCC als Rückzahlung abzutreten. Der Beleihungspreis - der Preis, zu dem die CCC Getreide beleiht - ist der Mindestpreis, den der Farmer erzielen kann. Seit Mitte der siebziger Jahre haben die Vereinigten Staaten zudem einen Richtpreis festgelegt. In Höhe des Unterschieds zwischen Markt- und Richtpreisen werden Ausgleichszahlungen geleistet; an und für sich würden solche Zahlungen die Produktion anregen und damit die Inlands- und Weltmarktpreise drücken. Dies wird jedoch dadurch verhindert, dass die Farmer nur dann Ausgleichszahlungen erhalten, wenn sie sich an Programmen zur Beschränkung der Anbaufläche beteiligen (Weltbank 1986, S.139)

### 1.2.3. Verschiedene agrarpolitische Phasen und ihre wichtigsten Instrumente

In einer Grobeinteilung können wir 3 Phasen neuerer amerikanischer Agrarpolitik unterscheiden:

*1930-60:*
Der Beginn dieser Phase stand ganz im Zeichen der Krisenbewältigung. Mit dem Sieg der Demokraten 1932 wurden Massnahmen zu Gunsten der Landwirtschaft ergriffen, die aber schon bald Ueberschussprobleme zur Folge hatten (Petit, S.24). Die gesetzlichen Vorschriften sahen
- Flächenkontingente
- Stillegung von Anbauflächen
- Absatzkontingente
- Preisstützung durch Direktkäufe und
- Sonderkredite

vor (OECD 1982, S.243). Kontingentierungen wurden eingesetzt, nachdem die übrigen Massnahmen Ueberschüsse bewirkt hatten. Gleichwohl stiegen die Überschüsse, abgesehen von einer Erholungsphase während der Kriegszeit, stän-dig, so dass gegen Ende der 50er Jahre eine Reform der allzu starren Preisstützung unumgänglich erschien. Zunächst wurde jedoch 1956 nochmals mittels eines grossen Programms (Soil Bank Program) versucht, langfristig Anbaufläche der Produktion zu entziehen (vgl. Rieder 1975, S.2). Trotz hoher Kosten war diesem Programm nur geringer Erfolg beschieden. Die Gründe dafür liegen in der Natur solcher Programme:
- pro Betrieb werden nur die schlechtesten Böden aus der Produktion genommen
- ein Farmer wird nur im ersten Jahr teilnehmen, weil sich bei mehrmaliger Teilnahme seine Betriebsfläche ständig verkleinert

- bio-technischer Fortschritt und intensiverer Anbau auf den verbleibenden Flächen lassen die Produktion gleichwohl ansteigen

Die letzten Verträge liefen 1972 aus, als längst eine andere Phase der Agrarpolitik angelaufen war.

*1960-73:*

Absatzgarantien wurden noch mehr eingeschränkt, aber ein Systemwechsel scheiterte am politischen Widerstand der Farmerorganisationen. Flächenstillegungsprogramme blieben trotz geringer Erfolge im agrarpolitischen Instrumentarium. Sowohl die Kennedy- wie auch die Nixonadministration setzte sie wieder ein (Rieder 1975, S.3). Neu wurde in dieser Phase die freiwillige Teilnahme an den Programmen eingeführt. Allerdings gelangten nur Teilnehmer in den Genuss von Stützpreisen und Ausgleichszahlungen. Daneben sollte vor allem der Export mittels realer Senkung der Stützpreise (plus Ausgleichszahlung), unentgeltlicher und subventionierter Ausfuhren angekurbelt werden (OECD 1982, S.246). Kostensenkungen für den Staat blieben jedoch aus, und viele Farmer erreichten keine genügenden Einkommen (Petit, S.29). Eine weitere Aenderung bestand in der 1970 eingeführten Obergrenze von 55'000 $, die ein Getreide- oder Baumwollbetrieb für seine Beteiligung an jedem dieser Programme erhalten konnte (OECD 1982, S.246). Allerdings liegt diese Grenze so hoch, dass nur wenige Betriebe davon betroffen sind.

*1973-1984:*

Ab 1973 führten eine Reihe von Missernten in der Welt und die umfangreichen Käufe der Sowjetunion im Verein mit einem schwachen Dollar und einer hohen Inflation zu wachsenden amerikanischen Ausfuhren, sinkenden Beständen und festen Preisen. Das Schwergewicht wurde deshalb auf die Aufrechterhaltung und Steigerung einer wettbewerbsfähigen Produktion gelegt, die dazu bestimmt ist, eine wachsende Nachfrage zu befriedigen. Die Ausgleichszahlungen an die Farmer bestimmen sich nunmehr nach dem Unterschied zwischen einem unter Berücksichtigung der Produktionskosten und der Produktivität festgelegten Zielpreis ("target price") und dem Marktpreis; weitere Bestimmungen erlauben eine Entschädigung von Landwirten, die das Opfer von Wetterschäden sind ("disaster payments"), und die Anlage von Sicherheitsvorräten. 1977 wird eine Beihilferegelung für die Lagerhaltung im Betrieb ("Farmer-owned reserve") geschaffen; gleichzeitig werden die vorhandenen Stützungsmechanismen, insbesondere für Milcherzeugnisse, verstärkt.

Diese letzteren Bestimmungen, die in einer Zeit starker Expansion der amerikanischen Verkäufe konzipiert wurden, prallten auf die neue Situation, wie sie mit der Ende der 70er Jahre eintretenden Trendwende entstanden war: Die weltweite Rezession, die Verschuldung der Entwicklungsländer, die Verteuerung des Dollars und das Embargo auf die Getreidelieferungen nach der Sowjetunion liessen die Absatzmöglichkeiten schrumpfen, während die Erzeugung weiter wuchs. 1980 erreichten die Vorräte erneut ein hohes Niveau, und die landwirtschaftlichen Einkommen erlitten einen Einbruch.

Angesichts dieser Situation wurden 1981 mit dem "Agriculture and Food Act" für die Zeit von 1982 bis 1985 anstelle der bisher geltenden indexierten Werte Mindestzielpreise festgesetzt. Bei Milcherzeugnissen trat an die Stelle des teilweise an die Kaufkraft des Agrareinkommens der Jahre 1910 bis 1914 gebundenen Stützpreises ein Mindeststützpreis. Bei diesen Erzeugnissen können die jährlichen Erhöhungen aufgehoben und seit 1982 eine Art Abschöpfung angewendet werden, wenn die Ankäufe der CCC bestimmte Plafonds überschreiten, was der Fall gewesen ist. Die Lagerhaltung im Betrieb wird in einer ersten Phase gefördert, und die Programme zur Anbauflächenreduzierung werden intensiviert.

Wegen erneuter Ueberschüsse und einer Rekordhöhe bei den Stützungskosten nach den guten Ernten der Jahre 1981 und 1982 wurde 1983 ein grossangelegtes Programm zur Anbauflächenreduzierung in die Wege geleitet. Das "PIK"-Programm ("payment in kind") sieht "Naturalentschädigungen" - im Prinzip aus den öffentlichen Lagerbeständen - vor, um gleichzeitig die Erzeugung und die Bestände zu verringern; die Kosten dieses Programms sind beträchtlich. Gleichzeitig werden hohe Summen für die Exportförderung und für unentgeltliche Lieferungen aufgewendet (EG 1984b, S.7).

Aus dem Ueberblick in Tabelle 5.4 wird ersichtlich, dass die amerikanische Agrarpolitik eine ebenso breite Palette von Massnahmen zur Einkommenssicherung der Landwirtschaft einsetzt wie die übrigen Industrieländer. Unterschiede liegen vor allem in der freiwilligen Teilnahme, der Wahlmöglichkeit zwischen Markt- und Stützpreis, der grossen Bedeutung von Flächenstillegungen, sowie ab 1973 der strategischen Bedeutung von gezielten Exporten. Zu den aufgeführten Massnahmen kommen noch Einfuhrschutzbestimmungen für viele Produkte (Rieder 1975, S.3).

*Tab. 5.4: Massnahmen im Rahmen der Programme für die wichtigsten landwirtschaftlichen Erzeugnisse*

| Erzeugnis | Richt-preise | Katastro-phenhilfe | Prämien-zahlungen | Entschädi-gungszah-lungen | Sonder-kredite | Direkt-käufe | Amt für die Stillegung von Wirt-schaftsflä-chen | Landesweites Anbauflächen-programm | Flächenkon-tingente | Absatzkon-tingente | Absatzver-einbarungen und -verord-nungen | Getreide-vorräte |
|---|---|---|---|---|---|---|---|---|---|---|---|---|
| Weizen | x | x | | | x | | x | x | | | | x |
| Mais | x | x | | | x | | x | x | | | | x |
| Hirse | x[1] | x[1] | | | x | | x[1] | x[1] | | | | x |
| Gerste | x[1] | x[1] | | | x | | x[1] | x[1] | | | | x |
| Hafer | x[1] | x[1] | | | x | | x[1] | x[1] | | | | x |
| Roggen | | | | | x | | | | | | | |
| Hochlandbaumwolle | x | x | | | x | | x | x | | | | |
| ELS-Baumwolle | | | x | | x | | | | x | x | | |
| Erdnüsse | | | | | x | | | | x | x | | |
| Reis | x | x | | | x | | x | | x | | | x[2] |
| Sojabohnen | | | | | x | | | | | | | |
| Tabak | | | | | x | | | | x[3] | x | | |
| Zucker | | | | | x[4] | | | | | | | |
| Obst und Gemüse | | | | | | | | | | | x | |
| Milch und Molke-reierzeugnisse | | | | x | | x | | | | | | |
| Wolle und Mohair | | | x | | | | | | | | x | |
| Bienenzucht | | | | x | | | | | | | | |

1) Ob für Gerste oder Hafer Zahlungen nach diesem Programm geleistet werden, steht im Ermessen des Landwirtschaftsministers
2) Das Gesetz von 1977 über die Bildung von Vorräten erstreckte sich ursprünglich nur auf Weizen und Futtergetreide. Aufgrund der vom Gesetzgeber erteilten Vollmachten wurde es dann auch auf Reis ausgedehnt.
3) Die Bestimmungen über die Anbaukontingente gelten nicht für "Burley"-Tabak.
4) Die Bestimmungen dieses Programms sehen Kredite für inländische Raffinerien vor, die den Erzeugern die Zahlung eines Mindestpreises garantieren.

*Quelle: OECD, Auswirkungen von Einkommensstützungsmassnahmen in ausgewählten Ländern*

Obige Darstellungen beziehen sich hauptsächlich auf den Ackerbau. Im Bereich der tierischen Produkten - v.a. der Milchprodukte - wurden seit Beginn der Intervention etwas andere Regelungen bevorzugt. Bei den Milchprodukten können sich Farmer und Händler freiwillig zu Absatzorganisationen unter Aufsicht des Landwirtschaftsministeriums zusammenschliessen. Diese regionalen Zusammenschlüsse benötigen die Zustimmung von zwei Dritteln der Landwirte, die auch mindestens zwei Drittel der Milch liefern müssen (Rieder 1975, S.3). Der Staat legt Minimumpreise fest und limitiert die Einfuhren von Milchprodukten (Petit, S.42). Die schon staatlich regional unterschiedlich festgelegten Preise differieren am Schluss wegen ungleichen Marktlagen (Defizit- oder Ueberschussregion) in den heute 45 Milchorganisationen ganz erheblich (Petit, S.42). Gleichwohl sind die Milchproduzenten stärker geschützt als die Getreidefarmer, was auf deren besser organisierte Interessen zurückzuführen ist (Petit, S.43)

## 1.3. Der aktuelle "Food Security Act" (FSA) von 1985 und seine Probleme

Die neueste Agrargesetzgebung in den USA steht unter dem Druck schärferer Budgetrestriktionen. Seit Einführung des FSA sind bereits generelle Budgetkürzungen in Kraft getreten, welche die im Gesetz vorgesehenen staatlichen Unterstützungen verkleinert haben. Wegen der gleichzeitig für die Landwirtschaft schlechteren Rahmenbedingungen (verringerte Inflation, hohe Realzinse) sind Anpassungsprobleme im Agrarsektor zu erwarten respektive bereits aufgetreten (Manegold, S.130).

### 1.3.1. Die gesetzlichen Bestimmungen

Das Landwirtschaftsgesetz vom 23.12.1985 knüpft an das Gesetz (Agriculture and Food Act) von 1981 an und setzt dessen agrarpolitische Linie im wesentlichen fort. Dennoch gibt es bemerkenswerte Aenderungen, die in wichtigen Bereichen durch Preissenkungen und Angebotsbeschränkungen auf eine stärkere Marktorientierung der Landwirtschaft abzielen. Der FSA hat eine Laufzeit von fünf Jahren (1986-1990). Mit seinen drei Schwerpunkten, den Produktprogrammen, der Aussenhandelsförderung und einer gross angelegten Flächenstillegung, steckt es die wichtigsten Aktionsfelder der künftigen US-Agrarpolitik ab.

*Produktprogramme* sind wie bisher für Weizen, Futtergetreide, Sojabohnen, Zucker und Milch sowie für Raps, Baumwolle, Erdnüsse, Wolle und Honig vorgesehen. Sie lassen jedoch der amtierenden Regierung einen erheblichen Freiraum, wichtige Steuerungsparameter (Preise, Prämien, Auflagen) in Abhängigkeit von der Marktlage in eigener Verantwortlichkeit zu ändern. Insgesamt tragen die Programme den Besonderheiten der einzelnen Märkte Rechnung, was allerdings auch darin zum Ausdruck kommt, dass bei stärker exportorientierten Produkten (Getreide, Sojabohnen) die Stärkung der internationalen Wettbewerbsfähigkeit im Vordergrund aller Massnahmen steht, bei importabhängigen oder ausgeglichenen Märkten dagegen (Zucker, Milch) vermehrt auf protektionistische Regelungen zurückgegriffen wird. Für Milchproduzenten sind als Antwort auf die stetig gestiegenen Milchüberschüsse Preissenkungen und ein Programm zur Aufgabe der Milchproduktion vorgesehen.

Die direkte *Aussenhandelsförderung* umfasst Exportkredite und -prämien, deren Einsatz in erster Linie mit der Notwendigkeit begründet wird, die Wettbewerbsfähigkeit der US-Agrarexporte gegebenenfalls gegen den Agrarprotektionismus und die Exportsubventionen anderer Länder durchzusetzen. Tatsächlich handelt es sich hier um eher begrenzte Massnahmen, deren finanzielle Ausstattung durch das Gesetz von vornherein beschränkt ist.

Bezüglich der *Flächenstillegung* ist im Gesetz neben den Anbaurestriktionen einiger Produktprogramme noch ein eigenständiges Programm mit im Grunde ganz anderer Zielrichtung verankert. Während in den Produktprogrammen produktspezifische Anbaubegrenzungen vorgesehen sind, schreibt das Sonderprogramm die Schaffung einer nationalen Bodenreserve vor, in die bis 1990 rund 17 mio ha (40-45 mio acres) Ackerland eingebracht werden sollen. Zusätzlich sind im Gesetz besondere Auflagen für die Neulandkultivierung niedergelegt, die darauf abzielen, ein Umbrechen erosionsgefährdeter Böden oder Trockenlegen von Feuchtgebieten in Zukunft zu verhindern.

### 1.3.2. Auswirkungen für die amerikanische Landwirtschaft

Wegen anzunehmender sinkender Marktpreise und der Ausgestaltung der agrarpolitischen Programme wird die Preisdifferenz zwischen Teilnahme und Verzicht steigen (Manegold, S.143). Es ist daher mit einer hohen Beteiligung zu rechnen. Da sich die Lage auf den internationalen Agrarmärkten kaum entspannen dürfte, kann auch nicht mit einem Abbau der Lagerbestände gerechnet werden. Damit wäre auch die Annahme von abnehmenden Staatsausgaben eine Illusion.

Wegen der gesunkenen Bodenpreise musste die amerikanische Landwirtschaft bereits grosse Vermögensverluste hinnehmen. Wenn der FSA greifen soll, werden weitere Strukturanpassungen nötig werden. Hatten einzelne landwirtschaftliche Kreise gehofft, die Regierung würde schliesslich direkt zugunsten von gefährdeten Betrieben intervenieren, sahen sie sich getäuscht. Diesbezüglich stellt die Verabschiedung des Agrarkredit- Aenderungsgesetzes (Farm Credit Amendments Act), welches am 23.12.1985 zusammen mit dem Landwirtschaftsgesetz (FSA) in Kraft getreten ist, das einzige agrarpolitische Zugeständnis der Reagan-Regierung dar. Aber selbst damit ist der grösste Realkreditgeber der US-Landwirtschaft (Farm Credit System, FCS) zunächst einmal zu verstärkten Eigenanstrengungen und innerhalb seiner Gesamtorganisation zu klar geregelten Verantwortlichkeiten verpflichtet worden, bevor ihm und seinen Schuldnern durch eine 5 Mrd. Dollar-Bürgschaft staatliche Hilfe in Aussicht gestellt wurde. Für die Agrarpolitik und die agrarsektorale Entwicklung der nächsten Jahre bedeutet die kreditpolitische Neuregelung allerdings eine wesentliche Erleichterung. Schon allein der Abbau der nervösen Spannungen und die erhöhte Sicherheitsgarantie im ländlichen Kreditgeschäft dürften dazu beitragen, dass der weitere Strukturwandel mit geringeren privatwirtschaftlichen Verlusten und weniger Ueberreaktionen ablaufen wird, als es sonst hätte befürchtet werden müssen (Manegold, S.145).

*Tab. 5.5: Unterstützungsbeiträge in der amerikanischen Landwirtschaft nach Umsatzklassen (in US $ pro Betrieb)*

| Umsatz ($) | 1980 | 1982 | 1983 | 1984 |
|---|---|---|---|---|
| 0 - 2.500 | 37 | 94 | 146 | 56 |
| 2.500 - 5.000 | 79 | 201 | 136 | 116 |
| 5.000 - 10.000 | 165 | 420 | 285 | 342 |
| 10.000 - 20.000 | 206 | 527 | 1.052 | 865 |
| 20.000 - 40.000 | 521 | 1.130 | 2.210 | 2.200 |
| 40.000 - 100.000 | 1.169 | 2.986 | 5.554 | 5.304 |
| 100.000 - 250.000 | 1.700 | 4.341 | 12.763 | 13.004 |
| 200.000 - 500.000 | 2.412 | 6.160 | 26.580 | 20.560 |
| über 500.000 | 3.849 | 9.824 | 46.990 | 33.418 |

*Quelle: USDC, Statistical Abstract of the USA*

Wie schon erwähnt, sind vor allem mittelgrosse Familienbetriebe zur Aufgabe gezwungen. Diese galten immer als das Vorbild des Farmers als Unternehmer. Wenn nun gerade diese Kategorie am stärksten betroffen wird, dürfte das amerikanische Leitbild des freien Farmers schon etliche Sprünge abbekommen. Zumal die innerlandwirtschaftliche Verteilung der Unterstützungsbeiträge äusserst ungleich ist (vgl. Tab. 5.5). Von 1980-84 hat sich die Verteilung weiter verschlechtert. Da auch im FSA keine Mechanismen für eine Umverteilung vorgesehen sind, könnten in naher Zukunft innerlandwirtschaftliche Interessengegensätze aufbrechen.

### 1.3.3. Verteilung der Kosten

Mittlerweile muss man sich daran gewöhnen, dass die USA auch bei Produkten, die sie früher einführten, heute zum Exporteur geworden sind. So weisen die USA seit Beginn der 80er Jahre Milchpulvervorräte in ähnlicher Grössenordnung wie die EG auf. Bei den Exporten von Milchpulver haben sie die Gemeinschaft seit 1983 gar übertroffen (OECD 1987a, S.233). Entsprechend sind die Kosten gestiegen. Wie wir Tabelle 5.6 entnehmen können, haben die öffentlichen Ausgaben seit Ende der 70er Jahre nicht nur nominal, sondern auch real zugenommen. In andern Ländern dagegen haben diese abgenommen. Gemessen an den gesamten Staatsausgaben weisen die USA sogar die höchsten Anteile auf.

In der internen Verteilung dieser Kosten werden in den USA die Konsumenten im internationalen Vergleich am wenigsten geschröpft (1980/82 : 36% der gesamten Agrarkosten). Da der gesamte Staatshaushalt ständig steigende Aufwendungen ausweist, bleibt die Frage offen, wann der amerikanische Steuerzahler dagegen rebelliert. Ob sich dann eine drastische Kürzung der Agrarausgaben noch vermeiden lässt, ist angesichts zu erwartender landwirtschaftsinterner Konflikte mindestens fraglich.

Tab. 5.6: *Oeffentliche Ausgaben für die Agrarpolitik in verschiedenen OECD-Ländern*

| | | Unité | 1979 | 1980 | 1981 | 1982 | 1983 | 1984 | 1985 |
|---|---|---|---|---|---|---|---|---|---|
| USA | Ausgaben für die Landwirtschaft[a] | Mrd. $ | 22.0 | 25.9 | 27.3 | 37.2 | 47.6 | 39.1 | 57.0 |
| | Index nominal | 1 | 87.8 | 103.2 | 109.0 | 148.1 | 189.7 | 155.9 | 219.2 |
| | Index real | 2 | 98.3 | 103.2 | 100.1 | 127.2 | 155.9 | 123.4 | 167.3 |
| | Landwirtschaftsausgaben/Totale Staatsausgaben | % | 2.9 | 2.9 | 2.7 | 3.3 | 4.0 | 3.1 | 4.1 |
| Kanada | Ausgaben für die Landwirtschaft | Mrd. $ Canada | 1.6 | 1.8 | 2.1 | 2.3 | 2.8 | 2.9 | 3.0[b] |
| | Index nominal | 1 | 86.3 | 99.7 | 114.0 | 124.4 | 151.3 | 159.3 | 160.9[b] |
| | Index real | 2 | 96.3 | 99.8 | 103.2 | 102.1 | 117.9 | 121.2 | 117.9 |
| | Landwirtschaftsausgaben/Totale Staatsausgaben | % | 1.6 | 1.6 | 1.5 | 1.4 | 1.6 | 1.5 | 1.5 |
| Australien | Ausgaben für die Landwirtschaft | Mio. $ A. | 165 | 192 | 218 | 329 | 301 | 306 | 398 |
| | Index nominal | 1 | 83.3 | 100.1 | 113.7 | 171.8 | 157.1 | 159.7 | 207.9 |
| | Index real | 2 | 92.4 | 99.7 | 103.9 | 140.8 | 118.6 | 112.6 | 137.7 |
| | Landwirtschaftsausgaben/Totale Staatsausgaben | % | 0.5 | 0.5 | 0.5 | 0.7 | 0.5 | 0.5 | 0.5 |
| Neuseeland | Ausgaben für die Landwirtschaft | Mio. $ NZ | 254 | 230 | 314 | 512 | 778 | 617 | 279 |
| | Index nominal | 1 | 95.5 | 86.5 | 118.0 | 192.5 | 292.5 | 231.9 | 101.9 |
| | Index real | 2 | 109.9 | 87.6 | 103.2 | 151.9 | 224.3 | 162.7 | 62.9 |
| | Landwirtschaftsausgaben/Totale Staatsausgaben | % | 2.7 | 2.0 | 2.2 | 3.3 | 4.5 | 3.2 | 1.2 |
| Japan | Ausgaben für die Landwirtschaft | Mrd. Y. | 2820 | 2925 | 3020 | 3028 | 2927 | 2792 | 2646 |
| | Index nominal | 1 | 96.5 | 100.1 | 103.4 | 103.6 | 100.2 | 95.6 | 90.6 |
| | Index real | 2 | 99.2 | 100.1 | 100.7 | 99.1 | 95.2 | 90.4 | 84.8 |
| | Landwirtschaftsausgaben/Totale Staatsausgaben | % | 5.3 | 4.9 | 4.5 | 4.2 | 3.8 | 3.5 | 3.1 |
| EG (EAGFL) | Ausgaben für die Landwirtschaft | Mio. ECU | 10844 | 11918 | 11557 | 13056 | 16540 | 19023 | 20464 |
| | Index nominal | 1 | 94.8 | 104.2 | 101.0 | 114.1 | 144.6 | 166.3 | 178.9 |
| | Index real | 2 | 105.6 | 104.1 | 91.7 | 94.5 | 111.3 | 121.5 | 124.1 |
| | Landwirtschaftsausgaben/Totale Staatsausgaben[3] | % | 75.5 | 73.2 | 65.0 | 65.2 | 66.5 | 69.7 | 72.8 |
| BRD | Ausgaben für die Landwirtschaft | Mio. DM | 6393 | 6605 | 6091 | 6098 | 5949 | 6104 | 6584 |
| | Index nominal | 1 | 100.5 | 103.8 | 95.7 | 95.8 | 93.5 | 95.9 | 103.5 |
| | Index real | 2 | 105.0 | 103.8 | 91.8 | 87.8 | 83.1 | 83.7 | 88.2 |
| | Landwirtschaftsausgaben/Totale Staatsausgaben | % | 1.1 | 1.0 | 0.9 | 0.8 | 0.8 | 0.8 | 0.8 |
| Frankreich | Ausgaben für die Landwirtschaft | Mio. FF | 13683 | 16398 | 20804 | 21594 | 22471 | 24261 | 24758 [c] |
| | Index nominal | 1 | 80.6 | 96.1 | 122.6 | 127.3 | 132.5 | 143.0 | 146.0[c] |
| | Index real | 2 | 90.9 | 96.5 | 109.8 | 101.4 | 96.2 | 96.9 | 93.4 |
| | Landwirtschaftsausgaben/Totale Staatsausgaben | % | 1.3 | 1.4 | 1.5 | 1.3 | 1.2 | 1.1 | 1.1 |
| Grossbritannien | Ausgaben für die Landwirtschaft | Mio. | 660 | 724 | 695 | 766 | 726 | 745 | |
| | Index nominal | 1 | 95.2 | 104.5 | 100.2 | 110.5 | 104.7 | 107.5 | |
| | Index real | 2 | 112.1 | 102.9 | 88.3 | 90.9 | 82.0 | 80.6 | |
| | Landwirtschaftsausgaben/Totale Staatsausgaben | % | 1.0 | 0.9 | 0.7 | 0.7 | 0.6 | 0.5 | |

a Bundesausgaben  
b Schätzung  
c Budget  

1) Ausgaben nominal (Index 1979/81 = 100)  
2) Ausgaben real: 1. deflationiert mit BSP  
3) EAGFL-Ausgaben bezogen auf das gesamte EG-Budget  

*Quelle: OECD, Politiques nationales et échanges agricoles*

## 1.4. Agrarexporte als Teil einer Strategie

Ein wesentliches Ziel des FSA besteht in der Wiederherstellung der amerikanischen Wettbewerbsfähigkeit auf den internationalen Märkten (Manegold, S.130). In diesem Bereich steht der FSA ganz in der Tradition amerikanischer Agrarpolitik. Denn seit Mitte des 19. Jahrhunderts bestimmen die amerikanischen Getreideexporte das Geschehen auf dem Weltmarkt. Wegen der hohen Produktivität und verbesserter Transportmöglichkeiten floss damals billiges Getreide nach Europa.

Dadurch wurde die Struktur der europäischen Agrarsektoren völlig verändert. In vielen Regionen ging die Getreideproduktion stark zurück. Wo es möglich und rentabel war, dehnte sich die Milchproduktion aus; ein bedeutender Anteil Bauern wanderte jedoch in die Industrie ab (vgl. Rieder 1983, S.4).

Für die amerikanische Landwirtschaft trugen die Exporte von 1860-1940 jährlich nie mehr als 20% zum Endrohertrag bei. Erst in der Phase nach 1940 überstieg dieser Anteil 20% (Cathie, S.17). Daher war das Geschehen auf den Weltmärkten in der ersten Phase zwar bedeutend, die amerikanische Agrarpolitik wurde aber primär von inländischen Problemen dominiert. Nach 1940 richtete sich das agrarpolitische Geschehen dann wesentlich stärker auf äussere Ereignisse aus. Ein Grossteil der agrarpolitischen Massnahmen bezieht sich denn auch auf den Aussenhandel. Sei es auf Einfuhrzuschläge zum Schutz der amerikanischen Landwirtschaft, sei es zur Förderung von Exporten (OECD 1987b, S.74ff).

### 1.4.1. Bedeutung der Agrarexporte auf den Weltmärkten

Mittlerweilen haben die USA bei praktisch allen leicht lagerbaren Gütern einen Selbstversorgungsgrad von 100% oder annähernd 100% erreicht (vgl. Tab. 5.7). Hauptexportprodukte sind aber stets noch die Getreidearten (v.a. Weizen). Agrarexportpolitik in den USA ist daher engstens mit der Getreidepolitik verknüpft.

Gegenüber den 30er Jahren hat sich der Anteil der USA am Weltgetreidemarkt verdrei- bis vervierfacht (vgl. Abb. 5.3.). Vor allem ab 1970 ist die Ausdehnung des Welhandeslsvolumens an Getreide auf die Zunahme der US-Exporte zurück-

*Tab. 5.7: Selbstversorgungsgrad ausgewählter Agrarprodukte der USA im Durchschnitt der Jahre 1979/81 (in %)*

| | | | |
|---|---|---|---|
| Butter | 112 | Reis | 256 |
| Käse | 100 | Soja | 176 |
| Magermilchpulver | 150 | Zucker | 58 |
| Weizen | 299 | Rindfleisch | 91 |
| Gerste | 110 | Schweinefleisch | 99 |
| Hafer | 90 | Geflügelfleisch | 106 |
| Mais | 151 | Schaffleisch | 93 |

*Quelle: OECD, Politiques nationales et échanges agricoles*

*Abb. 5.3: Anteil der USA am Weltgetreidehandel*

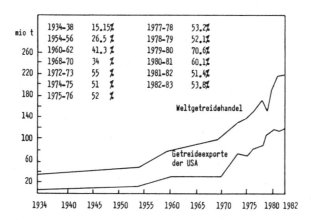

*Quelle: Cathie John, US and EEC agricultural trade policies*

zuführen. Diese Exporte lassen sich in zwei Aeste aufteilen, die wir im folgenden näher darstellen wollen, - nähmlich die Nahrungsmittelhilfe und die kommerziellen Exportprogramme. Allerdings dürfen diese beiden Aeste nicht als von einander unabhängig betrachtet werden. Vielmehr dient die Nahrungsmittelhilfe der Erschliessung neuer Märkte und damit einem kommerziellen Exportpotential. Dass diese Politik Erfoge verzeichnen kann, geht aus dem anteilsmässigen Rückgang der nicht kommerziellen Ausfuhren von ca. 30% Ende der 50er Jahre auf 2-4% aller Getreideausfuhren in der zweiten Hälfte der 70er Jahre hervor, ohne dass die Aufwendungen für Hilfssendungen verringert worden sind (Cathie, S.24).

### 1.4.2. Nahrungsmittelhilfe als politisches und wirtschaftliches Instrument

1812 legte der amerikanische Kongress mit der Bewilligung eines Krediten über 50'000 US $ für den Kauf von Nahrungsmitteln für Erdbebenopfer in Venezuela den Grundstein für Nahrungsmittelhilfeprogramme. Damals sollen aber bereits neben humanitären auch politische Motive im Spiel gewesen sein, dienten die Nahrungsmittel doch revolutionären Kräften gegen die spanischen Herrscher (George 1981, S.217). Diese Tradition fand ihre Fortsetzung 100 Jahre später, als auf institutionalisiertem Wege ("American Relief Administration") versucht wurde, der Ausbreitung des Bolschewismus ein Ende zu setzen. Von 1919- 24 wurden 6.2 mio Tonnen Nahrungsmittel in Europa verteilt (Wallerstein, S.29).

Fest etabliert wurde die Nahrungsmittelhilfe mit dem bekannten Marshall-Plan bzw. nach dessen Auslaufen mit dem Public Law 480 von 1954. Europa benötigte kein Importgetreide mehr, weil die eigene Produktion wieder voll leistungsfähig war. Gleichzeitig nahmen die Ueberschussaufkäufe der CCC deutlich zu. Daher wurden frühere Erlasse zum Absatz von Ueberschussgetreide mit humanitärem Hintergrund im PL 480 zusammengefasst (Wallerstein, S.27). Die verschiedenen Aenderungen im Laufe der Zeit sind in Tabelle 5.8 zusammengestellt. Daraus ist ersichtlich, dass das PL 480 seit Beginn eine Kombination von Ueberschussabbau, Diplomatie, strategischen Ueberlegungen und Budgetpolitik geblieben ist. Dies hatte verschiedene Effekte zur Folge:

- Bildung neuer Absatzmärkte: Mit regelmässigen PL 480- Lieferungen von 1950-65 wurde im traditionellen Reisland Taiwan ein Absatzmarkt für Weizen geschaffen. Es war eine Gewöhnung an Brot und damit auch eine gewisse Abhängigkeit entstanden. Nach 1965 erfolgten dann nur noch kommerzielle Lieferungen (Wallerstein, S.148). Es liessen sich weitere solche Beispiele anführen.
- Aufbau der Infrastruktur: Zur Verarbeitung der neuen Getreidearten sind Mühlen, Bäckereien etc. zu errichten. Meistens müssen diese Einrichtungen aus den USA eingeführt werden (Wallerstein, S.152). Teilweise werden aber auch andere kommerzielle Einfuhren (z.B. Dünger) aus den USA zur Bedingung gemacht.
- Diplomatie: Gewährung oder Unterbindung von Hilfslieferungen können Regimes stützen (z.B. Indien/Pakistan 1964/65) oder aber ihren Sturz beschleunigen (z.B. Allende in Chile) (Wallerstein, S.136).

Obwohl es immer wieder Stimmen gab, das Gesetz aus Budgetgründen aufzuheben, wurde es doch immer wieder verlängert. Dafür dürften hauptsächlich folgende Gründe verantwortlich sein:
- stets neue Getreideüberschüsse
- im Vergleich zu übrigen aussenpolitischen Hilfsformen (z.B. Waffenlieferungen) billiges Instrument
- einfache Verfügbarkeit
- keine Kontrolle der einzelnen Verträge durch den Kongress

Tab. 5.8: *Der Ausbau des PL 480*

| Präsidentschaft | Gesetzesinhalt |
|---|---|
| Eisenhower 1954 | Abschnitt I: Verkauf an befreundete Staaten in Lokalwährung<br>Abschnitt II: Geschenke an befreundete Staaten<br>Abschnitt III: Hilfe für sozial Schwache im Inland Tausch gegen strategisch wichtige Materialien |
| 1957 | Ostblockländer bezugsberechtigt |
| 1959 | Vorzugskredite an Bezugsländer<br>Abschnitt IV: "Food for Peace" |
| Kennedy | Betonung der humanitären Rolle der USA<br>Erhöhung des Anteils von Abschnitt II |
| Johnson 1966 | Abschnitt IV: - konkrete Entwicklungsprojekte<br>- keine kommunistische Staaten<br>- keine Länder mit Beziehungen zu Nord-Vietnam und Kuba<br>Aufhebung der Bezüge in Lokalwährung und Ersatz durch Dollarkredite |
| Nixon | Budgetprobleme verringern finanzielle Mittel<br>50-60% der Lieferungen an Süd-Vietnam und Kambodscha |
| Ford 1973 | keine Verkäufe mehr in Lokalwährung<br>Begrenzung der Hilfe an Länder mit BSP/Kopf von über 300$ auf 25% der Gesamthilfe |
| Carter | Abschnitt III: Entwicklungsprojekte zur Einführung amerik. Produkte (z.B. Weizenanbau) |
| Reagan | Verstärkung politischer und strategischer Elemente<br>keine Hilfe mehr an Nicaragua, Mozambique und Polen<br>Liberalismus der Märkte: "Trade not aid" |

Quelle: *eigene Zusammenstellung basierend auf:*
  *Wallerstein M.B., Food for War, Food for Peace*
  *Gilmore Richard, A poor harvest*
  *Cohen Marc J., US Food aid to south-east Asia 1975- 83*
  *Garzon Jose M., Food aid as a tool of development*

Neben diesen internationalen Hilfsformen hat die USA aber schon seit der Krisenzeit in den 30er Jahren auch im Inland Ueberschussgetreide abgesetzt. Mit dem "Food Stamp Act" von 1964 wurde diese Abgabe von Nahrungsmitteln an Minderbemittelte institutionalisiert (EG 1984b, S.7). Vor allem die Nixon-Regierung hat diese Programme stark ausgebaut (Rieder 1975, S.5). Präsident Reagan hat dann im Zuge des allgemeinen Abbaus der Sozialbeiträge die Unterstützung dieser Programme drastisch reduziert. Dadurch ist der Hunger für viele arme, v.a. schwarze Amerikaner wieder zu einem alltäglichen Problem geworden. Die Schlangen vor den Suppentöpfen von Wohltätigkeitsinstitutionen sind jedenfalls deutlich länger geworden. Weil diese Töpfe jedoch nicht grösser geworden sind, gehen viele Bedürftige leer aus (Beaugé).

### 1.4.3. Kommerzielle Exportprogramme

Im kommerziellen Exportgeschäft stehen die USA in Konkurrenz mit den andern grossen Getreideexportländern Australien, Argentinien und Kanada. Um mit diesen Anbietern mithalten zu können, war es nötig, die Ausfuhren zu subventionieren. D.h. den privaten Händlern wird die Differenz zwischen Inlandpreis und Weltmarktpreis erstattet. Im Prinzip handelt es sich um denselben Mechanismus wie bei den Exporterstattungen der EG. Wegen der ständigen Verschlechterung der Aussenhandelsbilanz sollten ab 1970 die Agrarausfuhren zur Verminderung dieses Defizites angekurbelt werden (Petit, S.35). Dieses Exportziel erhielt gegenüber der Einkommensstützung Priorität. Es war sogar zu vernehmen, dass die Ausfuhrförderung zu wichtig wäre, als dass sie dem Agrarministerium überlassen werden könnte (Cathie, S.24).

Wie weiter oben gezeigt wurde, ist diese Ausdehnung der Exporte erreicht worden. Allerdings war dies nur dank Exportprogrammen, Preissteigerungen von 1972-74 und zusätzlicher Nachfrage der UdSSR möglich.
- Exportprogramme: Mit CCC-Krediten an Privatbanken wurden seit den 70er Jahren Ausfuhren in neue Abnehmerländer gefördert. Bilaterale Verträge (z.B. ab 1975 mit der UdSSR) sollten dies noch untermauern. In den 80er Jahren folgten weitere Exportkreditprogramme.
- Preissteigerungen: In der Folge der allgemeinen Preissteigerungen auf den Weltagrarmärkten von 1973 stiegen auch die Getreidepreise und blieben gegenüber den stabilen Preisen von 1950-70 höher, aber auch instabiler (Cathie, S.21).

– Nachfrage der UdSSR: Seit den 70er Jahren ist die UdSSR ein steter, grosser Nachfrager von Getreide. Dies wurde nötig, um die Fleischproduktion aufrechtzuerhalten. Diese zusätzliche Nachfrage wird zur Hauptsache durch die USA gedeckt (Cathie, S.24).

Gerade die ersten grossen Getreidegeschäfte mit den Sowjets 1972/73 machten deutlich, dass die privaten Handelsfirmen ihre eigenen Ziele mit diesem Handel verfolgen (vgl. George 1978, S.101ff). Jedenfalls darf ihr Einfluss auf die Ausgestaltung der amerikanischen Agrarexportpolitik nicht zu klein veranschlagt werden.

Wegen der grossen Bedeutung der USA als Exporteur hat ihre interne Agrarpolitik entscheidenden Einfluss auf die Weltmarktpreisentwicklung. So bestimmt der Beleihungspreis der CCC die Preisuntergrenze auf dem Weltgetreidemarkt. Verfügt die CCC über hohe Vorräte, wie dies in den 80er Jahren der Fall war, so entspricht der Dollarpreis auf dem Weltmarkt dem Beleihungspreis; zusammen mit dem Wechselkurs des Dollars ergeben sich daraus die Weltmarktpreise frei Grenze für andere Länder. Infolgedessen sahen sich viele Länder mit einem bedeutenden Getreidehandel Problemen gegenüber, als die CCC im Jahre 1986 ihre Preise für Weizen und Futtergetreide um 25 bis 30 Prozent herabsetzte und der Dollar sich gleichzeitig beträchtlich abwertete. Noch stärker gesenkt wurde der Stützpreis für Reis (Weltbank 1986, S.139). Die amerikanischen Richtpreise beeinflussen den Weltmarkt langfristig. Da sie über der "loan rate" liegen, bestimmen sie die Rentabilität der amerikanischen Produktion. Dadurch wird das Exportangebot der USA langfristig vorgegeben (OECD 1982, S,274).

Von grosser Bedeutung ist auch die Einbettung in die allgemeine Wirtschaftspolitik, insbesondere die Währungspolitik. Die Ausdehnung der Exporte wäre ohne die Abwertungen von 1971 und 1973 nicht möglich gewesen (OECD 1982, S.275). Auch die jüngsten Kursverluste des Dollars haben die amerikanischen Exporte verbilligt. Dies verbessert zwar die Exportchancen, drückt aber die Einkommen der Farmer (Lewis, S.45). Im weiteren hängt der Exporterfolg aber auch ganz entscheidend von Reaktionen der andern Weltmarktteilnehmer ab, insbesondere der EG.

## 1.4.4. Der Agrarkrieg EG - USA

Schon kurz nach der Gründung der EG äusserten die USA ihre Befürchtungen über einen möglichen Verlust des europäischen Marktes. Als dann aber die EG in unerwartet grossem Ausmass Mais und Soja zum Aufbau moderner Intensivmastbetriebe kaufte und auch die übrigen Nachfrager in den 70er Jahren Grosskäufe tätigten, legten sich die Unmutsäusserungen (Petit, S.71). Damit war das Problem aber nur verschoben. Denn einerseits stiegen die Selbstversorgungsgrade in der EG bei praktisch allen Produkten, anderseits entschwanden im Rahmen der EG- Süderweiterung ehemalige US-Kunden in den geschützten Gemeinschaftsraum. Da sich die USA den zahlungskräftigen europäischen Markt nicht entgehen lassen wollten, war der Konflikt eingeplant.

Zuerst attackierten die USA die gemeinsame Agrarpolitik im Rahmen der GATT-Runde von 1982. Damit war ein Tabu gebrochen - nämlich den Agrarprotektionismus stillschweigend zu akzeptieren im Wissen um seine Nonkonformität gegenüber den GATT-Regeln. Da bei diesen amerikanischen Vorwürfen die Exportrückerstattungen eingeschlossen waren, bedeutete dies eine Ausdehnung der umstrittenen Politikbereiche (Petit, S.58). Denn jetzt ging es nicht mehr nur um den Zugang zum EG-Markt, sondern auch um die Konkurrenz auf Drittmärkten. Der nächste Schritt der USA erfolgte denn auch auf einem Drittmarkt. Im Januar 1983 lieferten sie stark verbilligtes amerikanisches Weizenmehl nach Aegypten. Dadurch wurde Frankreich als traditioneller Lieferant herausgefordert. In der Folge eskalierte die Auseinandersetzung zu den bekannten gegenseitigen Importverboten (vgl. Roger). Auch die im FSA von 1985 verankerten Regelungen im Exportbereich müssen vor diesem Hintergrund gesehen werden. Die amerikanischen Exportprogramme und die Bemühungen, die Getreidepreise durch eine Senkung der "loan rate" fallen zu lassen, bedeuten praktisch "eine Kampfansage an die Gemeinschaft" (Manegold, S.147). Denn bei tieferen Weltmarktpreisen erhöhen sich die Aufwendungen der EG für Exportrückerstattungen. Dadurch könnte sich das Budgetproblem soweit zuspitzen, dass die gesamte Gemeinsame Agrarpolitik in Frage gestellt wird.

Nachdem die EG einer Uebergangslösung für die beiden neuen Mitglieder Spanien und Portugal zugestimmt hat, welche den USA gewisse Exportmöglichkeiten in diese beiden Länder belässt, ist der Konflikt etwas abgeflaut. Er wird aber wieder eskalieren, wenn die Uebergangsregelung ausgelaufen ist und die USA in der Zwischenzeit keine neuen Abnehmer gefunden haben.

## 1.5. Oekologische Probleme

Klimatische Verhältnisse und die Verteilung verschiedener Bodentypen liessen in den USA grossräumige Gebiete ähnlicher Produktionsbedingungen entstehen (Windhorst, S.20). Da die Vereinigten Staaten einen grossen einheitlichen Markt ohne Grenzhindernisse und mit guter infrastruktureller Erschliessung darstellen, sind viel stärker spezialisierte Regionen entstanden als beispielsweise im kleiner gekammerten Europa (Popp, S.40). Diese in Abbildung 5.4 dargestellten spezialisierten Regionen werden "Belts" (Gürtel) genannt. In den letzten Jahren haben die eingangs beschriebenen Veränderungen der amerikanischen Landwirtschaft zu Verschiebungen der "Belts" geführt (Windhorst, S.21ff).

*Abb. 5.4: Landanbaugürtel der USA (Belts)*

*Quelle: Popp Hans, Das landwirtschaftliche Potential der USA*

Gleichzeitig haben sich aber die ökologischen Probleme dieser meist als Monokulturen praktizierten Anbauweise zu häufen begonnen. Nur in einzelnen Fällen haben oben erwähnte Verschiebungen positive Auswirkungen gehabt. So hat die starke Ausbreitung des Sojaanbaus nach dem Zweiten Weltkrieg eine Verbesserung der Fruchtfolge gebracht, indem im Mais-Gürtel der Monokulturanbau mit Soja aufgelockert wurde (Popp, S.41). Dies hat sich positiv auf die Bodenfruchtbarkeit ausgewirkt. Ob sich die Erosionsproblematik in den letzten Jahren ver- oder entschärft hat, ist sehr umstritten. Als Reaktion auf die warnenden Schlussfolgerungen des von der Carter-Administration bestellten Berichtes Global 2000 hat eine Wissenschaftergruppe Gegenthesen entwickelt. Danach wird bezüglich Bodenerosion auch in Zukunft eine effiziente und konstengünstige amerikani-

sche Landwirtschaft aus folgenden Gründen zu erwarten sein (Swanson/Heady, S.205ff):
- Rückgang der Erosion pro Fläche gegenüber 1930
- technischer Fortschritt hat Ertragsminderung durch Erosion überkompensiert
- Anreizsysteme werden die zur Zeit unattraktive Erosionsbekämpfung durch Private sofort in Gang setzen
- Minimalbodenbearbeitung hat stark zugenommen und wird sich noch weiter verbreiten

Unbestritten ist die Erosion das zentrale ökologische Problem. Von den jährlichen Erosionsverlusten von 6.4 mrd Tonnen stammen 5.3 mrd Tonnen von landwirtschaftlich genutzten Flächen (OECD 1987b, S.33). Allerdings sind die Problemgebiete lokal stark konzentriert: 90% der stark erosionsgefährdeten Felder liegen auf 10% der Ackerfläche (Crosson/Brubaker, S.144). Wegen der extensiven Produktionsweise sind zur Zeit noch keine negativen Externalitäten wegen Ueberdüngung oder extremen Pestizidapplikationen festzustellen. Einzig in der Bewässerungslandwirtschaft im Westen sind 25-35% der Fläche von Versalzung bedroht und ein Anstieg dieser Anteile ist zu erwarten (Crosson/ Brubaker, S.108ff). Intensive Bewässerung ist aber vor allem in denjenigen Gegenden in Frage gestellt, in denen fossile Wasservorräte angezapft wurden (Manegold, S.145). Dort ist das Ende dieser Bewirtschaftungsform absehbar.

In Zukunft könnte aber auch der intensivere Einsatz von Pestiziden im Gefolge der Minimalbodenbearbeitung zu einem neuen Problem werden. Insgesamt dürfte der Spielraum zum Ausweichen praktisch Null werden, stehen doch nur noch ökologisch ebenfalls gefährdete Regionen zur Verfügung (Crosson/ Brubaker, S.192). Dies ist jedoch nicht eine Folge des Landverlustes an nichtlandwirtschaftliche Bodennutzer wie in Europa. Denn diese sind im Verhältnis zur gesamten landwirtschaftlichen Nutzfläche verschwindend klein (Hart, S. 246). Vielmehr liegen die Gründe in der erosionsfördernden Produktionsweise.

Dass die Erosionsprobleme ernster genommen werden, zeigt die Tatsache, dass im FSA von 1985 erstmals gesetzliche Einschränkungen der Bewirtschaftung zur Minderung von Erosionsschäden festgelegt wurden. Im einzelnen sind folgende Massnahmen vorgesehen (Manegold, S.141):
- Einrichtung einer nationalen Bodenschutz-Flächenreserve im Zeitraum 1986-90

- Abschluss freiwilliger Verträge sollen 16-18 mio ha in die Reserve einbringen
- 10-15-jährige Verträge schreiben Grassaat oder Aufforstung ohne Abernten oder Beweiden vor
- Entschädigungszahlungen für die Bodenschutzmassnahmen
- bei Nutzung von als erosionsgefährdet klassierten Flächen Verlust sämtlicher Agrarschutzmassnahmen.

Der Erfolg dieser Massnahmen bleibt abzuwarten. Wahrscheinlich dürften aber diese Vorschriften die langfristig bedeutendsten im FSA von 1985 sein. In vielen Regionen der USA kommen sie sicherlich nicht zu früh, sondern bilden eher bereits Notstandsmassnahmen.

## 1.6. Einordnung der Agrarstrategie

Bezüglich sektoraler Priorität deutet die kleine Bedeutung des Agrarsektors gemessen an BSP und Beschäftigung die Priorität des Industriesektors an. Auch die oben ausgeführte starke Integration des Agrarsektors in vor- und nachgelagerte Industrien (Agribusiness) unterstreicht diese Prioritätensetzung.

Gemäss liberalem Modell unternimmt der Staat keine Eingriffe in die Bodenverteilung. Auch die neuesten Massnahmen im FSA zur Einschränkung der Bodennutzung bilden da keine Ausnahme, ist der Abschluss der Verträge doch freiwillig. Agrarreformen sind daher kein Strategieelement.

Die amerikanische Agrarpolitik in "Exportorientierung" oder Abkoppelung einzuteilen, fällt schwer. Wegen des auch in den USA geltenden Agrarschutzes ist der Agrarsektor eigentlich vom Weltmarkt weitgehend abgekoppelt. Da aber gleichzeitig die Exportorientierung insbesondere seit 1970 ein Strategieelement bildet, tauchen Einordnungsschwierigkeiten auf. Weil das grosse Gewicht der Exportlandwirtschaft einen Gegenpol zur Strategie beispielsweise der EG bildet, geben wir der Exportorientierung den Vorrang.

Das so entstehende "Neoklassische Dritt-Welt- Entwicklungskonzept" ist aber demzufolge um den Agrarschutz zu ergänzen. Entsprechend unterscheidet sich die amerikanische Agrarstrategie von Ansätzen in der Dritten Welt.

## 1.7. Beurteilung der Agrarstrategie

Der Indikatorentabelle 5.9 können wir entnehmen, dass das hohe Einkommensniveau und der grosse, aber nur noch schwach wachsende Binnenmarkt eigentlich ein Umfeld für den Agrarsektor darstellen, welches diesem gute Absatzchancen eröffnen sollte (vgl. Ind.(1),(2)). Bei allen sozio-ökonomischen Indikatoren, die sich auf den Agrarsektor beziehen, fällt jedoch die Trendwende von 1980 auf. Wie die Entwicklungen im einzelnen verlaufen sind, wird im folgenden analysiert.

### 1.7.1. Voraussetzungen im Agrarsektor

Während die pro Kopf verfügbare Ackerfläche rückläufig ist, haben die Getreideproduktivität pro Arbeitskraft und der Düngereinsatz zugenommen (Ind.(4), (7),(8)). Dies weist auf eine steigende Intensität der Produktion hin. Wenn wir jedoch den Düngerverbrauch mit europäischen Werten vergleichen, ist die amerikanische Produktion immer noch als relativ extensiv zu bezeichnen. Die stagnierende Produktivität nach 1980 ist auf folgende Faktoren zurückzuführen:
- stagnierende Erträge infolge verringerten Düngereinsatzes
- Rückgang der Anbaufläche
- Abnahme von Beschäftigten und Getreideproduktion im selben Ausmass

Flächenstillegungsprogramme und abgeschwächte Preisstützung als Hauptelemente reaganscher Agrarpolitik dürften für diese Produktivitätsstagnation nach 1980 verantwortlich sein.

### 1.7.2. Wirtschaftliche Beiträge

Bis 1980 ist eine Tendenz sich angleichender Produktivitäten im Agrar- und Industriesektor festzustellen (Ind.(9)). Das bedeutet, dass es in zunehmendem Masse rentabel wurde, in den Agrarsektor zu investieren. Diese Entwicklung spiegelte sich in der steigenden Bedeutung des Agribusiness' bzw. der Integration der Urproduktion in vor- und nachgelagerte Sektoren wider. Da der Agrarsektor nur noch eine kleine Bedeutung in der gesamten Wirtschaft hat, sind auch keine finanziellen Mittel aus der Landwirtschaft zur Entwicklung der übrigen Wirtschaft nötig. Die konstante, aber nicht sehr hohe Abwanderungsrate (Ind. (10)) ging parallel mit zunehmender Arbeitsproduktivität im Agrarsektor.

*Tab. 5.9.: Indikatoren zur Beurteilung der Agrarstrategie in den USA 1960-1985*

**1. Allgemeine Entwicklung**

|  | 1960 | 1970 | 1980 | 1985 |
|---|---|---|---|---|
| (1) BSP/Kopf (US$) | 2559 | 4289 | 11360 | 16690 |
| (2) Bevölkerung (mio) | 180.6 | 204.8 | 227.7 | 138.8 |
| (3) Bevölkerungswachstum (% pro Jahr) | $1.2^{1)}$ | | $1.0^{2)}$ | $1.0^{3)}$ |
| (4) Landnutzungsdichte (ha/Kopf) | $0.98^{4)}$ | 0.93 | 0.81 | 0.78 |
| (6) Grundschüler (% Altersgruppe) | 118 | $104^{5)}$ | 98 | $101^{9)}$ |
| (7) Getreideproduktivität (t/AK) | $35.0^{4)}$ | $65.6^{6)}$ | $79.2^{7)}$ | $79.6^{8)}$ |
| (8) Handelsdünger (kg/ha) | 40.6 | 81.3 | 109.9 | $104.1^{9)}$ |

**2. Wirtschaftliche Beiträge**

|  | 1960 | 1970 | 1980 | 1985 |
|---|---|---|---|---|
| (9) $\dfrac{\text{BIP Agrarsektor/AK}}{\text{BIP übrige Sektoren/AK}}$ | 0.59 | 0.81 | 0.86 | 0.64 |
| (10) Wanderungsrate | $1.5^{1)}$ | | $1.5^{2)}$ | $2.3^{3)}$ |
| (11) Reale ländl. Kaufkraft (Preise 1960) | 100 | 169 | 219 | 184 |
| (12) Produktion N-Dünger/Verbrauch N-Dünger | $1.02^{4)}$ | $1.10^{10)}$ | $1.09^{11)}$ | $1.06^{12)}$ |
| (13) Nahrungsmittelproduktion pro Kopf | $100^{4)}$ | $106^{6)}$ | $129^{7)}$ | $123^{8)}$ |
| (14) Deckung Ernährungsbedürfnisse (% FAO-Norm) | $133^{13)}$ | $138^{6)}$ | $146^{14)}$ | $145^{15)}$ |
| Agrarhandelsbilanz (mio$) | $1023^{13)}$ | $1058^{6)}$ | $1929^{14)}$ | $3397^{15)}$ |

**3. Soziale Beiträge**

|  | 1960 | 1970 | 1980 | 1985 |
|---|---|---|---|---|
| (15) Arbeitslosigkeit (% AK übriger Sektoren) | 5.7 | 4.9 | 7.0 | 7.1 |
| (16) Ackerfläche/permanente Weide | $0.683^{4)}$ | 0.789 | 0.770 | $0.778^{9)}$ |
| (17) Waldfläche (mio ha) | $307.6^{4)}$ | 305.8 | 290.7 | $265.1^{9)}$ |

**4. Internationale Zusammenhänge**

| (18) Preise wichtiger Agrarexportprodukte | 1960 | 1970 | 1980 | 1985 |
|---|---|---|---|---|
| Weizen, No.2, Hard Red Winter, Fob ($/t) | 61 | 55 | 176 | 138 |

Anmerkungen: [1] 1960-70 [2] 1970-80 [3] 1980-85 [4] 1961/65 [5] 1975
[6] 1969/71 [7] 1979/81 [8] 1983/85 [9] 1984 [10] 1970/71
[11] 1980/81 [12] 1984/85 [13] 1961/63 [14] 1978/80 [15] 1981/83

*Quellen: FAO, Production/Trade Yearbook, div. Jahrgänge*
*FAO, Fertilizer Yearbook, div. Jahrgänge*
*ILO, Yearbook of Labour, div. Jahrgänge*
*UN, Statistical Yearbook, div. Jahrgänge*
*UNCTAD, Monthly Commodity Price Bulletin, div. Jahrgänge*
*Weltbank, Weltentwicklungsbericht, div. Jahrgänge*

Die Verschlechterung des Produktivitätsverhältnisses (Ind. (9)) nach 1980 stimmt überein mit zunehmender Wanderung und einem Verlust an realer Kaufkraft in den ländlichen Räumen (Ind. (11)). Diese Entwicklung verläuft parallel zur Getreidepreisbewegung auf den Weltmärkten (Ind.(18)). Dies legt den Schluss nahe, dass neben den bereits erwähnten Einflüssen der internen Agrarpolitik die internationalen Marktbewegungen wegen der Exportorientierung der Agrarstrategie die landwirtschaftlichen Einkommen ebenfalls mitbestimmen.

Entsprechend ist auch die Konsumnachfrage des Agrarsektors diesen Schwankungen unterworfen. Weil die Nachfrage nach Dünger seit 1960 zugenommen hat und diese Zunahme stets durch eigene Düngerproduktion gedeckt wurde (Ind.(12)), hat der Agrarsektor also einen Beitrag zur Entwicklung eines Absatzmarktes für industrielle Produkte geleistet.

Die Versorgung mit Agrargütern und die Deckung der Ernährungsbedürfnisse der gesamten Bevölkerung (Ind.(14)) sollten gewährleistet sein. Hierbei ist jedoch zu beachten, dass Hungerprobleme städtischer Randgruppen infolge gestiegener Arbeitslosigkeit (vgl. V 1.4.2.) statistisch zwar nicht in Erscheinung treten, aber für viele harte Realität bedeuten. Dies ist jedoch keine Folge ungenügenden Angebots, sondern der unter Reagan abgebauten Sozialpolitik und der Einkommensverteilung. Entsprechend kann dieser Punkt nicht der Agrarstrategie angelastet werden.

Die zunehmend positive Agrarhandelsbilanz (Ind. (14)) weist auf den Exporterfolg hin. Allerdings ist ein nicht unbedeutender Teil der Ausfuhren nur dank Exportbeiträgen möglich geworden.

### 1.7.3. Soziale Beiträge

Die strukturelle Arbeitslosigkeit hat mit rund 7% ein Ausmass erreicht, welches der Reservoir-Funktion des Agrarsektors grössere Bedeutung zumessen könnte. Daher ist die verstärkte Abwanderung der 80er Jahre nicht unbedingt erwünscht. Allerdings können die Beschäftigungsprobleme der nicht-landwirtschaftlichen Sektoren wegen der kleinen volkswirtschaftlichen Bedeutung des Agrarsektors nicht von letzterem gelöst werden.

In einzelnen Regionen sind die Erosionsprobleme infolge einseitiger Bewirtschaftung gravierend (vgl. V 1.5.). Weil diese Phänomene aber lokal konzentriert sind, macht sich dies kaum in einer nationalen Statistik bemerkbar. Einzig die Zunahme der Ackerfläche relativ zur Weidefläche in den 60er Jahren könnte einen Hinweis darauf enthalten. Seither ist dieses Verhältnis jedoch konstant geblieben (Ind. (16)). Die doch stark rückläufige Waldfläche (Ind. (17)) könnte dahingehend interpretiert werden, dass in einzelnen Regionen das ökologische Gleichgewicht zunehmend gestört ist.

### 1.7.4. Gesamtbeurteilung

Insgesamt hat der amerikanische Agrarsektor die wirtschaftlichen Beiträgen auf effiziente Art (hohe Arbeitsproduktivität) geleistet. Nach 1980 ist jedoch klar geworden, dass die so geschaffenen Einkommenssteigerungen leicht wieder verschwinden können, wenn die Stützung durch die nationale Agrarpolitik zurückgeht und wenn die Exportpreise sinken. Die Hauptprobleme der amerikanischen Agrarstrategie liegen eindeutig bei zunehmenden ökologischen Schäden (v.a. Erosion), die mit geeigneter Bewirtschaftungsweise aber eingedämmt werden können. Zusätzlich sollte eventuell der Reservoir-Funktion angesichts der strukturellen Arbeitslosigkeit vermehrt Beachtung geschenkt werden.

## 2. Europäische Gemeinschaft

Die Gründung der Europäischen Gemeinschaft (EG) erfolgte zu einem Zeitpunkt, als die Mitgliedstaaten ihre Wiederaufbauphase abgeschlossen und ihre Volkswirtschaften ein ähnliches Niveau wie vor dem zweiten Weltkrieg erreicht hatten. In der damaligen Phase des Kalten Krieges und der Vernarbung der politischen Kriegswunden war eine solche supranationale Institution ein Wagnis (EG 1982a, S.14). Gleichzeitig war der dazu nötige politische Wille aber für die weitere europäische Entwicklung eine zentrale Voraussetzung, die das Weiterbestehen der Gemeinschaft auch in schwierigen Situationen teilweise erklärt.

### 2.1. Aufbau der Gemeinschaft

Die Europäische Gemeinschaft besteht aus verschiedenen Institutionen. Sie unterscheiden sich von anderen internationalen Organisationen dadurch, dass ihnen von den Gründerstaaten für gewisse Bereiche hoheitsrechtliche Kompetenzen übertragen wurden. Die Gemeinschaftsordnung ähnelt einer nationalen Verfassungsordnung und ist in den drei Gründungsverträgen festgehalten (EG 1984a, S.7). Mit dem "Pariser Vertrag" vom 18. April 1951 wurde in Paris die Europäische Gemeinschaft für Kohle und Stahl (EGKS) gegründet. Einige Jahre später, am 25. März 1957 wurden in Rom (Römer Verträge) die Europäische Wirtschaftsgemeinschaft (EWG) und die Europäische Atomgemeinschaft (EAG) ins Leben gerufen. Gründerstaaten waren Italien, Deutschland, Frankreich, die Niederlande, Belgien und Luxemburg. Obwohl es sich um drei eigenständige Institutionen handelt, werden die drei europäischen Gemeinschaften (EG) schon seit langem als Ganzes angesehen und dementsprechend abgekürzt als EG einheitlich bezeichnet. Institutionell sind den drei Gemeinschaften dieselben Organe gemeinsam: die Kommission, der Ministerrat, das Europäische Parlament und der Gerichtshof. Die Trennung der Kompetenzen zwischen den zwei Hauptorganen, der Kommission und dem Ministerrat, ist nicht so deutlich wie bei nationalen Verfassungsorganen. Trotzdem kann man vereinfachend die Kommission als Legislative und den Ministerrat als Exekutivorgan bezeichnen. Die Kommission besteht aus 14 Mitgliedern mit einer Amtszeit von 4 Jahren. Sie unterbreitet dem Rat Vorschläge und Entwürfe (Initiativrecht der Kommission) und

wird daher als "Motor der Gemeinschaftspolitik" bezeichnet. Ferner hat sie folgende weitere Funktionen (vgl. EG 1984a):
- Ueberwachung der Anwendung der Vertragsbestimmungen sowie der erlassenen Rechtsakte
- Vertretung der Gemeinschaftsinteressen
- vom Rat auf die Kommission übertragene Ausführungsbefugnisse.

Der Ministerrat setzt sich aus den Fachministern bzw. Staatssekretären der einzelnen Mitgliedsländer zusammen. In diesem Gremium erfolgt die politische Auseinandersetzung zwischen den nationalen Interessen. Daraus entsteht dann die eigentliche EG-Politik. Das Europäische Parlament übt gegenüber der Kommission eine Kontrollfunktion und gegenüber dem Ministerrat eine Beratungsfunktion aus. Im Bereich des Haushaltsrechtes arbeitet das Parlament im Entscheidungsprozess mit dem Rat zusammen. Das Parlament wird von den Bürgern der Mitgliedsstaaten direkt gewählt. Der Gerichtshof besteht aus elf Richtern und wendet das Gemeinschaftsrecht als unabhängige Institution in allen Mitgliedsstaaten an.

Als wirtschaftliche Zielsetzung wurde die Schaffung eines grossen Marktes angestrebt, in welchem sowohl freier Waren- und Kapitalverkehr als auch freie Zirkulation der Arbeitskräfte und allgemeines Niederlassungsrecht herrschen sollte. Heute sind davon der freie Warenverkehr weitgehend verwirklicht, während die Kapitalanlagen noch vorrangig national ausgerichtet sind. Trotz fast vollständiger Entfernung der verwaltungspolitischen Hindernisse, ist der Austausch von Arbeitskräften wohl aus psychologischen wie auch aus Gründen hoher Arbeitslosigkeit nicht sehr stark ausgeprägt (EG 1982a, S.23).

Die Agrarpolitik ist einer der wenigen Bereiche, für welche in den Verträgen eine gemeinsame Politik vorgeschrieben ist. Zugleich ist diese gemeinsame Agrarpolitik (GAP) aber in zunehmendem Ausmass umstritten (EG 1982a, S.25). Wir wollen daher näher auf ihre Prinzipien eintreten.

## 2.2. Die gemeinsame Agrarpolitik (GAP)

Vor der Einführung der GAP wies die Agrarpolitik in den einzelnen Mitgliedsstaaten der EG je nach Stellung der Landwirtschaft in der Wirtschaft grosse Unterschiede auf. Gemeinsam war jedoch allen Ordnungen, dass sie mittels

Schutzzöllen den jeweiligen Agrarsektor schützten. Insgesamt war die Gemeinschaft, abgesehen von bestimmten Milcherzeugnissen und Schweinefleisch, eine Einfuhrregion (EG 1984b, S.7). Für die GAP bestand also die Aufgabe darin, diese länderspezifischen Voraussetzungen unter einen Hut zu bringen. "Vorschläge" zur Herstellung eines gemeinsamen Preisniveaus" hat die Kommission der EG erstmals am 4. März 1966 gemacht, womit die GAP ihren Anfang nahm (EG 1987, S.15).

### 2.2.1. Rechtliche Grundlagen der EG-Agrarmarktpolitik

Die rechtlichen Grundlagen zur Ausgestaltung der GAP sind im EWG-Vertrag (Art. 38-47) enthalten. Auch für den Agrarsektor gelten die Grundbestimmungen des Vertrages, welche die Schaffung eines gemeinsamen Marktes mittels einer Zollunion mit gemeinsamen Aussenhandelsregelungen gegenüber Drittländern vorsehen. Die Ziele der GAP sind im Artikel 39 des EWG-Vertrages verankert. Sie lauten wie folgt:
- Steigerung der Produktivität durch Förderung des technischen Fortschrittes, Rationalisierung der landwirtschaftlichen Erzeugung und bestmöglicher Ein-satz der Produktionsfaktoren.
- Gewährleistung einer angemessenen Lebenshaltung der landwirtschaftlichen Bevölkerung insbesondere durch Erhöhung ihres Pro-Kopf-Einkommens.
- Stabilisierung der Agrarmärkte
- Versorgungssicherheit
- Belieferung der Verbraucher mit Agrarprodukten zu angemessenen Preisen.

Die gesamte Konzeption des "grünen Europas" sollte auf den drei Prinzipien der Einheitlichkeit des Marktes, der Gemeinschaftspräferenz und der finanziellen Solidarität basieren. Voraussetzung für einen einheitlichen Markt sind der freie Warenverkehr über die Grenzen der Mitgliedsländer, einheitliche Preise für die landwirtschaftlichen Produkte und gemeinsame Wettbewerbsregeln. Unter Gemeinschaftspräferenz wird verstanden, dass den Produkten aus dem EG-Raum gegenüber Produkten aus Drittländern der Vorzug gegeben wird. Dies wird anhand eines gemeinsamen Aussen-Zolltarifs durchgesetzt. Auf diese Weise kann das hohe EG-Preisniveau gehalten werden. Die Lenkung des Marktes gemäss den Zielen der GAP verursacht Ausgaben. Nach dem Prinzip der finanziellen Solidarität werden diese von den Mitgliedsstaaten gemeinsam getragen. Zu diesem Zweck wurde ein gemeinschaftlicher Fonds gebildet, der Europäische Ausrichtungs- und Garantiefonds für die Landwirtschaft (EAGFL).

### 2.2.2. EG-Agrarmarktpolitik

Der stete Ausbau der Massnahmen der EG-Agrarmarktpolitik hat zu einer komplexen Gesetzesflut geführt. Wir werden uns daher im folgenden auf die Darstellung der Grundzüge beschränken. Wie in allen interventionistischen agrarpolitischen Systemen wird den Produzenten eine Preisgarantie gewährt. Diese wird durch Interventionskäufe auf dem Binnenmarkt und durch Isolierung des EG-Agrarmarktes von den Weltmärkten durchgesetzt. Zudem besteht für die meisten landwirtschaftlichen Produkte, die in der Gemeinschaft erzeugt werden, eine spezifische gemeinsame Marktordnung. Heute gibt es nur noch wenige Produkte ohne Marktordnung, wie z.B. Kartoffeln (zu ihrer Marktorganisation liegen aber Kommissionsvorschläge vor), Alkohol (mit Ausnahme des Weinsektors) und Produkte aus der Bienenzucht (vgl. EG 1985c).

*Binnenmarktregelung*

Die Preisregelung für die Produzenten erfolgt, indem der Rat jedes Wirtschaftsjahr für die meisten Produkte gemeinsame Stützpreise festsetzt (sog. Interventionspreise), zu denen die Ueberschussmenge von staatlichen Interventionsstellen aufgekauft werden. Neben dem Interventionspreis wird ebenfalls vom Rat ein sogenannter Richtpreis festgesetzt (vgl. Abb. 5.5). Der Richtpreis stellt eine Bezugsgrösse dar, welche den Produzenten ein genügendes Einkommen sichern sollte. Der Marktpreis liegt normalerweise zwischen diesen beiden administrativ festgelegten Preisen.

Die Gewährleistung einer unbegrenzten Preisgarantie hat eine starke Angebotsausdehnung zur Folge gehabt, wodurch in kurzer Zeit Ueberschüsse entstanden sind. Um das Ueberschussproblem in den Griff zu bekommen, wurde bei den entsprechenden Produkten die Preisgarantie bei jährlich angepassten Kontingentsmengen begrenzt. Die Ueberschreitung der vorgesehenen Höchstmenge zieht eine Senkung des Interventionspreises um 1-5% im folgenden Jahr nach sich. Solche Garantieschwellen bestehen für Getreide, Oelsaaten und Baumwolle, während Milch und Zucker auf Betriebsebene kontingentiert sind (Produktionsquote). Der Unterschied zwischen Garantieschwelle und Produktionsquote liegt darin, dass die erste eine Begrenzung der Gesamtproduktion, während die

Produktionsquote ein Einzelkontingent darstellt. Eine Ueberlieferung von Einzelkontingenten hat eine starke Reduktion des Produzentenpreises für den Einzelbetrieb zur Folge (im Fall von Milch: 75% des Referenzpreises).

Neben der Preisstützung wendet die EG für einige Erzeugnisse Einkommensbeihilfen in Form von direkten Ausgleichszahlungen oder Lagerhaltungsbeiträgen an. Für die Einkommenssicherung spielen diese Massnahmen allerdings eine untergeordnete Rolle. Einkommensbeihilfen werden hingegen von Einzelstaaten für ihre Landwirtschaft eingesetzt. Da dies ausserhalb der Kontrolle der EG-Verwaltung geschieht, können dadurch Wettbewerbsverzerrungen entstehen, die an und für sich verhindert werden sollten.

Der innergemeinschaftliche Handel sollte dem Prinzip des gemeinsamen Marktes und freien Warenverkehrs folgen. Die Verwirklichung eines gemeinsamen Marktes ohne Währungsunion bereitet aber grosse Schwierigkeiten. Zwischen den Mitgliedstaaten werden sogenannte Währungsausgleichsbeträge (WAB) für gewisse Erzeugnisse erhoben, welche je nachdem Grenzabschöpfungen bzw. -erstattungen entsprechen. Mit dem WAB sollen die in einem gemeinsamen Markt ohne Währungsunion entstandenen Verzerrungen ausgeglichen werden.

Zum bessern Verständnis der WAB wird im folgenden kurz das Währungssystem der EG erklärt (vgl. EG 1982b). Alle Agrarpreise werden vom Rat in ECU festgesetzt. Der ECU ist eine Rechnungseinheit, die aufgrund eines Währungskorbes aus den Währungen der Mitglieder berechnet wird. Die Währungen der neuen Mitgliedländer sind zur Zeit noch nicht in den Währungskorb einbezogen (vgl. EG 1984c). Mit Ausnahme des Pfund-Sterlings sind die übrigen 8 EG-Währungen im Europäischen Währungssystem (EWS) eingebunden; d.h. ihre Kurse können sich nur innerhalb eines fixierten Kursbandes bewegen. Die in ECU festgesetzten Agrarpreise werden in die nationalen Währungen umgerechnet, womit sie den Wechselkursänderungen unterliegen. Dank dem EWS sind die EG-Währungen unter sich im Verhältnis zum ECU relativ stabil. Es kommt aber vor, dass eine Währung auf- oder abgewertet wird. Dadurch entsteht ein neues Paritätsverhältnis gegenüber dem ECU. Im Falle einer Aufwertung erhalten die Landwirte des aufwertenden Landes niedrigere Preise als vorher. Im Falle einer Abwertung entsteht hingegen ein Einkommensgewinn. Um dieses Problem zu lösen, wurden sogenannte "grüne Wechselkurse" eingeführt. Diese entsprechen stabilen Wechselkursen, wie sie zur Zeit der jeweiligen Agrarpreisfestsetzung galten. Sie werden erst allmählich den neuen Kursverhältnissen angepasst. Wegen der Differenz zwischen grünem Kurs und Leitkurs könnten Produkte in Nachbarländern mit Gewinn abgesetzt werden. Um dies zu vermeiden, wurden Grenzausgleiche, eben die sog. Währungsausgleichsbeträge (WAB) eingeführt, welche der Differenz zwischen Leitkurs und grünem Kurs entsprechen. Im Fall eines aufwertenden Landes werden Abschöpfungen bei den Einfuhren erhoben bzw. Erstattungen bei den Ausfuhren gewährt.

Obwohl die WAB prinzipiell die Markteinheit garantieren, erwachsen aus ihrer Anwendung folgende Nachteile:
- sie belasten das EG-Budget zusätzlich
- langfristig verursachen sie Wettbewerbsverzerrungen, da Produktionsfaktoren zum geltenden Leitkurs importiert werden können

Daher wurde immer wieder die Aufhebung der WAB gefordert. Im März 1984 entschloss sich der Rat schliesslich, positive WAB (d.h. Grenzerstattungen) progressiv abzubauen.

*Aussenhandelsregelung*

Das zweite Grundprinzip des Gemeinsamen Marktes besteht in der gemeinschaftlichen Aussenhandelsregelung gegenüber Drittländern. Zum Schutz des EG-Marktes werden folgende drei Massnahmen angewendet:
- Das wichtigste Instrument ist das Abschöpfungssystem, welches auf die meisten Produkte angewendet wird
- Eine zweite Gruppe von Produkten wird mit einem sogenannten Ausgleichszoll auf einen bestimmten Referenzpreis verteuert, auf welchem dann noch der Gemeinschaftliche Zolltarif (GZT) erhoben wird
- Bei einer dritten Produktgruppe gelangt lediglich der GZT zur Anwendung

Die detaillierte Funktionsweise des Abschöpfungssystems wird anhand von Abbildung 5.5 im folgenden näher erläutert. Für die Wareneinfuhr wird ein sogenannter Schwellenpreis festgesetzt. Dieser wird unter Berücksichtigung der anfallenden Transportkosten vom Richtpreis abgeleitet. Er liegt somit zwischen dem Interventionspreis und dem Richtpreis. Die Differenz zwischen dem Schwellenpreis und dem jeweils herrschenden Weltmarktpreis wird als Abschöpfung bezeichnet. Sie wird an der Grenze des Einfuhrlandes erhoben und fliesst in die Gemeinschaftskasse. Auf der Exportseite werden sogenannte Exporterstattungen gewährt. Diese sind nötig, damit die EG-Produkte auf dem Weltmarkt konkurrenzfähig sind (vgl. Abb. 5.5). Auf diese Weise können Ueberschüsse abgesetzt werden.

*Abb. 5.5: Mechanismus der EG-Aussenhandelsregelung*

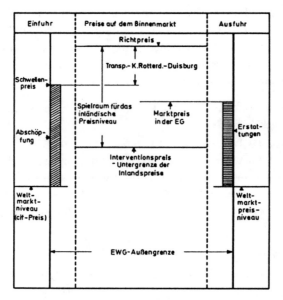

*Quelle: Koester Ulrich, Grundzüge der landwirtschaftlichen Marktlehre*

Falls die Weltmarktpreise höher liegen als die Schwellenpreise, werden Ausfuhrabschöpfungen eingeführt. Damit soll die interne Versorgung gesichert werden. Zudem schöpft die EG so zusätzliche Exportrenten ab.

In Tabelle 5.10 sind die wichtigsten Instrumente der GAP für die einzelnen Produkte zusammengestellt.

Tab. 5.10: Zusammenfassung der wichtigsten GAP-Instrumente

| Produkt | BINNENMASSNAHMEN ||||||  AUSSENHANDELSMASSNAHMEN |||
|---|---|---|---|---|---|---|---|---|---|
| | Interventionskauf | Garantieschwelle | Direkte Zahlungen | WAB*) | Verarbeitungs-/ (1) Verbraucher- erstatt.(2) | Variable Abschöpfung | Ausgleichszoll und Importzoll | Importzoll | Exporterstattung |
| Getreide | Ja | Ja | Hartweizen | Ja | (1)Stärke | Ja | - | - | Ja |
| Reis | Ja | - | - | - | (1)Stärke und Bier | Ja | - | - | Ja |
| Zucker | Ja | Produktionsquote | Lagerhaltungsbeitr. | Ja | (1)Chemische Industrie | Ja | - | - | Ja |
| Olivenöl | Ja | - | Ja | - | (1) (2) | Ja | - | - | Ja |
| Oelsaaten | Ja | Ja | - | - | (1) | möglich | - | - | möglich |
| Trockenfutter | - | - | - | - | (1) | - | - | Ja | - |
| Erbsen, Puff- u.Ackerbohnen | Ja | - | - | - | | - | - | Ja | - |
| Baumwolle | Ja | Ja | Ja | - | - | - | - | Ja | - |
| Textilien und Hanf | - | - | Ja | - | - | - | - | Ja | - |
| Seidenraupenzucht | - | - | Ja | - | - | - | - | Ja | - |
| Milch und Milcherzeugn. | Butter,MMP, Käse | Produktionsquote | Lagerhaltungsbeitr. | Ja | (1) | Ja | - | - | Ja |
| Rindfleisch | Ja | - | Ja | Ja | (2) | Ja | - | Ja | Ja |
| Schaf- und Ziegenfleisch | - | - | Ja | - | - | Ja | - | - | Ja (nie angewendet) |
| Schweinefl. | möglich | - | - | Ja | - | Ja | - | - | Ja |
| Eier/Geflügel | - | - | - | Ja | - | Ja | - | - | Ja |
| Obst/Gemüse frisch | Ja | - | - | - | (1) | - | Ja | - | Ja |
| Wein | Ja | - | Ja | Ja | (1)Destillation | - | Ja | - | Ja |
| Tabak | Ja | - | - | - | (1) | - | - | Ja | Ja |

* WAB = Währungsausgleichsbetrag

## 2.2.3. Die EG-Agrarstrukturpolitik

Die Agrarsektoren der Mitgliedsländer weisen ein sehr heterogenes Erscheinungsbild auf, das aus den jeweils verschiedenen historischen und politischen Umständen zu erklären ist. So hatte z.b. England schon im vorigen Jahrhundert einen erheblichen Strukturwandel in der Landwirtschaft zu verzeichnen, der damals zu einer hohen Besitzkonzentration führte. Traditionell versorgte sich England mit billigen Nahrungsmittelimporten aus dem Commonwealth. Dies hatte dann die erwähnte frühe Strukturanpassung im Inland zur Folge. Die südlichen Länder stellen den Gegenpol zu Grossbritannien dar. Die durchschnittliche Betriebsgrösse in diesen Ländern liegt deutlich unter dem EG-Durchschnitt (vgl. Tab. 5.11). Gleichwohl ist in allen Mitgliedsländern eine Tendenz zur Konzentration der Betriebe vorhanden.

Tab. 5.11: *Betriebsgrössenstruktur in der EG der 10 (in%) 1980*

| Länder | Betriebsgrössenklassen in ha LN | | | | | Durchschnittliche Betriebsgrösse in ha |
|---|---|---|---|---|---|---|
| | 1-5 | 5-10 | 10-20 | 20-50 | 50 | |
| BR Deutschland | 33.3 | 18.7 | 22.7 | 22.3 | 3.9 | 15.3 |
| Frankreich | 20.6 | 14.5 | 21.1 | 30.4 | 13.3 | 25.4 |
| Italien | 68.5 | 17.2 | 8.4 | 4.7 | 1.7 | 7.4 (1977) |
| Niederlande | 24.0 | 20.2 | 28.9 | 23.9 | 3.0 | 15.6 |
| Belgien | 28.4 | 19.8 | 26.6 | 20.9 | 4.2 | 15.4 |
| Luxemburg | 19.4 | 10.9 | 14.4 | 38.5 | 16.7 | 27.6 |
| Grossbritannien | 11.8 | 12.5 | 15.9 | 27.1 | 23.6 | 68.7 |
| Irland | 15.2 | 15.8 | 30.3 | 29.8 | 8.8 | 22.6 |
| Dänemark | 11.1 | 17.6 | 26.5 | 34.7 | 10.1 | 25.0 |
| Griechenland | 70.9 | 20.6 | 6.5 | 1.7 | 0.2 | 4.3 |
| EG-10 | 46.6 | 17.2 | 15.0 | 15.1 | 6.1 | 15.7 |

Quelle: Commission des Communautés européennes, La Situation de l'agriculture dans la Communauté, Rapport 1984

Auch bezüglich Beschäftigungsanteil sind erhebliche Unterschiede zwischen den Mitgliedländern festzustellen. Grossbritannien mit 2.7% der Erwerbstätigen in der Landwirtschaft und Griechenland und Irland mit 30.0% bzw. 16.8% (Commission des Communautées européenes 1985) stellen die beiden Extreme dar. Insgesamt hat sich die Geschwindigkeit der Abwanderung gegenüber den 60er Jahren verlangsamt, was zu einem Teil auf die weitverbreitete Arbeitslosigkeit zurückzuführen sein dürfte.

Obige Ausführungen haben deutlich gemacht, dass das Strukturgefälle mit Markt- und Preispolitik allein nicht überwunden werden kann. Für eine harmonische Entwicklung der benachteiligten Gebiete ist daher eine geeignete Strukturpolitik unumgänglich. Trotzdem spielte die Strukturpolitik gegenüber der Markt- und Preispolitik immer eine untergeordnete Rolle. Ein erster Entwurf für gemeinschaftliche, strukturpolitische Richtlinien wurde gegen Ende der 60er Jahre mit dem Mansholt-Plan vorgelegt. Dieser Plan fand in der Formulierung der Richtlinien von 1972 seinen Niederschlag. Darin wird das Bild einer grossbetrieblich organisierten und kapitalintensiven Landwirtschaft gezeichnet. Diese Zielvorstellung geriet jedoch im Laufe der Zeit immer mehr unter Kritik bis schliesslich eine differenziertere Vorstellung Verbreitung fand.

In der konkreten Strukturpolitik lassen sich drei Phasen unterscheiden:
1. Modernisierungshilfen zur Betriebsvergrösserung (1972)
2. Förderung benachteiligter Regionen (1975)
3. Abwanderungsbremse (1983)

In allen drei Phasen verblieb die Verantwortung für die Durchführung der Politik bei den Einzelstaaten. Die Gemeinschaft gewährte lediglich finanzielle Unterstützung. Dies machte natürlich die Umsetzung gerade in den Ländern, die Strukturpolitik am nötigsten gehabt hätten, wegen beschränkter administrativer und finanzieller Mittel schwierig.

Im Detail wurden in den drei Phasen die folgenden Mittel vorgeschlagen.

*1. Modernisierungsbeihilfen zur Betriebsvergrösserung:*

- Gewährung von Investitionsbeihilfen zur Modernisierung der landwirtschaftlichen Betriebe.
- Förderung der Einstellung der landwirtschaftlichen Erwerbstätigkeit älterer Landwirte und die Verwendung dieser Flächen zur Strukturverbesserung.
- Ausbildung der in der Landwirtschaft Beschäftigten.

Die Gewährung von Investitionsbeihilfen ist davon abhängig, ob ein Betrieb als entwicklungsfähig gilt. D.h. er muss in der Lage sein, nach der Investition einen mit anderen Wirtschaftszweigen vergleichbaren Einkommensstand zu erreichen. Die meisten Betriebe in den stark benachteiligten Gebieten konnten aber nach den damals verwendeten Kriterien nicht als entwicklungsfähig beurteilt werden. Daher entfielen die meisten Rationalisierungsprojekte auf Betriebe, die an sich schon lebensfähig waren (vgl. EG 1985a).

*2. Förderung benachteiligter Regionen:*

In dieser Phase hatte die Strukturpolitik die Erhaltung der Landwirtschaft, die Bewirtschaftung und die Besiedlung der Berg- und Hügelzonen zum Ziele. Die Beteiligung der Gemeinschaft an den Kosten wurde auf 25% bzw. für Italien und Westirland auf 35% beschränkt.

Die Anerkennung der Abhängigkeit des Entwicklungsstandes gewisser Gebiete der Gemeinschaft von allgemeinen ungünstigen, regionalen Strukturverhältnissen führte zur Formulierung komplexerer Entwicklungsprogramme. So wurde 1977 das Programm für die Mittelmeerländer formuliert. Die bedeutendsten Massnahmen waren Programme für Sonderinvestitionen in Bewässerungsanlagen, Entwicklung von Infrastruktur, landwirtschaftliche Beratungsdienste, sowie forstwirtschaftliche Projekte. Die Beteiligung des EAGFL liegt in der Grössenordnung von 35-50% der Gesamtkosten.

1979 wurden zusätzlich sogenannte integrierte Entwicklungsprogramme erarbeitet. Bei diesen Programmen wird die Entwicklung des Agrarsektors als Teil der Entwicklung des gesamten ländlichen Raumes verstanden. Daher hat die Förderung gewisser Erwerbszweige, v.a. Nahrungsmittelindustrie und Tourismus, den Vorrang. Die EAGFL-Beteiligung liegt wiederum zwischen 35 und 50%.

*3. Abwanderungsbremse:*

Im Oktober 1983 unterbreitete die Kommission dem Rat neue Vorschläge zur Agrarstrukturpolitik. Reformen waren wegen folgenden Veränderungen notwendig geworden:
- Die allgemein schlechte Wirtschaftslage der 70er und 80er Jahre erschwerte die Investitionen in Rationalisierungsmassnahmen. Zudem bremste die Arbeitslosigkeit die Abwanderung aus der Landwirtschaft.
- Zunehmende agrarpolitische Interventionen zementierten die Agrarstruktur.
- Schliesslich wurden die geringen Auswirkungen der bisherigen Politik festgestellt, was auf die zu stark einschränkenden Kriterien zur Gewährung der Beihilfe zurückgeführt wurde.

Die wichtigsten Merkmale dieser neuen Politik können folgendermassen zusammengefasst werden (vgl. EG 1985a):
- Die Voraussetzungen für die Gewährung der Beihilfe wurden vereinfacht, damit diese einer grösseren Gruppe von Landwirten zugänglich wird. Schwerpunkte der Investitionshilfepolitik liegen bei der Produktionskostensenkung, bei der qualitativen Verbesserung der Erzeugnisse und bei der Marktanpassung der Produktion. Keine Beihilfen werden für die Produktionssteigerung in Betriebszweigen gewährt, die schon Ueberschüsse aufweisen.
- Spezielle Massnahmen sind zur Förderung von Genossenschaften, Beratungsdiensten, sowie der Einführung der landwirtschaftlichen Buchhaltung vorgesehen.
- Qualifizierte Junglandwirte geniessen bei der Uebernahme eines Betriebes spezielle Erleichterungen.
- Unterstützung der Forstwirtschaft durch Investitionshilfen für Aufforstung und Verbesserung vorhandener Waldbestände.
- Förderung der beruflichen Bildung der landwirtschaftlichen Erwerbsbevölkerung.
- Erhöhte Aufmerksamkeit soll den Erfordernissen des Umweltschutzes geschenkt werden.
- Die Verbesserung der Infrastrukturen im ländlichen Raum wird besonders unterstützt.
- Neue Landabgaberente.

Mit dem Eintritt von Spanien und Portugal am 1. Januar 1986 haben die strukturpolitischen Aspekte ein noch grösseres Gewicht im politischen Entscheidungsprozess erlangt. Ein weiterer Ausbau der Strukturpolitik ist demzufolge zu erwarten.

### 2.2.4. Finanzierung der GAP

Die Finanzierung der GAP erfolgt durch den 1962 gegründeten europäischen Ausrichtungs- und Garantiefonds für die Landwirtschaft (EAGFL). Dieser Fonds verwaltet beträchtliche Finanzmittel, die 1984 70% des Gesamtvolumens des EG- Haushaltes ausmachten (Commission des Communautés européennes 1985). Seine Verwaltung ist in zwei Abteilungen aufgeteilt: die Abteilung "Garantie" und die Abteilung "Ausrichtung". Erstere ist für die Finanzierung der gemeinsamen Marktordnungen verantwortlich. Dies betrifft sowohl die Regulierung der Binnenmärkte, wie auch die Aussenhandelsregelungen. Ueber die Abteilung "Ausrichtung" werden alle Massnahmen zur Durchsetzung der Agrarstrukturpolitik finanziert. Zur Finanzierung der GAP verfügt die EG über eigene Mittel. Diese Mittel stammen aus den Abschöpfungen, den Zöllen, den Produzentenabgaben im Rahmen der Zuckermarktordnung und aus einem festgelegten Anteil der Mehrwertsteuer jedes Mitgliedlandes (max. 1.4%).

Zwischen 1980-1984 wuchsen die Ausgaben um ungefähr 60%. Nur dank Erhöhung der Mehrwertsteuerbeiträge konnte das Budget eingehalten werden. Die finanziellen Engpässe der EG in den letzten Jahren haben den Druck auf die Verwaltung erhöht, GAP-Reformen durchzuführen. So wurden kurzfristige Massnahmen getroffen, welche das Wachstum der Ueberschüsse bremsen sollten. Die meisten Ausgaben entfallen auf die Abteilung Garantie. Dies kommt daher, dass der grösste Teil der Beihilfen zur Strukturverbesserung von den einzelnen Mitgliedsländern finanziert werden. Da sich die EG nicht verschulden darf, müssen immer wieder neue Finanzierungsmittel gesucht oder aber Ausgabenbeschränkungen vorgenommen werden.

## 2.3. Aktuelle und grundsätzliche Probleme der GAP

Von den fünf in Artikel 39 des Römer Vertrages aufgeführten Zielen sind deren drei erreicht worden: die Steigerung der Produktivität, die Stabilisierung der Märkte und die Sicherung der Versorgung. Die Steigerung der Erträge durch technischen Fortschritt und Rationalisierung war dank der Hochpreispolitik zu Gunsten der landwirtschaftlichen Erzeuger möglich geworden. Mit der Abschottung des EG- Marktes vom Weltmarkt und der Gewährleistung administrativ festgesetzter Agrarpreise gelang die Stabilisierung des Binnenmarktes und das Selbstversorgungsziel wurde dank der bis 1984 unbeschränkt geltenden Preisgarantie mehr als erreicht.

Ob die beiden übrigen Ziele der GAP - Verbesserung der Einkommenslage der Landwirtschaft und Gewährung angemessener Verbraucherpreise für die Agrarprodukte - erfüllt worden sind, ist sehr umstritten. Das Instrument der Preisstützung wurde mit der Absicht gewählt, die komparativen Kostenvorteile jedes Mitgliedslandes auszunutzen. Bei dieser Form der Unterstützung des Agrarsektors geniessen die grössten Produzenten mit rationellen und modernen Produktionseinheiten die Vorteile der staatlichen Intervention vollständig. Dagegen haben die kleinen Produzenten mit hohen Produktionskosten geringe Chancen, ihre Einkommenslage zu verbessern. Dadurch können sich also die Einkommensdisparitäten und demzufolge die regionalen Disparitäten anstatt verkleinern, vergrössern. Auf die Frage der Verbraucherinteressen werden wir weiter unten eintreten.

Bilden Preisfestsetzungen schon auf nationaler Ebene ein alljährliches Politikum, entsteht in einer supranationalen Institution wie der EG ein noch komplizierterer Prozess des Interessenausgleichs. Denn nach dem Interessenausgleich innerhalb jedes Mitgliedlandes, muss noch ein Kompromiss zwischen den einzelnen Regierungen gefunden werden (Petit, S.32). In den letzten Jahren ist diese Konsensfindung immer schwieriger geworden, weil sich unterschiedliche Positionen der Mitgliedsländer akzentuiert haben. Wir wollen im folgenden daraus entstandene Probleme kurz skizzieren.

### 2.3.1. Unterschiedliche Positionen der Mitgliedsländer

Ein Grundproblem besteht darin, dass alle Importe auf das hohe EG-Preisniveau verteuert werden. Für die Netto-Importländer entstehen somit hohe Kosten für die Sicherstellung ihrer Versorgung. Zudem können Länder mit einem niedrigen Selbstversorgungsgrad weniger vom gemeinschaftlichen Interventionsaufkauf profitieren. Ueberschussländer dagegen kommen in den vollen Genuss dieses GAP-Instrumentes, da auch der Absatz dank Ausfuhrerstattungen gesichert ist. Nettoexportländer sind also gegenüber Netto-Importländern privilegiert. Jedes Land versucht daher einen hohen Selbstversorgungsgrad durch Ausdehnung der Produktion zu erreichen, wodurch nationale Interesse gegenüber den gemeinschaftlichen Zielen den Vorrang erhalten.

Unterschiedliche Agrarstrukturen, Inflationsraten, Arbeitslosenrate, Aussenhandelsbilanz, Währungspolitik und allgemeine Wirtschaftslage bestimmen dieses nationale Interesse (Tangermann 1981, S.6) bezüglich GAP. So wird sich z.B. ein Land, welches durch eine ungünstige Agrarstruktur, eine schlechte Einkommenslage in der Landwirtschaft sowie eine hohe Arbeitslosenquote gekennzeichnet ist, für eine Hochpreispolitik einsetzen. Umgekehrt besteht bei einer hohen Inflationsrate, positiver Aussenhandelsbilanz und günstiger Agrarstruktur ein Interesse, die Agrarpreise niedrig zu halten. Falls das Ziel besteht, die Selbstversorgung zu erhöhen, wird zur Schaffung von Produktionsanreizen eine

Hochpreispolitik befürwortet. Auch die Exportorientierung eines Landes führt zur Befürwortung hoher Agrarpreise.

Stichwortartig lassen sich die Positionen der Mitgliedsländer wie folgt zusammenfassen:

*Hochpreispolitik*

*Frankreich*: Agrarexporteur, Wohlfahrtsgewinn aus EAGFL, starke Agrarlobby, relativ hoher Anteil Erwerbstätige im Agrarsektor.

*BRD*: Einkommensrückstand des Agrarsektors gross, hohe Arbeitslosigkeit, Vorteile bei industriellen Produkten.

*Niederlande/Dänemark/Belgien/Luxemburg:* effiziente Landwirtschaft, Agrarexporteure, Reformen zur Sicherung des Weiterbestehens der GAP akzeptiert, solidarisches Entscheidungsprinzip aufrechterhalten.

*Italien*: bessere Preise für Exportprodukte, aber bedeutender Agrarimporteur, Strukturprobleme, Sozialpolitik im Süden, widersprüchliche Haltung.

*Tiefpreispolitik*

*Grossbritannien:* effiziente Landwirtschaft, Agrarsektor wenig bedeutend, Agrarimporteur, hoher Beitrag an EAGFL.

*Hochpreis- und Strukturpolitik*

*Irland/Griechenland/Spanien/Portugal*: Agrarsektor noch bedeutend, ineffiziente Agrarstrukturen, allgemein tiefe Einkommen bewirken Widerstand der Verbraucher.

Tendenziell besteht also ein Interesse an einer Hochpreispolitik. Grenzen werden einer solchen durch das vorgegebene Budget gesetzt. Daher ist in den letzten Jahren Widerstand und der Ruf nach Reformen in erster Linie von Seiten der Hauptzahler Grossbritannien und Bundesrepublik entstanden (Petit, S.63).

### 2.3.2. Ueberschüsse

Zum Politikum wurde die Budgetdiskussion erst, nachdem die EG infolge der Hochpreispolitik bei praktisch allen Produkten mehr als Selbstversorger geworden war. Dieser Zunahme steht ein deutlich langsameres Wachstum der Nachfrage gegenüber (Tangermann 1986, S.48). Da sich diese Ueberschüsse auf den ebenfalls stagnierenden Weltmärkten (v.a. Getreide) nicht zu kostendeckenden Preisen absetzen liessen, entstand das Budgetproblem (Tangermann 1986, S.49). Da in Zukunft keine Verbesserung der Lage auf den internationalen Agrarmärkten zu erwarten ist, stellt sich die Frage nach der Eignung des Abschöpfungssystems. Denn dieses System erwirtschaftet nur bei Spielraum für Importe Einnahmen. Steigt die Produktion über das Selbstversorgungsniveau, fallen nur noch Kosten in Form von Exporterstattungen an.

### 2.3.3. Budgetprobleme und Kostenverteilung

Weil die Finanzierung der GAP immer schwieriger wurde, mussten 1984 Massnahmen zur Ausgabenkürzung und Einnahmensteigerung wie die Beschränkung der Preisgarantie für gewisse Produkte durch Quotensystem, die Regulierung der nationalen Beiträge nach Finanzkraft der Mitgliederländer, die Senkung der Agrarpreise und die Erhöhung des Mahrwertsteuersatzes auf 1.4% ergriffen werden. Allerdings sind dies nur kurzfristige Lösungen zur Einhaltung des Budgets und zur Reduktion der Ueberschüsse. Eine soziale Schwäche dieses Preisstützungssystems stellt die Verteilung der Finanzierungslasten dar. Die Verbraucher und unter ihnen vor allem die ärmeren Schichten, die verhältnismässig mehr für die Nahrungsmittel ausgeben, tragen wegen der hohen Konsumentenpreise grösstenteils die Kosten eines solchen Systems. Paradoxerweise subventionieren also die ärmeren sozialen Schichten der Verbraucher die reicheren Produzenten. Wenn dieser Aspekt in der relativ gut gestellten Gemeinschaft der Neun eher vernachlässigt werden konnte, erlangte er mit dem Eintritt Griechenlands, Spaniens und Portugals grössere Bedeutung. Vor allem wenn man bedenkt, dass der Einfluss der Konsumenten gegenüber den mächtigen landwirtschaftlichen Verbänden im agrarpolitischen Entscheidungsprozess der EG relativ gering ist. Neben dieser Verteilungsfrage ist aber auch klar geworden, dass sich das EG-Ueberschussproblem nicht einfach mit einer weiteren Ausdehnung des Budgets lösen lässt (Petit, S,63). Vielmehr müssten grundlegendere Reformen ergriffen werden, die auch für die übrigen EG-Probleme Lösungen anbieten.

### 2.3.4. Nord-Süd-Problematik

Die Mitgliedsländer lassen sich in 2 Gruppen einteilen:
- Nord- bzw. mitteleuropäische Mitgliedsländer, die eine moderne wettbewerbsfähige Landwirtschaft aufweisen, die voll von der heutigen agrar-

politischen Systemgestaltung profitieren kann.
- Südländer wie Griechenland, Italien und die neuen Mitglieder Spanien und Portugal, die durch Agrarstrukturen mit niedrigerer Produktivität und eine allgemein (mit Ausnahme gewisser Produkte) weniger wettbewerbsfähige Landwirtschaft gekennzeichnet sind. Für solche Länder hat der strukturpolitische Aspekt in der agrarpolitischen Debatte der EG Vorrang.

Zu diesem Entwicklungsproblem kommt die ungleiche Bewertung "nördlicher und südlicher" Produkte. Die stapelbaren Ueberschussprodukte des Nordens (Getreide, Milchprodukte) geniessen gegenüber den Frischprodukten des Südens (Früchte, Gemüse) bessere Preise (Petit, S.62). Auf diese Weise sind die südlichen Länder doppelt benachteiligt. Denn sie exportieren risikoreichere und relativ billigere Produkte und müssen die relativ teureren des Nordens importieren. Diese Problematik verstärkt den Ruf der Südländer nach Reformen der Preisgestaltung.

## 2.3.5. Süd-Erweiterung

In den langen Beitrittsverhandlungen über die Aufnahme Spaniens und Portugals wurde deutlich, wie schwer sich die EG mit einer neuerlichen Süderweiterung tat. Geopolitisch war der Beitritt der beiden jungen Demokratien äusserst erwünscht (Petit, S.63). Bedenken traten jedoch auf, ob die Beitritte budgettechnisch verkraftbar sind. Denn Ueberschussprobleme bei den Südfrüchten waren voraussehbar und der WUST-Anteil der beiden Länder wird wegen der relativ tiefen Einkommen eher bescheiden bleiben (Petit, S.63).

Vor allem Grossbritannien und die Bundesrepublik äusserten Bedenken. Beide Länder befürchten, dass die Abteilung Garantie neue Ueberschüsse zu bewältigen und die Abteilung Ausrichtung erhöhte Finanzierungsansprüche zu tragen habe. Wegen der komplementären Produktpalette werden sich jedoch die Wettbewerbsverhältnisse für die britische und deutsche Landwirtschaft nicht verschieben. Zudem werden sowohl England als auch Deutschland dank dieser Markterweiterung beim Absatz ihrer Industrieprodukte profitieren. Dies dürfte letztlich auch den Ausschlag für die Zustimmung zur Süderweiterung gegeben haben.

Frankreich, Italien und z.T. Griechenland dagegen sind über die wahrscheinliche Konkurrenzierung eines Teils ihrer Produktion besorgt. Es wird befürchtet, dass die Erweiterung Ueberschüsse an Wein, Früchten und Gemüse sowie Olivenöl bringen wird. Dadurch würden die Absatzmöglichkeiten der bisherigen Südländer auf dem EG-Markt eingeschränkt. Daher erwuchs von dieser Seite die Forderung, die Marktordnungen für südliche Produkte zu revidieren. Frankreich betont mehr den preispolitischen Aspekt, während Italien die strukturpolitischen Zusammenhänge hervorhebt. Bezüglich der Mittelmeerprodukte stellt Spanien die grösste Konkurrenz dar. Denn es weist niedrigere Produktionskosten und ein effizientes Vermarktungsnetz auf. Die kleineren Länder haben ihre Bedenken v.a. im institutionellen Bereich. Denn eine zusätzliche Komplizierung des Entscheidungsprozesses könnte das Weiterbestehen der Gemeinschaft gefährden. Seitens Griechenlands und Irlands besteht zudem die Anforderung, auch weiterhin in den Genuss der finanziellen Unterstützung aus der gemeinschaftlichen Kasse zu gelangen, ohne dass diese wegen Umverteilungen zugunsten Spaniens und Portugals eingeschränkt wird.

Durch den Beitritt wird der innergemeinschaftliche Handel eine Belebung erfahren. Denn die spanische Landwirtschaft vermag den Inlandverbrauch nicht zu decken. Bei sämtlichen Getreidearten mit Ausnahme von Reis, bei Rindfleisch, bei den meisten Milcherzeugnissen, Zucker und Oelsaaten ist Spanien nicht selbstversorgend. Portugal muss sogar bei praktisch allen Produkten Einfuhren tätigen. Wegen der Gemeinschaftspräferenz ist daher mit einem leichten Abbau der Ueberschüsse der EG der 10 zu rechnen (EG 1986, S.10). Allerdings ist auch zu berücksichtigen, dass die Anwendung der GAP einen Anstoss zur Angebotsausdehnung in den Beitrittsländern auslösen wird. Diese Auswirkung darf aber nicht überschätzt werden, da für gewisse Produkte der Preisunterschied zu den EG-Preisen nicht sehr gross ist.

Die GAP wird in Spanien und Portugal erst nach Ablauf einer Uebergangszeit voll zur Anwendung gelangen (EG 1986, S.22). Es bleibt mindestens diese Phase abzuwarten, um beurteilen zu können, ob die befürchteten negativen Effekte tatsächlich auftreten. Ferner bleibt auch abzuwarten, ob die Verschiebung der Stimmenanteile eine südfreundlichere Politik (mehr Gewicht für die Strukturpolitik) bringen wird.

### 2.3.6. Strukturziele

Dass dank "economies of scale" grössere Betriebe effizienter wirtschaften, ist unbestritten (Henrichsmeyer, S.83). In der EG wurde aber aus den bisherigen

Entwicklungen die Lehre gezogen, dass Strukturwandel nicht nur Betriebsvergrösserung bedeuten kann. Einer solchen Entwicklung stehen die Arbeitslosigkeit in den übrigen Sektoren (Gocht, S.90), die Produktionsgrundlagen bzw. ökologische Verhältnisse (Henrichsmeyer, S. 83), sowie finanzielle und siedlungspolitische Ueberlegungen entgegen. Vor allem die relativ hohe Arbeitslosigkeit in den nördlichen Ländern liess Zweifel am ungebremsten Strukturwandel aufkommen.

Aus diesen Erfahrungen lassen sich zwei Modelle für zukünftige räumliche Verteilungen der Agrarproduktion in der EG ableiten (Henrichsmeyer, S.85):

*Modell A*: Konzentration der Produktion auf günstige Gebiete, in den übrigen Regionen Extensivierung. Das Modell hat den Nachteil, dass in den günstigen Gebieten die Intensitätsprobleme bestehen bleiben und in den übrigen Regionen Entvölkerungsprobleme entstehen dürften.

*Modell B*: Allgemeine Reduzierung der Intensität. Dieses Modell ist zwar ökonomisch weniger effizient, aber gesellschaftspolitisch eher erwünscht.

Gerade nach der Süd-Erweiterung muss man sich in den Gremien der EG Gedanken über ein zukünftiges Agrarstrukturmodell machen. Denn das alte auf Mansholt aufbauende hat ausgedient, ohne aber bisher ersetzt worden zu sein. Insbesondere ökologische Kriterien müssten einbezogen werden. Darin ist auch die Aufrechterhaltung der Besiedlung in Randregionen eingeschlossen. Für die Erzeugung dieses öffentlichen Gutes müsste die Landwirtschaft aber entschädigt werden. Dies ruft nach einer andern Form der Einkommenssicherung für die Landwirte. Ein Strukturmodell müsste also in obiger Aufteilung im Bereich von Modell B gesucht werden.

### 2.3.7. Reformen und Auswege

Im Umfang der gestiegenen Ueberschüsse und der daraus abgeleiteten Notwendigkeit, die landwirtschaftliche Produktion zu verringern, liegt ein Zwang zu Reformen der GAP und die Richtung derselben vor. Das bedeutet, dass die Funktion der Preispolitik mehr die Marktorientierung als die Einkommensstützung anstreben sollte. Also eine Verschiebung von einer sozialen zu einer wirtschaftlichen Funktion. Zur langfristigen Vermeidung der Ueberschüsse wird von vielen Seiten eine Reduktion der Preisstützung, zusammen mit einer Verminderung des Aussenhandelsschutzes als unvermeidlich angesehen. Besonders die Ausfuhrerstattungen, die die gemeinschaftliche Kasse besonders belasten, sollten reduziert werden. Bisher sind allerdings jeweils erst unter dem Druck der knappen Finanzmittel kurzfristig Anpassungen vorgenommen worden. Dabei wurde jedoch vesucht, ungleiche Einkommens- und Umweltgegebenheiten mit einheitlichen agrarpolitischen Massnahmen zu regeln (Grosskopf, S.113). Zukünftige Reformen müssen also in ein Gesamtkonzept eingepasst und gleichzeitig differenziert sein.

Folgende Elemente müssten einbezogen werden:
- alternative oder ergänzende Einkommensmöglichkeiten in den ländlichen Räumen (EG 1985b, S.21)
- Rohstoffproduktion für biotechnologische Verwendung (neue Märkte)
- Begrenzung der Ausfuhrerstattungen und Beteiligung der Produzenten an den Kosten
- marktorientierte Preispolitik verbunden mit Kompensationszahlungen (EG 1985b, S.32).
- Umweltrelevanz
- Regionalisierung der Massnahmen (Grosskopf, S.114).

Eine marktorientierte Preispolitik, die mit nicht produktionsgebundenen Einkommensbeihilfen kombiniert ist, dürfte die realistischste langfristige Alternative für die europäische Landwirtschaft darstellen. Es ist allerdings anzunehmen, dass die Einführung eines solchen Systems auf Widerstand bei Interessengruppen der Produzenten stossen würde. Auch die Mitgliedsländer, welche von der bisherigen GAP profitiert haben, werden sich zur Wehr setzen. Ausserdem könnte der Integrationsprozess durch eine zunehmende Nationalisierung der GAP in Frage gestellt werden. In die Reformdiskussion muss auch eine weitere Ausdehnung der EG einbezogen werden, sind doch bereits entsprechende Anträge von Marokko und der Türkei in Vorbereitung. Ob diese zusätzliche Süd-Erweiterung jedoch ohne Einbezug reicherer Nordländer finanzierbar sein wird, scheint angesichts heutiger Finanzierungsprobleme der GAP zumindest zweifelhaft.

## 2.4. Einordnung der Agrarstrategie

Die GAP ist keine Agrarstrategie eines einzelnen Landes. Sie wirkt sich aber in den einzelnen Ländern aus und zwar unterschiedlich. Im Rahmen der EG-internen Nord-Süd- Problematik wirkt die GAP auf sehr unterschiedlich strukturierte Wirtschaften. Wir wollen daher im nächsten Abschnitt das Indikatorensystem auf zwei Länder anwenden, die seit Gründung der EG Mitglieder sind. Um auch die Nord- Süd-Problematik einzubeziehen, fällt die Wahl auf Italien und Frankreich.

Zunächst ist aber die GAP als Agrarstrategie einzuordnen. Trotz der oben dargestellten Aenderungen im Laufe der Zeit blieben die Grundzüge der GAP während der ganzen Beobachtungsperiode dieselben.

*Sektorale Priorität:*

Obwohl die GAP vornehmlich auf den Agrarsektor ausgerichtet ist, geht aus der übrigen EG-Wirtschaftspolitik und den ökonomischen Gegebenheiten die Priorisierung des Industriesektors hervor.

*Agrarreform:*

Im Rahmen der GAP sind keine den Bodenbesitz betreffende Umverteilungsmassnahmen vorgesehen. Agrarstrukturelle Aenderungen werden mittels kapitalintensiver Modernisierung zu erreichen versucht. Dabei kann traditionelle neben moderner Technologie bestehen, ebenso Gross- neben Kleinbetrieben (bimodale Strategie).

*Aussenhandel:*

Der protektionistische Ansatz schottet die Binnenlandwirtschaft von den Weltmärkten ab. Exporte sind Massnahmen zur Ueberschussbeseitigung, also nicht strategieimmanent.

Die GAP ist folglich unter die Strategiegruppe der "klassischen Importsubstitution" einzureihen (Strategie VI), was ihrer protektionistischen Ausrichtung durchaus entspricht.

## 2.5. Beurteilung der EG-Agrarstrategie an den Beispielen der Mitgliedsländer Italien und Frankreich

Frankreich und Italien haben als Gründerstaaten der EG die Agrarstrategie der GAP seit deren Beginn angewendet. Bevölkerungsmässig sind beide Länder etwa gleich gross (vgl. Tab. 5.12 bzw. 5.13). Das Bevölkerungswachstum ist in Italien aber nur halb so gross wie in Frankreich, so dass fast eine stagnierende

Bevölkerung erreicht ist (Ind.(2)). In beiden Fällen können wir von grossen, aber kaum wachsenden Absatzmärkten ausgehen. Die Einkommenssteigerung seit 1960 verlief in Italien stetig, aber auf tieferem Niveau als in Frankreich. Letzteres erlitt jedoch nach 1980 einen Einbruch des Pro Kopf-Einkommens (vgl. Ind.(1)).

### 2.5.1. Voraussetzungen im Agrarsektor

In beiden Ländern ist die relativ zur Bevölkerung bebaute Ackerfläche rückläufig (Ind.(4)). In Italien wurde 1985 ein Wert erreicht, der so tief ist, dass die bebaute Fläche als knapp bezeichnet werden muss.

Gleichzeitig stieg die Intensität (Ind.(8)), in Italien allerdings auf ein viel bescheideneres Niveau als in Frankreich. Dieselbe Aussage gilt auch für die Arbeitsproduktivität (Ind.(7)).

### 2.5.2. Wirtschaftliche Beiträge

*Frankreich:* Die stete Verbesserung der Produktivität relativ zu den übrigen Sektoren (Ind.(9)) läuft mit einer starken Verbesserung der ländlichen Kaufkraft (Ind.(11)) parallel. Damit dürfte der Agrarsektor seiner Rolle als Nachfrager von Konsumgütern gerecht geworden sein, während die zunehmende Düngernachfrage durch Importe gedeckt wurde (Ind. (12)), hat der Agrarsektor offenbar keine Impulse zur Ausdehnung der Düngerproduktion gegeben, so dass diese stagnierte. Die Gesamtproduktion ist so stark gestiegen (Ind.(13)), dass Frankreich in den 70er Jahren zum Nettoagrarexporteur geworden ist (Ind.(14)).

*Italien:* Die Produktivität relativ zu den übrigen Sektoren (Ind.(9)) hat sich zwar wie die reale Kaufkraft auch verbessert (Ind.(11)), doch hat dies nur zu einem schwachen Wachstum der Produktion geführt (Ind.(13)). Italien ist daher ein Nettoagrarimportland geblieben (Ind.(14)). Der Rückgang der realen Kaufkraft in den 80er Jahren hat die Abwanderung nochmals verstärkt (Ind.(10)). Analog wie in Frankreich hat sich die Düngerindustrie trotz gestiegener Nachfrage auch nicht ausgebreitet (Ind.(12)). Düngerexporte blieben zwar erhalten, doch ist dies nur dank Erhaltung aller vorhandener Produktionskapazitäten möglich.

Tab. 5.12: Indikatoren zur Beurteilung der Agrarstrategie in Italien 1960-1985

| 1. Allgemeine Entwicklung | 1960 | 1970 | 1980 | 1985 |
|---|---|---|---|---|
| (1) BSP/Kopf (US$) | 644 | 1591 | 6480 | 652 0 |
| (2) Bevölkerung (mio) | 50.2 | 53.6 | 56.4 | 57.1 |
| Bevölkerungswachstum (% pro Jahr) | $0.7^{1)}$ | | $0.4^{2)}$ | $0.3^{3)}$ |
| (4) Landnutzungsdichte (ha/Kopf) | $0.25^{4)}$ | 0.22 | 0.17 | 0.16 |
| (6) Grundschüler (% Altersgruppe) | 111 | $107^{5)}$ | 102 | 99 |
| (7) Getreideproduktivität (t/AK) | $2.2^{4)}$ | $4.3^{6)}$ | $9.6^{7)}$ | $8.7^{8)}$ |
| (8) Handelsdünger (kg/ha) | 64.0 | 116.9 | 189.2 | $168.4^{9)}$ |

| 2. Wirtschaftliche Beiträge | | | | |
|---|---|---|---|---|
| (9) $\dfrac{\text{BIP Agrarsektor/AK}}{\text{BIP übrige Sektoren/AK}}$ | 0.39 | 0.45 | 0.46 | 0.50 |
| (10) Wanderungsrate | $2.1^{1)}$ | | $2.75^{2)}$ | $3.0^{3)}$ |
| (11) Reale ländl. Kaufkraft (Preise 1960) | 100 | 176 | 418 | 405 |
| (12) Produktion N-Dünger/Verbrauch N-Dünger | $1.99^{4)}$ | $1.60^{10)}$ | $1.37^{11)}$ | $1.31^{12)}$ |
| (13) Nahrungsmittelproduktion pro Kopf | $100^{4)}$ | $109^{6)}$ | $119^{7)}$ | $122^{8)}$ |
| (14) Deckung Ernährungsbedürfnisse (% FAO-Norm) | $121^{13)}$ | $139^{6)}$ | $145^{14)}$ | $141^{15)}$ |
| Agrarhandelsbilanz (mio$) | $-1297.5^{13)}$ | $-2244.8^{6)}$ | $-826.4^{14)}$ | $-733.5^{15)}$ |

| 3. Soziale Beiträge | | | | |
|---|---|---|---|---|
| (15) Arbeitslosigkeit (% AK übriger Sektoren) | 5.9 | 3.2 | 7.6 | 10.6 |
| (16) Ackerfläche/permanente Weide | $2.49^{4)}$ | 2.32 | 1.83 | $1.84^{9)}$ |
| (17) Waldfläche (mio ha) | $5.9^{4)}$ | 6.1 | 6.3 | $6.4^{9)}$ |

| 4. Internationale Zusammenhänge | | | | |
|---|---|---|---|---|
| (19) $\dfrac{\text{Getreideeinfuhr}}{\text{Getreideproduktion}}$ (%) | $36.5^{4)}$ | $43.9^{6)}$ | $42.1^{7)}$ | $36.1^{8)}$ |

Anmerkungen: [1] 1960-70 [2] 1970-80 [3] 1980-85 [4] 1961/65 [5] 1975
[6] 1969/71 [7] 1979/81 [8] 1983/85 [6] 1984 [10] 1970/71
[11] 1980/81 [12] 1984/85 [13] 1961/63 [14] 1878/80 [15] 1981/83

Quellen: FAO, Production and Trade Yearbook, div. Jahrgänge
FAO, Fertilizer Yearbook, div. Jahrgänge
ILO, Yearbook of Labour, div. Jahrgänge
UN, Statistical Yearbook, div. Jahrgänge
UNCTAD, Monthly Commodity Price Bulletin, div. Jahrgänge
Weltbank, Weltentwicklungsbericht, div. Jahrgänge

Tab. 5.13: *Indikatoren zur Beurteilung der Agrarstrategie in Frankreich 1960-1985*

| 1. Allgemeine Entwicklung | 1960 | 1970 | 1980 | 1985 |
|---|---|---|---|---|
| (1) BSP/Kopf (US$) | 1202 | 2550 | 11730 | 9540 |
| (2) Bevölkerung (mio) | 45.6 | 50.7 | 53.8 | 55.1 |
| Bevölkerungswachstum (% pro Jahr) | $1.0^{1)}$ | $0.5^{2)}$ | $0.6^{3)}$ | |
| (4) Landnutzungsdichte (ha/Kopf) | $0.42^{4)}$ | 0.34 | 0.3 2 | 0.31 |
| (6) Grundschüler (% Altersgruppe) | 144 | $109^{5)}$ | 112 | 108 |
| (7) Getreideproduktivität (t/AK) | $5.8^{4)}$ | $11.8^{6)}$ | $22.7^{7)}$ | $31.7^{8)}$ |
| (8) Handelsdünger (kg/ha) | 113.6 | 259.6 | 312.0 | $311.5^{9)}$ |

| 2. Wirtschaftliche Beiträge | | | | |
|---|---|---|---|---|
| (9) $\dfrac{\text{BIP Agrarsektor/AK}}{\text{BIP übrige Sektoren/AK}}$ | 0.34 | 0.41 | 0.44 | 0.57 |
| (10) Wanderungsrate | | $2.1^{1)}$ | $2.8^{2)}$ | $1.6^{3)}$ |
| (11) Reale ländl. Kaufkraft (Preise 1960) | 100 | 192 | 337 | 362 |
| (12) Produktion N-Dünger/Verbrauch N-Dünger | $1.19^{4)}$ | $0.92^{10)}$ | $0.76^{11)}$ | $0.72^{12)}$ |
| (13) Nahrungsmittelproduktion pro Kopf | $100^{4)}$ | $133^{6)}$ | $152^{7)}$ | $158^{8)}$ |
| (14) Deckung Ernährungsbedürfnisse (% FAO-Norm) | $133^{13)}$ | $134^{6)}$ | $135^{14)}$ | $141^{15)}$ |
| Agrarhandelsbilanz (mio$) | $-1399.2^{13)}$ | $-49.8^{6)}$ | $+167.9^{14)}$ | $+359.6^{15)}$ |

| 3. Soziale Beiträge | | | | |
|---|---|---|---|---|
| (15) Arbeitslosigkeit (% AK übriger Sektoren) | 0.8 | 1.4 | 6.3 | $9.7^{9)}$ |
| (16) Ackerfläche/permanente Weide | $1.45^{4)}$ | 1.30 | 1.35 | $1.41^{9)}$ |
| (17) Waldfläche (mio ha) | $11.9^{4)}$ | 14.0 | 14.5 | $14.6^{9)}$ |

| 4. Internationale Zusammenhänge | | | | |
|---|---|---|---|---|
| (19) $\dfrac{\text{Getreideeinfuhr}}{\text{Getreideproduktion}}$ (%) | $4.9^{4)}$ | $2.9^{6)}$ | $3.5^{7)}$ | $3.0^{8)}$ |

Anmerkungen: [1] 1960-70  [2] 1970-80  [3] 1980-85  [4] 1961/65  [5] 1975
[6] 1969/71  [7] 1979/81  [8] 1983/85  [9] 1984  [10] 1970/71
[11] 1980/81  [12] 1984/85  [13] 1961/63  [14] 1878/80  [15] 1981/83

Quellen : *FAO, Production and Trade Yearbook, div. Jahrgänge*
*FAO, Fertilizer Yearbook, div. Jahrgänge*
*ILO, Yearbook of Labour, div. Jahrgänge*
*UN , Statistical Yearbook, div. Jahrgänge*
*UNCTAD, Monthly Commodity Price Bulletin, div. Jahrgänge*
*Weltbank, Weltentwicklungsbericht, div. Jahrgänge*

## 2.5.3. Soziale Beiträge

Angesichts steigender Arbeitslosigkeit in beiden Ländern (Ind.(15)) stellt sich die Frage nach der Reservoir-Funktion des Agrarsektors in den 80er Jahren neu. Während in Frankreich der Agrarsektor diese Funktion in den 80er Jahren zu übernehmen scheint (Ind.(10)), nahm in Italien die Abwanderung sogar noch zu.

Ein konstantes Verhältnis Ackerland/Weidefläche lässt in Frankreich keine Erosionsprobleme erwarten (Ind.(16)). Viel eher dürften die im Durchschnitt relativ hohen Düngergaben (Ind.(8)) in einzelnen Regionen mit Intensivackerbau zu Belastungen von Boden und Grundwasser führen. In Italien ist ein deutlicher Rückgang der Ackerfläche festzustellen (Ind.(16)), was vor allem im Getreidebau auftritt. Dies dürfte eine Folge der unvermindert hohen Getreideimporte sein (Ind.(19)). Dies entspricht der EG-internen Arbeitsteilung als Folge der Preisverhältnisse von Stapelprodukten und Frischwaren (vgl. V.2.3.5). In beiden Ländern hat die Waldfläche zugenommen (Ind.(17)), was einerseits auf gezielte Aufforstungen (v.a. Frankreich) und anderseits auf zuwachsende Flächen in Randgebieten zurückgeführt werden kann. Diese Zunahme alleine besagt jedoch noch nichts über die ökologische Bedeutung der Standorte und über den Zustand des Waldes.

## 2.5.4. Gesamtbeurteilung

Ueberschüsse und Schwierigkeiten, diese zu finanzieren, haben sich als Hauptprobleme der Agrarstrategie der Gesamt-EG herauskristallisiert. Für die Agrarsektoren einzelner Mitgliedsländer hat die Strategie aber durchaus positive Konsequenzen gehabt. Die beiden Beispiele von Frankreich und Italien zeigen, dass die Einkommen und die Produktivität der Landwirtschaft seit Beginn der GAP gestiegen sind. Allerdings hat die französische Landwirtschaft stärker von der GAP profitiert, weil die Preispolitik stärker auf ihre Produktionsmöglichkeiten zugeschnitten war. So ist dann der Wandel Frankreichs vom Agrarimporteur zum -exporteur zu erklären. Damit trägt er allerdings zur EG- Ueberschussproblematik entscheidend bei. Dass der französische Agrarsektor heute wirtschaftlich gut entwickelt ist, zeigt die Tatsache, dass trotz eines gesamtwirtschaftlichen Einkommensrückganges (Ind.(1)) nach 1980 die Produktivität (Ind.(9)) und die ländliche Kaufkraft (Ind.(11)) weiter gestiegen sind.

Demgegenüber erweist sich der italienische Sektor als konjunkturanfälliger, ging doch die ländliche Kaufkraft nach 1980 zurück. Grosse regionale Unterschiede in der Agrarstruktur sind dafür verantwortlich was allerdings aus dem Indikatorensystem nicht hervorgeht. Die Strukturpolitik der GAP hat denn auch kaum etwas bewirkt und die Preispolitik war nicht auf die italienische Produktepalette ausgerichtet. Entsprechend finden wir bei den innersektoriellen Voraussetzungen mangelnde Arbeitsproduktivität und eine niedrige Intensität. Daher müssten mittels Strukturprogrammen zuerst diese Voraussetzungen verbessert werden. Dazu zu rechnen sind auch Verbesserungen der Bodenbesitzverteilung in Süditalien.

Wenn der Agrarsektor angesichts steigender Arbeitslosigkeit der übrigen Wirtschaft die Reservoir-Funktion wahrnehmen soll, ist der französische dafür sicher wesentlich besser gerüstet. Denn er hat im nationalen Kontext seine Beiträge alle erfüllt, mit Ausnahme gewisser lokaler ökologischer Probleme infolge hoher Intensität.

# 3. Sowjetunion

In der Sowjetunion wurde erstmals versucht, sozialistische Prinzipien der Wirtschaftsorganisation anzuwenden. Welche Rolle dem Agrarsektor im Entwicklungsprozess zukommen soll, wurde in der Industrialisierungsdebatte in den 20er Jahren intensiv diskutiert (vgl. Kap. III.4.1.). Es ist anhand verschiedener Phänomene zu erkennen, dass die dann letztlich verfolgte Agrarpolitik eine problembeladene Landwirtschaft geschaffen hat:
- private Produktion ist zur Versorgung noch nötig
- grosse Ertragsschwankungen
- Aufgabe des Autarkieprinzips
- ineffiziente Arbeitsorganisation
- etc.

Auch die Reformdiskussionen in der Aera Gorbatschow deuten auf unbefriedigende Resultate in der gesamten Wirtschaft und im Agrarsektor im besonderen hin. Da viele aktuelle Probleme auf Entwicklungen der Vergangenheit beruhen, wollen wir zuerst einen Blick auf die sowjetische Agrargeschichte werfen.

## 3.1. Von der feudalistischen Gutshofwirtschaft zu den Anfängen sozialistischer Wirtschaft

### 3.1.1. Die feudalistischen Verhältnisse im 19. Jahrhundert

In der ersten Hälfte des 19. Jahrhunderts, als in Westeuropa die alte Ordnung längst aufgelöst war, herrschten in den ländlichen Räumen Russlands noch feudalistische Abhängigkeitsverhältnisse. Die Masse der ländlichen Bevölkerung bestand noch 1860 aus Leibeigenen, wie aus folgender Gliederung der russischen Bevölkerung ersichtlich ist (Schweizer, S.87):

26 mio Staatsbauern
23 mio Leibeigene
4 mio Städter
1 mio Adelige
0.7 mio Geistliche

Von den Leibeigenen wurden Leibzinsen, Frondienste und übrige Abgaben eingezogen (Giterman, S.527). Die Staatsbauern waren diesbezüglich zwar besser gestellt, konnten aber vom Zaren jederzeit zu Leibeigenen gemacht werden. Diese leichte Besserstellung wurde ihnen auch nur eingeräumt, weil sie weniger dicht besiedelte und schwieriger zu bewirtschaftende Gebiete bewohnten (Hedlund, S.42). Insgesamt dürften die Bauern aber - und damit 90% der gesamten Bevölkerung - im Bewusstsein der adligen Oberschicht gar nicht existiert haben (Schweizer, S.87). Gegen Mitte des 19. Jahrhunderts riefen sich diese dann mit zunehmenden Aufständen jedoch in Erinnerung (Rochlin/Hagemann, S.12). Dieser Druck und weitere politische Opposition erzwangen schliesslich 1861 die Aufhebung der Grundherrschaft und damit verbunden die Abschaffung der Leibeigenschaft. Diese Agrarreform von 1861 beinhaltete folgendes (Volin, S.51):

1. angemessene Entschädigung der adligen Grundbesitzer, wovon der Staat 80% vorschoss und die Bauern diese Schuld mit Zinsen zurückzahlen mussten;
2. jeder Bauer sollte genügend Land zur Bewirtschaftung erhalten, damit er seiner Familie die Existenz sichern kann;
3. die Auslösung aus der Leibeigenschaft erfolgte entschädigungslos.

In der Durchführung dieser Reform konnten die alten Grundbesitzer jedoch ihre Interessen durchsetzen, indem sie sich selber den guten Boden zuschanzten und die Bauern mit dem noch verbleibenden schlechten vorlieb nehmen mussten (Rochlin/Hagemann, S.12). Zudem wurden den Bauern kleinere Anteile als vorgesehen zugeteilt, so dass schliesslich 75% der Bauern nur Land von weniger als zwei Drittel der Norm bewirtschaften konnten. Weil die Ablösesummen für den Boden höher als sein Ertragswert festgesetzt wurden, konnten sich die Adligen auf diese Weise einen Teil der entgangenen Fronarbeit entschädigen lassen (Volin, S.53).

Dass diese Ablösung von der Feudalstruktur nicht zur Individualisierung der landwirtschaftlichen Produktion wie in Westeuropa führte, lag an der gleichzeitigen Etablierung der Mir-Gemeinde. Wegen der Funktionsweise dieser Institution wurde der ehemalige Feudalbauer neu zum "Sklaven der Gemeinde" (Schweizer, S.88):

1. Für Leistungen an den Staat (Militärdienst, Steuern, Frondienste, Strassenarbeit) war die Gemeinde kollektiv verantwortlich (Rochlin/Hagemann, S.13).
2. Der Einzelbauer hatte nur das Nutzungsrecht und keinen Eigentumstitel am Boden (Rochlin/Hagemann, S.13).

3. Alle 10-20 Jahre wurde der Boden innerhalb der Gemeinde neu zugeteilt (Schweizer, S.89).
4. Die verwaltungsmässigen und rechtlichen Befugnisse des Mir erlaubten, unliebsame Mitglieder nach Sibirien zu deportieren (Schweizer, S.88).
5. Die Bewegungsfreiheit wurde stark eingeschränkt, indem der Mir nur mit einem vom Dorfältesten ausgestellten Reisepass verlassen werden konnte (Rochlin/Hagemann, S.13).

Karl Marx schätzte die Mir-Gemeinde wegen ihrer Züge gemeinschaftlicher Bewirtschaftung als Ansatzpunkt für sozialistische Politik auf dem Lande ein. Lenin dagegen sah in ihr eine im wesentlichen kapitalistische Institution, die es zu überwinden galt (Schweizer, S.92). Wir sind der Ansicht, dass diese Kollektivform eher ein feudales Ueberbleibsel war, welche eine gewinnorientierte Landwirtschaft im kapitalistischen Sinne aus folgenden Gründen verhinderte:
1. Wegen der periodischen Neuverteilung des Bodens hat der einzelne Bauer kein Interesse an einer sorgfältigen Bodenpflege und Bodenverbesserungen.
2. Wegen der kollektiven Verantwortung für den Steuereinzug mussten initiativere Bauern oft ihr Inventar zur Schuldentilgung anderer verkaufen. Es bestand also kein Anreiz zur Intensivierung und Modernisierung. Gegen Ende des 19. Jahrhunderts verfügten denn auch 32% der Bauern in Russland über kein Fuhrwerk, 13% über kein Vieh und 30% über keinerlei Inventar (Schweizer, S.89).
3. Weil die Landzuteilung nach Familiengrösse erfolgte und wegen der institutionellen Hindernisse, wanderte kaum jemand ab. Dadurch verkleinerte sich das bebaubare Ackerland pro Arbeitskraft von ca. 5 ha 1860 auf 2.8 ha um 1900 (Schweizer, S.88). Die Kleinparzellierung dieser Landstücke verhinderte zudem eine effiziente Bewirtschaftung.

Die Mir-Gemeinde war zwar nur in der Hälfte aller Dörfer verbreitet (Rochlin/ Hagemann; S.13), doch verschlechterte sich die materielle Lage der russischen Bauern allgemein. Auch Steuer- und Schuldensenkungen 1883 konnten die Lage nicht bessern. Da kein Anreiz zur Produktionssteigerung vorhanden war, lösten schlechte Erntejahre gegen Ende des letzten Jahrhunderts jeweils verheerende Hungersnöte aus (Volin, S.63).

Erst die Niederlage im russisch-japanischen Krieg und die vor allem durch Bauernrevolten ausgelöste Revolution von 1905 erwirkten bei der Zarenregierung

den Erlass der sogenannten Stolypin-Agrarreform von 1906 (Rochlin/Hagemann, S.13). Deren Ziel, nämlich die Schaffung einer wohlhabenden Bauernschicht sollte mit folgenden Mitteln erreicht werden (Hedlund, S.45):
- Schuldenerlass durch den Staat
- Güterzusammenlegung und Schaffung von erbberechtigtem Bodeneigentum
- Aufhebung des gemeinsam bewirtschafteten Bodens
- Möglichkeit des Austrittes aus dem Mir

In der Folge stieg zwar die Getreideproduktion, und Russland wurde zu einem führenden Getreideexporteur (Volin, S.110), doch ging die Umsetzung der Reform nur schleppend voran. Daher präsentierte sich Russland am Vorabend der Revolution von 1917 noch als Agrarland (Rochlin/Hagemann; S.14f):
- 1913 lebten 80% der Bevölkerung auf dem Lande in einer materiell unbefriedigenden Lage
- jährlich suchten 2 mio Bauern einen Nebenverdienst in der Stadt oder in der Landwirtschaft
- 1917 gehörten immer noch 42% des Bodens der alten Feudalschicht
- unter den 20 mio Bauernbetrieben war die Bodenverteilung ungleich:

|  | Betriebe | Boden |
|---|---|---|
| Kleinbauern | 65 % | } 63% |
| Mittelbauern | 20% | |
| Grossbauern | 15% | 37% |

- Es herrschte ein tiefes technisches Niveau vor, weil nur die wohlhabenderen Bauern modernisieren konnten. Daher produzierten nur 32% der Höfe für den Markt, 40% für die Subsistenz und 28% waren Nebenerwerbsbetriebe.
- Wegen des Mangels an Landvermessern waren bis 1915 erst 40 mio ha der vorgesehenen 136 mio vermessen und nur 17 mio neu verteilt.
- 30% der aus dem Mir ausgetretenen Bauern hatten ihr Land verkauft, allerdings waren dies nur 21% der Bauern (Schweizer, S.90).

Insgesamt vermochte auch diese Reform die Agrarfrage nicht zu lösen - im Gegenteil: die Gegensätze innerhalb der Bauernschaft hatten sich verschärft (Rochlin/Hagemann, S.15). Während des Krieges ging es der Landwirtschaft finanziell zwar nicht schlecht. Das Angebot an Konsumgütern war jedoch äusserst beschränkt, so dass die dadurch hervorgerufene Unzufriedenheit in Verbindung mit der ungelösten Bodenfrage bei den Bauern die Bereitschaft zur Teilnahme an der bolschewistischen Revolution von 1917 rasch wachsen liess.

### 3.1.2. Agrarprobleme in der Folge der Oktoberrevolution

Die Bolschewiken hatten zwar die Unterstützung der Bauern für die Durchführung der Revolution nötig gehabt. Sie glaubten jedoch, dass der revolutionäre Erfolg nach Lenin's Doktrin nur dank proletarischer Führung möglich gewesen war (Schweizer, S.101). Obwohl Lenin am Führungsanspruch der Arbeiter-Elitepartei festhielt, musste er wegen der Unterstützung durch die Bauern diesen v.a. in der Bodenfrage Zugeständnisse machen. Allerdings hätte die von aussen bedrängte, zahlenmässig schwache und auf dem Lande nur wenig organisierte Sowjetmacht kurz nach der Revolution auch kaum die Mittel gehabt, eine geordnete Agrarreform nach sozialistischen Vorstellungen durchzusetzen. Daher wurde der Boden zwar mit dem Bodendekret vom 26. Oktober 1917 verstaatlicht, aber seinen Bewirtschaftern die individuelle Nutzung zugestanden (Bergmann 1979a, S.42). Eigentlich wurde den Bauern damit volle Wirtschaftsfreiheit gewährt. Diese verteilten dann den Boden auch nach eigenem Gutdünken (Rochlin/Hagemann, S.26). Um den dabei oft entstandenen Schaden (Plünderungen, Güterzersplitterung etc.) etwas einzudämmen, wurde am 19. Februar 1918 ein Bodengesetz erlassen (Schweizer, S.107). Weil die Bodenverteilung nach Anzahl Essern erfolgte und die Versorgungslage in den Städten schlecht war, strömten ca. 8 mio Städter aufs Land (Schweizer, S.107). Dadurch entstand eine äusserst ineffiziente Agrarstruktur mit geschätzten Bodenzuteilungen von 0.1-0.5 ha pro Kopf (Rochlin/Hagemann, S.28). Die Sowjetregierung konnte sich nur mit Mühe dort, wo sie genügend Machtmittel besass, einige Grossgrundbesitzümer für Staatsbetriebe sichern (Rochlin/Hagemann, S.27). Entsprechend sah die Bodenverteilung um 1920 aus (Schweizer, S.108):

93.7% unter die Bauern verteilt
4.6% in Staatsbetrieben bewirtschaftet
1.7% genossenschaftlich bewirtschaftet

Lenin glaubte, dass diese genossenschaftlichen Kollektivbetriebe als Vorbilder wirken würden, und die Bauern innerhalb von zwei Jahrzehnten freiwillig beitreten würden (Wädekin 1974, S.39). Dies war jedoch nicht der Fall. Anderseits wuchs die Unzufriedenheit der Bauern, als sie erkannten, dass die Landzuteilungen nicht in erwartetem Ausmass zustandekamen. Viele waren auch überfordert, plötzlich auf eigene Verantwortung produzieren zu müssen (Rochlin/Hagemann, S.28). Da für Geldeinkommen auch weiterhin keine Güter zu kaufen waren, ging das Angebot an Agrarprodukten trotz befriedigender Produktion zurück (von Urff, S.29). Infolge überstürzter und unkontrollierter Umverteilungen wurde der Viehbestand stark dezimiert.

Als Folge dieser nachrevolutionären Wirren sank die Produktion auf die Hälfte des Vorkriegsstandes, wodurch schliesslich eine radikale Kurskorrektur erzwungen wurde. Durch die im April 1923 verkündete "Neue Oekonomische Politik" (Novaja Ekonomiceskaja Politika, NEP) wurde die Kollektivierung eingestellt, den Landwirten ein dauerhaftes Besitzrecht garantiert und die Ablieferungspflicht durch eine Natural-, später Geldsteuer, ersetzt. Das Ergebnis war eine rasche Konsolidierung, so dass bereits 1925 die Produktion wieder das Vorkriegsniveau erreichte. Allerdings waren damit zwei aus der Sicht des Systems unerwünschte Entwicklungen verbunden: Erstens entstand eine zunehmend erstarkende grossbäuerliche Schicht. Zweitens verringerten die Landwirte ständig ihr Angebot auf den Märkten, was eine Folge der hohen Preise des staatlichen Industriesektors war, welche wenig Anreiz für ein höheres Geldeinkommen boten (von Urff, S.30).

Die Einführung der NEP bedeutete ein weiteres Abrücken von sozialistischen Grundsätzen, insbesondere die Zulassung des von Lenin so verpönten Getreidehandels (Schweizer, S.110). Mit der so eingeleiteten Erholung der Landwirtschaft entstand aber auch zunehmendes Misstrauen gegen die Sowjetregierung, die den Kampf gegen die Kulaken ("ausbeuterische Mittel- und Grossbauern") begonnen hatte. Bei diesem Prozess traten auf Dorfebene sicherlich viele Willkürakte auf (Rochlin/Hagemann, S.31). Entscheidend für die Sowjetführung war aber die Tatsache, dass die sozialisierte Produktion von 1925-28 immer nur 2-3% der Gesamtagrarproduktion ausgemacht hatte (Schweizer, S.111). Dadurch konnte der Agrarsektor die ihm zugedachte Rolle beim Aufbau der sozialistischen Wirtschaft nicht erfüllen. Dies löste die sogenannte "Industrialisierungsdebatte" aus (vgl. Kap. III. 4.l.), bei deren Abschluss sich die superindustrialistische Variante Preobraschenski's durchgesetzt hatte. Als Voraussetzung zu deren Realisierung war die Kollektivierung der Landwirtschaft unumgänglich.

## 3.2. Zwangskollektivierung und daraus hervorgegangene Organisationsformen

An warnenden Stimmen vor einer zwangsweisen Kollektivierung fehlte es damals nicht. Als Beispiel wollen wir Bucharin erwähnen, der 1926 zur Agrarfrage sagte (Fischer, S.662): "Unser Land ist so schrecklich arm. Unsere Bauern rackern sich mit primitiven Geräten ab. Wir haben keine reichen Bauern im Sinne des Westens; unsere Kulaken können nicht mit den reichen Bauern Deutschlands oder Frankreichs verglichen werden. Jeder, der zwei Pferde und einige landwirtschaftliche Maschinen besitzt, ist zum Kulaken ernannt worden. Es wird Jahre dauern, bis diese Bauernwirtschaft in eine moderne Landwirtschaft verwandelt wird. Das Parteimonopol wird nicht bedroht, wenn ein paar von diesen Kulaken reich werden. Wir haben die Kommandohöhen und können die Kontrolle aufrechterhalten. Eine Zwangskollektivierung würde den ganzen Charakter unseres Regimes ändern; sie würde verheerende Folgen haben. Die richtige Bauernpolitik wäre, die Landwirtschaft mit Hilfe eines Netzes staatlich unterstützter Genossenschaften auf ein höheres Niveau zu bringen".

Nachdem Versorgungsschwierigkeiten in den Städten im Februar 1929 die Wiedereinführung der Lebensmittelrationierung zur Folge hatte, löste Stalin im Dezember desselben Jahres die forcierte Kollektivierung aus (Rochlin/Hagemann, S.42). Sie wurde eingeleitet mit repressiven Massnahmen gegen die als Kulaken (Wucherer, Ausbeuter) diffamierten Grossbauern, deren Land eingezogen und als Nukleus für die unter massivem staatlichen Zwang geschaffenen Kollektivbetriebe verwendet wurde. Der Kollektivierungsprozess war - unter grossen wirtschaftlichen und sozialen Kosten - 1933 praktisch abgeschlossen (von Urff, S.30). Begonnen worden war die Aktion ohne sachliche Vorbereitung. Es gab nicht einmal eine klare Verordnung über die zu bildenden Kollektivbetriebe. Ferner fehlte es an Verwaltungsbeamten, Fach- und Schreibkräften, gemeinschaftlichen Gebäuden und modernen Geräten (Rochlin/Hagemann, S.42). Da die lokalen Parteikader Erfolge vorweisen mussten, geschah vieles im Uebereifer, insbesondere wurden viele Mittelbauern, die vorher loyal zur Sowjetführung standen, deportiert (Merl, S.135).

Viele Bauern weigerten sich, ihr Inventar in die Kollektivbetriebe einzubringen. Vor allem das Abschlachten der Tiere hatte nicht nur eine drastische Verschlechterung der Fleischversorgung zur Folge, sondern auch die Transportkapazitäten wurden verringert (Schäfer, S.246). Aber auch für die übrige Agrarproduktion blieb dieser Ausfall erfahrener Landwirte nicht ohne Folgen. So fiel die gesamte Agrarproduktion und erreichte erst 1937 wieder das Niveau vor der Kollektivierung (vgl. Abb. 5.6), was jedoch nur dank Ausdehnung der Anbaufläche und guter Ernten möglich wurde (von Urff, S.30).

*Abb. 5.6: Bevölkerungswachstum und Entwicklung der Agrarproduktion in der UdSSR 1913-1977 (1913=100)*

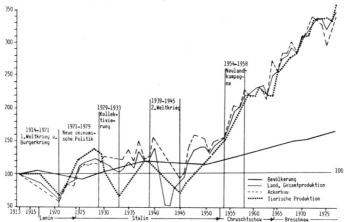

*Quelle: Bergmann Theodor, Agrarpolitik und Agrarwirtschaft sozialistischer Länder*

Mit dieser Kollektivierung innert kurzer Zeit ging gleichzeitig eine enorme soziale Transformation vonstatten (vgl. Abb. 5.7). Hinter dieser Darstellung steckt zum einen die Dynamik jeder sich industrialisierenden Gesellschaft, indem die Beschäftigten im Industriesektor im Laufe der Zeit zunehmen. Dramatischer ist aber die Umwandlung von eben erst frei gewordenen Bauern zu kollektiv organisierten Genossenschaftsbauern zwischen 1929 und 1933. Dieser überstürzte und chaotisch verlaufene Transformationsprozess wirkt bis heute nach, indem er sich negativ auf die Motivation der Bauern ausgewirkt haben dürfte.

Neuere Untersuchungen, die auf sowjetischen Angaben beruhen, zeigen, dass die Sozialstruktur im Vorfeld der Kollektivierung falsch eingeschätzt wurde (vgl. Merl). Beziehungsweise die Einschätzung erfolgte auf Grund ideologischer Vorgaben. So wurde eine "Liquidierungsrate" von 3% Kulaken vorgegeben (Merl, S.137). In vielen Dörfern war damals jedoch die Wirtschaftskraft der

*Tab. 5.7: Soziale Transformation in der Sowjetunion*

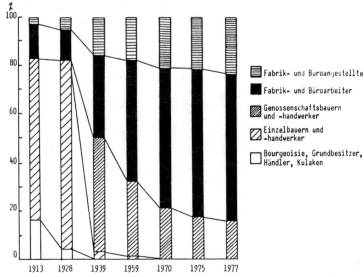

*Quelle: Bergmann Theodor, Agrarpolitik und Agrarwirtschaft sozialistischer Länder*

Kulaken überhaupt erst die Voraussetzung, dass die armen Bauern produzieren und existieren konnten (Merl, S.121 ff):
- Ausleihung von Produktionsmitteln an Besitzlose ermöglichten deren wirtschaftliche Tätigkeit
- zusätzliches Einkommen aus Landarbeit war für viele Kleinbauern zum Ueberleben nötig
- die meisten Dorfarmen hatten kein Interesse an landwirtschaftlichen Genossenschaften, weil sie ihr Einkommen vor allem mit nichtlandwirtschaftlicher Tätigkeit erarbeiteten. Dieses mangelnde Interesse war der Grund, dass sie in den Leitungsgremien untervertreten waren. Die Kontrolle der Genossenschaften durch die Kulaken war dann eine Folge und nicht die Ursache für die Untervertretung der Dorfarmen.

Es gab damals sicher eine reiche bäuerliche Oberschicht, die sich gegen den Aufbau des Sozialismus sträubte. Viele Mittelbauern waren dem Sowjetstaat jedoch nicht feindlich gesinnt. Zudem lagen auch die höchsten ländlichen Einkommen tiefer als die durchschnittlichen Arbeitereinkommen in der Stadt (Merl, S.121). Daher stellte die Liquidierung der Mittelbauern für den Aufbau sozialistischer Wirtschaftsstrukturen einen lange nachwirkenden Fehler dar.

Diese sozialistische Wirtschaftsstruktur musste zuerst experimentell erprobt werden, hatten die Klassiker doch kaum Angaben über den organisatorischen Aufbau des Sozialismus hinterlassen (vgl. II. 4.3.1.). Im ländlichen Raum bildeten sich folgende Organisationsformen heraus:
- Produzentengenossenschaften (Kolchosen)
- Staatsfarmen (Sowchosen)
- individuelle Hofwirtschaften der Genossenschaftsbauern
- Maschinen- und Traktorenstationen

Bis zum Vorliegen eines offiziellen Musterstatutes 1930 wurde mit verschiedenen Genossenschaftsformen experimentiert (Wädekin 1974, S.58ff). Die dann herauskristallisierten Formen haben sich bis heute gehalten. Denn die angestrebte Einbindung der Produktion in Agrokombinate mit grösserer Autonomie und direkter Orientierung an Konsumentenbedürfnissen scheint sich bisher nicht vollzogen zu haben (Deutsch, S.55).

Lediglich Uebergangscharakter wiesen die 1958 aufgelösten Maschinen- und Traktorenstationen (MTS) auf. In den Anfangszeiten nach der Kollektivierung waren Maschinen äusserst knapp. Die MTS stellten diese den Kolchosen gegen Naturalentschädigung zur Verfügung. Auf diese Weise wurden die wenigen Maschinen effizient genutzt. Gleichzeitig bildeten die MTS Beratungszentren. Als dann die Betriebe über genügend Kapital verfügten und auch das Angebot der Maschinenindustrie verbessert worden war, konnten die MTS aufgelöst und ihre Bestände an die Kolchosen verkauft werden (Bergmann 1979a, S.64). Die übrigen 3 Formen lassen sich wie folgt charakterisieren:

*Kolchosen:*
- Grundprinzipien: verstaatlichter Boden, kollektive Bearbeitung, kollektiver Besitz der Produktionsmittel, Integration in Zentralplanung, Pflichtablieferungen zu staatlich festgesetzten Preisen (Rochlin/Hagemann, S.53).
- Gesamtzahl rückläufig wegen Betriebszusammenfassungen (Bergmann 1979a); 1984: 26'200 Kolchosen, 12.3 mio Beschäftigte, 92.0 mio ha (Statistisches Bundesamt 1986)
- Demokratische Organisation der Genossenschaftsbauern, deren Vorteile aber durch die Einbindung in die Zentralplanung grösstenteils verloren gehen (Bergmann 1979a)

- Entlöhnung bis 1970: Lohnfonds erst nach Abzug von Kosten und Investitionen. Daher trugen Kolchosniki voll die schlechten Ernteergebnisse. Seit 1970: Minimallohn (Schweizer, S.148)
- Prämiensysteme für individuelle Leistungsmotivation hatten eher wenig Erfolg (Bergmann 1979a)
- Arbeitsorganisation: Arbeitsbrigaden (industrielle Arbeitsteilung), später Komplexbrigaden, die einen Produktionsgang betreuen (Schweizer, S.146) und Verrechnungseinheiten (Schweizer, S.152)
- Eigenverantwortlichkeit in finanziellen Fragen (Kredite, Steuern), Schaffung von Fonds für Investitionen, die aber in Uebereinstimmung mit den Behörden erfolgen (Rochlin/Hagemann, S.60ff).

*Sowchosen:*

- Abkürzung der russischen Bezeichnung "Sowjetskoje chosjajstwo" - Sowjetwirtschaft (Rochlin/Hagemann, S.65)
- politische Rolle: Disziplinierung aufständischer Dörfer während Kollektivierung, Neulandgewinnung, Vorbildfunktion (Rochlin/Hagemann, S.66)
- feste Entlohnung der Angestellten mit zusätzlichen Prämien, industrielle Arbeitsorganisation (Schweizer, S.159)
- Zunahme der Betriebe während der Neulandkampagne von 1956- 61 (Bergmann 1979a); 1984: 22'500 Sowchosen, 12.0 mio Beschäftigte, 109.3 mio ha (Statistisches Bundesamt 1986)
- wegen spezieller Aufgaben arbeiten die meisten Sowchosen defizitär; Defizite vom Staat übernommen; Versuche, das Rentabilitätsprinzip einzuführen, sind bisher gescheitert (Rochlin/Hagemann, S.71)

*Individuelle Hofwirtschaften:*

- Kolchosebauern dürfen bis maximal 1/2 ha privat bewirtschaften, sowie 1-2 Kühe, Kälber und andere Tiere halten (Schweizer, S.162)
- Absatz der Produkte durch Bauern selbst (Zwischenhandel verboten) bringt Verluste an Arbeitstagen in den Kolchosen (Rochlin/Hagemann, S.76)
- ideologischer Fremdkörper, der aber für das Ueberleben der Kolchosebauern vor allem in den 30er und 40er Jahren absolut notwendig war (Schweizer, S.163)
- Ergänzung zum Hauptbetrieb:
  - wenig mechanisierte Produktion

- Diversifizierung des Angebotes
- Nutzung überschüssiger Arbeitskräfte in arbeitsarmen Zeiten
- Nutzung von Ueberschussfutter

vor allem die private Viehhaltung wäre ohne Nutzung von kollektiven Weideflächen nicht denkbar (Schweizer, S.162).

Die in Kapitel II. 4.3.1. dargestellte deutsche Agrardebatte erhält durch die sowjetische Entwicklung neue Aktualität. Für die frühe Sowjetführung waren die Vorteile des Grossbetriebs auf Grund der marxistischen Literatur gegeben. In der Umsetzung ergaben sich aber bald Probleme. So wurde bereits in den 30er Jahren der Fehler zu grosser Betriebe erkannt. Die grösste Sowchose von 165'000 ha Grösse wurde in mehrere Betriebe aufgeteilt (Schweizer, S.157).

Das Weiterbestehen der kleinbetrieblichen privaten Produktion mag ein Hinweis sein, dass die Grossbetriebe allein die Versorgung nicht zu decken vermögen. So hat sich eine Arbeitsteilung herausgebildet:
- Kollektivbetriebe: grossflächiger Ackerbau und Grossviehzucht
- Hofwirtschaften: arbeitsintensive Kleinviehzucht und Gartenbau

In dieser Arbeitsteilung, die allerdings nur einen Trend angibt und nicht auf jedem Betrieb verwirklicht ist, war das Einkommen aus der Arbeit in der Kolchose der Puffer, der Ertragsausfälle auffangen musste. Auf diese Weise konnte der Investitionsfonds und die aus dem Sektor abfliessenden Kapitalmittel während langer Zeit mehr oder weniger konstant gehalten werden.

## 3.3. Beitrag des Agrarsektors zur Industrialisierung in der Phase der ersten beiden Fünf-Jahrespläne 1929-39

Die Industrialisierung der Sowjetunion vor dem zweiten Weltkrieg stellte einen Prozess forcierten Wachstums ohne vergleichbare Entwicklung in einem andern Land dar (Schäfer, S.242). Gemäss dem von Preobraschenski entwickelten Konzept der "sozialistischen Akkumulation" sollte der Agrarsektor die für diese schnelle Industrialisierung benötigten Investitionsmittel bereitstellen (vgl. III.4.1.). Aus den Zusammenstellungen in Tabelle 5.14 ist dieser rasche Industrialisierungsprozess ersichtlich. Insbesondere die starke Zunahme der Wertschöpfung und des industriellen Kapitalstocks deuten auf den Anstieg des im Industriesektor akkumulierten Kapitals. In neuerer Zeit sind nun aber Zweifel auf-

*Tab. 5.14: UdSSR, Das Wachstum der sowjetischen Industrie (1928-1940)*

|  | Wertschöpfung der Industrie in Mrd Rubel | | industrielle Arbeitsstunden | industrieller Kapitalstock Ausrüstungen und Lager in Mrd Rubel |
|---|---|---|---|---|
|  | in Preisen von 1937 | in Preisen von 1928 | 1937 = 100 | in Preisen von 1937 |
| 1928 | 26.3 | 6.5 | 55.5 | 34.8 |
| 1929 | 30.2 | 8.5 | 58.8 | 37.5 |
| 1930 | 33.7 | 11.7 | 66.5 | 43.4 |
| 1931 | 38.5 | 14.7 | 75.5 | 54.0 |
| 1932 | 36.7 | 15.5 | 81.5 | 65.9 |
| 1933 | 34.8 | 15.2 | 75.6 | 75.7 |
| 1934 | 39.0 | 18.9 | 82.6 | 83.9 |
| 1935 | 53.6 | 26.9 | 91.3 | 94.1 |
| 1936 | 62.4 | 35.0 | 96.1 | 107 |
| 1937 | 68.9 | 37.9 | 100 | 119 |
| 1938 | 77.6 | 44.1 | 105 | 133 |
| 1939 | 93.8 | 50.6 | 106 | 150 |
| 1940 | 93.1 | 54.0 | 119 | 170 |

*Quelle: Powell, R.P., Industrial Production, in: Bergson, A. und Kuznets, S. (1963), S.150-202 zitiert in: Schäfer Hans-Bernd, Landwirtschaftliche Akkumulationslasten und industrielle Entwicklung*

getaucht, ob dieses Kapital tatsächlich aus dem Agrarsektor herausgezogen worden ist. Wir verweisen an dieser Stelle auf die sehr gute Uebersicht über diese Debatte in Schäfer. Es sollen daher im folgenden nur die wichtigsten Schlussfolgerungen aufgeführt werden.

Die traditionelle Auffassung hebt den Ersparnistransfer in die Industrie aufgrund theoretischer Ueberlegungen hervor. Als Hauptvertreter ist Erlich (1950) zu erwähnen. Dagegen argumentierten in den 70er Jahren Millar (1970) und Ellman (1975), die sich auf empirische Arbeiten des sowjetischen Oekonomen Barsov stützen, die er in den 60er Jahren durchgeführt hatte (Schäfer, S.249).

Aus diesen empirischen Arbeiten geht folgendes hervor:
- Ende der 20er, anfangs der 30er Jahre wurde die sowjetische Bevölkerung mit Produkten der eigenen Landwirtschaft versorgt. Wenige Agrargüter

und Rohstoffe wurden exportiert, um so Einfuhren wichtiger Industriegüter zu ermöglichen (Ellman, S.846).
- Zur Versorgung der wachsenden städtischen Bevölkerung waren Privatverkäufe der Kolchosbauern notwendig - allerdings nur zu hohen Preisen. Inflationserscheinungen und ein Absinken der industriellen Reallöhne um 49% von 1928-32 waren die Folge (Schäfer, S.254).
- Von 1928-32 wurden die staatlichen Aufkaufpreise für Agrargüter konstant gehalten und die Preise für Industriegüter angehoben. Auf Grund dieser "offiziellen" Betrachtung verschlechterten sich die sektoralen Terms of Trade für die Landwirtschaft. In dieser Betrachtung sind jedoch die Verkäufe der Kolchosebauern auf den freien bzw. Schwarzmärkten nicht einbezogen. Ellman hat daher in einer Schätzung mit einem gewichteten Preisindex diese Verkäufe berücksichtigt und gelangte so zu einer für die Landwirtschaft günstigeren Entwicklung der Terms of Trade (Ellman, S.849):

| 1928 | 1929 | 1930 | 1931 | 1932 |
|------|------|------|------|------|
| 100  | 116  | 164  | 116  | 130  |

Gemäss dieser Schätzung konnten die Privatverkäufe also die "offiziellen" Verluste mehr als wettmachen.
- Eine Berechnung von Barsov in Arbeitswerten für die Phase 1913 bis 1938 zeigt, dass die grössten Transfers aus dem Agrarsektor in der Stolypin-Aera erfolgten. Nach der Kollektivierung stiegen sie zwar noch bis 1931 an, dann sanken sie aber deutlich.

Aus allen diesen Beobachtungen können wir trotz vielleicht teilweise unsicherer Datenbasis folgenden Schluss ziehen: Der Haupttransfer von Kapital aus dem Agrar- in den Industriesektor erfolgte vor der sozialistischen Revolution. Nach der Revolution wurden die industriellen Investitionen mittels Konsumverzicht ermöglicht, der sich im tiefen Lebensstandard der Bevölkerung in den Städten wie auch auf dem Lande ausdrückte (Schäfer, S.252). Die Bedeutung der Kollektivierung des Agrarsektors lag somit nicht im vermehrten Kapitaltransfer in den Industriesektor, sondern sie bot verwaltungstechnische Vorteile in der Getreidebeschaffung und der Disziplinierung ländlicher Arbeitskräfte. Zersplitterte Bauernhaushalte hätten auf die erhöhten Pflichtablieferungen mit Verweigerung reagiert (Schweizer, S.121). Mit der Kollektivierung konnten die benötigten Getreidemengen leichter beschafft werden.

## 3.4. Analyse einiger aktueller Probleme im Agrarsektor

### 3.4.1. Bedeutende agrarpolitische Änderungen nach 1945

Die Politik tendenziell tiefer Produzentenpreise und das Ziel der Sozialisierung der gesamten Agrarproduktion wurden im wesentlichen bis heute beibehalten. Hervorzuheben sind folgende wichtige agrarpolitische Änderungen:
- Neulandkampagne 1954-62: Erfolgsbeurteilungen sind unterschiedlich. Sicher wurden traditionelle Anbaugebiete von Pflichtlieferungen an Getreide entlastet, aber die ungenügende Berücksichtigung der klimatischen Eignung brachte nicht überall die gewünschten Ergebnisse (Wädekin 1974, S.225).
- Vermehrte Sozialisierung Ende der 50er Jahre: Stärkere Betonung der Sowchosen gegenüber den Kolchosen (v.a. im Zusammenhang mit der Neulandkampagne), sowie strengere Vorschriften über die Nutzung des Privatlandes zwecks Verbesserung der Arbeitsdisziplin in den Kollektivbetrieben.
- Vermehrte Investitionen im Agrarsektor ab 1965: In der Ära Breschnew flossen mehr Investitionsmittel in den Agrarsektor (1971-75 : 20% aller Investitionen; Hedlund, S.97). Zudem wurden Preiserhöhungen vorgenommen.
- Einführung eines garantierten Mindestlohnes für Kolchosebauern 1966: Auch weitere Besserstellungen im Bereich der Sozialversicherungen sollten die Leistungen erhöhen (Bergmann 1979a, S.72).
- Aufgabe des Autarkieprinzips Ende der 60er Jahre: geänderte Fleischversorgungsziele zwingen in schlechten Jahren zu Getreidekäufen auf den Weltmärkten (siehe auch V. 3.5.).

Wenn im folgenden von Problemen des Agrarsektors die Rede ist, dürfen darob seine Leistungen nicht vergessen werden. So ist trotz schwerer Schäden im 2. Weltkrieg, teilweise schwierigen klimatischen Bedingungen und ökonomischen Benachteiligungen in der Wirtschaftsplanung ein zufriedenstellendes Versorgungsniveau der Bevölkerung erreicht worden (Bergmann 1984b, S.147).

### 3.4.2. Ernteschwankungen

Abbildung 5.8 ist zu entnehmen, dass die Getreideerträge zwar einen steigenden Trend, aber auch grosse Schwankungen aufweisen. Im Vergleich zu den USA

*Abb. 5.8: Vergleich der Getreideerträge in der UdSSR und den USA 1972-85*

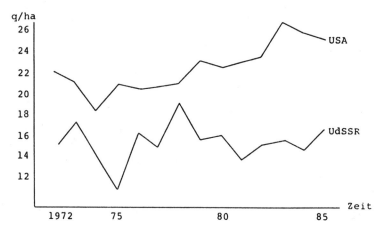

Quelle: FAO, Production Yearbook

sind diese Schwankungen viel grösser. Ein Grossteil der Anbaufläche liegt in Gebieten mit grossen Klimaschwankungen. Dies erklärt obige Ertragsinstabilitäten (OECD 1983, S.55). Intensive Erzeugung ist eigentlich nur im "Agrardreieck" und den mittelöstlichen Bewässerungsoasen möglich (Bergmann 1984b, S.155). Bei an sich günstig gelegenen Gebieten, die aber weit von den Verbraucherzentren liegen, werden diese Distanzen zu einem Hindernis für eine Erschliessung. Investitionen in den bestehenden Anbaugebieten (Meliorationen, Strassenbau, Pflanzenschutz etc.) könnten aber bereits die Erträge auf einem höheren Niveau stabilisieren (Bergmann 1984b, S.156).

### 3.4.3. Konsum von Nahrungsmitteln

Die Entwicklung des Nahrungsmittelverbrauchs weist die Kennzeichen einer Industriegesellschaft mit wachsendem Einkommen auf. Allerdings sind die von sowjetischen Ernährungswissenschaftern festgesetzten Normen noch nicht erreicht (vgl. Tab. 5.15). Eine Ausnahme bildet der Zucker, dessen Konsum als zu hoch erachtet wird. Diese ungesunde Entwicklung der Ernährungsgewohnheiten wird von den Planern beklagt, lässt sich aber offensichtlich auch in einer Planwirtschaft nicht verhindern (OECD 1983, S.15). Ein Teil dieses Ausweichens auf Süssigkeiten dürfte mit dem Mangel an dauerhaften Konsumgütern erklärt

Tab. 5.15: Nahrungsmittelkonsum in der Sowjetunion (in kg/Kopf)

|  | 1960 | 1970 | 1980 | 1984[1] | Norm[2] |
|---|---|---|---|---|---|
| Brot/Getreide | 164 | 149 | 139 | 134 | 120 |
| Fleisch | 40 | 48 | 57 | 60 | 82 |
| Milchprodukte | 240 | 307 | 314 | 318 | 434 |
| Eier (Stück) | 118 | 159 | 238 | n.v. | 292 |
| Fisch | 9.9 | 15.4 | 17.0 | n.v. | 18.2 |
| Pflanzliche Oele | 5.3 | 6.8 | 8.6 | n.v. | n.v. |
| Gemüse | 70 | 82 | 93 | 106 | 146 |
| Zucker | 28.0 | 38.8 | 42.2 | 45 | 36.5 |

Anmerkungen: 1) Woskressenski L., Agriculture
2) OECD, Prospects for Sovjet Agricultural Production and Trade

Quelle: Deutsch Robert, The Food Revolution in the Soviet Union and Eastern Europe

werden. Aus dem selben Grund ist der Fleischverbrauch zu einer Art Wohlstandssymbol geworden.

Neben den gestiegenen Einkommen sind für diese Verbrauchszunahmen aber auch die durch Subventionen tief gehaltenen Nahrungsmittelpreise verantwortlich. Diese sind in der Sowjetunion seit 1965 praktisch unverändert geblieben (Preissteigerungen 1965/70 : 0.0%, 1970/75 : 0.2%, 1975/80 : 0.5%; Deutsch; S.115). Für die zukünftige Ausgestaltung der Agrarpolitik stellt sich die Frage, ob der Staat diese Preisstützung weiterhin aufrechterhalten will bzw. kann. Denn, um die gesetzten Ziele der Norm zu erreichen - was immer noch als Ziel gilt (vgl. Murachowski, S.4) - sind kostspielige Investitionen im Agrarsektor nötig.

### 3.4.4. Planungsprobleme im Agrarsektor

Der Planungsvorgang im sowjetischen System stellt einen äusserst komplizierten Vorgang dar, an dem eine ganze Reihe von Ministerien beteiligt ist. Die zentrale Planungsstelle (Gosplan) müsste für die Optimierung der gesamten Wirtschaft über eine komplette Datenfülle und praktisch unbegrenzte Computerkapazitäten verfügen. Da dies aber nicht der Fall ist, hat sich die Praxis eingebürgert, die alten Pläne einfach um einen bestimmten Prozentsatz zu erhöhen

(Hedlund, S.143). Für den Agrarsektor bestehen die Planangaben im wesentlichen aus folgenden Kennziffern (Autorenkollektiv, S.37):
- Bruttoproduktion pflanzlicher und tierischer Erzeugnisse
- staatliche Aufkäufe nach Produkten
- materiell-technische Versorgung (Betriebsmittel)

Zur Umsetzung dieser Planziffern stehen der Zentralverwaltung neben dem Hauptinstrument der staatlichen Pflichtkäufe und der Ueberlieferungsmengen zu höheren Preisen, Kredit- und Finanzpolitik, sowie die Zuteilung von Produktionsmitteln zur Verfügung (Autorenkollektiv, S.38).

Neben dem bereits erwähnten grundsätzlichen Problem der Datenbeschaffung ergeben sich weitere (vgl. Hedlund):
- Fixe Preise und Ablieferungsquoten belassen den Kolchosen zu kleine Entscheidungsspielräume.
- Regionale Preisdifferenzierungen sind oft zu wenig an den natürlichen Produktionsbedingungen orientiert.
- Weil auch unrentable Produkte in den Produktionsplan der einzelnen Betriebe aufgenommen werden müssen, entsteht eine ineffiziente Verteilung der Produktion.
- Für die Verantwortlichen auf den verschiedenen Stufen besteht ein starker politischer Druck zur Planerfüllung. Dadurch werden kaum Innovationen eingeführt oder Risiken eingegangen.
- Die obersten Planziele sind politisch vorgegeben und können daher unter Umständen den realen ökonomischen Gegebenheiten nicht entsprechen.

Vor allem das wenig anpassungsfähige Preissystem kann Betriebe mit ungünstigen Planvorgaben in immer schlechtere Situationen führen und umgekehrt andere in zunehmend günstigere. Dadurch vergrössern sich innersektorielle Disparitäten, aber nicht aufgrund des ökonomischen oder natürlichen Produktionspotentials, sondern wegen des zu starren Plansystems.

### 3.4.5. Ineffizienzen in der Versorgung mit Produktionsmitteln

Trotz seit der Breschnew-Aera deutlich erhöhten Investitionen im Agrarsektor hat sich die Gesamtproduktion nicht entsprechend erhöht (Autorenkollektiv, S.23). Dies ist zu einem gewissen Teil auf die ungenügende Versorgung mit Produktionsmitteln zurückzuführen. Ausdruck davon sind nicht nur ungenügende

Angebotsmengen (z.B. Mineraldünger) von Seiten der Industrie (OECD 1983, S.47), sondern auch schlechte Qualität von Maschinen und mangelnde Ersatzteile (Autorenkollektiv, S.29). Ein Grund für verzögerte Lieferungen dürfte in den riesigen Dimensionen des Landes und der in den ländlichen Räumen vielerorts noch schlecht ausgebauten Infrastruktur (v.a. Strassen) liegen. Wenn Strassen vorhanden sind, befinden sie sich häufig in so schlechtem Zustand, dass Nachernteverluste auftreten, die sich in der Grössenordnung von Ländern der Dritten Welt bewegen (Autorenkollektiv, S.33). Letztlich dürften auch hier zu starre Planvorgaben für diese Mängel verantwortlich sein. Der einzelne Fabrikdirektor erfüllt die stark aggregiert vorgegebene Produktionsauflagen mit einem unter diesen Restriktionen für seinen Betrieb optimalen Produktmix. Auf diese Weise entsteht aber oft ein Gesamtangebot, welches nicht der Nachfrage entspricht.

### 3.4.6. Aussenhandelsmonopol

Zum Konzept der Zentralverwaltungswirtschaft gehört das staatliche Aussenhandelsmonopol. In Abbildung 5.9 ist die organisatorische Gliederung der Institutionen aufgeführt, die sich mit dem Agraraussenhandel befassen. Daraus geht hervor, dass die Durchführung des Aussenhandels in die Administration eingebettet ist. Darin liegt auch die Hauptproblematik im Aussenhandel. Denn diese Verwaltungen sind oftmals schwerfällig, weisen höhere Kosten der Handelsabwicklung auf und viele Entscheidungen unterliegen mehr politischen als ökonomischen Kriterien (Bunker et al., S.221). Wegen des Zieles der Devisenerlösmaximierung wird jeweils dem günstigsten Angebot der Vorrang gegeben, was aber bei Produkten mit schnell wechselnden Weltmarktpreisen infolge der Trägheit der Verwaltung nicht immer gelingt.

### 3.4.7. Arbeitsmotivation der Kolchosebauern

Im Vergleich zu den Industrienationen des Westens liegt die Arbeitsproduktivität im sowjetischen Agrarsektor tief (Autorenkollektiv, S.21). An Gründen, die dafür verantwortlich sein können, wird in der Literatur eine grosse Anzahl angeführt. Die schlechte Versorgung der Landwirtschaft mit Inputs und Maschinen haben wir bereits erwähnt. Weil die Schul- und Berufsbildung auf dem Lande gegenüber früher wesentlich verbessert worden sind, kann mangelnde Bildung kein Grund mehr sein (Suniza, S.63). Dagegen ist die Arbeitsmarktpolitik sicher

*Abb. 5.9: Organigramm der Agraraussenhandelsinstitutionen in der Sowjetunion*

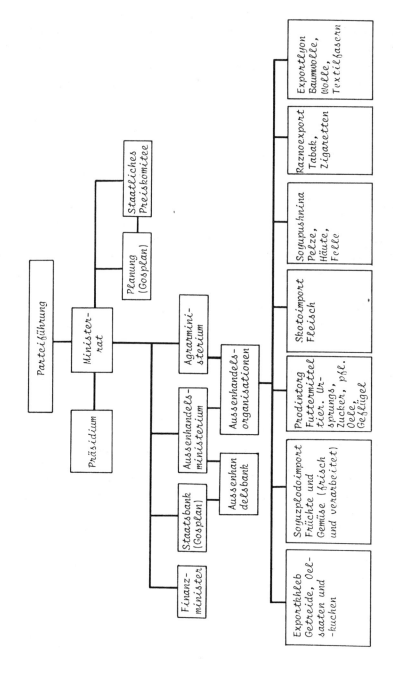

Quelle: Bunker Arvin R. et al., *Doing Business with CPEs and Marketing Strategies for Western Exporters*

ein wesentlicher Grund. Denn der Agrarsektor dient nach wie vor als Reservoir für Arbeitskräfte und erlaubt so, die Gesamtlohnsumme für den Staat tiefer zu halten. Denn die tieferen Löhne im Agrarsektor werden durch die Privatproduktion der Kolchosniki ausgeglichen. Damit ist aber bereits der Teufelskreis mangelnder Arbeitsmotivation in der Kollektivproduktion als Hauptgrund für die tiefe Arbeitsproduktivität angesprochen. Das für die kollektive Produktion angewandte Prinzip der industriellen Arbeitsorganisation vermag die Arbeitsleistungen nicht zu kontrollieren (Hedlund, S.196). Grossflächige Betriebe, der zeitliche Ablauf der Produktionsprozesse und die Unmöglichkeit, im nachhinein schlechte Ernteergebnisse auf einzelne Arbeitsgänge zurückzuführen, erlauben es nicht, einzelne Beschäftigte für ihre Arbeit direkt verantwortlich zu machen. Da die Entschädigung aus der Kollektivarbeit nur einen Teil des Einkommens ausmacht, ist das Interesse an der Privatarbeit grösser. Hinzu kommt, dass die Eingliederung der formal demokratisch geführten Genossenschaften in die Planungsbürokratie den Mitgliedern kaum Mitbestimmungsmöglichkeiten beliess (Bergmann 1984b, S.152). Die in Folge der Kollektivierung unter den Bauern entstandene Anti-Haltung gegenüber dem Sowjetstaat dürfte bei den heutigen Bauerngenerationen abgeklungen sein (Bergmann 1984b, S.153). Hingegen ist das grössere Interesse an der Privatproduktion aus obigen Gründen erklärbar. Wenn also eine akzeptable Entschädigung in überschaubaren Produktionsverhältnissen für die kollektive Arbeit bezahlt würde, dürfte auch die Arbeitsmotivation dort zunehmen (Suniza, S.127).

## 3.5. Die Verbesserung der Fleischversorgung als zentrale Problematik der sowjetischen Landwirtschaft

Wie bereits erwähnt (vgl. V.3.4.), kommt dem Fleischkonsum als Wohlstandsindikator grosse Bedeutung zu. Seit Beginn der 70er Jahre versucht die sowjetische Führung dem Rechnung zu tragen (Hedlund, S.5). Seither werden in Jahren schlechter Ernten nicht mehr die Viehbestände reduziert, sondern das fehlende Futtergetreide auf den Weltmärkten eingekauft. Gleichwohl ist es noch nicht gelungen, die Zielgrösse von 82 kg Fleischverbrauch pro Kopf zu erreichen (vgl. Tab. 5.15). Für die Planperspektive 1990 wird das Ziel denn auch bei nur 70kg angesetzt (Murachowski, S.16). Die Fleischproblematik ist aufs engste mit der Getreideproduktion gekoppelt, deren Steigerung von offizieller Seite als Schlüsselproblem der sowjetischen Landwirtschaft bezeichnet wird (Jaehne/Penkaitis,

S.13). Wegen dieser zentralen Stellung und der Koppelung mit den internationalen Getreidemärkten wollen wir im folgenden die Probleme der Fleischversorgung näher untersuchen. Wie stark Plan und Wirklichkeit der sowjetischen Fleisch- und Getreideproduktion auseinanderliegen, zeigt Tabelle 5.16.

*Tab. 5.16: Fleisch und Getreideproduktion in der Sowjetunion (in mio t)*

|  | 1961/65 | 1966/70 | 1971/75 | 1976/80 | | 1981/85 | | 1986/90 |
|---|---|---|---|---|---|---|---|---|
|  |  |  |  | Plan | erreicht | Plan | erreicht | Plan |
| Fleischprod. | 9.3 | 11.6 | 14.0 | 15.4 | 14.8 | 17.25 | 17.1 | 20.25 |
| Getreideprod. | 130.3 | 167.6 | 181.6 | 217.5 | 205.0 | 240.5 | 180.3 | 252.2 |
| Futtergetreide | 40.2 | 69.3 | 97.4 | 125.0 | 120.8 | 138.0 | n.v | 159.0 |

Quelle: *Deutsch Robert, The Food Revolution in the Soviet Union and Eastern Europe*
*Jaehne Günter/Penkaitis Norbert, Getreidevermarktung in der Sowjetunion*
*Murachowski Wsewolod, Der gesamte Agrar-Industriekomplex wird umgestaltet*
*Young Kenneth B./Cramer Gail L., The Centrally Planned Countries' Livestock Product and Feed Grain Systems*

Zwar hat sich die Planerfüllung beim Fleisch etwas verbessert, weil dank der Importe genügend Futtergetreide zur Verfügung steht. Trotzdem liegt eine Reihe von Problemen in der Organisation der Fleischproduktion selbst:
- Eiweissmangel und niedrige Wirtschaftsfutterqualität vermindern die Futterverwertung und Nutzleistung der Tiere (Kellner, S. 219)
- Tiefe Durchschnittserträge des Dauergrünlandes, sowie der Ackerfutterflächen, bei letzteren als Folge von Mineraldüngermangel (Kellner, S.223)
- Schlechte Rauhfutterqualität wegen zu hohem Anteil von beigemischtem Stroh (Kellner, S.225)
- Fehlende Anreize für den Privatsektor, seine Fleischproduktion auszudehnen (OECD 1983, S.19)

Vorrangig muss also eine Verbesserung der Futterqualität erreicht werden. Wenn die Futterverwertung nicht zunimmt, können Zuchtfortschritte nicht umgesetzt werden (OECD 1983, S.23). Vor allem die Versorgung mit verdaulichem Protein ist zu verbessern. Auf diese Weise könnten ca. 25 mio Tonnen Getreide gespart werden (OECD 1983, S,26). Da die Erträge des Grünlandes verdoppelt werden könnten (OECD 1983, S.24), wären weitere Einsparungen an Getreide möglich.

Damit dies möglich wird, muss die Getreideversorgung verbessert werden. Wir wollen daher einen Blick auf das Getreideabsatzsystem werfen (vgl. Jaehne/Penkaitis):
1. Die Produktion stammt vor allem aus 4 Republiken (Russische Sozialistische Föderative Sowjetunion, Ukraine, Kasachstan, Belorussland), die etwa 93% der Gesamtproduktion liefern. Da in diesen Gebieten nur 80% der Bevölkerung leben, entstehen lange Transportwege von Ost nach West und Südost nach Nordwest.
2. Im ganzen Absatzsystem entstehen ca. 20% Verluste der ursprünglichen Getreidemenge. Dieser hohe Prozentsatz ist eine Folge von Mängeln auf allen Ebenen.
3. 60% des Getreides verbleibt auf den Betrieben. Diese weisen aber zu einem grossen Teil qualitativ ungenügende Lagereinrichtungen auf, so dass be-reits dort hohe Verluste entstehen.
4. Das abgelieferte Getreide wird vollständig vom Staat über 5000 Aufkaufstellen übernommen. Diese Uebernahmestellen müssen ca. 60% des Getreides trocknen, obwohl die Betriebe über Trocknungs- und Reinigungsanlagen verfügen. Allerdings sind diese Anlagen auf beiden Stufen veraltet und weisen zu geringe Kapazitäten auf.
5. Es herrscht ein allgemeiner Mangel an Transportkapazitäten. Bereits auf unterster Stufe fehlen Lastwagen, welche die Anfuhrstrecken zu den Sammelstellen, die 100-200 km betragen können, bewältigen. Ueberregional ist die Eisenbahn das wichtigste Transportmittel, womit etwa 90% dieser Transporte ausgeführt werden. Obwohl Getreide 20% aller Gütertransporte der Eisenbahn ausmacht, ist ihre Ausrüstung mit Spezialwaggons lükkenhaft.
6. Die regionale Lagerung tritt als weiterer Engpass auf. Zwar verfügt der Staat über 1600 Getreidesilos - meist Grossanlagen mit 150-170'000 Tonnen Fassungsvermögen -, doch ist deren regionale Verteilung suboptimal, was zusätzliche Transporte zur Folge hat, und auch diese Lagerkapazität ist ungenügend. Dasselbe gilt für die Mühlenindustrie.
7. In den letzten Jahren wurden grosse Anstrengungen unternommen, die Einfuhrhäfen auszubauen. Dazu fragt sich, ob dies angesichts der avisierten Steigerung der Inlandproduktion nicht Fehlinvestitionen waren.

Aus obiger Analyse können wir den Schluss ziehen, dass das heutige Absatzsystem in der Sowjetunion die anfallende Getreidemenge kaum bewältigen kann.

Abb. 5.10: *Bedeutung der Sowjetunion auf den Weltgetreidemärkten*

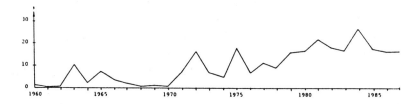

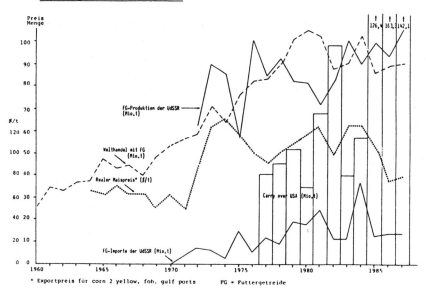

*Quelle: Eigene Darstellung basierend auf Agrarwirtschaft, diverse Jahrgänge*

Eine Getreideernte in der Grössenordnung der Planziffern ist also ohne erheblichen Ausbau der Infrastruktur (Transport, Lagereinrichtungen) gar nicht verwertbar. Allerdings könnten die für die Fleischproduktion benötigten Mengen an Futtergetreide stark reduziert werden, wenn das Eiweissangebot verbessert wird. Von daher dürfte es also realistisch sein, dass die Sowjetunion in den 90er Jahren Selbstversorger für Getreide wird, sofern
- der Anbauplan mittels Preisanreizen dahingehend abgeändert wird, dass vermehrt Eiweissfuttermittel produziert werden,
- die neuen Anreizsysteme eine bessere Arbeitsmotivation und damit höhere Erträge bewirken
- und mit gezielten Investitionen die schlimmsten Ineffizienzen im Absatzsystem beseitigt werden.

Was bedeutet dies nun für die internationalen Getreidemärkte? Aus Abbildung 5.10 können wir die seit 1960 stetig zunehmende Bedeutung der Sowjetunion auf den Getreideweltmärkten ersehen, erreichte sie doch in einzelnen Jahren einen Nachfrageanteil von annähernd 30%. Ob sie damit zum Hauptverursacher von Instabilitäten auf diesen Märkten wurde, ist in der agrarökonomischen Literatur umstritten (vgl. z.B. Monke/Salam). Wir wollen dieser Frage hier nicht weiter nachgehen, sondern nach den Folgen fragen, wenn die Sowjetunion Selbstversorger wäre. Kurzfristig würde dies einen Anstieg der Lager an Futtergetreide bedeuten. Weil die Grösse der Lager hauptverantwortlich für die Preisbewegungen ist, würden damit die Preise fallen. Mittel- und langfristig hängt die Entwicklung dann von den Reaktionen der USA als Hauptanbieter und teilweise der EG ab. Diese Reaktionen sind primär von inneragrarpolitischen Entscheiden und weniger von Weltmarktpreisen bestimmt. Da nicht anzunehmen ist, dass die Unterstützung der Landwirtschaft in den westlichen Industrieländern aufgegeben wird und auch keine neuen kaufkräftigen Nachfrager auftreten, dürfte das Angebot zwar etwas vermindert werden, die Preise aber tendenziell tief bleiben.

## 3.6. Neueste Reformansätze

Eine der wichtigsten Voraussetzungen, ob die im letzten Abschnitt aufgezeigten Verbesserungen auch eintreten, ist die Umsetzung der unter Gorbatschow eingeleiteten Wirtschaftsreformen. Haupthindernis zur Durchsetzung von Reformen war bisher immer der Widerstand der Bürokraten, die um ihre privilegierte Position fürchteten (Hedlund, S.235). Die Chancen für eine erfolgreiche Durchsetzung stehen sicher so gut, wie noch nie, sind doch viele Sowjetbürger müde ob der Ineffizienzen. Zudem besteht erstmals für den einzelnen die Möglichkeit, mit persönlichem Einsatz offiziell mehr zu verdienen. Wir wollen an dieser Stelle aber nicht über die Erfolgschancen der Reformen spekulieren, sondern im folgenden die wichtigsten Aenderungen - soweit sie bereits erkennbar sind - für den Agrarsektor aufzeigen.

### 3.6.1. Ziel der Selbstversorgung

Dieses Oberziel wird von Gorbatschow ausdrücklich bestätigt (Gorbatschow 1986, S.76). Verwirklicht werden soll es auf der Basis des noch in der Breschnew-Aera verabschiedeten Lebensmittelprogrammes von 1982, dessen Ziele die folgenden sind (Deutsch, S.53):
- Versorgung mit Lebensmitteln gemäss Normen (vgl. Tab. 5.15)
- Stärkung der Stellung von Kolchos und Sowchos
- besser ausgebildete Führungskräfte im Agrarsektor
- bessere materielle Arbeitsanreize
- Verbesserung der Lebens- und Wohnverhältnisse in den ländlichen Gebieten.

Zur Erreichung dieser Ziele müssen die Wachstumsraten im Agrarsektor verdoppelt, Verluste vermieden und die Verarbeitung verbessert werden (Ligatschow, S.7). Weil dies ambitiös ist, sind zusätzlich zum Programm von 1982 weitere Massnahmen vorgesehen.

### 3.6.2. Umgestaltung der Verwaltung zum Agrar-Industrie-Komplex (AIK)

Die Umgestaltung begann bereits 1985, indem verschiedene Ministerien zu einem Super-Ministerium (AIK) zusammengefasst wurden. Darin eingeschlossen sind neben der eigentlichen Agrarproduktion nun neu die Vorleistungsbetriebe und das ganze Absatzsystem (Transport, Lager, Nahrungsmittelindustrie, Detailhandel). Auf Republiksebene werden Agrar-Industrie-Komitees und in den Rayons Agrar- Industrie-Vereinigungen gebildet. Letztere bestehen aus den einzelnen Produktionsbetrieben (Ligatschow, S.18). Bei diesem System sollen die unteren Ebenen (v.a. Betriebe) mehr Entscheidungsbefugnisse erhalten bezüglich:
- Investitionen
- Produktionsstruktur

- Technologieeinsatz
- Lohnsätze

Verkaufsauflagen des Staates müssen wohl erfüllt werden, doch soll dies den Betrieben mit ökonomischen Anreizen und Gewinnaussichten möglich sein.

Als Gefahr eines solchen Superministeriums ist sicher der Verlust an Uebersicht zu nennen. Was noch nicht näher definiert ist, ist eine grössere Handelsfreiheit der Betriebe. Ihre Leistungsfähigkeit wird sich nur verbessern, wenn sie beim Bezug von Vorleistungen und beim Absatz ihrer Produkte die jeweils für sie besten Partner auswählen können. Ein Schritt in diese Richtung ist z.B. die Erlaubnis für die Betriebe, bis zu 30% ihres Plansolls an Gemüse und Kartoffeln an Konsumgenossenschaften und auf freien Märkten zu verkaufen (Penkaitis, S.39).

### 3.6.3. Arbeitsanreize

Zur Verbesserung der Arbeitsmotivation sollen die materiellen Anreize erhöht werden. "Was der Mensch durch ehrliche Arbeit verdient hat, muss man ihm geben. Das ist der Grundsatz des Sozialismus" (Ligatschow, S.27). Zunehmende Unterschiede in den Einkommen sollen also toleriert werden. Dazu werden Verträge mit Familien und Arbeitskollektiven eingeführt, die diesen die Verantwortung für eine bestimmte Produktion übertragen, indem ihnen Boden und weitere Produktionsmittel zur Verfügung gestellt werden. Die Entlöhnung erfolgt auf Basis eines Akkordsystems (Penkaitis, S.33). Diese Produktionsform soll rentabel sein, aber auch mit den wirtschaftlichen Zielen der zugehörigen Betriebe übereinstimmen. Auch diese werden der wirtschaftlichen Rechnungsführung unterstellt, bei welcher die Leitungsorgane für die Ergebnisse verantwortlich sind (Ligatschow, S.17). Da sich deren Entlohnung auch nach den Ergebnissen der Kollektive richtet, müssten sie an ihrer Versorgung mit Produktionsmitteln interessiert sein. Voraussetzung ist jedoch, dass die zentrale Planungsbehörde den Einzelbetrieben genügend Spielraum lässt, und die neuen Vertragsformen bald landesweit verbreitet sind.

### 3.6.4. Preisreform

Preise sollen vermehrt Lenkungsfunktion erhalten. Das tangiert das gesamte Planungssystem. Wenn nötige Produzentenpreiserhöhungen (Anreize) bis auf die

Konsumentenebene durchschlagen, bleibt die Frage, ob dies akzeptiert wird. In diesem Bereich dürfte es am schwierigsten sein, vorgängig feste Vorgaben zu machen. Denn auch die momentane chinesische Erfahrung macht die Schwierigkeiten deutlich, eine Mischung von Plan und Markt zu finden. In den sowjetischen Reformerschriften finden sich denn auch zu dieser Frage am wenigsten konkrete Angaben. Tendenziell sollen aber strikte Planauflagen durch Anreizsysteme ersetzt werden, was die Verlagerung von Kompetenzen auf untere Ebenen einschliesst (Penkaitis, S.17ff).

### 3.6.5. Lebensbedingungen

Arbeitsbedingungen und das Dienstleistungsangebot (Klubs, Bibliotheken, Gaststätten etc.) sollen in den ländlichen Gebieten verbessert werden (Murachowski, S.28). Dazu gehören aber auch Demokratisierungsversuche. So sollen die Kader auf den verschiedenen Betriebsstufen wählbar werden (Ligatschow, S.21). Das soll sie zwingen, eigene Initiative zu entwickeln. Damit auch die nötigen finanziellen Mitteln vorhanden sind, werden die Investitionsmittel für den AIK von 1986-90 30-35% des gesamten Investitionsvolumens betragen (Woskressenski, S.52).

Insgesamt sind viele der Vorschläge der Reformer nicht sehr konkret formuliert. Wenn jedoch vieles offen bleibt, können alte, starre Bürokratiestrukturen die Dynamisierung verhindern. Welche Linie sich also durchsetzen wird, bleibt der Zukunft vorbehalten.

## 3.7. Einordnung der Agrarstrategie

In der zentral geplanten Wirtschaft der Sowjetunion kann die Regierung leichter Massnahmen zur Umsetzung einer bestimmten Strategie ergreifen als in einer marktwirtschaftlichen Wirtschaftsordnung. Seit der Industrialisierungsdebatte ist denn auch der damals eingeschlagene Entwicklungsweg konsequent weiterverfolgt worden. Die Agrarstrategie zeichnet sich durch folgende Elemente aus:
- Priorität des Industriesektors
- Durchführung einer Agrarreform (Kollektivierung)
- Abkoppelung

Entsprechend handelt es sich gemäss Einteilungsraster um die "Sowjetische Strategie" (I).

## 3.8. Beurteilung der Agrarstrategie

Wie aus Tabelle 5.17 ersichtlich ist, sind die statistischen Angaben zur Sowjetunion lückenhaft. Teilweise erklärt sich dies politisch - so gibt es per definitionem im Sozialismus keine Arbeitslosigkeit (Ind.(15)) -, teilweise auf Grund einer anderen ökonomischen Theoriebasis - so ist z.b. das BSP-Konzept nicht direkt übertragbar (Ind.(1)). Vorhandene Daten sind mit entsprechender Vorsicht zu geniessen, beruhen sie doch grösstenteils auf Schätzungen (v.a. FAO-Daten). Die Beurteilung der Agrarstrategie mit Hilfe des Indikatorensystems kann daher nicht so detailliert wie bei den andern Länderbeispielen erfolgen.

Zwar sind die Ernährungsbedürfnisse der sowjetischen Bevölkerung gedeckt (Ind.(14)) und die Agrarproduktion ist angestiegen (Ind.(13)), doch war dies nur möglich, indem wegen Getreideeinfuhren die Agrarhandelsbilanz zunehmend negativer wurde (Ind.(14),(19)). Damit musste vom wichtigen Strategieelement der Autarkie abgewichen werden. Ermöglicht haben diese Einfuhren grosse mineralische Vorkommen (Ind.(3)). Diese Exporterlöse sind also das Ergebnis eines speziellen Standortvorteils und nicht als Erfolg einer bestimmten Agrarstrategie zu verbuchen.

Trotz einer immer noch tiefen Arbeitsproduktivität (Ind.(7)) und einer relativ wenig intensiven Bewirtschaftung (Ind.(8)) hat sich die ländliche Kaufkraft verbessert (Ind.(11)). Entsprechend könnte die ländliche Bevölkerung eine steigende Nachfrage nach industriellen Konsumgütern ausüben. Dass der Agrarsektor mit seiner tiefen Arbeitsproduktivität ähnlich hoch wie der Industriesektor liegt, ist ein Hinweis auf die mangelnde Effizienz von letzterem (Ind.(9)).

Eine Aussage über Wanderbewegungen ist schwierig, weil sich diese nicht ohne politische Kontrollen vollziehen. Zu den sozialen Beiträgen können auf Grund fehlender aussagekräftiger Statistiken keine Schlüsse gezogen werden. Insgesamt liegen die Hauptprobleme der sowjetischen Agrarstrategie in zu tiefer Arbeitsproduktivität, wodurch sich dann Versorgungsprobleme und das Abrücken vom Autarkieziel ergeben haben. Entsprechend setzen die Reformen von Gorbatschow in erster Linie bei der Verbesserung der Arbeitsproduktivität mittels neuer Anreizsysteme an.

Tab. 5.17: Indikatoren zur Beurteilung der Agrarstrategie in der Sowjetunion
1960-1985

| 1. Allgemeine Entwicklung | 1960 | 1970 | 1980 | 1985 |
|---|---|---|---|---|
| (1) BSP/Kopf (US$) | - | - | 4550 | - |
| (2) Bevölkerung (mio) | 214.3 | 242.7 | 265.5 | 277.5 |
| Bevölkerungswachstum (% pro Jahr) | 1.2$^{1)}$ | 0.9$^{2)}$ | 0.9$^{3)}$ | |
| (3) Mineralische Vorkommen | Erdöl, Erdgas, Gold | | | |
| (4) Landnutzungsdichte (ha/Kopf) | 1.05$^{4)}$ | 0.93 | 0.85 | 0.82 |
| (6) Grundschüler (% Altersgruppe) | 100 | 99$^{5)}$ | 106 | 106 |
| (7) Getreideproduktivität (t/AK) | 2.66$^{4)}$ | 5.60$^{6)}$ | 6.23$^{7)}$ | 7.06$^{8)}$ |
| (8) Handelsdünger (kg/ha) | 11.0 | 44.9 | 74.9 | 98.8$^{9)}$ |

| 2. Wirtschaftliche Beiträge | | | | |
|---|---|---|---|---|
| (9) $\frac{\text{BIP Agrarsektor/AK}}{\text{BIP übrige Sektoren/AK}}$ | - | 0.81 | 0.76 | 1.25$^{9)}$ |
| (10) Wanderungsrate | | 2.25$^{1)}$ | 2.0$^{2)}$ | 1.77$^{3)}$ |
| (11) Reale ländl. Kaufkraft (Preise 1970) | 100 | 110 | 139 | |
| (12) Produktion N-Dünger/ Verbrauch N-Dünger | 1.24$^{4)}$ | 1.17$^{10)}$ | 1.22$^{11)}$ | 1.27$^{12)}$ |
| (13) Nahrungsmittelproduktion pro Kopf | 100$^{4)}$ | 116$^{6)}$ | 119$^{7)}$ | 127$^{8)}$ |
| (14) Deckung Ernährungsbedürfnisse (% FAO-Norm) | 130$^{13)}$ | 133$^{6)}$ | 135$^{14)}$ | 137$^{15)}$ |
| Agrarhandelsbilanz (mio$) | -513.3$^{13)}$ | -727.5$^{6)}$ | -11533.4$^{14)}$ | -17224.5$^{15)}$ |

| 3. Soziale Beiträge | | | | |
|---|---|---|---|---|
| (15) Arbeitslosigkeit (% AK übriger Sektoren) | - | - | - | - |
| (16) Ackerfläche/permanente Weide | 0.60$^{4)}$ | 0.60 | 0.60 | 0.61$^{9)}$ |
| (17) Waldfläche (mio ha) | 920.0$^{4)}$ | 920.0 | 920.0 | 932.0$^{9)}$ |

| 4. Internationale Zusammenhänge | | | | |
|---|---|---|---|---|
| (19) $\frac{\text{Getreideeinfuhr}}{\text{Getreideproduktion}}$ (%) | 3.3$^{4)}$ | 1.5$^{6)}$ | 19.8$^{7)}$ | 22.4$^{8)}$ |

Anmerkungen: $^{1)}$1960-70  $^{2)}$1970-80  $^{3)}$1980-85  $^{4)}$1961/65  $^{5)}$1975
$^{6)}$1969/71  $^{7)}$1979/81  $^{8)}$1983/85  $^{9)}$1984  $^{10)}$1970/71
$^{11)}$1980/81  $^{12)}$1984/85  $^{13)}$1961/63  $^{14)}$1878/80  $^{15)}$1981/83

Quellen: Campell Robert W., *The Conversion of National Income Data of the USSR*
FAO, *Production/Trade Yearbook*, div. Jahrgänge
FAO, *Fertilizer Yearbook*, div. Jahrgänge
ILO, *Yearbook of Labour*, div. Jahrgänge
Statistisches Bundesamt, *Länderbericht Sowjetunion*
UN , *Statistical Yearbook*, div. Jahrgänge
UNCTAD, *Monthly Commodity Price Bulletin*, div. Jahrgänge
Weltbank, *Weltentwicklungsbericht*, div. Jahrgänge

## 4. Volksrepublik China

Die Geschichte der Volksrepublik China seit der Revolution von 1949 hat wieder einmal deutlich gemacht, dass "Entwicklung" nicht einfach ein problemloses Abspielen eines Planes darstellt, sondern eben ein gesellschaftlicher Prozess mit sprunghaften Wechseln sein kann. In China sind diese Sprünge wegen der riesigen Dimensionen des Landes und der jeweiligen Radikalität erstaunlich. Für europäische Beobachter bleibt vieles nur schwer erklärlich, vieles muss mit andern Augen angesehen werden (Simonis, S.301). Zu Mao's Lebzeiten galt *das* chinesische Entwicklungsmodell vielen als *die* Hoffnung für die Dritte Welt. Heute ist eher Ernüchterung eingekehrt. Wir wollen daher im folgenden versuchen, eine möglichst differenzierte Analyse des neueren agrarpolitischen Geschehens zu bieten. Wir sind uns allerdings bewusst, dass allerneueste Aktualität nicht möglich ist, ereignen sich doch fast täglich Neuerungen dieser Politik, die im Zuge vermehrter Informationen den Weg zu uns finden.

### 4.1. Grundprobleme

Beteiligung der Massen am Wirtschaftsprozess, Befriedigung der Grundbedürfnisse, angepasste Technologie und Abkoppelung vom Weltmarkt als Hauptelemente dieses chinesischen Entwicklungsmodells (Simonis, S.304ff) bildeten die Basis für die oben erwähnten Hoffnungen auswärtiger Beobachter. Allerdings ist sofort einzuwenden, dass es *das* chinesische Modell als kodifizierte Konzeption keinesfalls gibt (Menzel 1978, S.221). Diese Vorstellung über die chinesische Entwicklung bildet eines unter mehreren "europäischen Missverständnissen" über China. So ist z.B. die Anwendung kapitalarmer Produktionsverfahren, die wenig intensive Verwendung von modernen Inputs und die kleinparzellierte private Hofwirtschaft weniger ein ökologisch begründeter Entwicklungsansatz als ein der Not knapper Ressourcen gehorchender Vorgang (Bergmann 1981, S.200f).

Folgende Probleme kennzeichnen die natürlichen Voraussetzungen China's:
1. Die Hauptanbaugebiete sind im Süd-Osten des Landes konzentriert. Dort liegen 88% der Anbaufläche, leben 95% der ländlichen Bevölkerung und werden 95% des Getreides produziert. Dagegen finden sich im Westen 70% des Schafbestandes, was auf die nomadische Nutzung dieser Region

hinweist (Wu Daxin, S.15). Der Ostteil wiederum ist in einen nördlichen mit gemässigt bis warmem Klima (Weizenanbau vorherrschend) und einen südlichen Teil mit subtropischem bis tropischem Klima (Reisanbau vorherrschend) gegliedert (vgl. Hsu, S.15ff).
2. Neben dieser einseitigen regionalen Verteilung sticht vor allem die knappe Bodenfläche ins Auge. Angaben über die gesamte vorhandene Ackerfläche sind widersprüchlich. Wir dürfen aber annehmen, dass die Ackerfläche seit 1949 nur leicht ausgedehnt wurde (Bergmann 1981, S.190). Wegen des Bevölkerungswachstums in dieser Phase ging das Ackerland pro Kopf der ländlichen Bevölkerung von 0.20 auf 0.13 ha zurück (Bergmann 1981, S.190). Von dieser Fläche ist nur auf 45% eine Doppelernte möglich. Wieviel zusätzliche Fläche nutzbar wäre, bleibt umstritten. Dass gar keine Ausdehnung mehr möglich ist, wie es eine Studie der OECD postuliert, dürfte übertrieben sein (vgl. OECD 1985, S.12). Sicher aber ist, dass weitere Fläche nur mit grossen Investitionen nutzbar sein wird.
3. Wegen der zeitlich (Konzentration in den Sommermonaten) und geographisch (Norden nur wenig Niederschläge) ungleichen Verteilung der Niederschläge kommt allen Arten der Wasserregulierung (Be- und Entwässerung, Flussregulierung, Eindeichung, Hochwasserschutz) zentrale Bedeutung zu (OECD 1985, S.51).
4. Wie in andern Ländern der Dritten Welt ist die Bevölkerung auch in China rasch gewachsen, nämlich von 547 mio 1950 auf über 1 Milliarde heute. Damit die Bevölkerung bis zum Jahre 2000 bei etwa 1.2 mrd stabilisiert werden kann, wurde 1978 die rigorose Bevölkerungspolitik der "Ein-Kind-Familie" eingeführt (Portmann, S.31). Diese Art von Familienplanung ist eine Kombination von Strafe und Belohnung, die bisher Erfolge aufzuweisen scheint. Denn das Bevölkerungswachstum ging in der Phase 1980-85 auf 1.2% zurück (Weltbank 1987).

Trotz dieses gebremsten Bevölkerungswachstums bleibt das Schaffen von Arbeitsplätzen für diese absolut gesehen grosse Bevölkerung ein zentrales Problem. Dies gilt in erster Linie für die ländlichen Räume, in denen nach wie vor der grösste Teil der Bevölkerung lebt, wurden doch relativ wenig industrielle Arbeitsplätze in den städtischen Zentren geschaffen (OECD 1985, S.12). Auf der andern Seite gilt es, mit dem knappen Boden die Ernährung sicherzustellen, was heute abgesehen von wenigen Ausnahmejahren erreicht sein dürfte (Bergmann 1981, S.191).

Die chinesische Agrarpolitik kämpft seit 1949 mit diesen erwähnten Hauptproblemkreisen. Welches die wichtigsten Instrumente waren, wird im folgenden Abschnitt aufgezeigt.

## 4.2. Von der asiatischen Produktionsweise zur Entwicklung der Agrarpolitik im Sozialismus

China war in der Phase des Kolonialismus' und Imperialismus' im Gegensatz zu den meisten andern Ländern der Dritten Welt nie eine formelle Kolonie. Es fand daher auch keine Einbindung in die internationale Arbeitsteilung statt. Die Kolonialmächte versuchten lediglich durch Beseitigung von administrativen Schranken, mit ihren Industrieprodukten auf den sagenhaften Binnenmarkt vorzudringen - eine Entwicklung, die heute durchaus ihre Parallelen findet.

Wegen dieser Art Kolonialpolitik während relativ kurzer Zeit konnte China seine eigene Kultur, Gesellschafts- und Staatsorganisation weitgehend erhalten. Weite Teile des Hinterlandes blieben von äusseren Einflüssen völlig unberührt (Menzel 1978, S.11). Die von Marx theoretisch entwickelte und später von Karl A. Wittfogel ausgebaute Theorie der "Asiatischen Produktionsweise" weist zwar gewisse Schwächen auf (vgl. Menzel 1978, S.13), dürfte aber die wesentlichen Grundzüge der Organisation der damaligen chinesischen Gesellschaft gut erklären. In dieser Produktionsweise bildet die Landwirtschaft die soziale und wirtschaftliche Basis eines bürokratischen Staates. Produziert wird wegen den natürlichen Voraussetzungen arbeitsintensiv und der Bodenbesitz ist relativ gleichmässig verteilt. Weil daher ein kleiner Gewinn pro Betrieb anfällt, werden grosse Investitionen (z.B. Bewässerungsanlagen) durch die zentrale Bürokratie ausgeführt. Diese finanziert sich aus den von den Bewirtschaftern entrichteten Tributen für die Nutzung des Bodens, der seinerseits dem Staat gehört. Auf dieser Basis hat sich bis zur Revolution eine Gesellschaft entwickelt, die in den ländlichen Räumen aus kleinen lokalen Marktgemeinden aufgebaut ist, in der aber in den wenigen urbanen Zentren auch schon ein moderner, aber wenig bedeutender Industriesektor besteht (vgl. Menzel 1978, S.210).

### 4.2.1. Die Lage um 1949

Zu den oben erwähnten Hauptproblemkreisen kamen nach 1949 noch die Schäden aus dem Krieg mit Japan und dem Bürgerkrieg. Auf dem Lande herrschte Ueberbevölkerung. Zu deren Abbau fehlten Arbeitsplätze im Industriesektor. Entsprechend gross war die Hungersnotgefahr (vgl. Hsu, S.31f). Die damalige ländliche Gesellschaft war nach Mao folgendermassen strukturiert (Bergmann 1979a, S.252f):

a) Grundbesitzer : arbeiten nicht; Verpachtung ihres Bodens; Grundrentenabschöpfung
b) Grossbauern : Eigenbewirtschaftung; zum Teil mit Lohnarbeitern
c) Mittelbauern : Bodenbesitz und Pacht; nur eigene Arbeitskraft; eigenes Betriebskapital
d) Dorfarmut : wenig oder kein Landbesitz; Bodenpacht; Darlehensabhängigkeit; teilweise zur Lohnarbeit gezwungen
e) Landarbeiter : Vollständige Lohnabhängigkeit

Im Vergleich zu Europa oder Russland in feudalistischen Zeiten war die Bodenverteilung gleichmässiger (vgl. Tab. 5.18). Allerdings kann auch die damalige chinesische Gesellschaft nicht als egalitär bezeichnet werden. Mao und weitere führende Genossen hatten erkannt, dass in einer derart strukturierten Gesellschaft den Bauern die entscheidende Rolle als revolutionäre Kraft zukommen musste. Mao entwickelte daher eine eigene sinisierte, auf dem Marxismus aufbauende Revolutionstheorie. "Wir müssen unsere Geschichte von Kon Fu-tse bis

*Tab. 5.18: Grundbesitzverteilung der chinesischen Landbevölkerung 1934 (nach Mao Zedong)*

| Klassen | Ø-Grundeigentum in ha je Haushalt | % der ländl. Haushalte | Grundeigentum in % des Kulturlandes |
|---|---|---|---|
| Grundherren | 11,5 | 3 | 26 |
| reiche Bauern | 5,1 | 7 | 27 |
| Mittelbauern | 2,2 | 22 | 25 |
| arme Bauern und Arbeiter | 0,5 | 68 | 22 |

*Quelle: Theodor Bergmann, Agrarpolitik und Agrarwirtschaft sozialistischer Länder*

Sun Yat-sen zusammenfassen und von diesem wertvollen Erbe Besitz ergreifen. Das wird uns in bedeutendem Masse helfen, die grosse Bewegung der Gegenwart zu lenken. Die Kommunisten sind internationale Marxisten, aber wir können den Marxismus nur dann in die Praxis umsetzen, wenn wir ihn mit den konkreten Besonderheiten unseres Landes integrieren und ihm eine bestimmte nationale Form geben... Für die chinesischen Kommunisten, die ein Teil der grossen chinesischen Nation, deren eigenes Fleisch und Blut sind, ist jedes von den Besonderheiten Chinas losgelöste Gerede über Marxismus bloss ein abstrakter, hohler Marxismus..." (Mao Zedong, S.246).

### 4.2.2. Landreform (1950-52) und Kollektivierung (1953-57)

Obwohl letztlich das Ziel in der Sozialisierung der Landwirtschaft bestand, wurde der Boden nach der Revolution nicht verstaatlicht, sondern es wurden nur die Grundbesitzer (s. Klasseneinteilung nach Mao) enteignet und deren Besitz an Landlose verteilt. Dadurch entstanden viele ineffiziente Kleinbetriebe (Hsu, S.32). Das Agrargesetz vom 30. Juni 1950 trägt in seinen Grundsätzen diesen Gegebenheiten Rechnung (Schweizer, S.131):
- Garantie des bäuerlichen Bodenbesitzes
- Bodenhandel und -pacht erlaubt
- Bildung von Versuchsstationen und Staatsfarmen

Wegen der internationalen Isolation kam damals nur die enge Anlehnung an die Sowjetunion in Frage (Menzel 1978, S.212). Entsprechend wurde die sowjetische Entwicklungsstrategie übernommen, welche die Priorität von Investitionen in der Schwerindustrie setzte. Der bereits arg strapazierte Agrarsektor musste die notwendigen Ueberschüsse zur Finanzierung dieses Programmes liefern. Dazu war die Kollektivierung der Landwirtschaft vonnöten, die in den folgenden sich einander ablösenden Organisationsformen durchgeführt wurde:
  a) Produktionsteams (nachbarliche Hilfe)
  b) Produzentengenossenschaft niederer Ordnung (gemeinsame Investitionen)
  c) Produzentengenossenschaft höherer Ordnung (kollektiver Grundbesitz)

Damit war 1957 die Kollektivierung rascher und mit weniger Reibungsverlusten als in der UdSSR abgeschlossen (vgl. hierzu auch Exkurs zur Agrarreform III. 3.1). Die Agrarproduktion wurde damals in 750'000 Landwirtschaftlichen Produktionsgenossenschaften (LPG) betrieben (Schweizer. S.134), welche in obiger Zusammenstellung Organisationsform c) entsprechen.

Weil die soziale Basis der chinesischen Kommunistischen Partei aus Bauern bestand, regte sich bereits in den 50er Jahren parteiinterner Widerstand gegen den industrialistischen Kurs nach sowjetischem Vorbild. Dieser Widerstand verstärkte sich soweit, dass es 1960 zum totalen Bruch mit der UdSSR kam, was den Abzug ihrer Entwicklungshelfer, den Stopp materieller Unterstützung und den Unterbruch der politischen Beziehungen bedeutete (Menzel 1978, S.214).

### 4.2.3. Grosser Sprung nach vorn 1958-60

Mit einem anspruchsvollen Modernisierungsprogramm sollte der Abstand zu den Industrieländern rascher verkleinert werden. Vier Elemente prägten diese neue Wirtschaftspolitik (Schweizer, S.136f):
- effizienterer Einsatz der ländlichen Arbeitskräfte soll mehr zur Kapitalbildung beitragen
- Landwirtschaft als Fundament der Wirtschaft soll besser auf die Industrie abestimmt werden
- "Auf zwei Beinen gehen" bedeutet gleichzeitige Entwicklung von Klein- und Grossbetrieben, moderner und traditioneller Technologie etc.
- Dezentralisierung der Industrie, auf dem Lande von landwirtschaftlichen Kollektiven getragen

Institutionell wurden die LPG's zu 24'000 Volkskommunen zusammengelegt, welche mit einer "mikrokosmischen Volkswirtschaft" (Joan Robinson) verglichen werden können. Sie sollten die lokale Selbstversorgung und eine weitere Kollektivierung des Lebens bringen.

Die Politik des Grossen Sprunges muss als gescheitert betrachtet werden, da die Ziele bei weitem nicht erreicht wurden. Ja, wegen wetterbedingten Ernteausfällen und dem konfliktbedingten Abzug der russischen Experten 1961 mussten grössere Nahrungsmittelimporte getätigt werden. Ueberspannte Ziele und organisatorische Mängel waren die ausschlaggebenden Gründe für das Scheitern (Hsu, S.36ff).

### 4.2.4. Anpassung und Reaktion (Kulturrevolution) 1961-1976

Zur Existenzsicherung der Nation nach dem Grossen Sprung-Fiasko setzte sich eine pragmatische Modernisierungslinie durch (Liu Shaoqi), welche mit individuellen Produktionsanreizen die Produktion steigern wollte (Redimensionierung der Kommunen, mehr Gewicht der Produktionsteams, Ueberquotenproduktion gehört den Produzenten). Dieser "kapitalistischen" Tendenz setzte Mao mit dem Auslösen der Kulturrevolution ein Ende. Auf dem Lande wurde das Selbstversorgungsprinzip wieder stärker betont. Dies führte aber letztlich zu einer volkswirtschaftlichen Stagnation.

In dieser Phase wurde die Mechanisierung stark vorangetrieben. Reis- und Weizendreschen wurde fast ausschliesslich mit elektrisch getriebenen Dreschern ausgeführt (Portmann, S.52). Dies war dank grossen Investitionen in die Landmaschinenindustrie möglich geworden. Weil gleichzeitig ein grosses Arbeitskräfteangebot auf dem Lande vorhanden war (Bevölkerungswachstum, Zwangsumsiedlung von Städtern), waren diese Investitionen volkswirtschaftlich aber nicht unbedingt sinnvoll. Trotzdem entstanden 1976 Pläne, nach denen bis 1985 85% der Arbeitsgänge im Getreidebau zu mechanisieren seien. Dieses Beispiel mag die ineffiziente Ressourcenallokation zur Zeit der Kulturrevolution beispielhaft veranschaulichen.

### 4.2.5. Auslösende Faktoren für die Reformen von 1978

Die Kollektivierung der chinesischen Landwirtschaft und die Etablierung einer sozialistischen Agrarpolitik kann mit dem Beginn des "Grossen-Sprungs" als abgeschlossen bezeichnet werden. Die nachfolgende gescheiterte Modernisierung und die Wirren der Kulturrevolution warfen die wirtschaftliche Entwicklung weit zurück. Erst als die Kulturrevolution mit Mao's Tod 1976 zu Ende ging, eröffnete sich die Möglichkeit einer eigentlichen Wirtschaftsreform. Wir wollen im folgenden die wirtschaftlichen Hauptprobleme zu jener Zeit anführen, welche dann als Auslösefaktoren für die Reformen von 1978 wirkten.

1. Das Kommunensystem war zu straff organisiert, zu gross dimensioniert und die Verwaltung arbeitete ineffizient. Aus der bürokratischen Verbindung von Politik und Wirtschaft entstand vor allem eine Blockierung letzterer. Obwohl die Entscheidungsstruktur dezentral war, waren zentralistische Anforderungen den lokalen Bedürfnissen übergeordnet. Die Aufgabenteilung zwischen Kommunen, Brigaden und Arbeitsgruppen gestaltete sich äusserst aufwendig (Portmann, S.1).
2. Nach einer kurzen Phase der Entschädigung nach Arbeitspunkten (1962-64), die auf Leistung basierten, wurde in der Kulturrevolution das Prinzip "jedem nach seinen Bedürfnissen" eingeführt. Private Produktion war verpönt und die korrekte Haltung am Arbeitsplatz hatte Vorrang. Entsprechend sank die Arbeitsproduktivität (Portmann, S.6).

3. Die landwirtschaftliche Produktion stagnierte. So lag die pro Kopf verfügbare Getreideproduktion 1978 gleich hoch wie 1957. Insgesamt waren die Erträge nur wenig gestiegen (OECD 1985, S.24).
4. Es konnten kaum Arbeitsplätze ausserhalb des Agrarsektors geschaffen werden. Im Agrarsektor blieb die Arbeitsproduktivität tief. Produktionssteigerungen rührten vor allem vom biologisch-technischen Fortschritt her (Perkins/Yusuf, S.198). Unter diesen Voraussetzungen war die stark vorangetriebene Mechanisierung unrentabel.
5. Wie aus Abbildung 5.11 ersichtlich ist, sind die Einkommen der Bauern vergleichsweise langsamer gewachsen, und der Unterschied zu den Nicht-Bauern hat sich vergrössert. Das nicht aus dem Kollektiv erwirtschaftete Einkommen ging aus politischen Gründen zurück (Li Xuezeng et al., S.48). Da andersseits die Kollektivbetriebe ihre Einkünfte zuerst für Investitionen verwendeten, bevor die Kommunemitglieder entschädigt wurden, schwankten die Löhne mit den Ernteergebnissen. Wegen dieser Einkommensrückstände von 75% der Bevölkerung konnten nachfrageseitig keine Wachstumsimpulse entstehen.
6. Aus der in der Kulturrevolution erhobenen Forderung nach Selbstversorgung mit Getreide auf Provinzebene entstanden in jenen Gebieten, die nicht für den Getreideanbau geeignet waren, Erosionsprobleme. Zudem stagnierten die Erträge wegen dieser unangepassten Verteilung der Produktion (Hsu, S.45). Des weitern blieb die Ernährung getreidelastig, was teilweise zu Mangelerscheinungen führte (Piazza, S.93).

*Abb. 5.11: Jährlich verfügbares Pro-Kopf-Einkommen 1957-78 in der VR China (real in Yuan)*

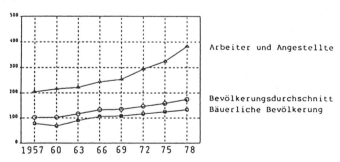

*Quelle: Zhongguo Jingji Nianjian 1984, S.454 (Wirtschaftsjahrbuch)*

7. Die dezentrale Agroindustrialisierung weist keine economies of scale auf. Zudem ist der dazu benötigte Verwaltungsapparat relativ aufwendig. Mit dieser Strategie sind zwar Produktionsstrukturen eher überschaubar, aber die Grenzen ihrer Ausdehnung sind sehr eng gesteckt (Menzel 1980, S.32). So ist es auch zu erklären, dass selbst eine für den Agrarsektor günstige Preispolitik zu wenig greifen konnte. Aus Tabelle 5.19 ersehen wir die Verbesserung der sektoralen Terms of Trade zu Gunsten des Agrarsektors. Dieses Phänomen ist sehr untypisch für die Rolle des Agrarsektors im Entwicklungsprozess, wird doch in den meisten Ländern der Dritten Welt die Preispolitik für den Abzug von Kapital aus dem Agrarsektor eingesetzt.

*Tab. 5.19: Entwicklung der sektoralen Terms of Trade der Landwirtschaft in der VR China 1950-79*

| Jahr | Produktpreise | Inputpreis | Terms of Trade |
|------|---------------|------------|----------------|
| 1952 | 121.6 | 109.7 | 110.8 |
| 1957 | 146.2 | 112.1 | 130.4 |
| 1965 | 187.9 | 118.4 | 158.7 |
| 1974 | 204.5 | 110.0 | 185.9 |
| 1975 | 208.7 | 109.6 | 190.4 |
| 1976 | 209.7 | n.v. | n.v. |
| 1977 | 209.2 | n.v. | n.v. |
| 1978 | 217.4 | 109.8 | 198.0 |
| 1979 | 265.5 | 109.9 | 241.6 |

*Quelle: Robert C. Hsu, Food for one Billion*

Dass diese und weitere wirtschaftliche Probleme überhaupt zu Reformen führten, liegt an den parteiinternen Auseinandersetzungen, die nach dem Tode Mao's wachstumsfreundlichere Gruppen an die Macht brachten.

## 4.3. Die Reformen von 1978

Mit der Machtkonsolidierung der neuen Führungsgruppe um Deng Xiaoping im Jahre 1978 bahnten sich Reformen für die Landwirtschaft an, die dann auf dem 3. Plenum des Zentralkomitees im Dezember 1978 bestätigt wurden. Aus daraus hervorgegangenen Erfahrungen wurde schliesslich im Oktober 1984 eine für die gesamte Oekonomie gültige Wirtschaftsreform eingeführt.

Für den Agrarsektor bedeutete dies im Rahmen des Prinzips der "vier Modernisierungen" (Landwirtschaft/Industrie/Wissenschaft/Technologie) für folgende Bereiche Aenderungen (vgl. Hsu, S.40ff):
- Simultane Förderung der Tierproduktion und des Ackerbaus
- Komparative Vorteile der Regionen ausnutzen, d.h. Aufgabe des provinziellen Selbstversorgungsprinzips durch Förderung der günstigen Regionen
- vermehrte Produktionsanreize für die Produzenten
- Priorität der Investitionen in der Landwirtschaft
- Reduzierung der Arbeitskräfte auf dem Lande von 300 auf 100 Millionen (Menzel 1980, S.34)
- Förderung privater Produktion und Absatzkanäle

Zur Erreichung dieser Ziele wurden die folgenden agrarpolitischen Massnahmen ergriffen:

*1. Verantwortlichkeitssystem:*

Die Einkommensverteilung erfolgt nach einem gewichteten Leistungsanreizsystem (Hsu, S.48). Grundeinheit wird neu der Haushalt, der einen Teil des Ertrages zu festgesetzten Preisen an den Staat verkaufen muss. Er ist familiale Produktionseinheit mit staatlichem Lieferauftrag, der via diese Pflichtablieferung einen niedrigen Pachtzins für vertraglich zugeteilten Boden entrichtet. Den Rest seiner Erzeugnisse kann der Bauernhaushalt nach Erfüllung dieser Vertragspflicht selbst konsumieren oder frei verkaufen. Es handelt sich also zu einem Teil um eine Pflicht zu bezahlter Ablieferung, zum anderen um individuelle Verwendung und Vermarktung (Wädekin 1984a). Dieses Kontraktsystem umfasst mehrere Formen, die das Verhältnis zwischen Produktionsgruppe einerseits als Besitzerin von Boden, Maschinen und Geräten und Arbeitsgruppen, Individuen oder einzelnen Familien anderseits regeln. Dabei werden die abzuliefernden Quoten festgelegt. Wichtigste Form ist seit 1983 der Pauschal-Nutzungsvertrag, welcher der Familie die volle Verantwortung für die Produktion überträgt (Portmann, S.10). Man kann durchaus von einer Individualisierung der Produktion sprechen. Die Bauern können aber auch andere Vertragsformen wählen, die zum Teil eher dem alten Punktesystem gleichen oder Genossenschaftscharakter aufweisen.

## 2. Privatisierung von Produktionsmitteln:

Grund und Boden bleiben im Kollektivbesitz, aber der erlaubte Anteil von privater Bodennutzung wurde auf 15% der gesamten Anbaufläche erhöht (Hsu, S.49). Es besteht ein rechtlicher Unterschied zwischen Vertrags- und Privatparzellen, was für Neuaufteilungen oder Erbgang eine Rolle spielt. Zugtiere und übrige Betriebsmittel können von den Familien privat erworben werden. Auf diese Weise konnten spezialisierte Tierzuchtbetriebe entstehen. Zudem ist es erlaubt, eine inzwischen mehrmals erhöhte Zahl von Angestellten zu beschäftigen (Portmann, S.4).

## 3. Preisreform:

Weil die Ressourcenallokation mehr aufgrund von unternehmerischer Verantwortung erfolgen soll, musste auch das Preissystem reformiert werden. In mehreren Schritten wurden die staatlichen Aufkaufpreise für die meisten Produkte angehoben (OECD 1985, S.45). Im Frühling 1985 wurde auch das Aufkaufmonopol des Staates für Agrarprodukte mit Quotensystem aufgehoben, weil der Staatshaushalt ständig mehr belastet wurde. Neu wird die staatliche Aufkaufmenge im voraus festgelegt. Das Aufkaufssystem wird getragen von einer speziellen staatlichen Organisation, die von der übrigen Verwaltung getrennt ist, aber mit ihr zusammenarbeitet und letztlich die Planzahlen der Zentrale zu erfüllen hat (Wädekin 1984b). Es gibt vier Kategorien von Preisen:

1. Der niedrige Anrechnungspreis für die als Landwirtschaftssteuer zu verkaufenden Erzeugnisse. Vom Getreide, auf das immer noch nahezu die Hälfte des gesamten Bruttoproduktionswertes der Landwirtschaft entfällt, sind 5% der Menge, die man als Gesamtertrag auf Grund des Durchschnitts der letzten drei Jahre erwartet, in dieser Kategorie abzuführen.
2. Der meist um etwa ein Fünftel höhere Preis für die sonstigen obligatorischen Verkäufe an den Staat. Der Staat tätigt rund 30% seiner Getreide-Aufkäufe in dieser Kategorie und zu diesem Preis.
3. Die sonstigen, freiwillig an den Staat verkauften Mengen zu Preisen, die in der Regel um 50% höher als die für die Pflichtverkäufe liegen, aber etwas niedriger als die des freien Marktes. Letzteres ist jedoch nicht immer der Fall; bei Ueberangebot können die freien Preise auch etwas niedriger sein. Falls Staat oder Handelsorganisationen der Gemeinden Tierprodukte oder andere nicht dem Pflichtverkauf unterliegende Erzeugnisse aufkaufen, geschieht es zu in grösserem Rahmen "ausgehandelten" Preisen, die

jedoch verbindlich festgelegt werden, meist in Form von Ober- und Untergrenzen.

4. Die Preise des freien Marktes, auf die aber Provinz- und Stadtbehörden durch Vorschriften und Obergrenzen starken Einfluss nehmen. Sie können örtlich recht verschieden sein. Auch muss eine Verkaufssteuer bezahlt werden, die bei Schweinefleisch 5% beträgt und zu der eine Gebühr für die Schlachtgenehmigung hinzukommt.

*Tab. 5.20: Verschiedene Preiskategorien für Weizen und Reis, 1980*

| Preiskategorien | Weizen | Reis |
|---|---|---|
| | Yuan pro kg | |
| Staatlicher Quotenpreis | 0,3296 | 0,2312 |
| Staatlicher Uebersollpreis | 0,4944 | 0,3468 |
| Staatlicher Verhandlungspreis | ca. 0,5940 | ca. 0,5460 |
| Preis auf ländlichen Märkten | 0,5940 | 0,5460 |
| Preis auf städtischen Märkten | - | 0,620 |
| Staatlicher Rationierungspreis bei Verkauf an nichtländliche Bevölk. | 0,333 | 0,2128 |
| Staatlicher Verkaufspreis für die ländliche Bevölkerung | 0,3560 | 0,2497 |
| Staatlicher Verkaufspreis für einkommensschwache und unter Naturschäden leidende Bauern | 0,2094 | 0,1469 |
| Interner Verrechnungspreis für Naturalzuweisung innerhalb der Produktionseinheiten | 0,2722 | 0,1904 |

Quelle: Lardy N.R., *Agricultural prices in China*

In Tabelle 5.20 sind die verschiedenen Preisstufen für Weizen und Reis dargestellt. Auffällig sind die Nahrungsmittelsubventionen zugunsten der städtischen Bevölkerung. Im Grunde handelt es sich hierbei um ein Deficiency-Payment-System, welches dem Staat für einen Teil der Produktion finanzielle Lasten auferlegt. Völlig verschwunden ist die Form des Staatsmonopols jedoch noch nicht, ist es doch den Lokalregierungen überlassen, innerhalb welcher Frist diese Neuerungen eingeführt werden.

## 4. Auflösung des Kommunensystems:

Mit der neuen Verfassung von 1982 wurde das Kommunensystem aufgelöst. Dessen politische und administrative Aufgaben wurden einer lokalen Verwaltung übertragen (Portmann, S.5). Auf diese Weise wurde eine Trennung von Politik und Wirtschaft erreicht. Produktionsgruppen wurden wieder zu rechnungsführenden Einheiten, die aber autonome wirtschaftliche Entscheide fällen können. An Stelle der vollständigen Gewinnabgabe an den Staat tritt die Gewinnbesteuerung. Gelockert wurde auch die Pflicht zur Teilnahme an Kollektivarbeiten: heute genügt es, wenn ein Familienmitglied diese Aufgabe übernimmt.

## 5. Investitionspolitik:

In der staatlichen Investitionspolitik China's lag das Schwergewicht seit den 50er Jahren bis zu den Reformen von 1978 im Industriesektor. An Bedeutung verloren haben nach und nach die Investitionen in der Schwerindustrie (vgl. Tab. 5.21). Gleichwohl war der Anteil des Agrarsektors nur in einzelnen Jahren etwas

*Tab. 5.21: Staatliche Investitionen nach Sektoren, in % aller Investitionen*

|         | Landwirtschaft | Leichtindustrie | Schwerindustrie | Nichtproduktive | andere |
|---------|----------------|-----------------|-----------------|-----------------|--------|
| 1953-57 | 7,6            | 6,8             | 38,7            | 28,3            | 18,6   |
| 1958    | 10,5           | 7,3             | 57,0            | 12,1            | 13,2   |
| 1959    | 10,5           | 5,2             | 56,7            | 13,2            | 14,4   |
| 1960    | 13,0           | 4,0             | 53,3            | 13,6            | 16,1   |
| 1958-62 | 11,4           | 6,5             | 54,9            | 13,4            | 13,8   |
| 1963-65 | 18,4           | 4,1             | 48,0            | 17,2            | 12,3   |
| 1966-70 | 11,4           | 4,7             | 54,5            | 11,3            | 18,1   |
| 1971-75 | 10,3           | 6,9             | 52,1            | 13,4            | 17,3   |
| 1976    | n.v.           | n.v.            | n.v.            | 14,9            | n.v.   |
| 1977    | n.v.           | n.v.            | n.v.            | 16,7            | n.v    |
| 1978    | 10,7           | 5,4             | 54,7            | 17,4            | 11,8   |
| 1979    | 14,0           | 5,8             | 46,8            | 27,0            | 6,4    |
| 1980    | 6,9            | 9,1             | 41,7            | 33,7            | 5,9    |
| 1981    | 6,8            | 10,0            | 40,2            | 41,3            | 1,6    |

Anmerkung : Nicht-produktive Investitionen umfassen Behausung, Gesundheitswesen, Kultur, Bildung und Bauten für den Verwaltungsapparat. "Andere" umfasst Investitionen im Bankwesen, Versicherungswesen, Sozialleistungen usw.

*Quelle: K. Griffin, Institutional reform and economic development in the chinese countryside*

höher. Ein wesentlicher Punkt der Agrarreformen von 1978 war denn auch die geplante sukzessive Erhöhung des Anteils des Agrarsektors bis auf 18% im Jahre 1985 (Hsu, S.50). Dieser Plan konnte allerdings nur bis 1979 eingehalten werden (vgl. Tab. 5.21). Nachher mussten die Investitionen wegen gestiegener Haushaltsdefizite wieder gekürzt werden. Diese Defizite waren eine Folge der neuen Preispolitik. Zudem traten neue Prioritäten für Investitionen auf, als das zu wenig entwickelte Transportwesen als Bremsklotz für weitere Modernisierungen erkannt wurde (Hsu, S.130).

Neben dem Staat investieren aber auch die Volkskommunen respektive die Produktionsgruppen. Wegen der Lohnreform sind nun allerdings deren Ersparnisse zurückgegangen, so dass auch ihr Investitonspotential gesunken ist (OECD 1985, S.49). Entsprechend zugenommen haben die privaten Ersparnisse. Weil aber ein grosser Nachholbedarf besteht, werden diese Mittel für Konsumgüter und zur Verbesserung der Wohnverhältnisse ausgegeben und somit nicht investiert (Portmann, S.26). Wenn dieser Bedarf aber einmal gedeckt ist und genügend sichere Garantien zur privaten Bodennutzung bestehen, wird dieser neue Kanal für Investitionen sicher reichlich fliessen. Damit ist ein wichtiger neuer Pfeiler zur Dynamisierung der ländlichen Räume errichtet.

*6. Freie Märkte:*

Mit der Erlaubnis freier Märkte hat die chinesische Führung jenes Mittel geschaffen, das den Bauern erst den Anreiz zu Produktionssteigerungen gab (Hsu, S.49). Anzahl und Umsatz solcher Märkte, die daneben auch noch die soziale Rolle des Informationsaustausches übernommen haben, sind sprunghaft angestiegen (vgl. Park, S.114). Wie oben erwähnt, sind den lokalen Verwaltungen allerdings Kontrollen dieser Märkte vorbehalten.

Neben diesen Hauptinstrumenten sind eine ganze Reihe weiterer Massnahmen mit dem Ziel von Produktions- und Einkommenssteigerungen ergriffen worden (Hilfsmittelindustrien, Mechanisierung etc.). Auf diese kann aus Platzgründen jedoch nicht eingetreten werden.

## 4.4. Aktuelle und zukünftige agrarpolitische Probleme

Im Zentrum der Betrachtungen über aktuelle und zukünftige Probleme des chinesischen Reformkurses steht die Frage, ob es gelingen wird, die teilweise schon sichtbar gewordenen und sicher noch zunehmenden Disparitäten in positive Entwicklungskräfte umzumünzen. Denn bisher war die egalitäre Verteilung der Entwicklungserfolge eine unumstössliche Maxime. Damit war allerdings die Stagnation bis zu einem gewissen Grade eingeplant.

Wenn nun beispielsweise die Agrarproduktion auf die geeigneten Regionen konzentriert wird, besteht die Gefahr der Vernachlässigung ärmerer Regionen, sofern keine speziellen Massnahmen zu ihrer Unterstützung ergriffen werden (Bergmann 1981, S.201).

Aber auch auf der Ebene des Individuums bzw. der Familie beginnen sich deutliche Einkommensunterschiede herauszubilden. So gibt es in der Nähe von Industriestädten sogenannte 10'000-Yuan-Haushalte (6-7 köpfig), die ein solches Einkommen meist in der Intensivlandwirtschaft erarbeiten (Louven, S.214). Dieses Einkommen liegt im Vergleich zum durchschnittlichen Einkommen eines Bauern von 350 Yuan sehr hoch. Allerdings handelt es sich hierbei um sehr seltene Ausnahmen einzelner sogenannter "spezialisierter Haushalte" (Wädekin 1984c). Gleichwohl haben solche enorme Differenzen schon zu sozialen Problemen geführt. Mit Steuern auf Luxusartikeln und Subventionen von Grundnahrungsmitteln wird bereits heute versucht einen Ausgleich zu erreichen. Weitere Massnahmen sind dazu aber erforderlich. Eine Abwanderung von Arbeitskräften aus dem Agrarsektor dürfte jedoch auch in China unvermeidlich sein (Perkins/ Yusuf, S.201).

Auch das Verantwortlichkeitssystem wirkt in Richtung Einkommensdifferenzierung. Zwar ist es effizienter, weil die Arbeitspunkte nicht mehr aufgrund der Beurteilung durch die Arbeitsgruppe verteilt werden und die Macht der Kader kleiner geworden ist (Hazard, S.227). Jetzt kommt es aber sehr auf die Zusammensetzung von Arbeitsgruppen und Haushalten an, welche nicht alle die gleichen Voraussetzungen haben. Es kann auch die Bindung ans Kollektiv verloren gehen, was in einem sozialistischen System problematisch wäre (Hazard, S.229).

Dass die sozialistische Basis erhalten bleiben soll, ist unbestritten. Für die Wirtschaftsplanung bedeutet dies, dass die zentrale Planung bestehen bleibt. Sie wird jedoch mit einem grösseren Planungsspielraum der Betriebe ergänzt, die über einen Teil des Gewinnes verfügen und damit investieren können, aber anderseits auch für Verluste verantwortlich sind (Senghaas 1981, S.271). "Markt und Wertgesetz" ergänzen die kollektive Wirtschaft höchstens. Für die Wirtschaftsführung und -verwaltung gilt es also, das neue Verhältnis von Plan und Markt, von zentraler und dezentraler Entscheidung zu definieren, und diese Grenzen abzutasten, ohne die Wirtschaftsentwicklung zu behindern (Senghaas 1981, S.269).

Ein solcher Abtastbereich ist die teilweise Oeffnung der Landesgrenze für Technologie- und auch Getreideimporte. Mit den angestrebten joint-ventures kann eine starke Verschuldung vermieden werden. Wenn hier für die Zukunft weiterhin eine Linie gemässigter Aussenverschuldung eingehalten wird, dürfte das Verschuldungsgespenst fernbleiben. Voraussetzung dazu ist aber auch eine weiterhin positive Agrarbilanz (Portmann, S.70). Dass sich die VR China in diesem Bereich nicht zu stark binden will, zeigt das Auslaufenlassen von Langzeitlieferverträgen für Getreide mit den USA, Kanada, Australien, Argentinien und Frankreich (OECD 1985, S.73). Wie weit die Oeffnung für westliche Investoren (14 offene Hafenstädte) und die Einfuhr von Gütern, sowie der Tourismus Auswirkungen auf das sozialistische Bewusstsein haben werden, bleibt abzuwarten.

Sichtbar sind in diesem Zusammenhang bereits gewisse negative Auswirkungen der freien Preisbildung für Agrargüter. So traten überraschend und für die Chinesen völlig ungewohnt Preissteigerungen bei Fleisch und Gemüse auf (TA 18.6.85). Einzelne Lokalverwaltungen reagierten darauf mit einer Rücknahme der freien Preise (Portmann, S.17). Jedenfalls ist es ein Hinweis darauf, dass die Balance von Plan und Markt noch keineswegs endgültig festgelegt ist. Problematisch wäre es aber, wenn die geweckten Hoffnungen auf eine Liberalisierung und damit die Ueberwindung der wirtschaftlichen Stagnation, die zwar allen die Deckung der minimalen materiellen Grundbedürfnisse gebracht hat, - aber nicht mehr - geknickt werden.

## 4.5. Einordnung der verfolgten Agrarstrategien

In der modernen Geschichte China's liegen zwei verschiedene Entwicklungsstrategien im Widerstreit, die meist nach ihren Hauptexponenten Mao Zedong und Liu Shaoqi bezeichnet werden (vgl. Bergmann 1981, S.196). Diese beiden Strategien unterscheiden sich folgendermassen:

*Mao Zedong:*
Die Menschen sind die wichtigste Produktivkraft, welche durch revolutionäre Umgestaltung ihre Lebensverhältnisse selbst verbessern müssen. Daher müssen

zuerst die Produktionsverhältnisse verändert werden. Politische Aspekte stehen also im Vordergrund. In der Dritten Welt müssen die bäuerlichen Massen als Haupttriebkräfte der gesellschaftlichen Transformation via Kollektivierung mobilisiert werden. Eine dezentral organisierte Agrarentwicklung soll einsetzen, die sich einfache Technologien zunutze macht und eine experimentelle Modernisierung der Landwirtschaft in Gang setzt. Die industrielle Entwicklung erfolgt über die Entwicklung der Landwirtschaft (Menzel 1978, S.214). Es handelt sich im wesentlichen um eine voluntaristische Politik, die auf ökonomische Leistungsfähigkeit, sowie regionale und ethische Unterschiede wenig Rücksicht nimmt, die Bedeutung und Wirkung der neuen Produktionsverhältnisse aber sehr hoch ein- und auch überschätzte (Bergmann 1981, S.196).

*Liu Shaoqi:*

Zu dieser Gruppe von Modernisierungspolitikern sind auch Zhou Enlai und Deng Xiaoping als bekannteste Vertreter zu rechnen. Liu setzt im Gegensatz zu Mao an Stelle der praxisorientierten Massenlinie auf eine Kaderlinie und wissenschaftlich-technischen Fortschritt. Produktivkraftentfaltung ist daher prioritär und die Produktionsverhältnisse sind am jeweiligen Stand der Produktivkräfte zu orientieren. Die Organisation der Wirtschaft ist eher auf städtische Verhältnisse ausgerichtet, die Entscheidungsfindung erfolgt zentral und Spezialisierung von Regionen ist durchaus erwünscht. In diesem Sinne entspricht diese Strategie eher dem klassischen marxistischen Modell (Menzel 1978, S.216). In der politischen Umsetzung bedeutet dies mehr materielle Anreize für Kommunemitglieder, mehr Liberalität, aussenwirtschaftlich mehr technische Zusammenarbeit mit der UdSSR bzw. westlichen Handelspartnern, da Technologietransfer den Industrieaufbau beschleunigt (Bergmann 1981, S.197).

In der Realität setzte sich keine der beiden Linien in "reiner" Form durch. Vielmehr mussten auch in Phasen der Ueberlegenheit der einen Fraktion Kompromisse eingegangen werden. Wie der zeitliche Ablauf der erwähnten Agrarstrategieelemente war, ist zusammenfassend in Tab. 5.22 aufgeführt.

Nach dem grundsätzlichen Strategiewechsel von der extremen Förderung der Schwerindustrie in der anfänglichen Anlehnung an die sowjetische Strategie zur gleichgewichtigen sektoriellen Entwicklung, sind Aenderungen vor allem im Bereich der kollektiven Organisationsformen festzustellen. Die Zulassung von Eigeninitiative war der entscheidende Punkt: In der Kulturrevolution war sämtliche Eigeninitiative unerwünscht und seit 1978 gilt diese als Triebkraft der Ent-

Tab. 5.22: *Agrarstrategien in der Volksrepublik China im Laufe der Zeit*

| Strategie-elemente / Phase | Sektorale Priorität | Agrarreform | Aussenhandel | Strategie |
|---|---|---|---|---|
| Kollektivierung 1953-57 (Mao) | Schwerindustrie | zunehmende Kollektivierung des Bodens | Abkoppelung; Kooperation mit UdSSR | I |
| Grosser Sprung 1958-60 (Mao) | Industrie | Agrarmodernisierung | Abkoppelung | I |
| Anpassung 1960-65 (Liu) | Leichtindustrie und schwergewichtig Agrarsektor | Agrarmodernisierung | Abkoppelung | IV |
| Kulturrevolution 1966-76 (Mao) | Schwerindustrie und Agrarsektor | Kollektive Organisationsformen | Abkoppelung | IV |
| Reformphase 1978- (Liu) | Industrie und Agrarsektor | Förderung privater Initiative | Abkoppelung und gezielte Exporte für know-how-Importe | IV |

wicklung. Obwohl kein grundsätzlicher Strategiewechsel 1978 vorliegt, sehen wir diesen Zeitpunkt doch als Zäsur, welche eine Unterteilung der Beobachtungsperiode nahelegt. Zumal dann erstmals dem Aussenhandel eine gewisse strategische Rolle zugedacht wurde, ohne dass von einer exportorientierten Strategie gesprochen werden könnte. In unserer Terminologie entspricht dies der "Chinesischen Strategie" (vgl. Tab. 5.22).

## 4.6. Beurteilung der Agrarstrategie

Bezüglich Zuverlässigkeit und Erhältlichkeit von Daten gelten für die Volksrepublik China teilweise die selben Vorbehalte wie bei der UdSSR. Allerdings hat sich die Datenlage im Anschluss an die Oeffnungstendenzen nach den 78er Reformen etwas verbessert, indem auch rückwirkend Informationen freigegeben wurden (vgl. Tab.5.23).

Vom Nachfragepotential her gesehen bildet die VR China einen riesigen Markt mit vorläufig noch bescheidenem Einkommensniveau (Ind.(1),(2)). Dank einer rigorosen Familienplanungspolitik konnte das Bevölkerungswachstum gesenkt werden (Ind.(2)). Zur Realisierung des Nachfragepotentials sind aber Einkommenssteigerungen Voraussetzung. Dies kann wiederum nur erreicht werden, wenn es gelingt für die zwar kaum mehr wachsende, aber absolut gesehen sehr grosse Bevölkerung Arbeitsplätze zu schaffen.

### 4.6.1. Voraussetzungen im Agrarsektor

Wegen der grossen Bevölkerung und den relativ ungünstigen natürlichen Voraussetzungen zur Agrarproduktion steht in China wenig Boden zu deren Ernährung zur Verfügung (Ind.(4)).

Dieser Boden wird erst seit den 70er Jahren mit zunehmenden Düngergaben intensiver genutzt (Ind.(8)). Heute ist eine Intensität erreicht worden, die höher liegt als beispielsweise in den USA (vgl. Tab.5.9).

Ein Grossteil der Landarbeit wird noch von Hand ausgeführt, was sich in der tiefen und seit 1960 praktisch stagnierenden Arbeitsproduktivität ausdrückt (Ind.(7)). Offensichtlich haben sich die Reformen von 1978 darin noch nicht niedergeschlagen. Im Bereich der Bildung ist der negative Einfluss der Kulturrevolution noch heute spürbar. Denn die Vernachlässigungen von damals (vgl. Ind.(6)) wirken lange nach. Dies könnte daher auch ein Faktor sein, der die Umsetzung von Agrarmodernisierungen bremst.

### 4.6.2. Wirtschaftliche Beiträge

Die stagnierende Arbeitsproduktivität drückt sich auch im sich bis 1980 verschlechternden Verhältnis gegenüber dem Industriesektor aus (Ind.(9)). Seither ist eine Zunahme festzustellen, die wir als Trendwende interpretieren dürfen.

*Tab. 5.23: Indikatoren zur Beurteilung der Agrarstrategie in der VR China 1960-1985*

**1. Allgemeine Entwicklung**

| | 1960 | 1970 | 1980 | 1985 |
|---|---|---|---|---|
| (1) BSP/Kopf (US$) | - | - | 290 | 310 |
| (2) Bevölkerung (mio) | 654.4 | 771.8 | 996.1 | 1059.5 |
| Bevölkerungswachstum (% pro Jahr) | | $2.3^{1)}$ | $1.4^{2)}$ | $1.2^{3)}$ |
| (4) Landnutzungsdichte (ha/Kopf) | $0.18^{4)}$ | 0.13 | 0.10 | .09 |
| (6) Grundschüler (% Altersgruppe) | 109 | $89^{16)}$ | 117 | 118 |
| (7) Getreideproduktivität (t/AK) | $0.68^{4)}$ | $0.84^{6)}$ | $0.70^{7)}$ | $0.78^{8)}$ |
| (8) Handelsdünger (kg/ha) | - | 39.6 | 130.3 | $180.6^{9)}$ |

**2. Wirtschaftliche Beiträge**

| | 1960 | 1970 | 1980 | 1985 |
|---|---|---|---|---|
| (9) $\frac{\text{BIP Agrarsektor/AK}}{\text{BIP übrige Sektoren/AK}}$ | 0.30 | $0.241^{6)}$ | 0.15 | 0.19 |
| (10) Wanderungsrate | | $1.13^{1)}$ | $2.07^{2)}$ | $2.75^{3)}$ |
| (11) Reale ländl. Kaufkraft (Preise 1980) | | | 100 | 191 |
| (12) Produktion N-Dünger/Verbrauch N-Dünger | $0.54^{4)}$ | $0.45^{10)}$ | $0.84^{11)}$ | $0.82^{12)}$ |
| (13) Nahrungsmittelproduktion pro Kopf | $100^{4)}$ | $108^{6)}$ | $125^{7)}$ | $147^{8)}$ |
| (14) Deckung Ernährungsbedürfnisse (% FAO-Norm) | $80^{13)}$ | $88^{6)}$ | $103^{14)}$ | $108^{15)}$ |
| Agrarhandelsbilanz (mio$) | - | - | - | - |

**3. Soziale Beiträge**

| | 1960 | 1970 | 1980 | 1985 |
|---|---|---|---|---|
| (15) Arbeitslosigkeit (% AK übriger Sektoren) | - | - | $4.9^{18)}$ | 1.8 |
| (16) Ackerfläche/permanente Weide | $0.58^{4)}$ | 0.48 | 0.44 | $0.34^{9)}$ |
| (17) Waldfläche (mio ha) | $109.1^{4)}$ | 132.2 | 115.7 | $134.8^{9)}$ |

**4. Internationale Zusammenhänge**

| | 1960 | 1970 | 1980 | 1985 |
|---|---|---|---|---|
| (19) $\frac{\text{Getreideeinfuhr}}{\text{Getreideproduktion}}$ (%) | $3.6^{4)}$ | $2.6^{6)}$ | $5.9^{7)}$ | $4.2^{8)}$ |

Anmerkungen:
1) 1960-70  2) 1970-80  6) 1980-85  4) 1961/65  5) 1975
6) 1969/71  7) 1979/81  8) 1983/85  9) 1984  10) 1970/71
11) 1980/81  12) 1984/85  13) 1961/63  14) 1878/80  15) 1981/83
16) 1985  17) 1973-84  18) nur städtische Regionen

*Quellen: FAO, Production/Trade Yearbook, div. Jahrgänge*
*FAO, Fertilizer Yearbook, div. Jahrgänge*
*ILO, Yearbook of Labour, div. Jahrgänge*
*UN, Statistical Yearbook, div. Jahrgänge*
*Weltbank, Weltentwicklungsbericht, div. Jahrgänge*

Denn sie geht parallel mit deutlichen Zunahmen der ländlichen Kaufkraft (Ind.(11)) und der Produktion (Ind.(13)). Aus den Reformen hat also bereits eine Einkommenssteigerung im ländlichen Raum resultiert, die wegen der Bevölkerungsmehrheit in diesem Raum für die gesamte Wirtschaft Impulse auslösen kann.

Wegen der egalitären Einkommensverteilung können wir davon ausgehen, dass die Sicherung der Ernährungsbedürfnisse der gesamten Bevölkerung bereits bei 110% der FAO-Norm erfüllt sein dürfte (Ind.(14)).

Allerdings können extrem schlechte Erntejahre die Ernährungssicherheit in Frage stellen bzw. muss die VR China auf Importe zurückgreifen. Diese Einfuhren blieben aber auch in extremen Jahren relativ zur Eigenproduktion unbedeutend (Ind.(19)) und haben deren Entwicklung also nicht gestört, was wegen des staatlichen Aussenhandelsmonopols auch gar nicht möglich gewesen wäre.

Da der starke Anstieg des Düngereinsatzes heute weitgehend mit selbst produziertem Handelsdünger gedeckt wird (Ind.(12)), hat der Agrarsektor seinen Beitrag als Nachfrager von Produktionsmitteln erfüllt.

### 4.6.3. Soziale Beiträge

Zum ökologischen Beitrag ist es schwierig, auf Grund vorhandener Daten eine Aussage zu machen (vgl. Ind.(16),(17)). Doch können wir davon ausgehen, dass die Erosionsproblematik den Chinesen seit Jahrhunderten bewusst ist. Die Sorge um die fragilen Böden steht im Vordergrund von Ueberlegungen, die z.B. grosse Aufforstungsprogramme gefördert haben. Dadurch erklärt sich die Zunahme der Waldfläche (Ind.(17)).

Die Reservoir-Funktion des Agrarsektors spielt in den chinesischen Entwicklungsstrategien eine ganz zentrale Rolle. Zur Erreichung von Ernährungs- und Beschäftigungszielen für die gesamte Bevölkerung wurde die Agrarproduktion mit hohem Arbeitseinsatz gesteigert. Dies erklärt die verbesserte Nahrungsmittelversorgung (Ind.(14)), wie auch die stagnierende tiefe Arbeitsproduktivität (Ind.(7)).

In der Folge der neuesten Wirtschaftsreformen soll nun die Bedeutung der Reservoir-Funktion abgebaut werden, indem vermehrt Arbeitskräfte im Industriesektor Arbeit finden. Erste Anzeichen für den Beginn dieses Prozesses ist das weitere Ansteigen der Abwanderung in den 80er Jahren (Ind.(19)), sowie der Rückgang der Arbeitslosigkeit (Ind.(15)).

### 4.6.4. Gesamtbeurteilung

Die chinesische Agrarstrategie ist als erfolgreich zu beurteilen, hat sie doch die Ernährungssicherung für die gesamte Bevölkerung erreicht. Allerdings ist das Lebensniveau bescheiden geblieben und die Arbeitsproduktivität tief. Mit den 78er Reformen wird nun der Uebergang zu einer Industriegesellschaft angestrebt. Ob dieser Prozess erfolgreich verlaufen wird, hängt davon ab, wieweit es gelingen wird, industrielle Arbeitsplätze zu schaffen, ohne die egalitäre Gesellschaft zu gefährden. Steigerungen der Arbeitsproduktivität im Agrarsektor sind unerlässlich, doch werden damit Arbeitskräfte freigesetzt. Die Wirtschaftspolitik muss also so konzipiert werden, dass der Abbau der Reservoirfunktion behutsam erfolgt. Dazu wird es notwendig sein, für einzelne Regionen und in gewissen Phasen in der Mischung von Plan und Markt dem Staat erneut mehr Gewicht zu geben. Die Lösung kann sicher nicht darin bestehen, voll auf den Markt zu setzen. Dann dürften sofort ähnliche Probleme der Urbanisierung auftreten wie in vielen Städten der Dritten Welt.

# 5. Indien

Indien ist praktisch ein Kontinent für sich (Zingel, S.15). Es erstreckt sich von den höchsten Bergen der Erde bis zu den Tropen Südindiens. In diesem riesigen Raum wurde aus der Kolonialzeit heraus ein Vielvölkergemisch in einem Staat zusammengefasst. Das Zusammenleben dieser Volksgruppen gestaltet sich entsprechend schwierig. Dabei ist einerseits an den latent vorhandenen Konflikt Indien/Pakistan zu denken, der auch in neuester Zeit immer wieder aufflammt (Zingel, S.35). Aber auch innerhalb Indiens treten seit Beginn der 80er Jahre vermehrt Konflikte zwischen einzelnen Volksgruppen auf (Sikhs, z.B.).

Geographisch lässt sich Indien in drei Hauptregionen aufteilen (Wulf, S.122):
- grosse Gebirgsregion
- Tiefebene der grossen Flüsse
- südliche Halbinsel

Vor allem die während des Sommermonsuns meist überschwemmten Tiefebenen von Ganges, Indus und Brahmaputra bilden das landwirtschaftliche Hauptanbaugebiet für die Reisproduktion. Dort herrschen die qualitativ guten, alluvialen Böden vor, während in den übrigen Gebieten meist nach der Entwaldung erosionsgefährdete Tropenböden anzutreffen sind. Die klimatische Lage in Indien ist ganz entscheidend von den Niederschlägen geprägt, welche in einzelnen Regionen zu 90% während der Monsunzeit (Juni-Oktober) fallen. Daher kommt Bewässerungssystemen, die teilweise schon im 10. Jahrhundert entstanden, hervorragende Bedeutung zu (Itty, S.2).

Indien galt in den 50er und 60er Jahren als exemplarisches Entwicklungsland, für welches alle bekannten Autoren Entwicklungskonzepte entwarfen (Zingel, S.17). Wegen seiner starken Bevölkerungszunahme (Bevölkerungsbombe) erhielten neo-malthusianische Diskussionen neue Nahrung (Ray et al., S.2). Nach Anfangserfolgen der Grünen Revolution verstummten diese Stimmen etwas. Allerdings sind die Ernährungsprobleme keineswegs gelöst und Armut ist weiter verbreitet denn je. Wir wollen daher im folgenden nach den Problemen der indischen Agrarstrategie fragen und gleich zu Beginn historische Bestimmungsgründe in der Kolonialzeit suchen. Diese Suche nach historischen Ursachen für die heutige Unterentwicklung ist im indischen Fall sicher am meisten gerechtfertigt, war dieses Land doch wohl am stärksten von allen Kolonien in die britische Kolonialpolitik eingebunden (Wulf, S.125).

## 5.1. Veränderungen der sozio-ökonomischen Verhältnisse auf dem Lande während der Kolonialzeit

Die Rolle Indiens für den industriellen Aufbau Grossbritanniens und die damit verbundene Zerstörung von indischen Manufakturen v.a. in der Textilbranche, sowie die Einbindung in den Weltmarkt bzw. das britische Empire, wird in der Literatur ausführlich dargestellt (vgl. z.B. Keller). Wir wollen daher auf eine Wiedergabe verzichten und unsere Darstellung auf die Folgen der britischen Kolonialpolitik in den ländlichen Räumen und insbesondere auf die Bodenbesitzverhältnisse beschränken.

Wir folgen in der Darstellung dieser kolonialen Bodenpolitik der Briten weitgehend dem Standardwerk von Albertinis. Obwohl aus dem Vergleich der Bodenrechtsverhältnisse vor und während der Kolonialzeit in Tabelle 5.24 eine negative Beurteilung der britischen Bodenpolitik zustande kommt, dürfen wir uns nicht dazu verleiten lassen, die Verhältnisse im vorkolonialen Dorf zu verherrlichen. Hinter einem Lehmwall von der Aussenwelt praktisch abgeschlossen bestand keine demokratische Selbstverwaltung, sondern eine durch das Kastenwesen hierarchisch gegliederte kleine ländliche Dorfgemeinschaft geprägt von persönlichen Abhängigkeitsverhältnissen (von Albertini, S.38). Die Steuerbelastung war bereits damals mit 30-50% der Ernte hoch. Zudem wurden diese Mittel von den Fürsten zur Finanzierung ihrer Bürokratie, der Kriegsführung und luxuriöser Höfe verwendet. Es flossen also keine Mittel für Investitionen in die Landwirtschaft zurück.

Als die Briten respektive die Ostindische Kompanie sich zusehends auf dem indischen Subkontinent etablierten (ab 1765), trafen sie auf ein System unüberschaubarer Rechtsverhältnisse im Steuereinzug mit Unterpachtsrechten und sich überschneidenden Einflussgebieten verschiedener Fürsten (von Albertini, S.39). Da die Briten an stetig zunehmenden Steuereinnahmen interessiert waren, vereinheitlichten sie das Einzugsystem. Zudem sollten die bisherigen Steuereinzieher besser kontrolliert werden. Damit wurden aber alte Gewohnheitsrechte über den Haufen geworfen und ein sozialer Wandel in Gang gesetzt, der eine städtische indische Bürgerschicht zu Grossgrundbesitzern werden liess, die absolut kein Interesse mehr an der Einführung von Modernisierungen in der Landwirtschaft hatten. Allerdings wurde diese Schicht zu einer wichtigen Stütze der britischen Herrschaft, welcher sie ihre Stellung verdankte (von Albertini, S.41).

*Tab. 5.24: Bodenrechtsentwicklung in Indien unter der britischen Kolonialherrschaft*

| Vorkolonial | Britische Bodenpolitik |
|---|---|
| - Anrechte der Feudalherren auf Ernteanteil = Steuer in Geldform<br>- Verkaufsverbot des Bodens<br>- Steuerbetrag wird der Ernte angepasst<br>- Zamindare als Steuereinzieher<br><br>- Rechtskonflikte im Dorf ausgetragen; Obergrenzen der Verschuldung zum Schutz der Kleinbauern | - europäisches Besitzrecht am Boden<br>- Boden wird zur Handelsware<br>- einmal ausgehandelte Steuerbeträge bleiben unveränderlich<br>- Zamindare als Bodenbesitzer, oft aber auch städtische Geschäftsleute (parasitäre Bourgeoisie)<br>- Einsetzung des britischen Rechtssystems, das nur noch schriftliche Dokumente anerkennt und dessen Sitz weit entfernt ist |

*Quelle: eigene Zusammenstellung basierend auf von Albertini Rudolf, Europäische Kolonialherrschaft 1880-1940*

Neben dieser Umgestaltung des Zamindarsystems wurden aber in andern Regionen weitere Systeme eingeführt:
- Ryotwari-System (Madras, Bombay): Steuerverträge mit Einzelbauern
- Mahalwari-System (Nordindien): Dorf als Kollektiv für Steuerzahlung verantwortlich, allerdings wurden die Anteile der Einzelbauern fixiert und konnten hypothekarisiert werden

Allen Systemen war aber gemeinsam, dass sich die Lage des Kleinbauern ständig verschlechterte. Ab 1850 folgten sich die Krisen verbunden mit Hungersnöten und Aufständen (Wulf, S.127). Vor allem die zunehmende Verschuldung drückte die Bauern (vgl. V.5.4). Wegen der rasch wachsenden Bevölkerung nahm die Bebauung von Neuland rasch zu. Damit entfiel der früher oft gewählte Ausweg aus der Verschuldung, nämlich die Neusiedlung in einer andern Region (von Albertini, S.53). Verstärkt wurde dieser Druck noch durch ehemalige Handwerker, die wegen der Weltmarktintegration ihre Arbeit verloren hatten und deshalb in die Landwirtschaft auswichen (Wulf, S.128). Wegen dieser ständigen Verschlechterung der Lage in den ländlichen Gebieten sah sich die Kolonialverwaltung, die unterdessen die Ostindische Kompanie abgelöst hatte, gezwungen, gegen Ende des 19. Jahrhunderts ihre Laissez-faire-Politik aufzugeben. Die verschiedenen Gesetze z.b. von 1879 über die Aufsichtspflicht des Dorfältesten bei Vertragsabschlüssen oder von 1900 über die Beschränkung des Landerwerbes auf die Bauernkaste (von Albertini, S.45), konnten aber wegen der unübersichtlichen Sozialstruktur und der ungleichen ökonomischen Stärke den eigentlichen Bodenbearbeiter nicht schützen.

Absolut wurde die Anbaufläche auch zu Beginn des 20. Jahrhunderts ausgedehnt. Dadurch gelang es bis 1921 wenigstens die Anbaufläche pro Kopf bei etwa 1 acre zu halten. Allerdings wurden dazu zunehmend Böden schlechterer Qualität einbezogen. Nachher sank die Anbaufläche pro Kopf jedoch bis auf 0.84 acres im Jahre 1951 (von Albertini, S.48).

Am Vorabend der Unabhängigkeitserklärung von 1947 präsentierte sich also ein indischer Agrarsektor voller Probleme:
- zunehmende Einkommensdisparitäten innerhalb des Sektors
- ungleiche Bodenverteilung
- steigende Verschuldung
- keine existenzsichernden Flächen für die Masse der Bauern
- kleine Flächenerträge bei Nahrungsmitteln
- Auslaugung der Böden wegen fehlender Düngerzufuhr
- zunehmende Nahrungsmittelimporte
- kaum Einsatz moderner Anbaumethoden wegen mangelnder Ersparnismöglichkeiten
- steter Kapitalabfluss in Form von Pacht- und Schuldzinsen, sowie Steuern
- etc.

Die britische Politik, einen selbständigen, sich an kapitalistischen Gesetzen orientierenden Bauernstand zu schaffen, hatte sich also als Fehlschlag erwiesen. Aus der Individualisierung des Grundbesitzes war eine Besitzerschicht entstanden, die nicht an Investitionen und Innovationen interessiert war. Insgesamt war der Durchbruch zur Agrarrevolution eher blockiert als eingeleitet worden (von Albertini, S.53).

## 5.2. Agrarreformversuche im unabhängigen Indien

Im Exkurs von Kapitel III 3.1. haben wir die indischen Ansätze von Agrarreformen bereits diskutiert. An dieser Stelle sollen daher nur noch Ergänzungen dazu gemacht werden.

Als bedeutendes Hindernis, Agrarreformen zu realisieren, erwies sich seit 1947 die Kompetenz zur Ausführung, die bei den einzelnen Bundesländern liegt und nicht bei der Zentralregierung. So ergaben sich ganz unterschiedliche Ansätze, was angesichts der verschiedenen Pacht- und Steuersysteme aus der Kolonialzeit an sich nicht unverständlich ist (vgl. Tab. 5.25). Gleichzeitig war und ist so jedoch auch die Wahrscheinlichkeit grösser, dass Reformen verschleppt werden. Es haben sich die folgenden im ganzen Lande aktuellen Problemkreise einer Bodenreform herauskristallisiert.

### 1. Aufhebung des Zamindarsystems:

Weil die Zamindare nur am Einzug der Landpacht interessiert waren, verteuerte dies lediglich die Agrarproduktion und verhinderte Investitionen. Als einer der ersten Schritte wurde daher 1947 die Aufhebung der Zamindarrechte beschlossen (Lamba/Tomar, S.109). Als erster Staat setzte Bihar noch im selben Jahr diesen Beschluss in die Tat um. Dann folgten Uttar Pradesh und West Bengalen. Allerdings entstanden sofort Streitigkeiten um die zu bezahlenden Entschädigungen und in den wenigsten Gesetzen wurde das "Share Cropping" (Anteilpachtsystem) aufgehoben (Lamba/Tomar, S.111).

*Tab. 5.25: Verschiedene Pachtsysteme zur Zeit der Unabhängigkeit in Indien (1940)*

| System | Anteil landwirtschaftlicher Nutzfläche | Verbreitungsgebiete |
|---|---|---|
| Zamindar | 25 % | Bengalen, Bihar, Andhra Pradesh, Uttar Pradesh |
| Mahalwari | 39 % | Madhya Pradesh, Uttar Pradesh, Punjab |
| Ryotwari | 36 % | Maharashtra, Tamil Nadu, Teile von Madhya Pradesh |

Quelle: Lamba S.K./Tomar J.S., *Impact of Land Reforms on Rural Development*

*2. Regelung der Pachtzinsen:*

Die hohen Pachtzinsen (ca. 50% der Ernte) waren ein wesentlicher Grund für die tiefen Einkommen der Bauern. Daher enthielt der erste 5-Jahresplan in Indien das Ziel, Pachtzinsen auf einen Viertel des Erlöses zu beschränken (Lamba/Tomar, S.111). Wegen der grossen Landnachfrage konnten sich jedoch solche Vorschriften über maximale Zinssätze kaum durchsetzen, sofern sie überhaupt Eingang in die Gesetze fanden.

*3. Sicherung des Pachtverhältnisses:*

Neben den Pachtzinsen ist die Sicherheit über die Dauer eines Pachtverhältnisses von zentraler Bedeutung für den Bauern. In der Kolonialzeit waren vielen Bauern die Pachten gekündigt und gleichzeitig die Pachtzinsen angehoben worden. Wegen der Abhängigkeit der meist hochverschuldeten Bauern konnten sich diese nicht dagegen wehren. Da sich diese Abhängigkeit nach 1947 nicht geändert hatte, nützten Vorschriften zum Schutz der Pächter kaum etwas. Denn die Pächter konnten jederzeit zu einem "freiwilligen" Rücktritt vom Pachtvertrag gebracht werden (Lamba/Tomar, S.115). Aber auch Programme wie "Land to the Tiller", die die Uebertragung von Land an die Bearbeiter beabsichtigten, erreichten ihr Ziel nicht, weil die Kaufpreise für den Boden meist zu hoch lagen.

*4. Obergrenze für Landbesitz:*

Nach der ursprünglichen Idee sollte der Staat Land von Grundbesitzern übernehmen, deren Besitz eine gewisse Minimalgrösse überschreitet und an Landlose verteilen. Bis die entsprechenden Gesetze aber eingebracht waren, dauerte es in den meisten Bundesländern bis in die 70er Jahre. In dieser langen Zeit war es den meisten Grossgrundbesitzern gelungen, ihren Bodenbesitz auf die Familienmitglieder aufzuteilen, so dass die Limiten nicht überschritten wurden. Zudem differierten die Obergrenzen von 7 ha in Kerala bis 131 ha in Andhra Pradesh. Neben solchen hohen Obergrenzen wurden aber auch eine ganze Reihe von Ausnahmen in die Gesetze aufgenommen wie z.B. Plantagen für Tee, Kaffee, Gummi etc., Landbesitz religiöser und gemeinnütziger Institutionen etc. (Lamba/Tomar, S.119f).

Anhand des Beispiels von West-Bengalen soll die Ausgestaltung von Agrarreformmassnahmen und deren Umsetzung diskutiert werden (vgl. Ghose 1983b, S.114ff). Das Programm sieht folgende fünf Massnahmenbereiche vor:
(1) Festlegung einer Obergrenze des Landbesitzes:
   2.5 ha/Einzelperson

5 ha bewässert bzw. 7 ha unbewässert/Familie (bis 5 Personen) max. zusätzlich 7 ha bewässert bzw. 9.8 ha unbewässert/Familie (mehr als 5 Personen)
(2) Staatlicher Erwerb des Bodens von nicht ortsansässigen Besitzern, die nicht für die Produktion direkt verantwortlich sind, sowie Verteilung dieses Bodens an Landlose:
- 1980 1.2 mio acres potentiell erwerbbar
- 0.18 mio acres vor Gericht hängig
- 0.67 mio acres verteilt (= 4.8% der Anbaufläche)
(3) Share-croppers: Schutz vor Kündigung und Pachtzinskontrollen:
Ernteteilung 50:50, wenn Pflug, Zugtiere und Dünger vom Landbesitzer zur Verfügung gestellt, sonst 75:25 ; in Realität: 25:75, sonst 50:50
Meistens keine schriftlichen Verträge, so dass das Gesetz nicht anwendbar ist.
(4) Kredite zu Spezialkonditionen an ärmste Bauern:
Nationalisierte Handelsbanken als Ausführungsinstitute, aber 1980 nur ca. 70'000 Kredite vergeben.
(5) Festlegung von Mindestlöhnen für landwirtschaftliche Arbeiter:
gesetzlicher Minimallohn bei 8.10 Rs/Tag, aber Kontrolle bei überschüssigen Arbeitskräften und fehlender gewerkschaftlicher Organisation unmöglich.

Im Vergleich mit andern Staaten ist die Agrarreform in West- Bengalen noch als relativ erfolgreich einzuschätzen, sind doch gewisse Einkommensumverteilungen erreicht worden (Ghose 1983b, S.118). Gemessen an der gesamten armen ländlichen Bevölkerung sind diese Massnahmen jedoch nur ein Tropfen auf einen heissen Stein. Erschwert wird die Umsetzung auch noch durch die Tatsache, dass die ärmsten Schichten (Share- croppers, Landarbeiter) in der Panchayat-Führung untervertreten sind. Aus einer Untersuchung in West-Bengalen geht hervor, dass sie als Mehrheit der ländlichen Bevölkerung nur mit 6.6% vertreten sind, während die grösseren Bauern 29.0% der Sitze einnehmen (Ghose 1983b, S.115).

Wenn wir nun nach dem Erfolg von Agrarreformen in ganz Indien fragen, zeigt ein Vergleich des bisher umverteilten Bodens von 3.7 Mio ha an 3 Millionen Pächter (Lamba/Tomar, S.116) mit der gesamten indischen Ackerfläche von 168.3 Mio ha und 201 Millionen landwirtschaftlichen Beschäftigten (FAO), dass die Agrarreformen nur einen ganz kleinen Teil der Zielgruppen erreichten. Entsprechend hat sich die Bodenverteilung seit 1954 nicht verbessert, wie ein Blick auf Tabelle 5.26 zeigt. Zwar sind die Unterschiede in der Betriebsgrösse nicht

*Tab. 5.26: Bodenbesitzverteilung in Indien 1954-80 (in %)*

| Fläche in acres | 1954 Betriebe | Fläche | 1961 Betriebe | Fläche | 1971 Betriebe | Fläche | 1980[1] Betriebe | Fläche |
|---|---|---|---|---|---|---|---|---|
| unter 5 | 67.9 | 15.6 | 61.7 | 19.2 | 67.9 | 24.2 | 72.7 | 23.5 |
| 5-10 | 15.9 | 18.6 | 19.8 | 20.7 | 17.8 | 22.6 | 17.8 | 27.6 |
| 10-25 | 11.6 | 29.2 | 14.0 | 31.2 | 11.2 | 30.4 | 6.4 | 22.7 |
| über 25 | 4.8 | 36.6 | 4.5 | 28.9 | 3.1 | 22.8 | 3.1 | 26.2 |
| Total in 1'000 bzw.1'000 acres | 55'012 | 135'627 | 50'765 | 133'153 | 56'884 | 125'684 | 81'569 | 163'343 |

*1) FAO, Rapport sur le recensement mondial de l'agriculture de 1980*
*Quelle: Wulf Herbert, Indien*

so gross wie in Lateinamerika. Doch ist bei der grossen Bevölkerungsdichte auf dem indischen Kontinent jede kleinste Parzelle entscheidend für das Ueberleben. Es besteht also ein direkter Zusammenhang zwischen Bodenbesitzstatus und Armut bzw. Reichtum (Ghose 1983b, S.111). Aus der britischen Kolonialpolitik hervorgegangene Agrarstrukturen (Bodenbesitzverteilung) haben sich trotz verschiedener Agrarreformversuche nicht wesentlich verändert. Sie bilden auch heute noch den Hauptgrund für die Stagnation des indischen Agrarsektors.

## 5.3. Bedeutung des Kastenwesens

Vielfach kann man lesen, dass der Hinduismus mit seinen mystisch-weltverneinenden, aufs Jenseits ausgerichteten Vorstellungen das Haupthindernis für technisch-industriellen Fortschritt sei (vgl. Wulf, S.154). Modernisierungstheoretiker richten ihre Kritik denn vor allem auf das Kastenwesen. Diese soziale Ordnung der hinduistischen Gesellschaft ist zwar offiziell abgeschafft, doch ist ihr Einfluss immer noch spürbar (Nesselrath, S.18). Sie findet sich übrigens auch bei Nicht-Hindus (v.a. Buddhisten) und in abgeschwächter Form sogar in den islamischen Gesellschaften Pakistans und Bangladesh's (Zingel, S.15). Folgende Hauptmerkmale kennzeichnen dieses Ordnungssystem (Nesselrath, S.20ff)
- Gliederung der Gesellschaft in Untergruppen, die relativ autonom sind; die Zugehörigkeit zu einer Kaste wird durch die Abstammung festgelegt

- hierarchische Ordnung zwischen den einzelnen Kasten, welche das Verhaltensmuster der Individuen prägt
- soziale Kontakte sind bestimmten Restriktionen unterworfen (v.a. Ess- und Trinksitten)
- religiöse und soziale Privilegien bestimmen den Status der Mitglieder einzelner Kasten wesentlich mit
- Berufswahl durch Kastenzugehörigkeit vorgegeben
- Heiratsverbot zwischen den Kasten
- System ist auf Kooperation der einzelnen Kasten angelegt und nicht auf Konfrontation

Aus den 4 ursprünglichen Kasten der:
- Priester (Brahmanen)
- Krieger (Kshatriyas)
- Ackerbauern und Gewerbetreibenden (Vaishyas)
- Unreinen, Dienenden, Handwerker (Shudras)

hat sich ein regional unterschiedliches, komplexes Sozialsystem entwickelt, dessen Hierarchie meist mit der politischen und ökonomischen Machtstruktur parallel läuft. Es wäre jedoch falsch diese Machtstrukturen mit der sozialen Ordnung des Kastenwesens gleichzusetzen. Denn die Einflüsse der Modernisierung (Urbanisierung, Industrialisierung, Bildung etc.) haben die Bedeutung der Kasten bezüglich Machtverteilung abgeschwächt (Dak, S.53). Allerdings hatten die höheren Kasten auf Grund ihrer privilegierten Position im traditionellen System die besseren Startbedingungen. So wurden die neuen Statussymbole von Reichtum und politischen Mandaten von den höheren Kasten monopolisiert (Dak, S.53). Gleichwohl können wir die Kasteneinteilung nicht als Strukturierungsmerkmal der indischen Gesellschaft verwenden (Wulf, S.156). So verläuft die Verteilung des Bodenbesitzes nicht entlang den Trennungslinien der Kasten. Da wir diese Verteilung für die Erklärung von Verarmungsprozessen in den ländlichen Räumen für relevanter halten, schliessen wir uns der Meinung an, dass die Bedeutung des Kastenwesens als Bremsklotz für Modernisierungen in der Vergangenheit überschätzt wurde (Wulf, S.156).

## 5.4. Abhängigkeit von nicht-institutionellen Kreditquellen

Aus den Betrachtungen über die Bodenbesitzstruktur ist bereits hervorgegangen, dass die ungleiche Bodenverteilung mit hoher Verschuldung der Kleinbauern einhergeht. Oft ist die Abhängigkeit vom Landbesitzer aus dem Pachtverhältnis (share-croppers) mit der Kreditabhängigkeit gekoppelt. Aus Tabelle 5.27 ist ersichtlich, dass die Kleinbetriebe zum überwiegenden Teil auf private Geldgeber angewiesen sind. Die Angaben stammen zwar aus den 70er Jahren, doch haben sich die Verhältnisse bis heute nicht wesentlich geändert (Ray et al.,S.175). Nach Tabelle 5.26 befinden sich drei Viertel der indischen Bauernbetriebe in der Grössenklasse unter 2 Hektaren. Für die überwiegende Mehrheit der indischen Bauern ist also die Abhängigkeit von privaten Kreditgebern (Moneylender) alltägliche Realität. Weil diese Kreditgeber Wucherzinsen in der Höhe von 100% und mehr verlangen (Ghose 1983b, S.109), ist es für den einzelnen Bauern schwer, aus diesem Teufelskreis auszubrechen. Denn meist ist er gezwungen, wegen Liquiditätsproblemen seine Produkte unmittelbar nach der Ernte zu verkaufen, wenn die Preise am tiefsten sind. Wenn die Preise dann wieder gestiegen sind, muss er Nahrungsmittel zukaufen. Er erleidet also einen doppelten Verlust.

*Tab. 5.27: Kreditquellen nach Betriebsgrösse in Indien 1971 (in %)*

| Kreditquelle | Betriebsgrösse in ha | | | | |
|---|---|---|---|---|---|
| | unter 2 | 2-4 | 4-6 | über 6 | alle Betriebe |
| Staat | 3.2 | 5.3 | 4.1 | 2.4 | 3.6 |
| Genossenschaften | 16.7 | 25.5 | 24.8 | 25.4 | 22.7 |
| Kommerzielle Banken | 1.5 | 4.0 | 8.5 | 4.5 | 4.0 |
| Moneylenders | 66.2 | 59.6 | 54.9 | 23.6 | 49.6 |
| Verwandte, Freunde | 11.0 | 5.1 | 2.5 | 44.0 | 18.8 |
| TOTAL | 100.0 | 100.0 | 100.0 | 100.0 | 100.0 |

*Quelle: National Council of Applied Economic Research, Credit Requirements for Agriculture*

Kleinbauern finden kaum Zugang zu institutionellen Kreditquellen, weil sie keine Sicherheiten bieten können. Dieses Argument verwenden auch die Moneylenders, um ihre hohen Zinsen zu rechtfertigen. Allerdings lassen sich diese ökonomisch nicht belegen (Ghose 1983b, S.110). Ihre Forderungen sind daher als Ursache für den Verarmungsprozess im ländlichen Indien und als Hindernis für die Entwicklung des Agrarsektors anzusehen.

Bereits während der britischen Kolonialzeit war versucht worden, der Verschuldungsproblematik mit Kreditgenossenschaften zu begegnen. 1904 erhielt Indien sein erstes Genossenschaftsgesetz, auf dessen Basis die Kolonialverwaltung begann, Kreditgenossenschaften nach dem Raiffeisen-Modell aufzubauen (Leppin, S.240). So bestanden 1951 30'000 Genossenschaften mit 5.8 Millionen Mitgliedern. Dank der staatlichen Förderung der Genossenschaften nahm ihre Zahl bis Ende der 70er Jahre auf 320'000 zu. Kreditgenossenschaften deckten damals ca. 95% der ländlichen Gebiete ab (Leppin, S.240). Wie mit Tabelle 5.27 gezeigt wurde, bilden die Kreditgenossenschaften allerdings für die grosse Masse der Landbewohner keine Alternative zu den traditionellen Kreditquellen. Diese Einschätzung wird auch von der Tatsache mangelnder Spareinlagen bei den meisten Kreditgenossenschaften bestätigt (Leppin, S.242).

Nach 1956 entstand ein zunehmend komplexeres Netz von ländlichen Kreditinstitutionen (vgl. Abb. 5.12). Daher wurde 1982 die "National Bank for Agricultural and Rural Development" (NABARD) mit dem Zweck gegründet, die verschiedenen Kreditaktivitäten zu koordinieren, sowie diese rückzuversichern und zu überwachen (Morris, S.18).

Die Kreditgenossenschaften gewähren kurz- und mittelfristige Kredite und sind dreistufig aufgebaut (Nesselrath, S.102ff):
- landwirtschaftliche Kreditgenossenschaft (Dorfebene):
  Kreditgewährung; teilweise Naturalverrechnung (Getreidebanken)
- genossenschaftliche Zentralbanken (Distriktsebene):
  Kontroll- und Liquiditätsausgleichsfunktion
- genossenschaftliche Staatsbanken (Bundesstaatsebene):
  Koordinierung und Kontrolle

Für mittel- und langfristige Kredite bestehen daneben die eigentlichen Hypothekenbanken, an deren Spitze die Bank of India steht.

In einer Weltbank-Studie werden die folgenden Punkte als Hauptprobleme des indischen Agrarkreditsystems angesehen (Morris, S.19):
- tiefe Rückzahlungsrate
- hohe Kosten des Kreditsystems
- Ueberlappung der Aktivitäten verschiedener Institutionen

Am meisten leiden die Genossenschaften unter diesen Problemen, weil sie ausschliesslich im Agrarkreditgeschäft tätig sind und dabei staatlichen Reglemen-

*Abb. 5.12: Institutioneller Aufbau des Agrarkreditwesens in Indien*

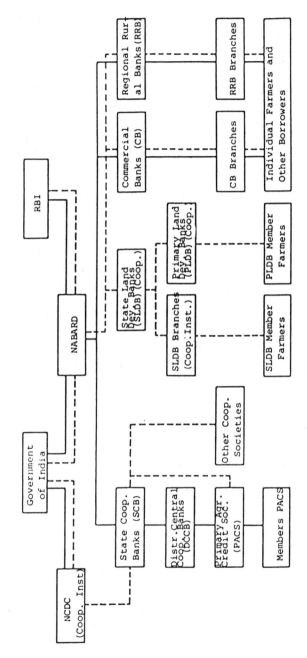

Legende:  ——— Kurzfristige Kredite
          - - - - Langfristige Kredite

*Quelle: Morris Felipe, India's Financial System*

tierungen der Zinsgestaltung unterliegen (Morris, S.21). Viele Kreditgenossenschaften können daher nur dank staatlicher Zuwendungen überleben (Leppin, S.242). Ob die indischen Kreditgenossenschaften als Erfolg zu werten sind, ist umstritten. Allerdings sind die kritischen Stimmen in der Ueberzahl. So schrieb Gunnar Myrdal in seinem Werk "Asiatisches Drama", dass die Genossenschaften keine Verbesserung gebracht hätten, weil sie die nicht egalitären Machtstrukturen nicht veränderten (Myrdal, S.262). In einzelnen Studien wird jedoch darauf hingewiesen, dass in gewissen Regionen (z.B. Bihar) durch Kreditgenossenschaften ein höheres Konsumniveau und eine ausgeglichenere Einkommensverteilung erreicht worden sei (Weber, S.216).

Wir sind jedoch der Ansicht, dass solche Beispiele angesichts der Verarmungsprozesse im ländlichen Indien höchstens Ausnahmen sein können. Als Hauptgründe für die Richtigkeit von Myrdals Einschätzung auch heute dürften die folgenden massgebend sein (vgl. Leppin, S.248f):
- lokale Machtstrukturen werden auf die Genossenschaften übertragen
- fehlende materielle Basis der Mehrheit der ländlichen Bevölkerung
- die Genossenschaften beruhen nicht auf dem Selbsthilfegedanken unterprivilegierter Schichten, sondern sind Staatsgründungen

Ohne die entsprechende Motivation der Basis können daher Kreditgenossenschaften leicht zu Selbstbedienungsläden für die ohnehin Privilegierten verkommen (Leppin, S.249).

## 5.5. Bevölkerungsentwicklung in Indien

Indien weist als zweitbevölkerungsreichstes Land der Erde eine relativ tiefe Wachstumsrate der Bevölkerung von 2.2% (1980-1985) auf (Weltbank 1987). Im Gegensatz zu andern Regionen (z.B. Europa), wo das Bevölkerungswachstum kontinuierlich erfolgte, sind in Indien zwei eigentliche Wachstumsschübe festzustellen, nämlich von 1845-1871 und dann von 1921-1941. Für dieses Wachstum war nicht eine gestiegene Fruchtbarkeitsrate verantwortlich, sondern die trotz immer noch tiefer Lebenserwartung, Hungersnöten und Seuchenzügen gesunkene Mortalität (von Albertini, S.33).

Mit 240 Einwohnern pro km$^2$ liegt Indien nicht bei den extrem dicht besiedelten Ländern. Allerdings bestehen grosse regionale Unterschiede. So gehören

Kerala und West-Bengalen zu den dichtest besiedelten Gebieten der Erde (Wulf, S.125). Interessant ist auch ein Vergleich von ländlichen und städtischen Wachstumsraten (Tab. 5.28). Zwar haben die städtischen Zuwachsraten in neuester Zeit stark zugenommen, doch ist der Urbanisierungsgrad mit 23.7% (1981) im Vergleich mit andern Ländern der Dritten Welt nicht hoch.

*Tab. 5.28: Urbanisierung in Indien 1901-1981* [1)]

| Jahr der Volkszählung | Anzahl Städte | Urbanisierungsrate | Wachstumsrate städtische Bevölkerung (% pro Jahr) | Wachstumsrate ländliche Bevölkerung (% pro Jahr) |
|---|---|---|---|---|
| 1901 | 1834 | 11.0 % | - | - |
| 1911 | 1776 | 10.4 % | 0.00 | 0.61 |
| 1921 | 1920 | 11.3 % | 0.79 | - 0.18 |
| 1931 | 2049 | 12.2 % | 1.77 | 0.94 |
| 1941 | 2210 | 14.1 % | 2.82 | 1.11 |
| 1951 | 2844 | 17.6 % | 3.52 | 0.82 |
| 1961 | 2330 | 18.3 % | 2.34 | 1.88 |
| 1971 | 2531 | 20.2 % | 3.26 | 1.97 |
| 1981 | 3245 | 23.7 % | 3.86 | 1.75 |

Anmerkungen: [1)] ohne Assam, Jammu/Kashmir
*Quelle: Mohan Rakesh/Pant Chandrashekhar, Morphology of Urbanisation in India*

Der Urbanisierungsprozess hat sich praktisch auf bestehende Siedlungen beschränkt (Mohan/Pant, S.3). Durch dieses Wachstum sind zwar keine aus allen Nähten platzenden Riesenstädte wie in Lateinamerika entstanden, aber die indischen Millionenstädte kennen ebenfalls Slums und teilweise Standortprobleme infolge der starken Vergrösserung ehemaliger Kleinstädte (Mohan/Pant, S.12). Aus den unter dem Landesdurchschnitt liegenden Wachstumsraten ländlicher Gebiete geht hervor, dass immer noch viele Menschen in die Städte abwandern. Allerdings fand der Hauptabwanderungsschub unmittelbar nach der Unabhängigkeit statt (vgl. Tab. 5.28).

Starkes städtisches Wachstum in den 60er und vor allem in den 70er Jahren war der Auslöser für vermehrte Anstrengungen der Familienplanung. Diese Programme gingen so weit, dass Mitte der 70er Jahre die Gesundheitsbehörden in Zusammenarbeit mit Polizei und Militär Zwangssterilisationen vornahmen

(Wulf, S.124). Entrüstung über solche Massnahmen war sicher mit ein Grund für die Wahlniederlage der Kongresspartei 1977.

Fehlende Altersvorsorge und religiöse Gründe bewirken immer noch Kinderreichtum (Wulf, S.124). Gleichwohl ist die Fruchtbarkeitsrate in den letzten 20 Jahren um 25% gesunken. Seit 1978 stagniert sie jedoch (Zachariah/Patel, S.6). Offenbar haben Familienplanungsprogramme doch einen gewissen Effekt gehabt. Von einem eigentlichen Erfolg kann aber nur in Kerala gesprochen werden. Dort wenden ca. 50% der Familien Geburtskontrollen an (Sterilisierung, Verhütungsmittel). Daneben haben aber auch sozio-ökonomische Aenderungen wie Verbesserungen im Erziehungs- und Gesundheitswesen, höheres Heiratsalter und höhere Ausbildungskosten zu kleineren Familien geführt (Zachariah, S.XXVff).

Obwohl die Bevölkerung also langsamer als in einkommensmässig vergleichbaren Ländern wächst, ist Unterernährung noch weitverbreitet. Zwar sind die chronischen Hungersnöte, die für das 19. Jahrhundert charakteristisch waren, verschwunden (von Albertini, S.34). Doch sind nach verschiedenen Quellen 15-50% der Bevölkerung von Unterernährung betroffen (Kent, S.167). Die durchschnittliche indische Ernährung basiert auf Getreide. Tierisches Protein hat traditionellerweise eine untergeordnete Rolle gespielt. Aus der vegetarischen Tradition darf jedoch nicht geschlossen werden, dass die Inder aus religiösen Gründen absolut kein Fleisch essen. Umfragen zeigen, dass rund 70% der Bevölkerung mindestens einmal im Jahr Fleisch konsumieren und nur die fehlende Kaufkraft einen höheren Konsum verhindert (Kent, S.167).

## 5.6. Föderalismus und Zentralregierung in der indischen Entwicklungsplanung

Versorgungsschwierigkeiten mit Nahrungsmitteln (v.a. in den Ostprovinzen) während der Zeit des zweiten Weltkrieges bewirkten gegen Ende dieser Periode bei der staatlichen Verwaltung, dass sie von ihrer Position des Nachtwächterstaates abwich. Mittels Rationierungen begann sie erste Versorgungsplanungen zu entwickeln (Rothermund, S.88). Als sich das Ende der britischen Kolonialherrschaft immer deutlicher abzeichnete, begannen die indischen Nationalisten konkretere Vorstellungen zu entwickeln, wie die Krisen der indischen Industrie mittels staatlichen Interventionismus' überwunden werden könnten (Rothermund, S.93). Auf dieser theoretischen Basis wurde dann nach der Unabhängigkeit das Konzept der staatlichen Indikativplanung entwickelt.

Als übergeordnete gesellschaftliche Zielvorstellung dieser staatlichen Fünfjahrespläne wurde die Erreichung einer sozialistischen Gesellschaft genannt. Diese Zielvorstellung ist bis in die heutige Zeit hinein erhalten geblieben (Wulf, S.131). Die Schwergewichte der einzelnen Fünfjahrespläne haben sich im Laufe der Zeit wie folgt verschoben (Itty, S.14ff):

*1. Plan 1951-56:*
- Korrektur der Kriegsfolgen
- Priorität der Landwirtschaft (15% des Budgets für die Landwirtschaft, 22% für Bewässerung)
- Integrale ländliche Entwicklung

*2. Plan 1956-61:*
- sowjetischer Einfluss lässt Schwergewicht auf Schwerindustrie legen (23% Budget gegenüber 5% im 1. Plan)
- Diversifizierung und Intensivierung der Agrarproduktion v.a. im Tiersektor

*3. Plan 1961-66:*
- erneute Priorität der Landwirtschaft nach Misserfolg des 2. Plans
- erstmalige Erwähnung der Self-Reliance
- 1965 Einführung eines neuen Preissystems

*Drei Jahrespläne 1966/69:*
- mehr Finanzmittel für die Landwirtschaft
- Beginn der "Grünen Revolution" 1966/67

*4. Plan 1969-74:*
- Wachstum der Agrarproduktion 5%/Jahr
- 1971: Ende von PL 480 Getreidelieferungen; Indien muss auf dem Weltmarkt Getreide kaufen
- Verstaatlichung des Getreidehandels muss nach Unruhen zurückgezogen und mehr Kompetenz an die Bundesstaaten abgetreten werden, was die nationale Agrarpolitik in Frage stellt.

*5. Plan 1974-79:*
- Förderung des Dry-Land-Farming in Trockengebieten und der Grünen Revolution mit Bewässerungsprogrammen

- Ausbau Kreditwesen
- Ausbau Absatzkanäle
- Agrarreform
- Food for Work Programme 1977
- Vorzeitiges Planende 1977 wegen Machtverlust der Kongresspartei

**6. Plan 1978-83:**
- Janata-Partei: trotz Konsens im Volk über Ziele keine davon erreicht
- Minimum-Needs-Programme (Ausbildung, Infrastruktur, Elektrifizierung, Ernährung, etc.)
- Planabruch 1980 wegen Machtverlust

*Neuer 6.Plan 1980-85:*
- 1980: 50% der Bevölkerung leben unter Armutsgrenze. Senkung dieses Anteils bis 1984/85 auf 39% und bis 1994/95 auf 9%
- Beschleunigung der Agrarreformen
- spezielle Programme für untere Kasten und Randregionen

*Tab. 5.29: Zielerreichung der indischen 5-Jahrespläne*

|  | 1.Plan | 2.Plan | 3.Plan | 4.Plan | 5.Plan | 6.Plan |
|---|---|---|---|---|---|---|
| Getreide für Ernährung in mio. t |  |  |  |  |  |  |
| Ziel | 62.6 | 81.8 | 101.6 | 129.0 | 125.0 | 140.5 |
| Produktion | 66.9 | 82.0 | 72.3 | 104.7 | 125.6 | n.v. |
| Zusätzliche Bewässerung in mio. ha |  |  |  |  |  |  |
| Ziel | 6.85 | 8.54 | 9.66 | 11.97 | 10.80 | 17.00 |
| Verwirklichung | 5.13 | 5.74 | 7.31 | 9.78 | 8.10 | n.v. |

Quelle: Government of India, Indian Agriculture in Brief

Insgesamt sind die Planziele bei weitem nicht erreicht worden (Wulf, S.131). Für den Agrarsektor lässt sich dies anhand der Getreideproduktion illustrieren (vgl. Tab. 5.29). Nach anfänglicher Zielerreichung entstanden hauptsächlich in den 60er Jahre steigende Lücken in der Versorgung. Darauf reagierten die Planer mit einer Reduktion der Zielgrösse im 5. Plan. Diese Korrektur muss jedoch angesichts weiteren Bevölkerungswachstums als fraglich bezeichnet werden und mindert den Wert solcher Pläne. Dass das Phänomen von Getreideexporten in den 80er Jahren nicht dazu verleiten darf, die Ueberwindung der Unterversorgung anzunehmen, zeigte das Jahr 1987, in dem wegen unregelmässigem Monsun grosse Ernteausfälle zu verzeichnen waren. Bewässerungsziele wurden ebenfalls nicht erreicht.

Ein Grund der schlechten Planerfüllung liegt sicher in den Kompetenzstreitigkeiten zwischen der Planungsbehörde in Delhi und den Bundesländern, welche die Pläne realisieren sollten. Teilweise spielt hier auch die Tatsache hinein, dass in einzelnen Bundesländern andere Parteien an der Macht sind als in Delhi. Die Zentralregierung befasst sich mit folgenden Aufgaben (vgl. Itty, S.7f):
- Festlegung der Grundsätze der Agrarpolitik
- Planziele
- Investitionen und Finanzierung
- Auslandshilfe
- Infrastruktur

Demgegenüber sind die Bundesstaaten für die Agrargesetzgebung und die Besteuerung zuständig. Bundesländer müssen ihre Projekte zentral genehmigen lassen, erhalten dafür aber Finanzausgleich. Es bleibt zu fragen, ob mit diesem System eine nationale Agrarpolitik überhaupt noch machbar ist oder ob hier nicht eine ineffiziente Verwaltungsform die Umsetzung des Fortschritts behindert. Anderseits muss man auch sehen, dass diese Art von Föderalismus in einem gewissen Sinn Garant für die doch erstaunliche Stabilität des indischen Riesenstaates ist. In neuester Zeit stellen allerdings Auseinandersetzungen mit einzelnen Volksgruppen diese Stabilität in Frage.

## 5.7. Das indische Entwicklungsmodell mit spezieller Betrachtung der Grünen Revolution

Der vom unabhängigen Indien verfolgte Entwicklungsweg widerspiegelt die Interessen der führenden Gruppen in der Unabhägigkeitsbewegung. Hatten die indischen Industriellen die britische Kolonialmacht im ersten Weltkrieg noch mit Kriegsmateriallieferungen, Finanzgeschenken, Erhöhung des Militäretats und nicht zuletzt mit Soldaten unterstützt, änderten sie ihre Haltung angesichts ihrer Diskriminierung (Beschränkung der Kapitalanlagen, der Absatzstrukturen und des Weltmarktzuganges) nach Kriegsende (Wulf, S.130). Sie entwickelten sich zur tragenden Gruppe der Unabhängigkeitsbewegung, deren Mitgliedermasse jedoch von verarmten Bauern und Arbeitern gebildet wurde (Ruso, S.80). Nach 1947 verwirklichten die führenden indischen Nationalisten dann ihre Vorstellungen einer beschleunigten Industrialisierung, während sie die Landwirtschaft nicht als geeigneten Ansatzpunkt für einen Entwicklungsschub ansahen (Rothermund, S.85). Allerdings waren die Voraussetzungen für eine erfolgreiche Industrialisierung unter indischer Leitung nicht gerade günstig, hatten die Briten doch die technische Schulung vernachlässigt und die Inder in den technischen Beamtenkadern diskriminiert (von Albertini, S.70).

Mit der Deklarierung eines sozialistischen Gesellschaftssystems als Ziel sollte eine Nivellierung der Besitz- und Einkommensunterschiede erreicht werden (Nesselrath, S.44). Für den Agrarsektor waren in diesem Konzept der Priorisierung des Industriesektors in einer Formulierung von 1949 folgende Ziele vorgesehen (Nesselrath, S.46ff):
- Wohlfahrtssteigerung aller, v.a. genügend Nahrungsmittel
- Priorität der Selbstversorgung
- Steigerung des Outputs
- Verbesserung der Lage der Bauern
- Erhöhung der Konsumation
- gesunde Bevölkerung

Später wurden diese agrarischen und die industriellen Ziele unter dem Obertitel "Self-Reliance" zusammengefasst. Dies bedeutet im indischen Kontext den Zusammenschluss von ländlicher und industrieller Oberschicht, die es erlauben soll, von Nahrungsmittelimporten unabhängig zu werden und die Industrie durch eine Schutzzollpolitik zu fördern (Schäfer, S.282). Zusätzlich förderte der Staat die industrielle Entwicklung, indem er einen seit 1951 konstanten Anteil von 55% der staatlichen Aufwendungen in Infrastruktur und direkt in die Industrie (v.a. Energie) investierte (Schäfer, S.268).

In den ländlichen Räumen sollten die sozialistischen Zielvorstellungen mittels genossenschaftlicher Bodenbewirtschaftung (Dorf-Panchayat) erreicht werden. Dies dürfte vor allem dem Einfluss Nehrus zuzuschreiben sein (Itty, S.13). Entgegen der ideologischen Abstützung war die wiedererweckte Institution des Panchayat nie eine demokratische Institution gewesen (von Albertini, S.38). Weil die Verteilung von politischer und ökonomischer Macht diesem kollektiven Ansatz keine Realisierungschance liess, wurde er in den 60er Jahren zugunsten der Förderung von individuellen, effizienten Betrieben im Rahmen der Grünen Revolution aufgegeben.

Aber auch in der Industrialisierungsstrategie erfolgten Aenderungen. Nachdem die angestrebte Importsubstitution nicht von Erfolg gekrönt war, sollten Exporte gefördert und vermehrt ausländisches Kapital für Investitionen angezogen werden. Seit 1982 wird unter Aufsicht des IWF eine weitgehend liberalisierte Politik verfolgt (Wulf, S.136). Allerdings hat sich der Anteil des Industriesektors am BIP trotz verstärkter Anstrengungen zur Industrialisierung kaum erhöht (1985: 27%, 1965: 22%; Weltbank 1987). Auch die Wachstumsrate der Industrie liegt im Zeitraum von 1973-84 mit 4,4% nur unwesentlich über dem gesamtwirtschaftlichen Wachstum von 4.1% (Weltbank 1986). Damit ist dieses Wachstum weit von den 6.5% entfernt, die nach einer Weltbank-Studie nötig wären, um die Arbeitslosigkeit bei gleichbleibender Produktivität und Bevölkerungswachstum zum Verschwinden zu bringen (Krishna, S.18). Die anfänglichen Industrialisierungserfolge (50er Jahre) standen auf tönernen Füssen. Denn in den 60er Jahren verschlechterten sich die sektoralen Terms of Trade zugunsten des Agrarsektors, was einen Wachstumsknick zur Folge hatte. Dieser war nur nicht schon vorher eingetreten, weil Nahrungsmittelhilfe in grossem Ausmass das Ansteigen der Agrarpreise verhindert hatte. Als diese aber wegfiel, konnte auch der Produktionszuwachs in der Folge der Grünen Revolution den Preisanstieg nicht mehr verhindern (Schäfer, S.274ff). Weil dieser Preisanstieg fast ausschliesslich den Gross- und Mittelbauern zugute kam, ergab sich keine Breitenwirkung im Agrarsektor. Entsprechend kam insgesamt keine Vernetzung von Industrie- und Agrarsektor zustande (Mishra et al., S.110).

Vor diesem Hintergrund muss auch die Diskussion über Erfolg oder Misserfolg der Grünen Revolution in Indien gesehen werden. In dieser Diskussion wird oft kein Unterschied zwischen der Einführung einer neuen Technologie und dem institutionellen Rahmen gemacht. So werden dann die Folgen fehlender institutioneller Voraussetzungen dem Technologiewandel zugeschrieben (Pinstrup-Andersen/Hazell, S.106). Unbestritten hat die weltweite Verbreitung der neuen Hochertragssorten heute eine Grössenordnung erreicht, die sie für die Nahrungsmittelversorgung unentbehrlich machen. So wird geschätzt, dass ca. ein Drittel bis die Hälfte der Anbaufläche von Reis in der Dritten Welt mit Hochertragssorten angepflanzt wird (Pinstrup-Andersen/Hazell, S.107). Als strittige Hauptfragen über die Folgen der Grünen Revolution haben sich die folgenden herauskristallisiert:

1. Hat die Sicherheit der Nahrungsmittelversorgung (inkl. ökologische Probleme) zugenommen?
2. Können Kleinbauern zusätzliche Einkommen erwirtschaften (Verteilungswirkung)?
3. Wird die ländliche Beschäftigungslage verbessert oder verschlechtert (Allokationseffekt)?

Eine Beantwortung dieser Fragen kann nur als Versuch einer Evaluation verstanden werden (vgl. Tab. 5.30). Aus der Zusammenstellung in Tabelle 5.30 geht bereits hervor, dass unterschiedliche Folgen für Klein- und Grossbetriebe zu erwarten sind. Was dies im indischen Kontext bedeutet, soll im folgenden untersucht werden.

*Tab. 5.30: Positive und negative Effekte der Grünen Revolution*

| Positive Effekte | Negative Effekte |
|---|---|
| - Ertragssteigerung<br>- Zunahme der vermarkteten Menge erhöhte Rentabilität<br>- Preissenkungen<br>- beschäftigungsintensiv, sofern keine Maschinen eingeführt<br>- weniger Nahrungsmittelimporte<br>- landsparend (umweltfreundlich) | - fehlende Inputs ergeben keine maximalen Erträge<br>- zunehmende Ertragsschwankungen<br>- Liquiditätsprobleme infolge sinkender Preise<br>- Flächenproduktivität auf Kleinbetrieben nimmt gegenüber Grossbetrieben ab<br>- erhöhte Rentabilität fördert Mechanisierung<br>- schlechtere Einkommensverteilung<br>- zusätzliche Importe von Inputs |

*Quelle: Eigene Zusammenstellung nach Bortis Heinrich, Fortschritt in der Landwirtschaft und wirtschaftliche Entwicklung: Eine Evaluation der "Grünen Revolution"*

1966 wurde nach von Borlaug durchgeführten Feldtests entschieden, die mexikanischen Hochertragssorten in Indien anzubauen. So importierte der indische Staat für die Anbausaison 1967 18'000 t Saatgut aus Mexiko, was zum damaligen Zeitpunkt das grösste je getätigte Saatgutgeschäft darstellte (Ray et al., S.30). Die rasche Verbreitung der Hochertragssorten fand hauptsächlich beim Weizen statt. Ende der 70er Jahre wurden ca. 70% der Weizenanbaufläche damit bepflanzt, während beim Reis dieser Anteil lediglich einen Drittel betrug

(Bortis, S.3f). Trotzdem liegen die Reiserträge im weltweiten Vergleich immer noch bei den tiefsten (Singh, S.29). Eine Ausnahme bildet jedoch der Staat Punjab. Dort erreichte der Agrarsektor in den 70er Jahren ein jährliches Wachstum von 7% und Erträge die auch international ein sehr hohes Niveau aufweisen. Dies wurde möglich, weil der Staat in die Infrastruktur investierte, die Versorgung mit Inputs sicherstellte und Güterzusammenlegungen organisierte (Singh, S.36). Für das ganze Land ist jedoch kein höheres Wachstum der Nahrungsmittelproduktion ausgelöst worden. Dies zeigt ein Vergleich der Wachstumsraten von 2.9% für die Zeit 1954-64 und von 2.3% 1967-69 (Bortis, S.6).

Als Folge der neuen Technologie müssen die Zunahmen von Preis- und Angebotsschwankungen seit 1966 angesehen werden (Pinstrup-Andersen/Hazell, S.108ff). Grundsätzlich nehmen zwar alle Gruppen von Bauern das neue Saatgut an, doch ist die Adoptionsrate bei den Kleinbauern deutlich kleiner als bei Mittel- und Grossbauern (Bangarwa/Singh, S.105). Als Hauptgründe werden die folgenden angeführt (Bortis, S.31):

- Kenntnisse über neue Technologien bleiben eher innerhalb der Grossbauernschicht
- das Risiko einer neuen Technologie wird von den armen Kleinbauern höher eingeschätzt
- mangelnder Zugang der Kleinbauern zu Kredit, womit der Kauf nötiger Inputs erschwert ist

Wegen der ungleichen Bodenbesitzverteilung in Indien bleibt der Zugang zu den mit höheren Kapitalaufwendungen verbundenen Sorten (Bortis, S.39) auf grössere Bauernbetriebe beschränkt, die Zugang zu Kreditquellen haben (Ray et al., S.39). Dank Mehrfachernten wird zusätzliche Beschäftigung geschaffen. Davon und auch von tieferen Nahrungsmittelpreisen profitieren auch die armen Kleinbauern (Pinstrup-Andersen/Hazell, S.110). Damit sich die Erträge jedoch auf einem insgesamt höheren Niveau stabilisieren, ist es notwendig, allen Produzenten den Zugang zu Inputs und Boden in genügendem Ausmass zu ermöglichen.

## 5.8. Einordnung der indischen Agrarstrategie

Seit der Unabhängigkeit geniesst der Industriesektor Priorität im Entwicklungsprozess. Verbale Beteuerungen über die Wichtigkeit, den Agrarsektor zu fördern, finden sich zwar in den jeweiligen Fünfjahresplänen. In der konkreten Wirtschaftspolitik (Investitionen, Preispolitik) kommt aber dem Industriesektor Priorität zu. Wie gezeigt wurde, bestehen zwar auf dem Papier Agrarreformansätze, die jedoch kaum Veränderungen in der Bodenbesitzverteilung gebracht haben. Auch die Förderung der Grünen Revolution entspricht einem bimodalen Ansatz. Die Produktion des Agrarsektors ist weder auf den Export ausgerichtet, noch können wir von einer eigentlichen Abschottung vom Weltmarkt sprechen. Schwergewichtig steht jedoch die Ausrichtung auf den Binnenmarkt im Vordergrund. Wir bezeichnen die indische Agrarstrategie daher als "klassische Importsubstitution".

## 5.9. Beurteilung der Agrarstrategie

Seit 1960 hat sich die Zuwachsrate der Bevölkerung auf mittlerem Niveau stabilisiert. Dadurch hat sich die Bevölkerung in dieser Periode fast verdoppelt (Ind.(2)). Auf Grund dieses riesigen Nachfragepotentials ist die Binnenmarktorientierung der Agrarstrategie sinnvoll. Weil aber das Einkommensniveau tief (Ind.(1)) und die Einkommensverteilung sehr ungleich ist, hat sich die Realisierung dieses Nachfragepotentials als sehr schwierig erwiesen. Vor diesem Hintergrund ist auch die seit 1980 positive Agrarhandelsbilanz zu sehen (Ind.(14)). Getreide wird exportiert, weil es im Inland keine genügende, kaufkräftige Nachfrage gibt. So ist auch die rückläufige Schuldendienstquote zu erklären: Absolut hat die Verschuldung zwar zugenommen, aber die Exporte sind noch stärker gestiegen. Somit leistet der Agrarsektor seit neuester Zeit einen ansehnlichen Beitrag zur Begleichung des Schuldendienstes.

### 5.9.1. Voraussetzungen im Agrarsektor

Pro Kopf der Bevölkerung steht heute wesentlich weniger Anbaufläche zur Verfügung als 1960 (Ind.(4)). Die verwendbaren Landreserven sind offensichtlich alle genutzt. Eine Steigerung der Produktion wäre also nur über eine Intensivierung erreichbar. Seit 1960 ist die Intensität zwar angestiegen (Ind.(8)), aber immer noch auf sehr bescheidenem Niveau. Angesichts der ungleichen Verteilung von Ressourcen im indischen Agrarsektor (vgl. V.5.7.) ist anzunehmen, dass ein Grossteil der Bauern ohne moderne Mittel wirtschaftet. Neben fehlenden finanziellen Mitteln bei den Kleinbauern dürfte auch die ungenügende Ausbildung ein Grund für die begrenzte Verbreitung von Agrarmodernisierungen

Tab. 5.31: Indikatoren zur Beurteilung der Agrarstrategie in Indien 1960-1985

**1. Allgemeine Entwicklung**

| | 1960 | 1970 | 1980 | 1985 |
|---|---|---|---|---|
| (1) BSP/Kopf (US$) | 70 | 101 | 240 | 270 |
| (2) Bevölkerung (mio) | 447 | 543 | 688 | 758 |
| Bevölkerungswachstum (% pro Jahr) | $2.3^{1)}$ | $2.1^{2)}$ | $2.2^{3)}$ | |
| (4) Landnutzungsdichte (ha/Kopf) | $0.36^{4)}$ | 0.29 | 0.24 | 0.21 |
| (5) Schuldendienstquote (%) | 25.1 | 8.9 | 12.7 | |
| (6) Grundschüler (% Altersgruppe) | 41 | $70^{5)}$ | 76 | 90 |
| (7) Getreideproduktivität (t/AK) | $0.63^{4)}$ | $0.73^{6)}$ | $0.74^{7)}$ | $0.82^{8)}$ |
| (8) Handelsdünger (kg/ha) | 1.9 | 15.9 | 29.7 | $39.4^{9)}$ |

**2. Wirtschaftliche Beiträge**

| | 1960 | 1970 | 1980 | 1985 |
|---|---|---|---|---|
| (9) BIP Agrarsektor/AK / BIPübrige Sektoren/AK | 0.34 | 0.34 | 0.25 | 0.20 |
| (10) Wanderungsrate | $1.52^{1)}$ | $1.76^{2)}$ | $1.77^{3)}$ | |
| (11) Reale ländl. Kaufkraft (Preise 1960) | 100 | 135 | 140 | 148 |
| (12) Produktion N-Dünger/Verbrauch N-Dünger | $0.48^{4)}$ | $0.56^{10)}$ | $0.61^{11)}$ | $0.73^{12)}$ |
| (13) Nahrungsmittelproduktion pro Kopf | $100^{4)}$ | $101^{6)}$ | $100^{7)}$ | $109^{8)}$ |
| (14) Deckung Ernährungsbedürfnisse (% FAO-Norm) | $90^{13)}$ | $88^{6)}$ | $88^{14)}$ | $92^{15)}$ |
| Agrarhandelsbilanz (mio$) | $-10.3^{13)}$ | $-19.5^{6)}$ | $+838.8^{14)}$ | $+899.7^{15)}$ |

**3. Soziale Beiträge**

| | 1960 | 1970 | 1980 | 1985 |
|---|---|---|---|---|
| (15) Arbeitslosigkeit (% AK übriger Sektoren) | 3.1 | 5.8 | 19.0 | 22.0 |
| (16) Ackerfläche/permanente Weide | $10.9^{4)}$ | 12.3 | 13.5 | $13.8^{9)}$ |
| (17) Waldfläche (mio ha) | $52.2^{4)}$ | 66.1 | 67.3 | $67.4^{9)}$ |

**4. Internationale Zusammenhänge**

| | 1960 | 1970 | 1980 | 1985 |
|---|---|---|---|---|
| (19) Getreideeinfuhr / Getreideproduktion (%) | $6.1^{4)}$ | $3.2^{6)}$ | $0.5^{7)}$ | $1.1^{8)}$ |

Anmerkungen:  $^{1)}$1960-70  $^{2)}$1970-80  $^{6)}$1980-85  $^{4)}$1961/65  $^{5)}$1975
$^{6)}$1969/71  $^{7)}$1979/81  $^{8)}$1983/85  $^{9)}$1984  $^{10)}$1970/71
$^{11)}$1980/81  $^{12)}$1984/85  $^{13)}$1961/63  $^{14)}$1878/80  $^{15)}$1981/83

Quellen : FAO, Production/Trade Yearbook, div. Jahrgänge
FAO, Fertilizer Yearbook, div. Jahrgänge
ILO, Yearbook of Labour, div. Jahrgänge
UN, Statistical Yearbook, div. Jahrgänge
Weltbank, Weltentwicklungsbericht, div. Jahrgänge

sein (Ind.(6)). Da auch die Arbeitsproduktivität kaum zugenommen hat, sind keine der Voraussetzungen erfüllt für eine Steigerung der Agrarproduktion auf ein Mass, welches einen Entwicklungsbeitrag erlauben würde.

### 5.9.2. Wirtschaftliche Beiträge

Alle Indikatoren über die wirtschaftlichen Beiträge weisen stagnierende Tendenz auf:
- je Einwohner liegt die Nahrungsmittelproduktion 1985 nahezu gleich hoch wie 1960 (Ind.(13))
- Ernährungssicherheit ist bei weitem nicht erreicht worden (Ind.(14))
- eine leichte Verbesserung der ländlichen Kaufkraft hat angesichts der ungleichen Einkommensverteilung für die Mehrheit der Landbevölkerung kaum eine Wohlstandserhöhung gebracht (Ind.(11)); daher hat sich auf dem Lande auch kein expandierender Markt für Konsumgüter entwickelt
- gegenüber dem Industriesektor hat sich die Arbeitsproduktivität weiter verschlechtert (Ind.(9)), was teilweise mit der gebremsten Abwanderung zu erklären ist (Ind.(10)); jedenfalls ist es ein Hinweis, dass der Agrarsektor für Investitionen nicht interessant ist und daher ein Kapitalabfluss stattfindet
- die Selbstversorgung mit Handelsdünger hat sich zwar verbessert (Ind.(12)); weil aber immer noch rund ein Viertel importiert wird und der Verbrauch ein tiefes Niveau aufweist (Ind.(8)), hat der Agrarsektor kaum eine Sekundärwirkung auf die Ausbreitung vorgelagerter Industrien gehabt.

### 5.9.3. Soziale Beiträge

Zunehmende Arbeitslosigkeit im Industriesektor ist ein Hinweis auf das Scheitern des indischen Industrialisierungsmodelles (Ind.(15)). Daher wäre die Reservoir-Funktion des Agrarsektors von grosser Bedeutung. Wie nun aber die ungenügende Deckung der Ernährungsbedürfnisse und die tiefe Arbeitsproduktivität andeuten, sind die unterbeschäftigten Arbeitskräfte im Agrarsektor eher eine Belastung für die dörflichen Gemeinschaften. Damit Produktivitätsfortschritte zusätzliche Beschäftigung schaffen, müssten die Ressourcen egalitärer verteilt sein (v.a. Boden).

Da die Weidefläche gegenüber der Ackerfläche unbedeutend ist, lässt der entsprechende Indikator (16) keine Aussage zur Erosionsproblematik zu. Es ist aber bekannt, dass in einigen Gebieten ernsthafte Erosionsprobleme bestehen. Die leichte Ausdehnung der Waldfläche (Ind.(17)) und die stabile Ackerfläche deuten darauf hin, dass die Landwirtschaft sich nicht in ökologisch bedenkliche Marginallagen ausdehnt. Dies ist aber auch nicht mehr möglich, weil alle nutzbare Fläche schon genutzt ist.

### 5.9.4. Gesamtbeurteilung

Insgesamt weist die indische Agrarstrategie keine Erfolge auf. Trotz Produktionssteigerungen im Rahmen der Grünen Revolution hat sich die Ernährungssicherheit nicht verbessert. Der Agrarsektor stagniert und gibt daher auch keine Impulse an den Industriesektor.

Auf Grund dieser Analyse empfiehlt sich ein Strategiewechsel in zweifacher Hinsicht. Einmal sollte der Förderung des Agrarsektors grösseres Gewicht gegeben werden. Denn das indische Industrialisierungsmodell muss als gescheitert betrachtet werden. Diese Priorisierung kann aber nur dann umgesetzt werden, wenn als zweites Strategieelement eine durchgreifende Agrarreform durchgeführt wird. Dazu gehört auch eine Verbesserung der Bildungsinstitutionen auf dem Lande. Nur so können die Voraussetzungen für ein Produktions- und Einkommenswachstum im ländlichen Raum geschaffen werden. Damit auch eine Nachfrage nach Konsum- und Investitionsgütern entsteht, müssen diese Einkommenssteigerungen jedoch möglichst breit gestreut sein.

# 6. Tunesien

Tunesien liegt am nördlichen Vorsprung Afrikas. Es grenzt im Norden und Osten ans Mittelmeer, im Westen an Algerien und im Süden an Libyen. Politisch gehört es zum Gross-Maghreb, naturgeographisch zum Atlas-Länderkomplex (Marokko, Algerien, Tunesien). Bourguiba hatte das Land 1956 in die Unabhängigkeit geführt und bestimmte in der Folge die tunesische Politik als Staatspräsident. Hatte diese Politik anfänglich grosse Fortschritte im Sozialbereich gebracht, erstarrte sie später zunehmend im Bürokratismus. Wegen dieses fest etablierten Partei- und Staatsapparates kam die Entmachtung Bourguibas 1987 eher etwas überraschend. Die neuen Machthaber stehen jedenfalls nun vor der schwierigen Aufgabe, Privilegien abzubauen und wirtschaftliche Erfolge vorzuweisen. Im Bereich der Agrarpolitik steht Tunesien vor den Problemen zunehmender Landflucht gekoppelt mit überproportionalem Wachstum des Wasserkopfes Tunis, sowie im Exportsektor vor der Tatsache geschrumpfter Märkte in der EG nach der Süderweiterung.

## 6.1. Natürliche Voraussetzungen und soziale Rahmenbedingungen

Die geografische Lage Tunesiens bringt es mit sich, dass sein Klima und damit auch die Vegetation durch den Uebergang vom mediterran-feuchten Norden zum saharisch-trockenen Süden gekennzeichnet ist (Schliephake, S.82). Daraus ergibt sich die für viele arabische Länder typische Dreiteilung: feuchte Bergländer - Steppen - Wüsten. Entsprechend unterschiedlich ist auch das jeweilige regionale Landwirtschaftpotential. In den Gebirgszügen des (Tell-)Atlas und in den Küstengebieten (mit einer durchschnittlichen Niederschlagsmenge von 625 mm; Tunis: 420 mm) ist eine relativ gesicherte landwirtschaftliche Nutzung möglich. Von grosser landwirtschaftlicher Bedeutung ist hier das Gebiet um den einzigen Fluss (Medjerda), dessen permanente Wasserführung eine regelmässige Agrarproduktion garantiert (Getreide, Obst und Gemüse, Wein und Zitrusanbau).

Im Sahel (Ostküstengebiet) ist die Niederschlagsmenge gering bzw. unregelmässig (durchschnittlich 350-450 mm). In diesem Gebiet (400 km lang und 30-70 km breit) ist der Getreide-, Obst-, Gemüse- und Olivenanbau die Regel. In der

Steppe und im Vorsahara-Gebiet, wo die jährliche Niederschlagsmenge 350 mm nicht übersteigt, dominiert die Weidewirtschaft neben dem Gerstenanbau (Dridi, S.161). In den übrigen 55% der Fläche Tunesiens fallen weniger als 200 mm Niederschlag. Dadurch kann nur in Bewässerungsoasen sesshafte Landwirtschaft betrieben werden. Daneben beweiden Nomaden mit ihren Kleintierherden die Steppen (Schliephake, S.82). Man darf sich allerdings nicht von den Durchschnittswerten der Niederschläge täuschen lassen. Sie variieren sehr stark von Jahr zu Jahr, was eine geringe Ertragssicherheit im Regenfeldbau bewirkt. Zudem ist die Wasserqualität für Bewässerung wegen des hohen Salzgehaltes oft schlecht (FAO 1980, S.110). Wasser ist also der limitierende Faktor für die tunesische Landwirtschaft. Verschärft wird diese Ertragsunsicherheit durch Erosionserscheinungen. Im Mittelmeerraum ist dies als Folge weit zurückreichender Abholzungen vielerorts anzutreffen (FAO 1980, S.110). In Tunesien wird die Erosion und damit die fortschreitende Verwüstung zusätzlich durch Ueberweidung verstärkt.

Tunesien ist reich an armen Bodenschätzen (Mensching)! Eisen, Blei/Zink, Flussspat, Quecksilber werden wegen ausländischer Konkurrenz in wechselndem Ausmass abgebaut und versorgen v.a. die einheimische Industrie (Schliephake, S.83). Die abgebauten Phosphate sind von minderer Qualität und die Erdölvorkommen nicht allzu umfangreich (Statistisches Bundesamt 1984). Seit ausgedehnteren Erschliessungen von Oelfeldern Mitte der 60er Jahre nahm die Bedeutung von Erdölausfuhren für den Aussenhandel zu (1983: 23% der Staatseinnahmen). Wegen der beschränkten Vorkommen und ständig gestiegenem Inlandverbrauch wird Tunesien jedoch ab 1990 zum Nettoimporteur von Erdöl werden (Schliephake, S.89). Bis zu jenem Zeitpunkt müssen also neue Quellen für Exporterlöse erschlossen werden.

Mit 7.1 mio Einwohnern 1985 (Weltbank 1987) gehört Tunesien zu den kleinen Ländern. Im Gegensatz zu den übrigen Staaten im Maghreb ist die Bevölkerung jedoch sehr homogen strukturiert: 98% sind Araber oder arabisierte Berber, die restlichen 2% sind Berber. 95% der Bevölkerung sind sunnitisch-islamisch und sprechen Arabisch. Das Bevölkerungswachstum hat zwar von 2.1% im Zeitraum 1965- 80 auf 2.3% 1980-85 zugenommen, liegt aber immer noch tiefer als in den umliegenden Ländern (Weltbank 1987). Gleichwohl ist wachsende Arbeitslosigkeit in den Städten eine Folge davon. Konnte früher ein grosser Teil dieser Arbeitslosigkeit via Emigranten v.a. nach Frankreich "exportiert " werden, ist dies nach der EG-Süderweiterung praktisch nicht mehr möglich (Goybet).

Die verschiedenen Regionen weisen sehr unterschiedliche Bevölkerungsdichten auf. 30% der Bevölkerung leben in Zentral- und Südtunesien (70% der Fläche), während sich 70% im Norden und im Küstengebiet konzentrieren. Entsprechend erreichte der Urbanisierungsgrad 1985 56%. Von dieser Stadtbevölkerung leben 30% in der grössten Stadt Tunis. Diese Angaben sind Ausdruck einer massiven Landflucht, die allen Maghrebstaaten gemeinsam ist. Von diesen in den bidonvilles zusammengepferchten Massen geht eine zunehmende Gefahr für soziale Unruhen aus (Dridi, S.165). Diese Gefahr ist eine Folge des Verarmungsprozesses dieser Gruppe, die sich vor allem aus marginalisierten Kleinbauern und meist arbeitslosen Jugendlichen zusammensetzt.

Wir unterstellen für 1983 folgende Einkommensverteilung (Junqua):
  20% der Beschäftigten 50% der Einkommen
  60% der Beschäftigten 45% der Einkommen
  20% der Beschäftigten  5% der Einkommen

Danach dürften die oben erwähnten marginalisierten Gruppen etwa den untersten 20% entsprechen. Während die obersten 20% mehr oder weniger die Staatsklasse umfassen dürften. Aus der Kolonialzeit war ein schmales und ökonomisch geschwächtes Grossbürgertum hervorgegangen, das den Anschluss an die von Kleinbürgern getragene Befreiungsbewegung verpasst hatte. Inzwischen sind diese beiden Gruppen weitgehend miteinander zur Staatsklasse verschmolzen. Daneben besteht eine gut organisierte Arbeiterschaft (Gewerkschaften), die schon oft soziale Auseinandersetzungen mit Streiks gewonnen hat (Dridi, S.175). In der Einkommensskala bilden diese Arbeiter und Angestellten des Industrie- und Dienstleistungssektors die mittlere Gruppe. Insgesamt könnte man die Einkommensverteilung als "mittlere Ungleichheit" (IFO, S.173) bezeichnen.

Als grosse Leistung des Bourguiba-Regimes ist der Ausbau des Bildungssystems anzusehen. So stellen die Ausgaben für das Erziehungswesen den wichtigsten Posten des Sozialbudgets dar. Die durchschnittlichen Realausgaben je Schüler wuchsen von 1967-75 um 38%. Obgleich eine allgemeine Schulpflicht nicht besteht, ermöglicht das Bildungswesen einen leichten Zugang zu allen Erziehungseinrichtungen. Die Leistungen des Bildungswesens sind unentgeltlich. Stipendien werden auf allen Stufen des Erziehungswesens gewährt. Die Einschulungsrate der 6 bis 14-jährigen ist in ländlichen Gebieten niedriger als in städtischen Regionen. Ebenso unterschiedlich sind die Analphabetenraten in städtischen und in ländlichen Gebieten (rd. 35% in Tunis, in ländlichen Gouvernoraten, wie Al-Kasrain, Dschunduba, Botscha über 75%). Im Landesdurchschnitt sind die Einschulungsraten jedoch mittlerweile auf rund 100% gestiegen. Als Ausnahme im arabischen Raum ist die hohe Einschulungsrate der Mädchen (1984: 96%) anzusehen. Für die Berufsbildung ist ebenfalls der Staat verantwortlich. Mit Ausnahme einiger Fachschulen und verschiedener französischer Schulen wurden nämlich alle Lehrstellen durch das Reformgesetz vom Oktober 1956 dem Unterrichtsministerium unterstellt (Dridi, S.177).

Das Schulwesen ist nach französischem Vorbild aufgebaut. Unterrichtssprachen sind Arabisch und bereits ab 5. und 6. Elementarschuljahr überwiegend Französisch. Für viele Schüler der armen Schichten erwachsen Probleme, 2 Fremdsprachen erlernen zu müssen (Hocharabisch, Französisch), die sie dann nur zum Teil anwenden können. Zudem entsteht dadurch oft ein Bruch zwischen traditionellen Werten und "Kolonialkultur". Ferner hat es sich mittlerweilen gezeigt, dass gut ausgebildete junge Leute ohne Beschäftigung eher zu Aufständen neigen als ungebildete Massen in den ländlichen Räumen. Der tunesische Staat versuchte diese Gefahr zu bannen, indem er Beschäftigungsmöglichkeiten im öffentlichen Bereich schuf. Damit wurde das Problem jedoch nicht gelöst und der Staatsapparat aufgebläht, was hohe Kosten verursachte.

## 6.2. Das koloniale Erbe

Tunesien wurde im Laufe der Geschichte regelmässig von verschiedenen Völkern des Mittelmeerraumes besetzt (Abed, S.89). Einige dieser Eroberungen hinterliessen Spuren, die heute noch nachwirken. Ihnen gilt unser Interesse.

### 6.2.1. Die vorkoloniale Vergangenheit

Auf heute tunesischem Boden gründeten einst die Phönizier das Reich Karthago. Nach langen Auseinandersetzungen wurde die Region dann ins römische Reich eingegliedert. Die Römer drängten die nomadisierenden Berber aus dem Hinterland der Städte und bauten eine auf einem Bewässerungssystem beruhende, blühende Landwirtschaft auf. Daraus entstanden zwei voneinander getrennte soziale Organisationsformen der Städter und sesshaften Bauern einerseits und der nomadisierenden Berber anderseits. Dieser Gegensatz hielt sich bis ins 19. Jahrhundert hinein (Dridi, S.162). Ebenfalls praktisch bis heute wirkte die von den Römern eingeführte landwirtschaftliche Arbeitsteilung nach: der Norden lieferte Getreide und der Süden Olivenöl in die römische Metropole (El Amami et al., S.1). Mit der Einführung dieser Monokulturen wurden schon früh traditionelle angepasstere Wirtschaftsweisen verdrängt.

Von grosser Bedeutung war die arabische Eroberung im 7. Jahrhundert und die damit einhergehende Islamisierung. Reste der römischen Kolonie wurden entfernt und ein fortschrittliches Rechtssystem etabliert. Das daraus entstandene Zugehörigkeitsgefühl zur arabischen Welt und der Islam sollten sich später im Befreiungskampf gegen die Kolonialmächte als die einigende Basis erweisen (Ruf, S.13).

Unter der türkischen Herrschaft (ab 1574) blieb das arabische Handelsbürgertum die ökonomisch bestimmende Schicht. Bis zur französischen Kolonisation waren die Bereiche Zentralgewalt (Türken, Mamelukensklaven), Städte (Araber) und Nomaden (Berber) drei getrennte Sphären, die aber doch in einem gegenseitigen Abhängigkeitsverhältnis lebten. Die Städte brauchten den Schutz der Zentralgewalt gegen die Nomaden und die Zentralgewalt brauchte die Nomaden für die Verstärkung der Armee, mit der sie den Handel schützte. Die Nomaden wiederum brauchten die Stadtbevölkerung, mit der sie in Austauschbeziehungen traten. Mit zunehmender Dominanz der europäischen Handelsgesellschaften im Mittelmeerraum verloren die Türkenherrscher Einnahmequellen (Piraterie, Zölle). Dies hatte zur Folge, dass das Hinterland vermehrt ausgepresst wurde (Dridi, S.163).

### 6.2.2. Die Folgen der französischen Kolonisierung

Mit der französischen Kolonisierung (1881-1956) ging eine forcierte kapitalistische Durchdringung des Landes einher. Es bildete sich eine Mischform von Siedlungskolonie und finanzkapitalistischen Interessen heraus. Neben der Agrarproduktion galt das Hauptinteresse dem Bergbau (Phosphat, Metalle). Wegen dieser Interessen musste die einheimische Oberschicht nicht verdrängt werden, sondern konnte als quantité négligeable ein Schattendasein führen. Mit der Einführung der üblichen Kolonialisierungsinstrumente (Amtssprache, Verwaltung, Währungssystem, Rechtsordnung etc.) dualisierte sich die Gesellschaft immer mehr in eine autochthone und eine europäische Sphäre. Die ökonomischen Aktivitäten konzentrierten sich zunehmend auf die Küstenstädte Tunis, Bizerta, Sousse, Sfax und Gabès.

Als Grund für die Intervention der Franzosen diente der Ruf nach Schutz des Eigentums französischer Bürger. Denn unterschiedliche Interpretationen von Landnutzungsrechten hatten Konflikte hervorgerufen. Nach islamischem Recht bedeuteten die an französische Siedler vergebenen Konzessionen ein Nutzungsrecht. Die französischen Konzessionäre leiteten daraus jedoch ein Besitzrecht nach europäischem Verständnis ab (Bolz, S.76). Diese unterschiedliche Rechtsauffassung besteht auch heute noch. Daraus können z.b. bei Modernisierungsprojekten dann Schwierigkeiten für die Finanzierung via Kredite auftreten, wenn keine schriftlichen Bodenbesitzurkunden vorliegen.

Neben diesen Interessen von Investoren schützte der französische Eingriff aber auch finanzkapitalistische Interessen. Denn die hohe internationale Verschuldung von Tunesien liess Befürchtungen lautwerden, dass das Land zahlungsunfähig würde (Ruf, S.15).

Unter dem französischen Protektorat (ab 1881) wurde dann ein neues Bodenrecht eingeführt, welches europäische Grundrechtsformen ermöglichte. Das erlaubte französischen Kapitalgesellschaften den Aufkauf grosser Ländereien, die an französische Einwanderer ("colons") weiterverkauft wurden. Diese bewirtschafteten Grossbetriebe ( 1914: 240 ha) in den fruchtbarsten Gebieten und mit modernen Methoden (Bolz, S.78). Dadurch wurde die einheimische Bevölkerung in Randregionen abgedrängt, was negative Folgen hatte (Bolz, S.79ff):
- Zerstörung des ökologischen Gleichgewichts durch unangepasste Nutzung (Erosion)
- Verschlechterung der Ernährungslage
- verstärkte Abwanderung und Slumbildung in den Städten
- Zerstörung traditioneller Produktions- und Lebensweisen ohne modernen Ersatz

Französisches Kapital wurde auch für den Ausbau der Infrastruktur verwendet. So wurde das Eisenbahn- und Strassennetz ständig vergrössert. Auch Strom-, Gas- und Wasserversorgung wurden erstellt. Alle diese Einrichtungen dienten aber kolonialen Interessen (Militär, Ausfuhr von Rohstoffen, Lebensstandard der Oberschicht). Daher waren sie nach der Unabhängigkeit 1956 für eine breitenwirksame Entwicklung nur teilweise verwendbar (Abed, S.137).

Neben dieser einseitig ausgerichteten Infrastruktur bestand das koloniale Erbe aus folgenden Elementen:
- der bevorzugte Grossraum Tunis mit Slumbildung

- unangepasste Agrarstrukturen (Grossbetriebe der Kolonialisten und Kleinbetriebe der einheimischen Bevölkerung)
- einseitige Agrarproduktion (Weinbau, Getreide, Oliven)
- Exportausrichtung auf unverarbeitete Rohstoffe
- fehlende Industrialisierung
- kein allgemeines Bildungswesen

### 6.2.3. Der Weg zur Unabhängigkeit

Der Befreiungskampf wurde vom europäisch gebildeten Kleinbürgertum getragen, welches sich an den Emanzipationsforderungen der französischen Revolution orientierte. Geführt wurde dieser Kampf vom späteren Staatspräsidenten Habib Bourguiba, der 1934-36 die Neo- Destour-Partei gründete. Damit eröffnete er einen Mehrfrontenkampf: gegen die islamische konservative Oberschicht, gegen die unter kommunistischem Einfluss stehenden Gewerkschaften und gegen Frankreich, das unverhüllt als Kolonialmacht auftrat, obwohl es eigentlich nur Protektoratsverwalter war. Bourguibas Politik der kleinen Schritte führte nach Ueberwindung innerer Widerstände 1956 unblutig zur Unabhängigkeit. Mit der Verfassung vom 1.6.1956 wurde ein Präsidialsystem etabliert, welches dem Präsidenten praktisch unbeschränkte Machtbefugnisse einräumt (Dridi, S.164).

## 6.3. Entwicklungsstrategien nach der Unabhängigkeit

Der Entwicklungsweg Tunesiens nach der Unabhängigkeit lässt sich in drei Phasen unterteilen:
1. Liberalismus
2. Entwicklungsplanung oder Destour-Sozialismus
3. Reliberalisierung

### 6.3.1. "Liberalismus" französischer Prägung und Aufbau des Machtapparates (1956-60)

Diese erste Phase war weitgehend das Produkt der Unabhängigkeits-Abkommen mit Frankreich. Mit diesen Abkommen wurde die Unabhängigkeit in einigen Bereichen eingeschränkt (Bolz, S.90ff):
- Schutz des ausländischen Eigentums

- Freihandelszone mit Frankreich
- Integration in der sogenannten Franc-Zone
- militärische Präsenz Frankreichs
- Errichtung und Weiterführung französischer Schulen

Gleichzeitig nutzte Bourguiba die Zeit, die Opposition auszuschalten, indem er den Machtapparat ausbaute und das Land zum Einparteienstaat machte (Bolz, S.94). Es wurden aber auch Modernisierungen eingeleitet (Verwaltung, Islam, Rechtswesen etc.) (vgl. Abed, S.141).

Im ökonomischen Bereich änderte sich wenig. Französisches Kapital kontrollierte immer noch grosse Teile der tunesischen Wirtschaft (Bolz, S.95). Das liberale Wirtschaftskonzept brachte keinen Aufbau einer Industrie, sondern hatte zunehmende Kapitalflucht zur Folge. Deswegen und wegen fehlendem Unternehmergeist der nationalen Bourgeoisie sah sich der tunesische Staat veranlasst, vermehrt ins Wirtschaftsleben einzugreifen (Abed, S.142). Am Ende dieser Phase wies der Staat also bereits einige interventionistische Züge auf. Da die wirtschaftlichen Ergebnisse schlecht waren, erhielt die vorher ausgeschaltete sozialistische Opposition um Ahmed Ben Salah eine Chance, ihre Konzeption zu verwirklichen.

### 6.3.2. Nationale Entwicklungsplanung oder "Destour- Sozialismus" (1961-69)

Eine wesentliche Auflage für diese sozialistische Wirtschaftspolitik war das Verbot, Privateigentum grundsätzlich in Frage zu stellen. Diese Einschränkung kam von Bourguiba, der sich inzwischen mit der nationalen Bourgeoisie arrangiert hatte (Bolz, S.96). Da auch mit dem westlichen Ausland gute Beziehungen bestehen bleiben sollten, erhielt der Destour-Sozialismus eine stark nationalistische Färbung, die sich deutlich von kommunistischen Ausprägungen abhob (Abed, S.144).

In den "Perspektiven 1962-71" war die Entwicklungsstrategie festgehalten, die im wesentlichen folgende Ziele umfasste (Bolz, S.97):
- Dekolonisation der Wirtschaft durch Beseitigung der dominierenden Stellung Frankreichs
- Grundbedürfnisbefriedigung der Massen
- Strukturreformen zur Beseitigung regionaler Ungleichgewichte und zur Erreichung der Vollbeschäftigung

- Autonomie durch Entwicklung der eigenen Kräfte

Diese Ziele sollten mit folgenden Instrumenten erreicht werden (Abed, S.148ff):
- Verstaatlichung von Kolonialländereien (1964) und Bewirtschaftung in Genossenschaften (min. 500 ha)
- Förderung von Industrie und Handwerk (Importsubstitution)
- Anreize für ausländische Investitionen
- staatliche Rahmenplanung, Lenkung und Kontrolle.

Im Bereich der Industrie waren gewisse Erfolge vorzuweisen, da sie sich hinter Zollmauern geschützt entwickeln konnte (Abed, S.150). Das Genossenschaftsmodell konnte jedoch wegen der angestrebten Mechanisierung nicht die vorgesehenen Arbeitsplätze schaffen. Die Landflucht hielt daher an. Als Lösung sah die Ben Salah-Gruppe weitere Landverteilungen vor. Dazu wäre aber die Enteignung der Landoligarchie notwendig gewesen. Mit dieser Absicht war dann aber der Anlass gegeben, die "sozialistischen Experimente" abzubrechen. 1969 wurde Ben Salah seiner Aemter enthoben und vor Gericht gestellt (Bolz, S.103)

### 6.3.3. Reliberalisierung (ab 1970)

Spätere Regierungen hielten an der Bezeichnung "Destour-Sozialismus" fest. Die verfolgte Wirtschaftspolitik zielte jedoch auf forciertes wirtschaftliches Wachstum mittels Industrialisierung bzw. Modernisierung in Richtung aussenorientierten Kapitalismus' (Bolz, S.103). Uebernommen wurde die Planungsbürokratie, welche bessere Startbedingungen vorfand als zu Beginn der zweiten Entwicklungsphase (Abed, S.155):
- relativ gut ausgebaute Infrastruktur
- industrieller Verarbeitungssektor
- gewisse Entlastung des Arbeitsmarktes durch Emigration
- aufblühender Tourismussektor
- steigende Staatseinnahmen wegen der gestiegenen Preise für das neuentdeckte Erdöl
- Produktionssteigerung im Agrarsektor dank klimatisch günstiger Jahre

Die Industrialisierung wird als Motor der Entwicklung angesehen (Abed, S.157). Dazu gehört eine liberale Wirtschaftspolitik, die sich auf folgende Instrumente abstützt (Bolz, S.104ff):

- Reprivatisierung der Kooperativen verbunden mit einer allgemeinen Privatisierung des Bodens
- verstärkte staatliche und private Investitionstätigkeit mit steigender Aussenverschuldung
- vermehrte Weltmarktintegration durch Förderung ausländischer Investitionen in arbeitsintensiven Industriezweigen, deren Produkte exportiert werden sollen
- Förderung der Emigration

Vor allem die Privatisierung des Bodens hat in den ländlichen Räumen zu Besitzkonzentrationen und zu verstärkter Landflucht geführt. Dadurch haben die Beschäftigungsprobleme entsprechend zugenommen (Bolz, S.105). Dieses Phänomen grösserer Besitzkonzentration nach rückgängig gemachten Verstaatlichungen lässt sich auch in andern Ländern der Dritten Welt beobachten (z.B. Peru). Derselbe Prozess ist aber zur Zeit auch in Frankreich zu beobachten, wo die Reprivatisierung der Industrie eine grössere Besitzkonzentration bewirkt, als sie vor der Verstaatlichung bestand. Kleinbauern bzw. Arbeiter stehen also nach rückgängig gemachten Verstaatlichungsversuchen, die ihnen hätten dienen sollen, schlechter da als vorher. Solche Sozialisierungsversuche scheitern, wenn die alte besitzende Oberschicht genügend Einfluss behalten kann, um die kollektiv orientierten Ansätzen zu torpedieren.

## 6.3.4. Investitionsplanung

Die tunesische Regierung legte 1961 im Zehnjahres- Perspektivplan 1962 bis 1971 erstmals ihre wirtschaftspolitischen Zielvorstellungen dar. Sie wurden später schrittweise im Dreijahresplan 1962/64 und in anschliessenden Vierjahresplänen (1965/68, 1969/72, 1973/76) konkretisiert. Der Perspektivplan wie auch die Teilpläne haben, ähnlich dem französischen Vorbild der "Planification", nur Rahmencharakter, jedoch mit verbindlicherer Wirkung als der nur indikative französische Plan. Oberste Planungsinstanz ist der Nationale Planungsrat (Conseil National du Plan) unter dem Vorsitz des Staatspräsidenten. Ein ständiger Planungsausschuss (Comité Permanent du Plan) ist für die Koordinierung aller Arbeiten verantwortlich. Ergänzende Aufgaben kommen dem Interministeriellen Planungsausschuss (Conseil Interministériel du Plan) zu, der aus den an der Planung interessierten Kabinettsmitgliedern gebildet wird. Daneben gibt es in jedem Gouvernorat einen Planungsausschuss, etwa 100 örtliche Planungsausschüsse sowie 15 Fachgremien, die sektorale Produktionsziele festlegen (Dridi, S.171).

Obwohl in dieser langen Zeit sehr verschiedene Entwicklungsstrategien zur Anwendung gelangten, blieben die Investitionsschwerpunkte dieselben (vgl. Tab. 5.32). Was sich allerdings änderte, war die Bedeutung des Staates als Investitionsträger. In der Phase des "Destour-Sozialismus" war der Staat der wichtigste Investor (z.B. 1962-65: 82% aller Investitionen) (vgl. Statistisches Bundesamt 1984). Seither ist die Bedeutung des Staates als Investor gemäss liberaler Wirtschaftsphilosophie zurückgegangen. Investitionen im Industriesektor und

Tab. 5.32: *Tunesien - Entwicklungspläne 1962-1986, Anteil der Wirtschaftssektoren an den Investitionen, in %*

| Sektor | 1962-71 | 1969-72 | 1973-76 | 1977-81 | 1982-86 |
|---|---|---|---|---|---|
| Landwirtschaft | 18,8 | 15,0 | 12,9 | 12,9 | 18,9 |
| Industrie | 11,9 | 11,0 | 17,1 | 18,0 | 19,5 |
| Bergbau, Erdöl, Energie | 17,4 | 20,0 | 14,0 | 22,5 | 20,6 |
| Fremdenverkehr | 8,0 | 9,0 | 3,5 | 2,6 | 5,5 |
| Infrastruktur, Dienstleistungen u. verschiedenes | 43,9 | 45,0 | 42,6 | 44,0 | 35,5 |
| Gesamt in Mill. tun. Dinaren | 1245 | 617 | 1597 | 4539 | 8200 |

Quelle: *Schliephake Konrad, Tunesien - Wirtschaftsgeographische Strukturen*

Infrastrukturbereich sind nach wie vor prioritär (vgl. Tab. 5.32). Tourismus wurde vor allem Ende der 60er Jahre und wieder im neuesten Plan gefördert. Parallel verlief die Entwicklung bei den landwirtschaftlichen Investitionen. Allerdings erhielt dieser Sektor nie die seinem Gewicht entsprechenden Mittel. Seine Hauptprobleme wollen wir im folgenden anhand des VI. Fünfjahresplanes erläutern.

## 6.4. Die Rolle des Agrarsektors in der tunesischen Entwicklung gemäss VI. Fünfjahresplan (1982-86)

Nachdem festgestellt wurde, dass viele Ziele des V. Entwicklungsplanes nicht erreicht worden waren (Dridi, S.172) und sich das ökonomische Umfeld verschlechtert hatte (sinkende Oelpreise, steigende Verschuldung, zunehmende Arbeitslosigkeit etc.), stand die Vorbereitung des VI. Planes im Zeichen von Anpassungsmassnahmen.

### 6.4.1. Der VI. Entwicklungsplan (1982-86): Ziele und Mittel

Die im Plan vorgelegte Strategie baut sich um drei Zielgrössen auf:
- Lösung des Arbeitslosenproblems
- Verminderung regionaler Disparitäten
- Aufrechterhaltung der langfristigen Stabilität und Kreditwürdigkeit

Um die Ziele zu erreichen, müssen neue Einkommen geschaffen werden. Da keine weiteren Oelfunde erwartet werden, ist die Wirtschaft umzustrukturieren. Bis Ende der 80er Jahre dürfte Tunesien ein Nettoölimporteur sein. Daher sind die dann fehlenden Exporterlöse mittels anderer Produkte zu erwirtschaften. Neue Arbeitsplätze sollen sowohl sektoral wie auch regional so verteilt sein, dass eine Differenzierung der Wirtschaft erreicht wird. Gleichzeitig soll in arbeitsintensiven Sektoren investiert werden. Daneben wird aber eine Reduzierung des privaten Konsums unumgänglich sein. Der Plan versucht die zentrale Frage anzugehen, wie mit sinkenden Investitionsmöglichkeiten neue Arbeitsplätze geschaffen werden können (Dridi, S.176).

Es wird davon ausgegangen, die Aussenverschuldung nicht zu erhöhen. Die Investitionsmöglichkeiten sind dann am grössten, wenn der private Konsum reduziert (von 7.6% des 5. Planes auf 6.5%), die Ersparnisse erhöht (21% BSP), die Exporte gesteigert und Direktinvestitionen gefördert werden. Weil keine weiteren Steuererhöhungen mehr möglich sind, soll neben der Reduzierung von Subventionen auf die absolut notwendigen Güter für die ärmsten Schichten v.a. mit der Einkommenspolitik die Senkung des privaten Konsums erreicht werden. In Zusammenarbeit mit den Gewerkschaften soll versucht werden, die realen Einkommensverbesserungen der letzten Jahre rückgängig zu machen. Nur echte Produktivitätssteigerungen sollen sich in steigenden Einkommen niederschlagen. Mit dieser Forderung ist jedoch der Sozialkonflikt mit der streikgewohnten Arbeiterschaft bereits eingeplant.

An konkreten Zielen beinhaltet der Plan die folgenden (Schliephake, S.91):
- jährliches Wirtschaftswachstum von 6%
- Schaffung von 300 000 zusätzlichen Arbeitsplätzen
- Mobilisierung von 3,5 Mrd. US Dollar (=2,8 Mrd. tD) an Investitionen aus dem Ausland
- Wachstum der Exporte um 6,6% p.a., dagegen der Importe nur um 4%
- Stabilisierung der Auslandsschulden bei 36% des Brutto- Sozialproduktes (tatsächlich: 3,5 Mrd. Dollar bzw. 40%)
- Modernisierung der Landwirtschaft mit den Zielen der Erhöhung der Nahrungsmittelproduktion und der Stabilisierung der ländlichen Bevölkerung an ihrem ursprünglichen Standort

*Tab. 5.33: Verteilung der geplanten Agrarinvestitionen in Tunesien gemäss V. und VI. Plan (in %)*

| Aktivität | V. Plan | VI. Plan |
|---|---|---|
| Bewässerung | 43.6 | 39.4 |
| Tierzucht | 12.0 | 13.5 |
| Forstwirtschaft, Bodenerhaltung | 7.5 | 6.5 |
| Obstanlagen | 5.0 | 7.4 |
| Mechanisierung | 17.5 | 9.8 |
| Fischerei | 7.0 | 8.3 |
| Gewächshäuser | 3.3 | 2.2 |
| Getreidelagerung | - | 2.6 |
| Forschung, Beratung | 2.4 | 2.6 |
| übriges (Geflügelhaltung z.B.) | 1.7 | 7.7 |
| TOTAL | 100.0 | 100.0 |

*Quelle: World Bank, Tunisia - Agricultural Sector Survey*

Diese Modernisierung des Agrarsektors soll mit einer totalen Investitionssumme von 1.55 mrd Dinars erreicht werden, die sich wie in Tabelle 5.33 dargestellt auf verschiedene Bereiche aufteilt. Trotz eines Rückganges des Anteils für Bewässerungsanlagen bleibt dies der Hauptinvestitionsbereich. Zusammen mit den In-

*Tab. 5.34: Ziele und Massnahmen im Agrarsektor gemäss VI. Plan*

|  | Versorgung mit Hilfsstoffen | Produktion | Agrarpreise | Verteilung | Exporte |
|---|---|---|---|---|---|
| Probleme | Fehlende Lagerkapazitäten<br>ungenügende Margen<br>schlechte Koordination der Verteilung | ungenügende Produktion<br>Agrarhandelsdefizit | Produzentenpreise und Inflationsgefahr<br>tiefe Einkommen | ungenügende Lager- und Kühlkapazitäten<br>unangepasste Strukturen | zuwenig spezialisierte Absatzkanäle<br>zuviel administrative Hindernisse |
| Ziele | besseres Versorgungssystem<br>regionale Verteilung | Wachstum 5%<br>Verminderung Defizit<br>Schaffung von 30'000 Arbeitsplätzen | Anreizpreise höher als Weltmarkt<br>Investitionsvolumen erhöhen | genügende Margen<br>bessere Absatzkanäle | Verringerung Defizit<br>bessere Verbindung Produktion/Export |
| Massnahmen | grössere Lager<br>höhere Margen für unterversorgte Regionen<br>Kredite für Dünger<br>Baumschulen | Erhöhung der Produktivität (Inputs, Absatz)<br>Bodenrecht (Privatisierung, Kataster etc.)<br>Erhöhung des Kreditvolumens | Richtpreise<br>Koordination mit übrigen Massnahmen v.a. Kredit<br>Stützungsfonds | grössere Lagerkapazitäten<br>grössere Liefermengen<br>Verarbeitung auf Produzentenniveau<br>Genossenschaften | mehr Produkte hoher Qualität<br>neue Märkte ausserhalb der EG<br>Aufbau tunesischer Marken<br>administrative Hindernisse beseitigen |

*Quelle: eigene Zusammenstellung nach République Tunisienne, VI$^e$ Plan de développement économique et social (1982-86)*

vestitionen in die Mechanisierung sollen also die Hälfte der Mittel für grosstechnologische Projekte eingesetzt werden, die meist arbeitssparenden Charakter haben. Dies stellt einen inneren Widerspruch des Planes zum Ziel der Arbeitsplatzschaffung dar. Trotz der liberalen Wirtschaftsphilosophie werden die meisten Investitionen vom Staat getätigt (50%). Oeffentliche Unternehmen beteiligen sich zu 16% und Private zu 34%. Von diesen 34% sind allerdings 60% durch öffentliche Agrarkredite abgedeckt, so dass der private Anteil lediglich 14% beträgt (World Bank). Mit diesen Investitionen sollte der gesamte Agrarsektor ein jährliches Wachstum von 5% erreichen. Bis 1985 wurde allerdings nur ein Wachstum von 1.7% erreicht, was vor allem auf die klimatisch schlechten Jahre 1982 und 83 zurückgeführt wird (Ministère de l'agriculture 1986). Aber auch das andere wichtige Ziel, das Agrarhandelsdefizit bis 1986 von 108 mio Dinars auf 50 mio zu reduzieren, konnte nicht erreicht werden. Im Gegenteil es hat sich noch vergrössert (Banque Centrale de Tunisie 1986).

Aus der Zusammenstellung der vorgesehenen Massnahmen in Tabelle 5.34 wird ersichtlich, dass als Hauptprobleme ungenügende Absatzstrukturen und mangelnde Anreize gesehen werden. Daher sollen im Bereich von Lagerhaltung, Absatz und Versorgung mit Hilfsstoffen Verbesserungen angestrebt werden. Dies scheint mit Investitionen noch erreichbar. Wie aber das Preisdilemma zu lösen ist, d.h. wie Produzentenpreise entstehen sollen, die über dem Weltmarktpreisniveau liegen, ohne gleichzeitig die Konsumenten höher zu belasten, ist nicht ersichtlich. Im Exportbereich dürfte der Wunsch nach Aufbau neuer Märkte ein Wunsch bleiben.

### 6.4.2. Agrarstruktur

Um die Entwicklungsmöglichkeiten des Agrarsektors beurteilen zu können, müssen wir zuerst seine Strukturen kennen. Die schon zur Römerzeit bestehende Spezialisierung auf Getreide und Olivenöl, sowie weitere Baumfrüchte hat sich bis heute gehalten: Zwei Drittel der Anbaufläche wird damit angepflanzt (Cleaver 1982, S.5).

Von der gesamten Anbaufläche von 9 mio ha werden
- 2.1 mio ha kollektiv
- 0.8 mio ha staatlich
- 5.2 mio ha privat
- 0.9 mio ha als Wald

*Tab. 5.35: Betriebsgrössenklassen in Tunesien*

| Betriebsgrösse | Totale Fläche in ha | in % | Anzahl Betriebe | in % |
|---|---|---|---|---|
| 0 - 0.9 | 15 590 | 0.3 | 28 320 | 8.7 |
| 1 - 1.0 | 43 240 | 0.8 | 29 620 | 9.1 |
| 2 - 4.9 | 246 570 | 4.5 | 75 230 | 23.1 |
| 5 - 9.9 | 588 180 | 10.8 | 75 920 | 23.3 |
| 10 - 19.9 | 872 200 | 16.0 | 64 640 | 19.8 |
| 20 - 49.9 | 1 142 000 | 21.0 | 37 100 | 11.4 |
| 50 - 99.9 | 554 400 | 12.0 | 8 670 | 2.7 |
| 100 - 199.9 | 491 270 | 9.0 | 3 920 | 1.2 |
| 200 - 499.9 | 495 010 | 9.1 | 1 160 | 0.3 |
| 500 und mehr | 889 100 | 16.5 | 1 420 | 0.4 |
| TOTAL | 5 337 560 | 100.0 | 326 000 | 100.0 |

Quelle: FAO, Land reform

bewirtschaftet (FAO 1980, S.111). Kollektiv bewirtschaftetes Land bedeutet, dass keine Besitztitel vorhanden sind und die Bewirtschaftung nach traditionellen Methoden auf tiefem Ertragsniveau erfolgt (v.a. Getreide und Nomadenwirtschaft). Ein Teil des 1964 nationalisierten Bodens blieb in staatlicher Hand. Dabei handelt es sich um beste Böden. Privatbesitz schliesslich ist in sehr kleine Einheiten aufgesplittert (vgl. Tab. 5.35). Dies ist eine Folge des Erbrechtes, welches Naturalteilung kennt. Im VI. Plan ist es vorgesehen, 425'000 ha von kollektiv bewirtschaftetem Land zu privatisieren und damit intensiver bewirtschaften zu lassen. Dieser Prozess geht aber nur sehr schleppend voran, weil traditionelle Besitzstrukturen einer ländlichen Oberschicht nur schwer aufzubrechen sind. Als weiteres Hindernis stehen den vorgesehenen Modernisierungen traditionelle Naturalpachtformen und halbfeudale Abhängigkeitsverhältnisse entgegen (Bolz, S.457). Zusätzlich besteht das Problem saisonaler Unterbeschäftigung, von der vor allem Schafhirten betroffen sind (Bolz, S.461). Entsprechend stark ist daher die Landflucht. Zurück bleiben ältere Bauern, welche Modernisierungen gegenüber eher skeptisch sind. Die Investitionsprogramme sehen zwar speziell günstige Kreditbedingungen für junge Bauern vor (APIA). Diese jedoch umzusetzen, ist angesichts der bestehenden sozio-ökonomischen Hindernisse schwer.

### 6.4.3. Die Rolle des Agrarsektors

Aus den bisherigen Ausführungen wurde klar, dass dem Agrarsektor vielfältige und teilweise widersprüchliche Aufgaben zugewiesen wurden:
- Produktionssteigerung, um billige Importe zu ersetzen
- Steigerung der Exportproduktion zur Verbesserung der Handelsbilanz
- Produktivitätssteigerungen
- Arbeitsplatzschaffung zur Bremsung der Landflucht
- Inlandversorgung zu günstigen Preisen
- Erhöhung ländlicher Einkommen

Diesen komplexen Anforderungen steht eine unterproportionale Versorgung mit Investitionsmitteln gegenüber. Innerhalb der Landwirtschaft werden diese Mittel dann so ungleich verteilt, dass die gewünschten Effekte kaum eintreten. Denn die einkommensschwächsten Gruppen mit der grössten Abwanderungsneigung werden kaum ein Investitionsprojekt beantragen. Dies ist eine Folge fehlender Bildung und Einbindung in traditionelle sozio-ökonomische Strukturen. Vor allem aber verfügen sie nicht über das nötige Eigenkapital zur Finanzierung der ersten Projektstudie, die Voraussetzung für die Kreditgewährung ist.

Auch das Preisdilemma der Agrarpolitik bleibt ungelöst. Die Regierung versuchte zwar 1984 erneut die Brotsubventionen aufzuheben, um die Agrarpreise anheben und das Staatsbudget entlasten zu können. Dies geschah vor allem auf Druck internationaler Finanzierungsinstitutionen (Seddon, S.209). Nach den von städtischen Armenschichten ausgelösten Unruhen mussten die Brotpreiserhöhungen aber wieder zurückgenommen werden. Für diese von Arbeitslosigkeit und steigenden Lebenskosten in ihrer Existenz bedrohten Armutsschichten war dies die einzig mögliche Reaktion (Seddon, S.214ff). Die Agrarpreispolitik der Regierung war damit jedoch gescheitert.

Es fehlt daher an Anreizen, die Produktion zu intensivieren. Demzufolge haben die Getreideeinfuhren seit 1980 zugenommen (vgl. Tab. 5.36). Eine Ausnahme bildete lediglich 1985, als auf Grund guter klimatischer Bedingungen eine grosse Ernte eingebracht werden konnte. Dabei traten jedoch sofort die Mängel im Absatzsystem (Lagerkapazitäten, Transportmittel, Sackgut etc.) zutage. Tunesien wäre also für grössere Erntemengen gar nicht gerüstet (La Presse 22.5.85).

Tab. 5.36: Agrarhandel Tunesiens 1980-86

|  | 1980 | 1981 | 1982 | 1983 | 1984 | 1985 | 1986 |
|---|---|---|---|---|---|---|---|
| Agrareinfuhren (mio $) | 515.4 | 580.2 | 430.7 | 521.9 | 523.5 | 405.9 | 448.5 |
| Agrarausfuhren (mio $) | 140.0 | 216.6 | 161.6 | 100.4 | 140.1 | 136.2 | 172.3 |
| Saldo (Defizit) | 376.4 | 363.6 | 269.1 | 421.5 | 383.4 | 269.7 | 276.2 |
| Getreideeinfuhren (mio t) | 0.81 | 0.95 | 0.94 | 1.12 | 1.07 | 0.73 | 1.31 |
| Getreideeinfuhren (mio $) | 183.5 | 180.2 | 143.7 | 183.5 | 181.8 | 105.4 | 154.4 |
| in % der Agrareinfuhren | 35.5 | 31.0 | 33.3 | 35.1 | 34.7 | 25.9 | 34.4 |

Quelle: FAO, Trade Yearbook, div. Jahrgänge

Aber auch auf der Exportseite traten Absatzprobleme auf. Denn die traditionellen Exportprodukte Olivenöl, Wein und Früchte treffen auf zunehmend gesättigte Märkte in Europa. Zwar ging der Anteil Frankreichs an den Exporten zurück. Die gesamte EG ist aber immer noch der Hauptabnehmer tunesischer Produkte (Dridi, S.173), was vor allem dank Präferenzabkommen möglich wurde. Nach der Süderweiterung ist aber die Fortsetzung dieser Präferenzabkommen mit den Mittelmeerländern äusserst fraglich (Goybet). Denn Spanien und Portugal bieten genau die tunesischen Exportprodukte EG-intern an. Andere Märkte existieren aber kaum. Es ist daher absehbar, dass die Exporterlöse aus Agrarprodukten nicht zunehmen dürften. Damit können aber die Agrarexporte die ihnen im VI. Plan zugedachte strategische Rolle nicht übernehmen. Danach hätten Agrarexporte und Tourismus die infolge rückläufiger Erdölexporte ab Ende der 80er Jahre auftretenden Exportverluste kompensieren sollen (Dinh, S.13).

Aber auch das Versorgungsziel dürfte mit dem eingeschlagenen Modernisierungsweg kaum erreicht werden (El Amami et al., S.13). Tunesien hat voll auf Weltmarktintegration gesetzt: sowohl bei der Industrialisierung, indem Direktinvestitionen gefördert wurden, wie auch beim Rohstoff- und Agrarprodukteexport. Entsprechend sind die Entwicklungsmöglichkeiten weitgehend vom Weltmarktgeschehen (insbesondere auf den europäischen Märkten) abhängig (Bolz, S.115ff).

## 6.5. Einordnung der Agrarstrategie

Wie wir gezeigt haben, fand mit Beendigung der "sozialistischen" Phase eine Strategieänderung statt. Diese Zäsur gilt es, in der Strategiebeurteilung zu berücksichtigen. Die sektorale Priorität liegt eindeutig beim Industriesektor. Gemäss liberaler Wirtschaftsphilosophie wurden die Agrarreformexperimente rückgängig gemacht und ein bimodales Modell bevorzugt. Schliesslich wird die Strategie um die Exportorientierung ergänzt. Nach unserer Einteilung von Kapitel III. verfolgt Tunesien also sehr ausgeprägt Agrarstrategie II: Das Neoklassische Dritt-Welt-Entwicklungskonzept.

## 6.6. Beurteilung der Agrarstrategie

Bereits aus der Entwicklung des allgemeinen Einkommensniveaus ist die grosse Bedeutung der Erdölausfuhren für Tunesien ersichtlich (vgl. Tab.5.37). Denn der starke Anstieg des BSP/Kopf (Ind.(1)) in den 70er Jahren ist eine Folge hoher Erdölpreise auf dem Weltmarkt und gestiegener Ausfuhren. Aus diesen Erdölfunden ist also ein spezieller Entwicklungsweg entstanden, indem die Erdölwirtschaft den Entwicklungserfolg vorrangig bestimmt. Dass dieser Entwicklungsweg seine Tücken hat, zeigt die Schwierigkeit, für den Ende der 80er Jahre zu erwartenden Verlust der Erdöleinnahmen einen Ersatz zu finden. Die gleichzeitig gestiegene Verschuldung erfordert höhere Schuldendienstzahlungen. Ihr Anteil an den Exporten schwankt mit dem Erfolg letzterer (Ind.(5)). Da diese jedoch zunehmend unsicherer geworden sind, ist der Schuldendienst zu einer stets schwereren Belastung geworden. Tunesien ist zwar ein kleines Land, doch hat sich seine Bevölkerung seit 1960 fast verdoppelt (Ind.(2)). Daraus erwachsen zwei Probleme:
1. Schaffung von Arbeitsplätzen für die wachsende Bevölkerung
2. Kleines Nachfragepotential ruft nach einer Exportstrategie, wofür aber geeignete Exportprodukte mit guten Absatzchancen verhanden sein müssen.

### 6.6.1. Voraussetzungen im Agrarsektor

Weil das Ackerland nicht mehr ausdehnbar war, ist die je Einwohner verfügbare Fläche ständig zurückgegangen (Ind.(4)), ohne dass jedoch eine extreme Knappheit entstanden wäre. Die Produktion erfolgt sehr extensiv (Ind.(8)),

Tab. 5.37: Indikatoren zur Beurteilung der Agrarstrategie in Tunesien 1960-1985

**1. Allgemeine Entwicklung**

| | 1960 | 1970 | 1980 | 1985 |
|---|---|---|---|---|
| (1) BSP/Kopf (US$) | 204 | 248 | 1310 | 1190 |
| (2) Bevölkerung (mio) | 4.2 | 5.1 | 6.3 | 7.0 |
| Bevölkerungswachstum (% pro Jahr) | | $2.1^{1)}$ | $2.3^{2)}$ | $2.3^{3)}$ |
| (3) Mineralische Vorkommen | Erdöl | | | |
| (4) Landnutzungsdichte (ha/Kopf) | $0.77^{4)}$ | 0.62 | 0.53 | 0.44 |
| (5) Schuldendienstquote (% Exporte) | | 18.5 | 12.2 | 24.9 |
| (6) Grundschüler (% Altersgruppe) | 66 | $95^{5)}$ | 103 | 116 |
| (7) Getreideproduktivität (t/AK) | $0.93^{4)}$ | $1.05^{6)}$ | $1.71^{7)}$ | $1.96^{8)}$ |
| (8) Handelsdünger (kg/ha) | 4.0 | 8.4 | 12.2 | $15.7^{9)}$ |

**2. Wirtschaftliche Beiträge**

| | 1960 | 1970 | 1980 | 1985 |
|---|---|---|---|---|
| (9) $\frac{\text{BIP Agrarsektor/AK}}{\text{BIP übrige Sektoren/AK}}$ | 0.24 | 0.22 | 0.38 | 0.44 |
| (10) Wanderungsrate | | $2.3^{1)}$ | $1.73^{2)}$ | $1.60^{3)}$ |
| (11) Reale ländl. Kaufkraft (Preise 1960) | 100 | 111 | 260 | 296 |
| (12) Produktion N-Dünger/Verbrauch N-Dünger | - | $0.03^{10)}$ | $1.97^{11)}$ | $2.99^{12)}$ |
| (13) Nahrungsmittelproduktion pro Kopf | $100^{4)}$ | $95^{6)}$ | $118^{7)}$ | $120^{8)}$ |
| (14) Deckung Ernährungsbedürfnisse (% FAO-Norm) | $81^{13)}$ | $95^{6)}$ | $114^{14)}$ | $118^{15)}$ |
| Agrarhandelsbilanz (mio$) | $+26.8^{13)}$ | $-19.9^{6)}$ | $-248.3^{14)}$ | $-333.1^{15)}$ |

**3. Soziale Beiträge**

| | 1960 | 1970 | 1980 | 1985 |
|---|---|---|---|---|
| (15) Arbeitslosigkeit (% AK übriger Sektoren) | $1.9^{16)}$ | 8.3 | 5.3 | $5.1^{17)}$ |
| (16) Ackerfläche/permanente Weide | $1.00^{4)}$ | 0.97 | 1.35 | $1.04^{9)}$ |
| (17) Waldfläche (mio ha) | $0.67^{4)}$ | 0.57 | 0.50 | $0.55^{9)}$ |

**4. Internationale Zusammenhänge**

| | 1960 | 1970 | 1980 | 1985 |
|---|---|---|---|---|
| (18) Preise wichtiger Agrarexportprodukte Olivenöl ($/t) | 585 | 678 | 1823 | 1186 |
| | | (1969:449) | | (1986:924) |
| (19) $\frac{\text{Getreideeinfuhr}}{\text{Getreideproduktion}}$ (%) | $44.2^{4)}$ | $64.0^{6)}$ | $77.6^{7)}$ | $70.6^{8)}$ |

Anmerkungen: $^{1)}$1960-70 $^{2)}$1970-80 $^{3)}$1980-85 $^{4)}$1961/65 $^{5)}$1975
$^{6)}$1969/71 $^{7)}$1979/81 $^{8)}$1983/85 $^{9)}$1984 $^{10)}$1970/71
$^{11)}$1980/81 $^{12)}$1984/85 $^{13)}$1961/63 $^{14)}$1878/80 $^{15)}$1981/83
$^{16)}$1963 $^{17)}$1982

Quellen : FAO, Production/Trade Yearbook, div. Jahrgänge
    FAO, Fertilizer Yearbook, div. Jahrgänge
    ILO, Yearbook of Labour, div. Jahrgänge
    UN , Statistical Yearbook, div. Jahrgänge
    UNCTAD, Monthly Commodity Price Bulletin, div. Jahrgänge
    Weltbank, Weltentwicklungsbericht, div. Jahrgänge

liegen doch die Düngergaben noch tiefer als in Indien (vgl. Tab.5.31). Mit dem Wechsel der Agrarstrategie hat sich die Arbeitsproduktivität nach der Stagnation der 60er Jahre zwar verdoppelt, bewegt sich aber immer noch auf bescheidenem Niveau (Ind.(7)).

Das tunesische Bildungswesen gilt als vorbildlich, was in der ab 1970 hundertprozentigen Erfassung der Grundschüler zum Ausdruck kommt (Ind.(6)). In den ländlichen Räumen wird die Jugend allerdings schlechter erreicht (vgl. V.6.1.), was angesichts des Nomadismus nicht weiter erstaunt.

### 6.6.2. Wirtschaftliche Beiträge

Nach der Stagnation in den 60er Jahren hat sich sowohl die Produktivität relativ zum Industriesektor (Ind.(9)), wie auch die reale ländliche Kaufkraft (Ind.(11)) verbessert. Offensichtlich hat sich der Strategiewechsel positiv ausgewirkt. Auf Schwankungen der Preise von Agrarexportprodukten (Ind.(18)) haben die ländlichen Einkommen nicht reagiert. Es scheint sich also eine gewisse stabile Binnennachfrage im Gefolge von Tourismus und Erdöleinnahmen entwickelt zu haben. Entsprechend ist die Nahrungsmittelproduktion pro Kopf seit 1970 um 25% gestiegen (Ind.(13)). Allerdings hat sich die Ernährungssicherheit nur langsam verbessert (Ind.(14)). Auch heute gibt es noch Bevölkerungsteile, die Hunger leiden.

Als gescheitert muss die Agrarexportkomponente der Strategie bezeichnet werden, ist doch das Agrarhandelsdefizit ständig gestiegen (Ind.(14)). Dies ist vor allem auf die hohen Getreideeinfuhren zurückzuführen (Ind.(19)), sowie auf ungünstige Marktentwicklungen der tunesischen Exportprodukte in Europa (Ueberschüsse der EG). Wegen des hohen Anteils der Getreideeinfuhren an der Inlandproduktion (Ind.(19)) und dem tiefen Weltmarktpreisniveau für Getreide dürfen wir annehmen, dass diese Importe eine Ausdehnung der inländischen Getreideproduktion verhindern.

Aus der Steigerung der ländlichen Kaufkraft können wir auf eine gestiegene Nachfrage der ländlichen Bewohner nach Konsumgütern schliessen. Hilfsstoffe zur Intensivierung der Produktion wurden jedoch nicht vermehrt eingesetzt (Ind.(8)). So hat sich denn die in den 70er Jahren entstandene Stickstoffdüngerindustrie auf den Export ausgerichtet. Ihre Entstehung verdankt sie also dem günstigen Energieangebot in der Folge der Erdölfunde und nicht der gesteigerten Nachfrage des Agrarsektors. Ferner können wir den Schluss ziehen, dass trotz gestiegener Produktivität relativ zum Industriesektor kaum in den Agrarsektor investiert wird. Zusätzliche Einkommen werden konsumiert und fliessen damit aus dem Sektor heraus. Ob dadurch Konsumgüterindustrien entstanden oder ob diese Güter importiert werden, müsste näher untersucht werden.

### 6.6.3. Soziale Beiträge

Indikator (16) änderte seinen Wert seit 1960 nicht. Es können daher daraus keine Schlüsse über die Entwicklung der Erosionsprobleme gezogen werden. Hingegen ist der Rückgang der Waldfläche (Ind.(17)) ein Hinweis auf die Nutzung von ökologischen Problemgebieten. Denn in Tunesien sind heute nur noch 3.5% der Fläche mit Wald bedeckt. Jeder weitere Verlust an Wald ist daher mit einer Verschärfung der Erosionsprobleme gleichzusetzen.

Der Agrarsektor hat die Reservoirfunktion bis zu einem gewissen Grad erfüllt, ist doch die Wanderungsrate seit den 70er Jahren praktisch konstant geblieben (Ind.(10)). Die relativ niederen Arbeitslosenraten (Ind.(15)) konnten allerdings nur dank steter Emigration nach Europa gehalten werden. Weil dieses Ventil jedoch seit der EG-Süderweiterung wegfällt, dürfte dem Agrarsektor vermehrt die Rolle des Reservoirs zufallen. Falls die bisherige Strategie weiterverfolgt wird, ist er aber kaum in der Lage diese Aufgabe zu erfüllen.

### 6.6.4. Gesamtbeurteilung

Die Einkommenssteigerungen im Agrarsektor traten zu einem Zeitpunkt auf, als sowohl die Strategie geändert wurde als auch die Einnahmen aus den Erdölausfuhren zu fliessen begannen. Es ist daher schwierig die Ursachen für diese Einkommensgewinne auseinanderzuhalten. Es liegt aber nahe, dass das Erdölgeschäft den bestimmenden Einfluss ausübte. Denn die Voraussetzungen im Agrarsektor haben sich nicht verbessert (Intensität) und es haben auch keine Ausbreitungseffekte in vorgelagerte Industriezweige stattgefunden (Ind.(8),(12)).

Anstatt dass der Agrarsektor zur Verbesserung der Handelsbilanz beitrug, vergrösserte er deren Defizit (Ind.(14)). Der Exportkomponente blieb also der Erfolg versagt. Insgesamt haben also die Exporteinnahmen aus dem Oelgeschäft gewisse positive Effekte auf den Agrarsektor gehabt (zusätzliche Nachfrage). Weil die Funde aber bald erschöpft sind, ist das Ende dieser Strategie absehbar.

Weil gezeigt wurde, dass der Agrarsektor auf eine gesteigerte Binnennachfrage reagiert, sollte angesichts rückläufiger Erdöleinnahmen und der schlechten Marktlage für die tunesischen Agrarexportprodukte in Zukunft auf die Exportkomponente verzichtet werden. Mit einer geeigneten Preispolitik (Deficiency Payment) könnte die Getreideversorgung aus inländischen Ressourcen sichergestellt werden, was gleichzeitig Beschäftigung auf dem Lande schaffen würde. Voraussetzung dazu ist eine Strategieänderung, welche Agrar- und Industriesektor gleich bedeutend fördert. Auf Basis der Erdölindustrie könnten Industriebetriebe aufgebaut werden, die Vorleistungen zur Intensivierung der Landwirtschaft erbringen. Bei dieser binnenmarktorientierten Strategie liegt der Haken darin, dass wegen der Aussenverschuldung gewisse Exporteinnahmen notwendig sind. Dafür dürften allerdings eher industrielle als agrarische Produkte geeignet sein.

# VI. Abschliessende Betrachtungen und Schlussfolgerungen

In diesen abschliessenden Betrachtungen nehmen wir die wesentlichen Argumente der Analyse der Rolle des Agrarsektors im Entwicklungsprozess nochmals auf. Dabei wird das Schwergewicht auf die Verknüpfung der diese Rolle bestimmenden Elemente und der daraus abgeleiteten Methode zur Beurteilung des Entwicklungserfolges gelegt. Ferner wollen wir aber auch eine Antwort zu unserer Grundhypothese geben und die Eignung der vorgeschlagenen Methode kommentieren.

Wegen der Komplexität von Entwicklungsprozessen haben wir unserer Analyse einen Systemansatz zugrunde gelegt. Wir wollen daher zuerst auf Systemzusammenhänge eintreten. Im Vordergrund steht dabei die Einbettung des Entwicklungsprozesses in wirtschaftspolitische Entscheidungsstrukturen. Nachher beschäftigen wir uns mit dem Begriff der Agrarstrategie, indem wir die notwendigen innersektoriellen Voraussetzungen und die Beziehungen zur übrigen Wirtschaft darstellen. Im 3. Abschnitt wird dann die Umsetzung dieser Erkenntnisse in unser vorgeschlagenes Indikatorensystem diskutiert. Zum Schluss folgt die Bewertung der entwickelten Methode und mögliche Einsatzgebiete.

## 1. Der Agrarpolitische Entscheidungsprozess in verschiedenen Wirtschaftssystemen

Jede wirtschaftliche Tätigkeit spielt sich innerhalb eines Herrschaftssystems ab (vgl. II.1.3). Wir haben daher der Analyse wirtschaftlicher Entwicklungspfade die Diskussion des Zusammenhanges von Politik und Wirtschaft vorangestellt (II.2). Wegen unseres gewählten Systemansatzes verstehen wir diesen Zusammenhang als Wechselspiel zwischen zwei Systemen. Dabei stehen den einzelnen Wirtschaftssubjekten unterschiedliche Ausprägungen von staatlicher Organisation im politischen System gegenüber (vgl. Abb. 2.3). Die korrespondierenden

Interaktionsformen sind einerseits das Tauschprinzip und anderseits das Autoritätsprinzip.

Weil nun unterschiedliche Ausprägungen dieser gesellschaftlichen Systeme möglich sind, haben wir die folgenden drei Wirtschaftssysteme postuliert:
- Soziale Marktwirtschaften (SM)
- Bürokratische Entwicklungsgesellschaften (BEG)
- Zentral geplante Staatswirtschaften (ZGS)

Diese Unterscheidung wurde im Bewusstsein vorgenommen, dass innerhalb eines Systems Unterschiede bestehen können. Für unsere Zwecke, nämlich die Erklärung agrarpolitischer Entscheidungsprozesse, genügt diese Vereinfachung aber. Die Abgrenzung der Wirtschaftssysteme wurde auf Grund der Kriterien in Tabelle 6.1 vorgenommen (für die Herleitung der Kriterien: vgl. II.3).

In den drei Wirtschaftssystemen beeinflussen verschiedene Interessengruppen die agrarpolitischen Entscheide. Diese Interessenvertretung lässt sich nach System getrennt folgendermassen charakterisieren:

*1. Soziale Marktwirtschaften (II.4.1):*
- Organisierte Interessenverbände der Produzenten und des Handels haben einen Agrarschutz erreicht, der gemessen an der Bedeutung der Landwirtschaft in der Volkswirtschaft überproportional ist.
- Als Begründung dienen die öffentlichen Leistungen und Besonderheiten des Agrarsektors.
- Die Interessen innerhalb der Landwirtschaft sind sehr heterogen. Bessergestellte Mitglieder haben eher Zugang zu den Einflussträgern, so dass sie mehr vom politischen Einfluss der Verbände profitieren (Nebenprodukttheorie).
- Gegenüber diesen gut organisierten Gruppen sind die Interessen der Konsumenten bzw. Steuerzahler deutlich schlechter vertreten. Sie finanzieren daher den Agrarschutz, wobei die Verteilung auf diese beiden Gruppen von den länderspezifischen Ausprägungen der Agrarpolitik abhängt.

*2. Bürokratische Entwicklungsgesellschaften (II.4.2):*
- Es finden sich kaum schlagkräftige Organisationsformen zur Durchsetzung bäuerlicher Interessen. Höchstens Landoligarchien können aufgrund ihrer gesellschaftlichen Stellung ihr Partikulärinteresse zur Aufrechterhaltung ihres Bodenbesitzes durchsetzen.

Tab. 6.1: Charakterisierung von Wirtschaftssystemen

| Wirtschaftssystem / Kriterium | Soziale Marktwirtschaften | Bürokratische Entwicklungsgesellschaften | Zentral geplante Staatswirtschaften |
|---|---|---|---|
| Entscheidungsfindung | dezentral individuelle Nutzen-/Gewinnmaximierung Privater Produktionsmittelbesitz | dezentral und zentral Privat- und Staatseigentum sowie traditionell kollektive Besitzformen | zentral kollektiver Besitz der Produktionsmittel private Bodennutzung teilweise zugelassen |
| Motivationssystem | Individuelle Gewinnaneignung | Verschiedene Wertsysteme (traditionelle und eingeführte westliche) persönliche Beziehungen bestimmen Verteilung mehr als Markt | solidarisches Interesse ungenügend daher individuelle Leistungsanreize |
| Koordinationsmechanismus | Markt Wettbewerb Wirtschaftspolitischer Rahmen durch Staat | 2 Sektoren: Zentrale Planung und Preissystem, Tausch- und Geldwirtschaft | Planung geschlossene Volkswirtschaften abgestufte Preisanreizsysteme neuerdings: Marktelemente |
| Kontrollsystem | Selbstkontrolle durch Markt zunehmender Staatseinfluss | fehlende Kontrolle der Staatsbürokratie durch Markt oder politische Strukturen | Selbstkontrolle der Bürokratie |

- Bestimmt wird die Agrarpolitik von einer Staatsklasse, welche den Absatz von Exportprodukten kontrolliert und Exportrenten zu ihrer Selbstprivilegierung abschöpft.
- Diese Staatsbürokratie (Staatsklasse) unterliegt keiner politisch reglementierten Kontrolle. Zur Machterhaltung muss sie jedoch das Oppositionspotential klientelhaft an sich binden.
- Daher werden die gut organisierten städtischen Interessen bevorzugt, indem einer meist gebildeten und daher politisch unruhigen Mittelklasse auf Staatskosten Arbeitsplätze in einen aufgeblähten Verwaltungsapparat angeboten und tiefe Lebenshaltungskosten sichergestellt werden.
- Für den Agrarsektor besteht folglich kein Agrarschutz und die Produktpreise bieten keinen Anreiz, die Produktion auszudehnen.

### 3. Zentral geplante Staatswirtschaften (II.4.3):

- Staatliche Bürokratie bestimmt Agrarproduktion durch zentrale Planung trotz formaler Selbstbestimmungsrechte der Genossenschaftsbauern.
- In der Bürokratie haben militärische und Konsumenteninteressen (tiefe Nahrungsmittelpreise) den Vorrang. Eine Ausnahme bildet die VR China.
- Die Bewirtschaftung einer Privatparzelle durch die Genossenschaftsbauern ist zur Sicherstellung der Nahrungsmittelversorgung notwendig. Daher konnte dieses systemfremde Element nie beseitigt werden.
- Auf die ungenügende Berücksichtigung ihrer Interessen reagieren viele Agrarproduzenten mit passivem Widerstand (schlechte Arbeitsleistung im Kollektiv).

Diese agrarpolitischen Interessenkonstellationen müssen bei der Erklärung einer bestimmten Agrarstrategie in einem Land herangezogen werden. Insbesondere sind sie zu berücksichtigen, wenn es gilt, die Erfolgschancen von Reformen oder Aenderungen einer Agrarstrategie abzuschätzen.

Zusätzlich können wir aus dieser Analyse zwei für den Agrarsektor in allen drei Wirtschaftssystemen gültige Erkenntnisse ziehen:
1. Der Staat bestimmt weitgehend die Entwicklung des Agrarsektors. Private Interessen können sich höchstens durch Beeinflussungsversuche staatlicher Instanzen durchsetzen.
2. Im Vergleich zu den übrigen Bereichen der Wirtschaft treffen wir im Agrarsektor soviele wirtschaftssystemfremde Elemente, dass wir von eigentlichen sektoriellen Mischsystemen sprechen können (SM: staatlich garantierte

Einkommen trotz Marktwirtschaft, BEG: staatliche Rentenabschöpfung trotz privatem Produktionsmittelbesitz, ZGS: private Bodennutzung trotz Staatswirtschaft).

## 2. Zur Rolle des Agrarsektors im Entwicklungsprozess

Die Mobilisierung von Produktivitätsreserven erweist sich als Kernproblem jeder Entwicklung (vgl. III.3.2). Weil aber jeder Entwicklungsprozess in seiner historischen Dimension verstanden werden muss, können keine Rezepte von einem Land auf ein anderes übertragen werden. In diesem Sinne kann "Von Europa lernen" (Senghaas 1982) nur heissen, Perspektiven für die Analyse von Entwicklungsprozessen zu gewinnen. In unserer Analyse haben wir gewisse allgemein gültige Erkenntnisse über die Rolle des Agrarsektors im Entwicklungsprozess gezogen. Wie allgemein in der Literatur setzen auch wir voraus, dass das Ziel dieses Entwicklungsprozesses eine den natürlichen Gegebenheiten und den Menschen angepasste Industrialisierung ist (vgl. III.2). Auf welchem Weg eine Gesellschaft dorthin gelangt, wird durch die gewählte Agrarstrategie bestimmt. Zuvor wollen wir aber die allgemein gültigen Erkenntnisse über die Rolle des Agrarsektors im Entwicklungsprozess unterteilt in innersektorielle Voraussetzungen und Beziehungen zum Industriesektor diskutieren.

### 2.1. Innersektorielle Voraussetzungen

Damit die notwendigen Steigerungen der Agrarproduktion erreicht werden, sind Agrarmodernisierungen unumgänglich (vgl. III.3.2). Gleichzeitig wird mit dem Einsatz von technologischen Neuerungen die industrielle Entwicklung im Vorleistungsbereich stimuliert. Allerdings muss sie breitenwirksam und daher den vorhandenen Arbeitskräften angepasst sein. Wir unterstellen aufgrund eines Literaturüberblicks ein elastisches Angebotsverhalten (III.3.3). Allerdings gilt es, kurz- und langfristige Reaktionen zu unterscheiden.

Zur Umsetzung dieser Entwicklung der Produktivkräfte gehört die Anpassung der Produktionsverhältnisse. Darunter ist in erster Linie die Veränderung institutioneller Rahmenbedingungen zu verstehen (vgl. III.3.1). Im Agrarsektor be-

trifft dies hauptsächlich die Besitzverhältnisse beim Boden. Aber auch die finanzielle Infrastruktur, Absatzkanäle und die Versorgung mit landwirtschaftlichen Hilfsstoffen gehören dazu. Diese Veränderungen der institutionellen Rahmenbedingungen fassen wir unter dem Begriff der Agrarreform zusammen. In einem Vergleich verschiedener Ansätze von Agrarreformen aus der Dritten Welt (Brasilien, Indien, VR China) haben wir gezeigt, dass nur der in einen gesamtgesellschaftlichen Neuordnungsprozess eingebettete Ansatz in der VR China einen nachhaltigen Erfolg aufweisen kann. Dort werden die von Bergmann (1979b) aufgezählten Voraussetzungen erfüllt:
- radikale, rasche Durchführung
- Beschäftigungsmöglichkeiten im oder ausserhalb des Agrarsektors
- Schaffung notwendiger Institutionen (Absatz und Inputversorgung)
- entschädigungslose Enteignung

Die andern Modelle sind vor allem am letzten Punkt gescheitert. Denn in jenen Ländern wurden die alten Grundbesitzerklassen nicht von einer neuen gesellschaftlichen Schicht abgelöst, welche die institutionellen Aenderungen durchsetzte. Damit ist die Verbindung zu unseren Erkenntnissen aus Kapitel II. geschaffen: Die agrarpolitische Interessenkonstellation bestimmt weitgehend, ob die notwendigen Veränderungen institutioneller Rahmenbedingungen im Agrarsektor möglich werden.

Als dritte Voraussetzung ist die Bildung zu erwähnen. Denn zur Umsetzung von Agrarmodernisierungen sind eine gute Allgemeinbildung, sowie fachspezifische Ausbildung und Beratung notwendig. Wir unterstellen eine positive Korrelation zwischen Grundschulbildung und fachspezifischen Ausbildungsinstitutionen.

## 2.2. Beziehungen zum Industriesektor

Wir fassen unter dem Begriff des Industriesektors alle nichtlandwirtschaftlichen Wirtschaftssektoren zusammen. Da wir schwergewichtig den Agrarsektor betrachten, können wir die Beziehungen zur übrigen Wirtschaft mit diesem 2-Sektoren-Modell genügend erklären.

Im Ablauf verschiedener Entwicklungsphasen können wir folgende für den Agrarsektor relevante Veränderungen feststellen (vgl. IV.1):

- Rückgang Agrarsektor, Zunahme Industriesektor (Anteil am BIP und Arbeitskräften)
- zunehmender Anteil der Konsumausgaben für industrielle Güter und Dienstleistungen (=nachfrageseitige Voraussetzung für Wachstum)
- zunehmend unelastischere Einkommenselastizitäten für Agrargüter
- zunehmende Urbanisierung
- steigende Integration des Agrarsektors in agroindustrielle Verbundsysteme

In einem Modell idealtypischer Zusammenhänge zwischen Agrar- und Industriesektor werden die für die Entwicklung relevanten Beziehungen erklärt (IV.2). Als exogen betrachten wir:
- die Bevölkerungsentwicklung
- die Ressourcenausstattung
- das Wirtschaftssystem

Das zugrundeliegende Entwicklungsmodell besteht in einer Ueberschusstheorie des Agrarsektors bzw. in einer gegenseitigen Stimulierung der beiden Sektoren. Karl Marx nannte diesen Prozess "ursprüngliche Akkumulation". Diese gegenseitige Stimulierung besteht darin, dass die Nachfrage nach Agrarprodukten in den städtischen Räumen Einkommen auf dem Lande schafft. Mit diesen Einkommen entstehen wachsende Massenmärkte in den ländlichen Räumen für Konsumgüter und landwirtschaftliche Inputs. Gleichzeitig können dadurch Beschäftigungsmöglichkeiten im gewerblichen Sektor auf dem Lande entstehen. Damit diese Stimulierung zustande kommt, müssen aber die innersektoriellen Voraussetzungen im Agrarsektor erfüllt sein (vgl. VI.2.1). Falls dieser Stimulierungsprozess (linkage-Effekte) auftritt, kann der Agrarsektor durchaus in einer Frühphase der Entwicklung als Motor des Wandels wirken. Diese Ansicht steht im Widerspruch zur Rostow'schen Stufentheorie und den übrigen Modernisierungstheoretikern (vgl. III.2.3). Wir meinen aber, gültig gezeigt zu haben, unter welchen Bedingungen dem Agrarsektor diese Rolle des Entwicklungsmotors zukommt.

Weil der Agrarsektor der Lieferant von Ressourcen für den Industriesektor sein muss, werden die verschiedenen Aspekte seiner Rolle in diesem Prozess als Beiträge bezeichnet. Aufgrund unserer Arbeiten unterscheiden wir die folgenden fünf Beiträge (III.2.2):
- Produktionsleistung
- Marktbeitrag

- Faktorbeitrag
- Reservoirfunktion
- Oekologiebeitrag

Im oben erwähnten Modell sind die Zusammenhänge zwischen den verschiedenen Beiträgen dargestellt (vgl. Abb.4.2), wobei die ersten drei wirtschaftlicher und die beiden letzten sozialer Natur sind.

Der Beitragsübertragung sind nun allerdings Grenzen gesetzt. Wieviel Ressourcen (Arbeitskräfte und Kapital) der Agrarsektor abgeben kann, wird von seiner Produktivität bestimmt (vgl. III.3.4). Wenn beispielsweise zuviel Kapital abfliesst, fehlt dieses für Investitionen in Agrarmodernisierungen. Damit werden langfristig die Wachstumsmöglichkeiten im Industriesektor begrenzt.

Im Zusammenhang mit der Reservoirfunktion ist das Bevölkerungswachstum und die Entwicklung nicht-landwirtschaftlicher Arbeitsplätze von Bedeutung. Das Wachstum letzterer muss grösser sein als die Zunahme aller Arbeitskräfte (vgl. III.2.4), damit eine geordnete Wanderung von Arbeitskräften bei Vollbeschäftigung resultiert. Wenn diese Bedingung nicht erfüllt ist, kommt die Reservoir-Funktion des Agrarsektors zum Tragen. Dann muss durch arbeitsintensiven Technologieeinsatz im Agrarsektor die Beschäftigung und damit die Existenzsicherung der zusätzlichen Arbeitskräfte sichergestellt werden. Kurzfristig wird eine tiefere Arbeitsproduktivität in Kauf genommen. Längerfristig kann die Entwicklung aber nur dahin gehen, dass die economies of scale einer arbeitsteiligen Wirtschaft mit Industrialisierungsziel genutzt werden.

## 2.3. Agrarstrategien

Um die Entwicklung in Gang zu setzen, werden verschiedene Agrarstrategien angewendet. Aus der Analyse verschiedener Debatten zur Industrialisierung (Physiokraten/Merkantilisten, sowjetische Industrialisierungsdebatte, Modernisierungstheorien/Dependencia-Theorien; vgl. III.4.1) und aus der Diskussion über den agrarsektoriellen Entwicklungsprozess haben wir folgende konstitutive Elemente von Agrarstrategien herausgearbeitet:
1. Sektorale Priorität: Priorität des Industriesektors oder gleiches Gewicht von Agrar- und Industriesektor
2. Aussenhandelsregelung: Binnenmarkt- oder Exportorientierung

3. Agrarverfassung und Technologiewahl: unimodale Strategie (Agrarreform) und arbeitsintensive Technologie oder bimodale Strategie (keine Agrarreform) und kapitalintensive Technologie

Weil sich bei Kombination dieser drei Elemente zwei ausschliessen, ergeben sich für die Systematik von Agrarstrategien noch die folgenden sechs (vgl. III.4.3):

I   Sowjetische Strategie
II  Neoklassisches Dritt-Welt-Entwicklungskonzept
III Klassisches Industrialisierungsmodell
IV  Chinesische Strategie
V   Agroindustrielle Exportproduktion als Leitsektor
VI  Klassische Importsubstitution

In der Realität treten spezifische Ausprägungen dieser Agrarstrategien auf. Wir verstehen obige Systematik daher als theoretische Vereinfachung von Strategiegruppen.

# 3. Ein Indikatorensystem zur Erfolgsbewertung von Agrarstrategien

## 3.1. Anforderungen an die Methode

Das Hauptziel dieser Arbeit bestand darin, ein Instrument zur Messung des Erfolges einer Agrarstrategie zu entwickeln. Folgende Ansprüche wurden an die Methode gerichtet:
- länderweise Betrachtung
- Beurteilung einzelner Strategieelemente und Gesamtstrategie
- kleiner Aufwand für Datensuche
- Vorbereitung für Detailstudien

Das Interesse an Methoden, die mit kleinem Aufwand gute Grobschätzungen ergeben, hat in letzter Zeit bei internationalen Organisationen, nationalen Entwicklungsinstitutionen, Planungsbehörden etc. stark zugenommen (Holtzman, S.1). Diesem Aspekt wurde Rechnung getragen, indem alle notwendigen Daten aus weltweit erhältlichen internationalen Statistiken beschafft werden können.

Da es sich um eine Analyse auf Länderebene handelt, wurde zum vornherein in Kauf genommen, dass keine Aussagen zu regionalen Problemen möglich sind. Dies bleibt weiterführenden Detailstudien z.b. mit Hilfe von Agrarstrukturmodellen vorbehalten. Unsere Methode bietet aber wertvolle Hinweise, auf welche Hauptprobleme solche Detailstudien zu konzentrieren sind.

Da die Entwicklungserfolge einer Agrarstrategie über die Zeit verfolgt werden müssen, sind konstante Zeitreihen über die gewünschte Zeit nötig. Wegen des Anspruchs schneller Erkenntnisse und der Grobanalyse kamen keine statistischen Methoden in Frage. Wir haben daher ein Indikatorensystem gewählt, welches seine Beobachtungswerte alle 10 Jahre aufweist. Dies erlaubt Trendaussagen. Indikatoren geben Hinweise auf komplexe Zusammenhänge (vgl. IV.4). Diese müssen dann interpretiert werden, wobei die Entwicklungsrichtung des gesamten Systems interessiert. Da jedes Indikatorensystem theoretisch abgestützt sein muss, treten wir nun zuerst darauf ein, bevor wir Erkenntnisse aus den Länderbeispielen ziehen.

## 3.2. Theoretische Fundierung des Indikatorensystems

Wie gezeigt wurde (Kapitel III. und IV.), hängt der Erfolg einer Agrarstrategie davon ab, ob die innersektoriellen Voraussetzungen im Agrarsektor erfüllt sind und ob der Sektor die geforderten Beiträge zu leisten vermag. Mit dem Indikatorensystem werden daher die Veränderungen dieser beiden Aktivitätsbereiche erfasst. Um die ausserhalb des Systems liegenden Entwicklungen von Wirtschaft, Bevölkerung und Ressourcen, sowie den Einfluss von Agrarstrategien anderer Länder einbeziehen zu können, erhalten wir schliesslich die folgenden vier Gruppen von Indikatoren:
1. Allgemeine Entwicklung (inkl. innersektorielle Voraussetzungen)
2. Wirtschaftliche Beiträge
3. Soziale Beiträge
4. Internationale Zusammenhänge

Aufgrund der theoretischen Grundlagen wären teilweise aussagekräftigere Indikatoren denkbar. Wegen der mangelnden Datenbasis können diese aber nicht verwendet werden. Wir treten darauf näher im Abschnitt VI.4. ein.

## 3.3. Erkenntnisse aus den Anwendungsbeispielen (Kapitel V.)

Im Rahmen dieser Arbeit konnte die Methode lediglich auf sechs bzw. sieben Länderbeispiele angewendet werden. Es bestand aber auch nicht der Anspruch, die Gesamtheit der Länder abzudecken. Denn wir verstehen unseren Ansatz als Methode zur Beurteilung eines Landes in seiner speziellen historischen Situation. Ein Ländervergleich im Sinne einer Rangliste des Entwicklungserfolges kann also nicht das Ziel sein. Daher sind die untersuchten Beispiele, die zudem auch nicht alle Agrarstrategien abdecken, als Test für die Methode zu verstehen. Wir haben also getestet, ob mit dem Indikatorensystem bei diesen Beispielen plausible Aussagen über den Erfolg der gewählten Agrarstrategie möglich sind.

Aus der Zusammenstellung in Tabelle 6.2 ist ersichtlich, dass es in keinem der untersuchten Fälle gelang, alle Beiträge zu erfüllen. Damit ist die Grundhypothese dieser Arbeit (vgl. III.1.5) zwar nicht bewiesen, aber auch nicht falsifiziert. Auch die sonst sehr effiziente Landwirtschaft der USA weist bei den Sozialbeiträgen negative Erscheinungen auf. Dies dürfte also ein Hinweis darauf sein, dass weniger effiziente Agrarsektoren anderer Länder noch vermehrt mit Problemen kämpfen. Daraus lässt sich eine zusätzliche Stützung der Grundhypothese ableiten.

In der VR China weist die Agrarstrategie am meisten Erfolge auf. Mit Verbesserungen bei den innersektoriellen Voraussetzungen (v.a. Produktivitätssteigerung) kann ein Erfolg auf breiter Basis erreicht werden. Dies hängt aber davon ab, ob im Industriesektor genügend Arbeitsplätze geschaffen werden. Oder anders ausgedrückt, ob der Agrarsektor seine Reservoir-Funktion aufgeben kann.

Mit diesen Bemerkungen haben wir die Frage der Empfehlung von Politikänderungen im Anschluss an die Analyse angeschnitten. Grundsätzlich können Verbesserungen einzelner Elemente der bereits angewandten Agrarstrategie oder den Wechsel der Strategie empfohlen werden. Hierzu können wir folgende Schlüsse ziehen:
1. Wenn sich sowohl die Voraussetzungen wie auch die Erfüllung der meisten Beiträge verschlechtert haben (Fall Indien), ist sowohl ein Wechsel der Agrarstrategie wie auch die radikale Verbesserung der innersektoriellen Voraussetzungen angebracht.

Tab. 6.2: Erfolgsbeurteilung der Agrarstrategien ausgewählter Länder

| Land | Agrarstrategie | Voraussetzungen im Agrarsektor | | | | Beiträge | | | | | Empfehlung |
|---|---|---|---|---|---|---|---|---|---|---|---|
| | | Bildung | Produktivität | Modernisierung | Faktorbeitrag | Marktbeitrag | Produktionsleistung | Reservoir | Oekologie | | |
| USA | II +Agrarschutz | + | + | + | + | + | + | + | (-) | verstärkte Beachtung soziale Beiträge |
| EG Frankreich | VI | + | + | + | + | + | + | + | (-) | lokale Senkung der Intensität; Abbau von Ueberschüssen. Strukturverbesserungen |
| Italien | | + | (+) | (+) | + | (+) | (+) | (+) | + | |
| Sowjetunion | I | + | (+) | (+) | + | (+) | - | - | o | Verbesserung der Arbeitsproduktivität |
| VR China | IV | (+) | + | (+) | + | + | (+) | (+) | (+) | Verbesserung der Arbeitsproduktivität und Schaffung von Arbeitsplätzen im Industriesektor |
| Indien | VI | - | - | - | (+) | - | - | - | (-) | Strategiewechsel: Priorität Agrarsektor Vorauss.: v.a. Agrarreform |
| Tunesien | II | (+) | (+) | - | (+) | (+) | - | - | - | Exportkomponente fallenlassen; Erdölverarbeitung für Binnenmarkt |

Legende:  + Verbesserung, Beitrag erfüllt   - nicht erfüllt   + stagnierend
(+) leichte Verbesserung   (-) leicht schlechter   o fehlende Daten

2. Im bereits erwähnten chinesischen Beispiel kann bei positiven Ergebnissen bei den Beiträgen eine Verbesserung der Voraussetzungen im Agrarsektor ohne Strategieänderung erfolgen.
3. Schliesslich ist es möglich, dass ein Strategieelement die übrige Entwicklung behindert (Fall Tunesien: Exportorientierung). Dann gilt es, die Strategie in diesem Punkt zu verändern.

Falls exogene Grössen wie grosse Rohstoffvorkommen oder der Wechsel des Wirtschaftssystems die Einflüsse der Agrarstrategie überlagern, ist dies entsprechend zu berücksichtigen. Am Beispiel von Tunesien ist deutlich geworden, dass aus dem Indikatorensystem dieser Einfluss ersichtlich ist.

Dass die gleiche Strategie in zwei Ländern angewendet unterschiedliche Ergebnisse ergibt, wird aus dem Vergleich von Italien und Frankreich deutlich. Dieses Beispiel zeigt, dass sogar ein starker Schutz des Agrarsektors kein Garant für die Beitragserfüllung ist. Ungenügende Voraussetzungen können also bremsend wirken. Da dieser Unterschied durch das Indikatorensystem herausgearbeitet wird, kann dies als Hinweis für seine Tauglichkeit dienen.

Generell kann bei den ausgewählten Länderbeispielen eine Uebereinstimmung der Ergebnisse aus dem Indikatorensystem mit der jeweiligen länderweisen Literaturübersicht festgestellt werden.

## 4. Beurteilung der Methode

Die im Indikatorensystem verwendeten Indikatoren müssen einerseits eine Aussage zum entsprechenden Sachverhalt erlauben, anderseits mit kleinem Aufwand auffindbar sein. Mit der vorliegenden Lösung haben wir einen Kompromiss zwischen diesen beiden Anforderungen angestrebt. D.h. die Auswahl erfolgte im Wissen, dass bessere Indikatoren zwar denkbar wären, aber wegen fehlender Daten oder zu grossen Aufwandes der Datenbeschaffung musste eine zweitbeste Auswahl getroffen werden. Bevor das vorliegende Indikatorensystem beurteilt wird, betrachten wir diejenigen Indikatoren, die zweite Wahl darstellen.

## 4.1. Wünschenswerte Verbesserungen von Indikatoren

Ausgehend von der Zusammenstellung der Indikatoren in Tabelle 4.4 wäre bei folgenden eine andere Ausgestaltung wünschenswert gewesen:

1. *Indikator (4): Landnutzungsdichte*

    Für die differenzierte Beurteilung von Landreserven sind Angaben über die Bodenqualität nötig. Allerdings fehlen für diese Ergänzung statistische Werte.

2. *Indikator (9): Kapitalflüsse*

    Die Richtung von Kapitalflüssen lässt sich aus den sektoralen Terms of Trade ablesen. Allerdings gibt dies auch keine Auskunft über das Ausmass der Flüsse. Dafür müsste eine aufwendige Input-Output-Analyse durchgeführt werden.

3. *Indikator (10): Wanderungsrate*

    Aus dem Vergleich von Wachstumsraten der Bevölkerung kann nicht mit letzter Sicherheit auf die Ursachen geschlossen werden. Denn Wachstumsraten resultieren aus dem Zusammenspiel von Geburts- und Sterberaten, sowie den Wanderungsströmen. Letztere werden aber in keinem Land exakt erfasst, sondern höchstens geschätzt (vgl. Höpflinger, S.82ff). In den Ländern der Dritten Welt erfolgen diese Bewegungen völlig unkontrolliert.

4. *Indikator (11): Reale ländliche Kaufkraft*

    Genau genommen müsste anstelle des sektoralen BIP's die Wertschöpfung des Agrarsektors verwendet werden (Abzug der Vorleistungen). Damit wäre die Entwicklung der sektoralen Terms of Trade einbezogen. Zudem ist die Annahme, dass die landwirtschaftlichen Einkommen die wichtigste Komponente der ländlichen Kaufkraft sind, nicht in allen Regionen zutreffend (z.B. Tourismusregionen, Nebenerwerbslandwirtschaft).

5. *Indikator (12): Absatzmarkt für industrielle Produkte*

    Aus der Entwicklung der Vorleistungen liessen sich die genauesten Schlüsse über den Marktbeitrag des Agrarsektors ziehen. Leider verfügen die wenigsten Länder über entsprechende Statistiken.

## 6. Indikatoren (16), (17): Oekologiebeitrag

Die von uns verwendeten Indikatoren können lediglich als Versuch verstanden werden, eine Aussage zu ökologischen Problemen zu machen. Denn diese Probleme treten meist lokal auf, sind also mit aggregierten Grössen nicht zu erfassen. Ferner nehmen sie in den verschiedenen Oekosystemen der Welt unterschiedliche Gestalt an. Die Fachliteratur bietet dazu jedoch auch keinen Ausweg an.

## 7. Indikator (19): Einfluss übriger Agrarstrategien

Ein Vergleich von internem Produzenten- und dem Weltmarktpreis für Getreide würde das Ausmass der Protektion und damit auch den äusseren Einfluss am besten widerspiegeln. Ueber Produzentenpreise liegen aber kaum systematische Angaben vor.

Aus obiger Zusammenstellung wird ersichtlich, dass die bedeutendsten Ungenauigkeiten beim Oekologiebeitrag zu erwarten sind. Bei den übrigen Indikatoren dürfen wir eine genügend grosse Aussagekraft von den "Ersatz"-Indikatoren annehmen.

## 4.2. Erfüllung der Ansprüche an die Methode

Das Indikatorensystem erfordert einen relativ kleinen Aufwand, um in kurzer Zeit die erforderlichen Daten zusammenzustellen. Ermöglicht wird dies durch die auf rund zwanzig beschränkte Anzahl von Indikatoren und die Datenbasis leicht zugänglicher internationaler Statistiken. Wie die Anwendungsbeispiele in Kapitel V. zeigen, erlaubt das Indikatorensystem plausible Aussagen. Es können damit Felder für weitere Detailforschungen erkannt werden. Somit kann es ein Hilfsinstrument für Politikentscheide beispielsweise bei der Vorabklärung von Projektplanungen sein.

## 4.3. Grenzen der Methode

Für die Interpretation der Indikatoren ist es notwendig, gewisse Kenntnisse aus der Literatur über das jeweilige Land zu haben. Insbesondere über die exogenen Grössen (Ressourcenausstattung, Wirtschaftssystem) und die angewandte Agrarstrategie. Dies braucht also einen zusätzlichen Zeitaufwand. Wie weiter oben diskutiert (VI.4.1), hat die vorhandene statistische Grundlage und deren Konstanz über die Zeit die Auswahl der Indikatoren mit beeinflusst. Aus den Anwendungsbeispielen haben wir die Erfahrung gezogen, dass die Aussagen zu den Sozialbeiträgen schwieriger zu machen sind als zu den wirtschaftlichen Beiträgen. Insbesondere zu den lokal auftretenden ökologischen Problemen ist die Aussagekraft beschränkt (vgl. VI.4.1). Aber auch zu regionalen wirtschaftlichen Problemen können wir aufgrund der Indikatoren keine Aussagen machen (z.B. Strukturprobleme in Italien). Dies muss detaillierten Anschlussstudien vorbehalten bleiben. Auf sozialistische Länder kann die Methode nur beschränkt angewendet werden. Denn einerseits fehlen einige Daten und anderseits werden ökonomische Grössen teilweise wegen der unterschiedlichen Wirtschaftstheorie anders berechnet.

## 4.4 Gesamteinschätzung der Methode

Die Methode kann nicht ein Substitut für datenintensivere, aufwendigere Studien sein. Aber sie kann einen ersten Schritt zur Formulierung weiterführender Studien darstellen. Sie ist trotz ihrer Grenzen geeignet, Problemfelder von Agrarstrategien aufzuzeigen. Insbesondere vermittelt sie die Sicht des gesamten Systems, welches das Umfeld des Agrarsektors bildet. Ein Hinweis für die Eignung der Methode ist sicher die weitgehende Uebereinstimmung der aufgrund des Indikatorensystems gewonnenen Erkenntnisse in den Anwendungsbeispielen mit der jeweiligen Literaturanalyse.

# Literaturliste

*Abed Faouzi*, Die sozio-ökonomische Entwicklung Tunesiens im Rahmen der neuen internationalen Arbeitsteilung und Exportdiversifizierung unter besonderer Berücksichtigung des International-Subcontracting, Bochum 1985

*Andreae Bernd*, Agrargeographie, Berlin/New York 2.Auflage 1983

*von Albertini Rudolf*, Europäische Kolonialherrschaft 1880-1940, Stuttgart, 2. unveränderte Auflage 1985

*APIA (Agence de promotion des investissements agricole)*, Loi 82-67 du 6 âout 1982 - Portant encouragement aux investissements dans les secteurs de l'agriculture et de la pêche - circulaires d'application, Tunis 1983

*Autorenkollektiv*, Sowjet-Landwirtschaft heute, Giessener Abhandlungen zur Agrar- und Wirtschaftsforschung des europäischen Ostens, Berlin 1976

*Bahro Rudolf*, Die Alternative - Zur Kritik des real existierenden Sozialismus, Köln/Frankfurt am Main 1977

*Banerjee Sanjoy*, Dominant Classes and the State in Development, Theory and the Case of India, Boulder/London 1984

*Bangarwa Balraj Singh/Singh Raj*, Farm Technology Adoption in Haryana, in: Sharma Madan L./Dak T.M. (Ed's), Caste and Class in Agrarian Society - Dynamics of Rural Development, New Delhi 1985, S.95-196

*Banque Centrale de la Tunisie*, Statistiques Financières Tunis, 1986

*Bates Robert H.*, Patterns of market intervention in agrarian Africa, in: Food Policy, Vol.8, No.4 (Nov. 1983)

*Beaugé Florence*, La face cachée de l'Amerique, in: Le Monde Diplomatique, Paris, Juli 1985

*Berg Alan*, Malnourished People: a policy view, World Bank Poverty and Basic Needs Series, Washington D.C. June 1981

*Bergmann Theodor*, Agrarpolitik und Agrarwirtschaft sozialistischer Länder, Saarbrücken 1979a

*Bergmann Theodor*, Der Beitrag des Agrarsektors zum Entwicklungsprozess, in: Elsenhans Hartmut (Hrsg.), Agrarreform in der Dritten Welt, Frankfurt am Main/New York 1979b, S.101-136

*Bergmann Theodor*, Optimistische Betrachtungen über die sozioökonomischen Probleme der Modernisierung der Landwirtschaft, in: Bergmann Theodor/ Hazard Barbara P./Senghaas Dieter (Hrsg.), Wiedersehen mit China nach zwei Jahren, Saarbrücken/Fort Lauderdale 1981, S.190-207

*Bergmann Theodor*, Probleme der Agrarpolitik in sozialistischen Ländern, in: Bergmann Theodor/Gey Peter/Quaisser Wolfgang (Hrsg.), Sozialistische Agrarpolitik, Köln 1984a, S.73-91

*Bergmann Theodor*, Leistungen und Misserfolge der sowjetischen Agrarpolitik aus kritisch-marxistischer Sicht, in: Bergmann Theodor/Gey Peter/Quaisser Wolfgang (Hrsg.), Sozialistische Agrarpolitik, Köln 1984b, S.141-162

*Bergson A./Kuznets S.*, Economic Trends in the Soviet Union, 1963

*Binswanger Hans P.*, Agricultural Mechanization: A Comparative Historical Perspective, World Bank Staff Working Papers No.673, Washington D.C. 1984

*Bischoff Joachim (Hrsg.)*, Grundbegriffe der marxistischen Theorie, Hamburg 1981

*von Blanckenburg Peter*, Welternährung: Gegenwartsprobleme und Strategien für die Zukunft, München 1986

*Bohnet Armin/Schinke Eberhard (Hrsg.)*, Preise im Sozialismus: Kontinuität im Wandel, Teil I: Agrarpreissysteme in RGW-Ländern, Berlin 1983

*Bolz Klaus/Clement Hermann/Lösch Dieter*, Wirtschaftssysteme: Marktwirtschaft-Kapitalismus, Planwirtschaft-Sozialismus, München 1978

*Bolz Reinhardt*, Entwicklung und Abhängigkeit - Zur Entwicklung des peripheren Kapitalismus in Tunesien als ein Beispiel der neuen internationalen Arbeitsteilung im Mittelmeerraum, Selbstverlag des Uebersee-Museums Bremen 1981

*Bortis Heinrich*, Fortschritte in der Landwirtschaft und wirtschaftliche Entwicklung: Eine Evaluation der "Grünen Revolution", Bericht zuhanden der DEH, Freiburg i.Ue. 1983

*Braun Gerald*, Die Rolle der Wirtschaftsverbände im agrarpolitischen Entscheidungsprozess der Europäischen Wirtschaftsgemeinschaft, Berlin 1973

*Bröckelmann-Simon Martin*, Landprobleme in Brasilien: Rechtswirklichkeit und die Interessenvertretung der Betroffenen, in: Entwicklung und Ländlicher Raum, Heft 2/1987

*Brundenius Claes*, Revolutionary Cuba: The Challenge of Economic Growth with Equity, Boulder/London 1984

*Bunker Arvin R./Jones James R./Conley Dennis M.*, Doing Business with CPEs and Marketing Strategies for Western Exporters, in: Jones James R. (Ed.), East-West Agricultural Trade, Boulder/London 1986, S.221-151

*Byerlee Derek/Eicher Carl K.*, Rural Employment, Migration and Economic Development: Theoretical Issues and Empirical Evidence from Africa, in: Islam Nurul (Ed.), Agriculture Policy in Developing Countries, London/Basingstoke 1974, S.273-305

*Campbell Robert W.*, The Conversion of National Income Data of the USSR to Concepts of the System of National Accounts in Dollars and Estimation of Growth Rate, World Bank Staff Working Paper" No. 777, Washington D.C. 1985

*Cathie John*, US and EEC agricultural trade policies - A long-run view of the present conflict, in: Food Policy, Vol.10, No.1 (Feb. 1985), S.14-28

*Catrina Werner*, Iowas Familienfarmen in Not, in: NZZ vom 28./29. September 1985

*Chenery Hollis/Robinson Sherman/Syrquin Moshe*, Industrialization and Growth, Washington D.C. 1986

*Cleaver Kevin M.*, The Agricultural Development Experience of Algeria, Marocco, and Tunisia - A Comparison of Strategies for Growth, World Bank Staff Working Papers No.552, Washington D.C. 1982

*Cleaver Kevin M.*, The Impact of Price and Exchange Rate Policies on Agriculture in Sub-Saharan Africa, World Bank Staff Working Papers No.728, Washington D.C. 1985

*Cohen Marc J.*, US Food aid to South-east Asia, 1975-83, in: Food Policy, Vol.9, No.2 (May 1984), S.139-156

*Commission des Communautés européennes*, La Situation de l'agriculture dans la Communauté, Rapport 1984, Bruxelles 1985

*Cordts Annegret*, Risikoanalyse zur Bestimmung besonders gefährdeter Länder bei der Nahrungsmittelversorgung, in: Entwicklung und Ländlicher Raum, 20. Jahrgang, Heft 2/1986, S.21-24

*Crosson Pierre R./Brubaker Sterling*, Resource and Environmental Effects of U.S. Agriculture, Washington D.C. 1982

*Daenzer Walter F. (Hrsg.)*, Systems Engineering, Köln/Zürich 1976

*Dak T.M.*, Castle, Class and Power: An Enquiry into Multidimensionality of Stratification, in: Sharma Madan L./Dak T.M. (Ed's), Caste and Class in Agrarian Society - Dynamics of Rural Development, New Delhi 1985, S.47-57

*David Eduard*, Sozialismus und Landwirtschaft (1903), 2.Auflage, Leipzig 1922

*Decurtins Maurus*, Bilaterale Agrarhandelsabkommen als entwicklungspolitisches Instrument, Dissertation ETH Nr.7878, Zürich 1985

*Deutsch Robert*, The Food Revolution in the Soviet Union and Eastern Europe, Boulder/London 1986

*von Dewitz Ulrich/Goedecke Manfred K.*, Chinas Aufforstungspolitik - historische und sozioökonomische Aspekte, in: Albrecht Dieter/von Dewitz Ulrich/Goedecke Manfred K. et al. (Hrsg.), Landnutzungsplanung in China: Ein ökologischer Entwicklungsweg? Berlin 1980, S.141-180

*Dinh Hinh T.*, Oil and Gas Policies in Tunisia - A Macroeconomic Analysis, World Bank Staff Working Paper No.674, Washington D.C. 1984

*Drewnowski J.*, The Economic Theory of Socialism: A Suggestion for Reconsideration, Journal of Political Economy 69, 1961, S.341-354

*Dridi Mohamed*, Tunesien, in: Nohlen Dieter/ Nuscheler Franz (Hrsg.), Handbuch der Dritten Welt, Bd.6, Hamburg 1983, S.161-183

*Easton D.A.*, A Systems Analysis of Political Life, New York/London/Sidney 1965

*EG*, Die Wirtschaft der europäischen Gemeinschaft, Europäische Dokumentation, Nr.1/2, Luxemburg 1982a

*EG*, Die Agrarpolitik der Europäischen Gemeinschaft, Europäische Dokumentation, Nr.6, Luxemburg 1982b

*EG*, Das ABC des Gemeinschaftsrechts, Europäische Dokumentation, Nr.2, Luxemburg 1984a

*EG*, Die Landwirtschaft der Vereinigten Staaten und der Europäischen Gemeinschaft im Vergleich, Grünes Europa Nr.200, Monatsheft 4/1984b

*EG*, Die ECU, Europäische Dokumentation, Nr.6, Luxemburg 1984c

*EG*, Die neue Agrarstrukturpolitik, Grünes Europa Nr.211, Monatsheft 5/1985a

*EG*, Perspektiven für die gemeinsame Agrarpolitik, Das Grünbuch der Kommission, Im Brennpunkt Nr.33, Juli 1985b

*EG*, Allgemeine Beschreibung der Regeln des gemeinsamen Agrarmarktes: Pflanzliche Erzeugnisse, Grünes Europa Nr.209, Monatsheft 3/1985c

*EG*, Die landwirtschaftlichen Aspekte der Erweiterung der Gemeinschaft um Spanien und Portugal, Grünes Europa Nr.214, Monatsheft 1/1986

*EG*, Zwanzig Jahre europäische Landwirtschaft, Grünes Europa Nr.217, Luxemburg 1987

*Egger Urs*, Nachfrageanalyse bei Nahrungsmitteln in Entwicklungsländern, Institut für Agrarwirtschaft ETH Zürich, August 1984

*El Amami S./Gachet J.-P./Gallali T.*, Choix technique en agriculture: cas de la Tunisie, Centre National des études agricoles, 1er séminaire sur l'identification, la préparation et la mise en oeuvre des projets agricoles, Tunis 1983

*Ellman M.*, Did the agricultural surplus provide the resources for the increase in investment during the first five year plan? in: Economic Journal, Vol.85 (1950), S.844-864

*Elsenhans Hartmut*, Agrarverfassung, Akkumulationsprozess und Demokratisierung, in: Elsenhans Hartmut, Agrarreform in der Dritten Welt, Frankfurt am Main/New York 1979, S.505-652

*Elsenhans Hartmut*, Abhängiger Kapitalismus oder bürokratische Entwicklungsgesellschaft: Versuch über den Staat in der Dritten Welt, Frankfurt am Main/New York 1981

*Elsenhans Hartmut*, Die Ueberwindung von Unterentwicklung durch Massenproduktion für den Massenbedarf - Weiterentwicklung eines Ansatzes, in: Nohlen Dieter/Nuscheler Franz (Hrsg.), Handbuch der Dritten Welt, Bd.1, Hamburg 1982, S.152-182

*Elsenhans Hartmut*, Nord-Süd-Beziehungen, Stuttgart/Berlin/Köln/Mainz 1984

*Engels Friedrich*, Die Bauernfrage in Frankreich und Deutschland (1894), zitiert in: Schweizer Heinrich, Sozialistische Agrartheorie und -praxis, Bern 1972

*Engels Friedrich*, Grundsätze des Kommunismus (1847), zitiert in: Schweizer Heinrich, Sozialistische Agrartheorie und -praxis, Bern 1972

*Engels Friedrich*, Revolution und Konterrevolution in Deutschland, Berlin 1851

*Engels Friedrich*, Vorbemerkung zur 2. Auflage "Der deutsche Bauernkrieg" (Nachdruck), Zürich 1945

*Engels Friedrich*, Zur Bauernfrage, Berlin 1971

*Engels Friedrich*, Zur Wohnungsfrage (1872), zitiert in: Schweizer Heinrich, Sozialistische Agrartheorie und -praxis, Bern 1972

*Erlich A.*, Preobrazhensky and the economics of sovjet industrialization, in: Quarterly Journal of economics

*Eucken Walter*, Grundsätze der Wirtschaftspolitik, Bern/Tübingen 1952

*Fabian Horst*, Der kubanische Entwicklungsweg, Opladen 1981

*FAO*, Land reform - Land settlement and cooperatives, No.1/2, Rome 1980

*FAO*, Rapport sur le recensement mondial de l'agriculture de 1980 - Resultats par pays: Republique Féderale d'Allemagne, Brésil, Inde, Bulletin No.22, Rome avril 1986

*Farner Konrad*, Geleitwort zu Schweizer Heinrich, Sozialistische Agrartheorie und -praxis, Bern 1972

*Fertig Klaus/Hestermann Sabine*, Bemerkungen zu Preisverzerrungen im Agrarsektor, in: Deutsche Stiftung für Internationale Entwicklung, Erzeugerorientierte Markt- und Preispolitik in den ärmsten Entwicklungsländern, Feldafing 1985, S.121-134

*Fischer Ruth*, Stalin und der deutsche Kommunismus, Frankfurt am Main 1949, zitiert in: Rochlin Peter R./ Hagemann Ernst, Die Kollektivierung der Landwirtschaft in der Sowjetunion und der Volksrepublik China - Eine vergleichende Studie, Deutsches Institut für Wirtschaftsforschung, Sonderheft 88, Berlin 1971

*Frey Bruno S.*, Moderne Politische Oekonomie, München 1977

*Frey Bruno S.*, Theorie demokratischer Wirtschaftspolitik, München 1981

*Fröbel Folker/Heinrichs Jürgen/Kreye Otto*, Die neue internationale Arbeitsteilung, Reinbek bei Hamburg 1977

*Garzon Jose M.*, Food aid as a tool of development: the experience of PL 480, Title III, in: Food Policy, Vol.9, No.3 (August 1984), S.232-244

*George Susan*, Wie die andern sterben - Die wahren Ursachen des Welthungers, Berlin 1978

*George Susan*, Les stratèges de la faim, Genève 1981

*Gey Peter*, Die Theorie der "einfachen Warenproduktion" und ihre agrarpolitische Bedeutung, in: Bergmann Theodor/Gey Peter/Quaisser Wolfgang (Hrsg.), Sozialistische Agrarpolitik, Köln 1984, S.92-112

*Gey Peter/Quaisser Wolfgang*, Konzeptionen und Ergebnisse sozialistischer Agrarpolitik im Vergleich, in: Bergmann Theodor/Gey Peter/Quaisser Wolfgang (Hrsg.), Sozialistische Agrarpolitik, Köln 1984, S.19-72

*Ghose Ajit Kumar*, Agrarian Reform in Developing Countries; Issues of Theory and Problems of Practice, in: Ghose Ajit Kumar (Ed.), Agrarian Reform in Contemporary Developing Countries, London/Canberra/New York 1983a, S.3-28

*Ghose Ajit Kumar*, Agrarian Reform in West Bengal: Objectives, Achievements and Limitations, in: Ghose Ajit Kumar (Ed.), Agrarian Reform in Contemporary Developing Countries, London/Canberra/New York 1983b, S.91-137

*Gilmore Richard*, A poor harvest, New York 1982

*Giterman V.*, Geschichte Russlands, 2.Band, Zürich 1945

*Glover Robert W.*, Labor in Texas Agriculture, in: Martin Philip L. (Ed.), Migrant Labor in Agriculture, University of California, Oakland 1984, S.31-46

*Gocht H.*, Strukturziele aus ökonomischer, umweltpolitischer und gesellschaftspolitischer Sicht, Stellungnahme aus agrarpolitischer Sicht, in: Deutsche Landwirtschafts-Gesellschaft (DLG), Landwirtschaft quo vadis? Arbeiten der DLG: Bd.187, Frankfurt am Main 1986, S.90-95

*Gorbatschow Michail*, Aufbruch ins Jahr 2000, Köln 1986

*Goybet Catherine*, Quelle politique méditerranéenne pour l'Europe des douze? in: Le Monde Diplomatique, Paris Juli 1985

*Griffin K.*, Institutional Reform and Economic Development in the Chinese Countryside, Oxford 1984

*Grimm Klaus*, Theorien der Unterentwicklung und Entwicklungsstrategien, Opladen 1979

*Groeneveld Sigmar*, Der rurale Raum - Wartezimmer der Entwicklung oder ein Ausgangspunkt gesamtgesellschaftlichen Wandels? in: Groeneveld Sigmar/Meliczek Hans (Hrsg.), Rurale Entwicklung zur Ueberwindung von Massenarmut, Saarbrücken 1978, S.11-28

*Grosch Peter/Schuster Gerd*, Der Biokost-Report, München 1985

*Grosskopf Werner*, Mehr Marktwirtschaft oder mehr staatliche Einflussnahme auf Märkte und Strukturen? in: Deutsche Landwirtschafts-Gesellschaft (DLG), Landwirtschaft quo vadis? Arbeiten der DLG: Bd.187, Frankfurt am Main 1986, S.106-115

*Haase Katharina*, Die politische Oekonomie der Agrarpolitik, Hannover 1983

*de Haen Hartwig*, Theorien ländlicher Entwicklung, in: von Blanckenburg Peter/Cremer Hans-Diedrich (Hrsg.), Handbuch der Landwirtschaft und Ernährung in den Entwicklungsländern, Bd.1: Sozialökonomie der ländlichen Entwicklung, Stuttgart 1982, S.38-52

*Halbherr Philipp/Müdesbacher Alfred*, Organisierte Interessen und Verteilungseffekte in der schweizerischen Agrarpolitik, Bern/Stuttgart 1984, Bd.I

*Hart John Fraser*, Cropland Change in the United States, 1944-78, in: Simon Julian L./Kahn Herman (Ed's), The Resourceful Earth, A Response to Global 2000, Oxford 1984, S.224- 249

*Hauser Jürg A.*, Bevölkerungsprobleme der Dritten Welt, Bern/Stuttgart 1974

*Hazard Barbara*, Anreize und die Vereinigung von Einzel- und Kollektivinteressen auf dem Lande, in: Bergmann Theodor/Hazard Barbara P./Senghaas Dieter (Hrsg.), Wiedersehen mit China nach zwei Jahren, Saarbrücken/Fort Lauderdale 1981, S.218-233.

*Hedlund Stefan*, Crisis in Sovjet-Agriculture? Lund University, Economic Studies No.28, 1983

*Heer Gret/Kern Urs*, Alltag der Glarner Tuchdruckereiarbeiter im 19. Jahrhundert, in: Schweizerisches Sozialarchiv (Hrsg.), Arbeitsalltag und Betriebsleben - Zur Geschichte industrieller Arbeits- und Lebensverhältnisse in der Schweiz, Diessenhofen 1981, S.79-116

*Heierli Urs*, Abkoppelung, Freihandel oder Entwicklung nach innen? Problem der Binnenmarktentwicklung am Beispiel Kolumbiens, Diessenhofen 1979

*Hein Wolfgang*, Konstitutionsbedingungen einer kritischen Entwicklungstheorie, in: Nuscheler Franz (Hrsg.), Dritte Welt Forschung: Entwicklungstheorie und Entwicklungspolitik, Politische Vierteljahresschrift Sonderheft 16, Opladen 1985, S.27-55

*Hemmer Hans-Rimbert*, Wirtschaftsprobleme der Entwicklungsländer, München 1978

*Hemmer Hans-Rimbert*, Wirtschaftsordnung und Entwicklungserfolg, in: Entwicklung und Zusammenarbeit, 12/1985, S.16/17

*Henrichsmeyer Wilhelm*, Strukturziele aus ökonomischer, umweltpolitischer und gesellschaftspolitischer Sicht - Stellungnahme aus agrarwissenschaftlicher Sicht, in: Deutsche Landwirtschafts-Gesellschaft (DLG), Landwirtschaft quo vadis? Arbeiten der DLG: Bd.187, Frankfurt am Main 1986, S.82-89

*Hensel K.P.*, Ordnung der Wirtschaft als wissenschaftliches Problem, in: Hensel K.P., Systemvergleich als Aufgabe, Aufsätze und Vorträge hrsg. von Hamel H., Stuttgart/New York 1977

*Holt James S.*, Labor in Florida Agriculture, in: Martin Philip L. (Ed.), Migrant Labor in Agriculture, University of California, Oakland 1984, S.19-30

*Holtzman John S.*, Rapid Reconnaissance Guidelines for Agricultural Marketing and Food System Research in Developing Countries, Michigan State University International Development Papers, Working Paper No.30, East Lansing, Michigan 1986

*Höpflinger François*, Bevölkerungswandel in der Schweiz - zur Entwicklung von Heiraten, Geburten, Wanderungen und Sterblichkeit, Grüsch 1986

*Hsu Robert*, Food for One Billion: China's Agriculture Since 1949, Boulder/Colorado 1982

*IFO-Institut für Wirtschaftsforschung (Halbach Axel J./Osterkamp Rigmar/Braun Hans-Gert/Gälli Anton)*, Wirtschaftsordnung, sozio-ökonomische Entwicklung und weltwirtschaftliche Integration in den Entwicklungsländern, Bonn 1982

*Itty Pradeep*, La politique agraire indienne lors des dernières décennies, Diplomarbeit ETH Zürich 1983

*Jaehne Günter/Penkaitis Norbert*, Getreidevermarktung in der Sowjetunion: Handel, Transport, Lagerung und Verarbeitung, Berlin 1987

*Jörin Robert/Rieder Peter*, Parastaatliche Organisationen im Agrarsektor, Bern/ Stuttgart 1985

*Junqua Daniel*, L'explosion tunisienne, in: Le Monde Diplomatique, Paris Februar 1984

*Kaiser Martin/Wagner Norbert*, Entwicklungspolitik: Grundlagen - Probleme - Aufgaben, Schriftenreihe der Bundeszentrale für politische Bildung, Bonn 1986

*Kautsky Karl*, Die Agrarfrage, Stuttgart 1899

*Kautsky Karl*, Die Vernichtung der Sozialdemokratie (1911), zitiert in: Schweizer Heinrich, Sozialistische Agrartheorie und -praxis, Bern 1972

*Keller Werner*, Strukturen der Unterentwicklung - Indien 1757-1914: Eine Fallstudie über abhängige Reproduktion, Zürich 1977

*Kellner Philipp*, Futtermangel als Hauptproblem der Tierproduktion osteuropäischer Länder, dargestellt am Beispiel der Sowjetunion, in: Bundesminister für Ernährung, Landwirtschaft und Forsten (Hrsg.), Agrar- und Ernährungswirtschaft in West- und Osteuropa, Agrarpolitische Berichte der OECD, Sonderheft, Münster-Hiltrup 1982, S.218-238

*Kent George*, Fish and Nutrition in India, in: Food Policy, Vol.12, No.2, (May 1987), S.161-175

*Keppler Horst*, Die Bedeutung des Dienstleistungssektors für die Entwicklungsländer: Ansatzpunkte für die bi- und multilaterale Zusammenarbeit, München/Köln/London 1986

*Kilchenmann Samuel*, Ueberprüfung von politischen Theorien im Hinblick auf deren Anwendung auf agrarpolitische Entscheidungsprozesse, Diplomarbeit ETH Zürich 1985

*Kloten N.*, Der Methodenpluralismus und das Verstehen, in: Kloten N. (Hrsg.), Systeme und Methoden in den Wirtschafts- und Sozialwissenschaften, Tübingen 1964, S.207-236

*Knieper Rolf*, Weltmarkt, Wirtschaftsrecht und Nationalstaat, Frankfurt am Main 1976

*Knight Peter T.*, Economic Reform in Socialist Countries: The Experiences of China, Hungary, Romania, and Yugoslavia, World Bank Staff Working Papers No.579, Washington, D.C. 1983

*Koester Ulrich*, Grundzüge der landwirtschaftlichen Marktlehre, München 1981

*Kohlhepp Gerd*, Brasiliens problematische Antithese zur Agrarreform: Agrarkolonisation in Amazonien, in: Elsenhans Hartmut (Hrsg.), Agrarreform in der Dritten Welt, Frankfurt am Main 1979, S.471-504

*Kornai J.*, Anti-Equilibrium, On Economic Systems Theory and the Tasks of Research, Amsterdam 1971

*Körner Heiko*, Theoretische Grundlagen der Wirtschaftspolitik, Köln 1977

*Krammer Josef/Scheer Günter*, Das österreichische Agrarsystem, 2.Band, Wien 1978

*Krishna Raj*, The Growth of Aggregate Unemployment in India - Trends, Sources, and Macroeconomic Policy Options, World Bank Staff Working Paper No.638, Washington D.C. 1984

*Kuznets Simon*, Economic growth and the contribution of agriculture, in: Proceedings of the International Conference of Agricultural Economists, London 1963

*La Presse 22.5.85*, L'année de l'autosuffisance en céréales

*Lachmann Werner*, Effizienz versus Sozialpolitik - Wirtschaftstheoretische Grundlagen einer armutsorientierten Agrarpreispolitik und empirische Ergebnisse am Beispiel des "Food Stamps Scheme" von Sri Lanka, in: Deutsche Stiftung für internationale Entwicklung, Erzeugerorientierte Markt- und Preispolitik in den ärmsten Entwicklungsländern, Feldafing 1985, S.153-174

*Lamba S.K./Tomar J.S.*, Impact of Land Reforms on Rural Development - A Critical Appraisal of India, Republic of China and Some Other Selected Countries, New Delhi 1986

*Lardy N.R.*, Agricultural Prices in China, World Bank Staff Working Papers No. 606, Washington D.C. 1983

*Leggewie Claus*, Die algerische Stahlindustrie - Eine Fallstudie zur Industrialisierung, Friedrich Ebert-Stiftung, Bonn 1983

*Leipold Helmut*, Wirtschafts- und Gesellschftssysteme im Vergleich, Stuttgart 3. Auflage 1981

*Lenin Wladimir I.*, Zur Agrarpolitik der Bolschewiki, Wien 1921

*Leppin Anja*, Kooperation als staatliches Programm in Indien: Voraussetzun- gen - Entwicklung - Ergebnisse, in: Glaessner Gert-Joachim (Hrsg.), Vertrauen auf die eigene Kraft. Selbsthilfeprojekte und Kooperativen in der Dritten Welt, Berlin 1984, S.233-251

*Lewis Robert G.*, Agriculture américaine: Les ricochets de la crise, in: Cérès No.110, Vol.19/No.2, März-April 1986, S.41-45

*Li Xuezeng/Yang Shengming/He Juhnang*, The Structure of Chinas's Domestic Consumption, World Bank Staff Working Papers No. 755, Washington D.C. 1985

*Ligatschow Jegor*, Hauptreserve der Beschleunigung - Faktor Mensch, Nowosti-Verlag, Moskau 1987

*Lindblom Charles E.*, Inkrementalismus: Die Lehre vom "sich Durchwursteln", in: Narr W.D./Offe C. (Hrsg.), Wohlfahrtsstaat und Massenloyalität, Köln 1975

*Lindblom Charles E.*, Jenseits von Markt und Staat, Stuttgart 1980

*Lipton Michael/Heald Carol*, African Food Strategies and the EEC's Role: An Interim Review, Commissioned Study No.6 IDS, Sussex/Brussels 1984

*Lonsdale Richard*, Non-metropolitan Industrial Employment and Rural Transformation in the United States, in: Enyedi Gyorgy/Volgyes Ivan (Ed's), The Effect of Modern Agriculture on Rural Development, New York/Oxford/ Frankfurt am Main 1982, S.291-294

*Loosli Markus*, Die Agrarexportpolitik in Entwicklungsländern und ihre Auswirkungen auf die Agrarstruktur am Beispiel Ghanas, Diplomarbeit ETH Zürich 1984

*Lösch Dieter*, Markt oder Staat für die Dritte Welt? Wirtschaftssystem und Wirtschaftspolitik in Entwicklungsländern, illustriert am Beispiel der Republik Malawi, Hamburg 1983

*Louven Erhard*, Wirtschaftsreformen in der VR China, in: Deutsches Uebersee-Institut Hamburg, Jahrbuch Dritte Welt 1985, München 1985, S.212-223

*Malassis Louis*, Economie agro-alimentaire, Tome I: Economie de la consommation et de la production agroalimentaire, Paris 1973a

*Malassis Louis*, Agriculture et processus de développement, Paris 1973b

*Manegold Dirk*, Grundzüge der zukünftigen US-Agrarpolitik - Ein Ueberblick über das Landwirtschaftsgesetz von 1985, in: Agrarwirtschaft - Zeitschrift für Betriebswirtschaft, Marktforschung und Agrarpolitik, 35.Jahrgang, Heft 5/Mai 1986, S.130-150

*Manig Winfried*, Ueberlegungen zur Vernetzung der wirtschaftlichen Sektoren im ruralen Entwicklungsprozess, in: Deutsche Stiftung für Internationale Entwicklung, Erzeugerorientierte Markt- und Preispolitik in den ärmsten Entwicklungsländern, Feldafing 1985, S.91-196

*Mao Zedong*, Der Platz der kommunistischen Partei Chinas im nationalen Krieg (1938), in: Ausgewählte Werke, Peking 1968f, Band II, zitiert in: Schweizer Heinrich, Sozialistische Agrartheorie und -praxis, Bern 1972

*Martin Philip L.*, Labor in California Agriculture, in: Martin Philip L. (Ed.), Migrant Labor in Agriculture, University of California, Oakland 1984, S.9-18

*Marton Janos*, Einige wichtige Aspekte der Landwirtschaft in Osteuropa, in: Agrarpolitische Berichte der OECD, Agrar- und Ernährungswirtschaft in West- und Osteuropa, Bonn 1982, S.40-69

*Marx Karl*, Oekonomisch philosophische Manuskripte (1844), zitiert in: Schweizer Heinrich, Sozialistische Agrartheorie und -praxis, Bern 1972

*Marx Karl*, Erster Entwurf zum "Bürgerkrieg in Frankreich" (1871), zitiert in: Schweizer Heinrich, Sozialistische Agrartheorie und -praxis, Bern 1972

*Marx Karl*, Ueber die Nationalisierung des Grund und Bodens (1872), zitiert in: Schweizer Heinrich, Sozialistische Agrartheorie und -praxis, Bern 1972

*Marx Karl*, Kapital III (1894), zitiert in: Schweizer Heinrich, Sozialistische Agrartheorie und -praxis, Bern 1972

*Masnata Albert*, Kollektivistische Planwirtschaft und Marktwirtschaft im Vergleich, Diessenhofen 1979

*McClelland D.C.*, Die Leistungsgesellschaft, Stuttgart 1965

*Meir Avinoam*, The Industrialization of Agriculture in the Kibbutzim: The Case of Israel, in: Enyedi Gyorgy/Volgyes Ivan (Ed's), The Effect of Modern Agriculture on Rural Development, New York/Oxford/Frankfurt am Main 1982, S.259- 280

*Mellor John W.*, Models of Economic growth and Land-Augmenting Technological Change in Foodgrain Production, in: Islam Nurul (Ed.), Agricultural Policy in Developing Countries, London/Basingstoke 1974, S.3-30

*Mellor John W./Delgado Christopher*, Food Production in Sub-Saharan Africa, IFPRI Food Policy Statement, Washington D.C. January 1987

*Mensching Horst*, Der Maghreb - Eine regionalgeographische Einführung, in: Geographische Rundschau 23/1971, Heft 8, S.289-296

*Menzel Ulrich*, Wirtschaft und Politik im modernen China, Opladen 1978

*Menzel Ulrich*, Möglichkeiten und Grenzen der kollektiven und staatlich-zentralen Agroindustrialisierung am Beispiel der Volksrepublik China, in: Elsenhans Hartmut (Hrsg.), Agrarreform in der Dritten Welt, Frankfurt am Main 1979, S.365-400

*Menzel Ulrich*, Chinesische Agrarpolitik in der Periode der technischen Transformation, in: Yu Cheung-Lieh (Hrsg.), Chinas neue Wirtschaftspolitik, Frankfurt am Main/New York 1980, S.1-40

*Menzel Ulrich*, In der Nachfolge Europas: Autozentrierte Entwicklung in den ostasiatischen Schwellenländern Südkorea und Taiwan, München 1985

*Merl Stephan*, Differenzierungsprozesse des sowjetischen Dorfes im Vorfeld der Kollektivierung, in: Bergmann Theodor/Gey Peter/Quaisser Wolfgang (Hrsg.), Sozialistische Agrarpolitik, Köln 1984, S.113-140

*Miles Ian*, Social Indicators for Human Development, London 1985

*Millar J.R.*, Sovjet rapid development and the agricultural surplus hypothesis, in: Sovjet Studies. Vol.22 (1970), S.77-93

*Ministère de l'agriculture, Republique Tunisienne*, Rapport d'activité, Tunis 1986

*Mishra G.P./Rai Ravi P./Bajpai Brijesh K.*, Village Industries and Agriculture in Changing Agrarian Situation, New Delhi 1985

*Mohan Rakesh/Pant Chandrashekhar*, Morphology of Urbanisation in India, World Bank Reprint Series; No.295, Washington D.C. 1983

*Monke Eric A./Salam Salah Abdel*, Trade Policies and Variability in International Grain Markets, in: Food Policy Vol.11, No.3, (August 1986), S.238-252

*Morris Felipe*, India's Financial System - An Overview of Its Principal Structural Features, World Bank Staff Working Paper No.739, Washington D.C. 1985

*Mukhoti Bela*, Agriculture and Employment in Developing Countries: Strategies for Effective Rural Development, Boulder/London 1985

*Murachowski Wsewolod,* Der gesamte Agrar-Industrie-Komplex wird umgestaltet, Verlag Nowosti, Moskau 1986

*Myint Hla,* Agriculture and Economic Development in the Open Economy, in: Reynolds Lloyd G. (Ed.), Agriculture in Development Theory, New Haven/London 1975, S.327-354

*Myrdal Gunnar,* Asiatisches Drama, Frankfurt am Main 1980

*Nesselrath Wilhelm,* Agrarverfassung in Indien - Institutioneller Rahmen der indischen Landwirtschaft, Bonn 1977

*Nohlen Dieter (Hrsg.),* Lexikon Dritte Welt, Reinbek bei Hamburg 1984

*Nohlen Dieter/Nuscheler Franz,* Was heisst Entwicklung? in: Nohlen Dieter/Nuscheler Franz (Hrsg.), Handbuch der Dritten Welt, Bd.1, Hamburg 1982a, S.48-72

*Nohlen Dieter/Nuscheler Franz,* Indikatoren von Unterentwicklung und Entwicklung: Probleme der Messung und quantifizierende Analyse, in: Nohlen Dieter/Nuscheler Franz (Hrsg.), Handbuch der Dritten Welt, Bd.1, Hamburg 1982b, S.451-485

*Nohlen Dieter/Sturm Roland,* Ueber das Konzept der strukturellen Heterogenität, in: Nohlen Dieter/Nuscheler Franz (Hrsg.), Handbuch der Dritten Welt, Bd.1, Hamburg 1982, S.92-116

*OECD,* Auswirkungen von Einkommensstützungsmassnahmen in ausgewählten Ländern, Schriftenreihe des Bundesministers für Ernährung, Landwirtschaft und Forsten, Bonn 1982

*OECD,* Prospects for Sovjet Agricultural Production and Trade - with Special Reference to Meat and Grain, Paris 1983

*OECD,* Agriculture in China: Prospects for Production and Trade, Paris 1985

*OECD,* Wirtschaftliche und soziale Indikatoren in der Landwirtschaft, Schriftenreihe des Bundesministers für Ernährung, Landwirtschaft und Forsten, Bonn 1986

*OECD,* Politiques nationales et échanges agricoles, Paris 1987a

*OECD,* National Policies and Agricultural Trade - Country Study: United States, Paris 1987b

*Olson Mancur jr.,* Die Logik des kollektiven Handelns, Tübingen 1968

*Park S.J.,* Chinas Integration in die Weltwirtschaft, Frankfurt am Main/New York 1982

*Penkaitis Norbert,* Neuausrichtung der sowjetischen Agrarpolitik unter Gorbatschow - Eine Uebersicht über die Massnahmen im Agrarbereich, Berlin 1987

*Perkins Dwight/Yusuf Shahid,* Rural Development in China, The World Bank, Baltimore/London 1984

*Peters Hans-Rudolf,* Grundzüge sektorialer Wirtschaftspolitik, Bern/Stuttgart 2.Auflage 1975

*Piazza Alan,* Food Consumption and Nutritional Status in the PRC, Boulder/ London 1986

*Pinstrup Andersen Per/Hazell Peter B.R.,* The Impact of the Green Revolution and Prospects for the Future, in: Gittinger Price J./Leslie Joanne/Hoisington Caroline (Ed's), Food Policy - Integrating Supply, Distribution, and Consumption, Baltimore/London 1987, S.106-118

*Planck Ulrich,* Parallelen und Unterschiede der Ausgangslage landwirtschaftlicher Entwicklung, in: Schlotter H.-G. (Hrsg. im Auftrag der Gesellschaft für Wirtschafts- und Sozialwissenschaften des Landbaues), Die Landwirtschaft in der volks- und weltwirtschaftlichen Entwicklung, München/Basel/ Wien 1968, S.83-106

*Popp Hans,* Das landwirtschaftliche Potential der USA, in: Swissair Gazette, Nr.10, Zürich 1986, S.40-42

*Portmann Paolo,* Neueste Entwicklungen in der chinesischen Agrarpolitik, Diplomarbeit ETH Zürich 1986

*Priebe Hermann/Hankel Wilhelm,* Der Agrarsektor im Entwicklungsprozess, Frankfurt am Main/New York 1980

*Rangarajan C.,* Agricultural Growth and Industrial Performance in India, IFPRI Research Report 33, Washington D.C.1982

*Ray Susanta K./Cummings Ralph W. Jr./Herdt Robert W.,* Policy Planning for Agricultural Development, New Dehli 1979

*République Tunisienne,* VIe Plan de développement économique et social (1982-86), Tome 2, Tunis Juin 1982

*Rieder Peter,* Grundzüge der amerikanischen Agrarpolitik, Landwirtschaftlicher Informationsdienst Bern, Dokumentationsdienst, Nr.88 vom 13.8.1975

*Rieder Peter,* Grundlagen der Agrarmarktpolitik, Zürich 1983

*Riese Hajo,* Entwicklungsstrategie und ökonomische Theorie - Anmerkungen zu einem vernachlässigten Thema, in: Schmid-Schönbein Thomas et al. (Hrsg.), Oekonomie und Gesellschaft, Jahrbuch 4: Entwicklungsländer und Weltmarkt, Frankfurt am Main/New York 1986, S.157-196

*Rochlin Peter R./Hagemann Ernst,* Die Kollektivierung der Landwirtschaft in der Sowjetunion und der Volksrepublik China - Eine vergleichende Studie, Deutsches Institut für Wirtschaftsforschung, Sonderheft 88, Berlin 1971

*Roger Claude,* Le rôle essentiel des subventions dans l'agriculture - Escalade de la guerre commerciale entre les Etats-Unis et leurs partenaires, in: Le Monde Diplomatique, Paris, März 1987

*Rostow Walt W.,* The Take-off into Self-sustained Growth, in: The Economic Journal, Vol.66 (1956), S.25-48

*Rothermund Dietmar,* Die Anfänge der indischen Wirtschaftsplanung im zweiten Weltkrieg, in: Hablützel Peter/Tobler Hans Werner/Wirz Albert (Hrsg.), Dritte Welt: Historische Prägung und politische Herausforderung - Festschrift zum 60. Geburtstag von Rudolf von Albertini, Wiesbaden 1983, S.81-93

*Ruf Werner*, Struktur- und Entwicklungsprobleme des Maghreb, in: Nohlen Dieter/Nuscheler Franz (Hrsg.), Handbuch der Dritten Welt, Bd.6, Hamburg 1983, S.12-32

*Ruso José L.O.*, Bodenreform und ökonomische Entwicklung in Indien und der Volksrepublik China in historischer Perspektive unter besonderer Berücksichtigung der Agrarpolitik der kommunistischen Partei Chinas beim Uebergang zum chinesischen Sozialismus, Aachen 1976

*Schäfer Hans-Bernd*, Landwirtschaftliche Akkumulationslasten und industrielle Entwicklung, Berlin/Heidelberg/New York 1983

*Schinke Eberhard*, Der Anteil der privaten Landwirtschaft an der Agrarproduktion in den RGW-Ländern, Berlin 1983

*Schliephake Konrad*, Tunesien-Wirtschaftsgeographische Strukturen, in: Giessner Klaus/Glaser Ulrich/Schliephake Konrad (Hrsg.), Natur- und wirtschaftsgeographische Strukturen in Tunesien und Algerien, Würzburger Geographische Manuskripte Heft 16, Würzburg 1986, S.81-193

*Schumpeter Joseph A.*, Geschichte der ökonomischen Analyse, Bd.1/2, Berlin 1965

*Schweizer Heinrich*, Sozialistische Agrartheorie und -praxis, Bern 1972

*Seddon David*, Politics and the Price of Bread in Tunisia, in: Richards Alan (Ed.), Food, States, and Peasants - Analyses of the Agrarian Question in the Middle East, Boulder/London 1986, S.201-223

*Senghaas Dieter*, Weltwirtschaftsordnung und Entwicklungspolitik - Plädoyer für Dissoziation, Frankfurt am Main 1978

*Senghaas Dieter*, China auf der Suche nach einer proportionierten Wirtschaft, in: Bergmann Theodor/Hazard Barbara P./Senghaas Dieter (Hrsg.), Wiedersehen mit China nach zwei Jahren, Saarbrücken/Fort Lauderdale 1981, S.260-278

*Senghaas Dieter*, Von Europa lernen: Entwicklungsgeschichtliche Betrachtungen, Frankfurt am Main 1982

*Simonis Udo Ernst*, Als Oekonom in China - Erwartungen und Erfahrungen, in: Yu Cheung-Lieh (Hrsg.), Chinas neue Wirtschaftspolitik, Frankfurt am Main/New York 1980, S.299-326

*Singh Ajit*, Basic Needs and Development Programme: Industrialisation, Employment and Basic Needs in a Fast-Growing Agrarian State: a study of the Indian Punjab, International Labour Office, World Employment Programme Research (WEP 2- 32/WP48), Geneva 1983

*Sohn Karl-Heinz*, Entwicklungspolitik und ökonomische Theorie, in: von Urff Winfried/Ott Walter (Hrsg.), Der Agrarsektor im Integrationsprozess, Baden-Baden 1975, S.447-468

*Statistisches Bundesamt*, Statistik des Auslandes: Länderbericht Tunesien 1984, Wiesbaden 1984

*Statistisches Bundesamt*, Statistik des Auslandes: Länderbericht Sowjetunion 1986, Wiesbaden 1986

*Statistisches Bundesamt*, Statistik des Auslandes: Länderbericht Brasilien 1988, Wiesbaden 1988

*Steppacher Rolf*, Surplus, Kapitalbildung und wirtschaftliche Entwicklung - Zur Relevanz der Physiokratie und der institutionellen Oekonomie für das Problem der Kapitalbildung in unterentwickelten Ländern, Liebefeld/Bern 1976

*Stetter Hilmar/Wolf Jean-Pierre*, Förderung von Gewerbe und Industrie in der schweizerischen Entwicklungszusammenarbeit, in: Jahrbuch Schweiz-Dritte Welt 1986, No.6, Genève, S.191-225

*Suniza Leo*, Die Landwirtschaft der Sowjetunion, Wien/München/Zürich 1981

*Swanson Earl R./Heady Earl O.*, Soil Erosion in the United States, in: Simon Julian L./Kahn Herman (Ed's), The Resourceful Earth, A Response to Global 2000, Oxford 1984, S.202- 223

*Szczepanik Edward F.*, Agricultural Capital Formation in Selected Developing Countries, Agricultural Planning Studies, FAO, Rome 1970

*Szczepanik Edward F.*, Agricultural Policies at different Levels of development, FAO, Rome 1975

*Tangermann Stefan*, Agrarpolitische Positionen in den Mitgliedsländern der EG und den europäischen Institutionen, in: Schriftenreihe des Bundesministers für Ernährung, Landwirtschaft und Forsten: Zur Reform der EG-Agrarpolitik, Heft 248, Münster-Hiltrup 1981

*Tangermann Stefan*, Absatzaussichten für Nahrungsmittel in der EG und auf den Weltmärkten, in: Deutsche Landwirtschafts-Gesellschaft (DLG), Landwirtschaft quo vadis? Arbeiten der DLG: Bd.187, Frankfurt am Main 1986, S.48-52

*Thimm Heinz-Ulrich/von Urff Winfried*, Strategien ländlicher Entwicklung, in: von Blanckenburg Peter/Cremer Hans-Diedrich (Hrsg.), Handbuch der Landwirtschaft und Ernährung in den Entwicklungsländern, Bd.1: Sozialökonomie der ländlichen Entwicklung, Stuttgart 1982, S.387-404

*Thorbecke Erik*, Ländliche Beschäftigungsstrukturen und Beschäftigungspolitik, in: von Blanckenburg Peter/Cremer Hans- Diedrich (Hrsg.), Handbuch der Landwirtschaft und Ernährung in den Entwicklungsländern, Bd.1: Sozialökonomie der ländlichen Entwicklung, Stuttgart 1982, S.312-329

*Timmer Peter C./Falcon Walter P./Pearson Scott R.*, Food Policy Analysis, Washington D.C. 1983

*Timmermann Vincenz*, Entwicklungstheorie und Entwicklungspolitik, Göttingen 1982

*Troughton Michael*, Process and Response in the Industrialization of Agriculture, in: Enyedy Gyorgy/Volgyes Ivan (Ed's), The Effect of Modern Agriculture on Rural Development, New York/Oxford/Frankfurt am Main 1982, S.213-228

*Tuchtfeldt Egon*, Wirtschaftssysteme, in: Handbuch der Wirtschaftswissenschaften, Bd.9, S.326ff

*UNIDO*, Industrial Policies and Measures to achieve Rural Development and Self-Sufficiency in Food Supplies in Developing Countries, Fourth General Conference of UNIDO Vienna (Austria) 2-18 August 1984, Background Papers ID/CONF.5/8, 12. January 1984

*von Urff Winfried*, Die Rolle der Landwirtschaft in der wirtschaftlichen Entwicklung, in: von Blanckenburg Peter/Cremer Hans-Diedrich (Hrsg.), Handbuch der Landwirtschaft und Ernährung in den Entwicklungsländern, Bd.1: Sozialökonomie der ländlichen Entwicklung, Stuttgart 1982, S.19-37

*USDA* (United States Department of Agriculture), Agricultural Statistics 1984, Washington D.C. 1984

*USDC* (United States Department of Commerce), Statistical Abstract of the USA 1985, Washington D.C. 1985

*Vogeler Ingolf*, The Myth of the Family Farm: Agribusiness Dominance of U.S. Agriculture, Boulder/Colorado 1984

*Volin L.*, A Century of Russian Agriculture, Harvard University Press 1970

*Wädekin Karl Eugen*, Sozialistische Agrarpolitik in Osteuropa, Bd.1, Berlin 1974

*Wädekin Karl Eugen*, "Verantwortlichkeitssystem" für Chinas Bauern, NZZ vom 7.11.84 (1984a)

*Wädekin Karl Eugen*, Chinas Agrarpolitik zwischen Zentralisation und Dezentralisation, NZZ vom 21.11.84 (1984b)

*Wädekin Karl Eugen*, Tücken der neuen Agrarpolitik Chinas - Tolerierung erheblicher Einkommensunterschiede, NZZ vom 16.11.84 (1984c)

*Wagener Hans-Jürgen*, Zur Analyse von Wirtschaftssystemen, Berlin/Heidelberg/New York 1979

*Wallerstein Mitchel B.*, Food for War, Food for Peace: United States Food Aid in Global Context, Cambridge 1980

*Weber Jakob*, Ländliche Kooperationen im regionalen Entwicklungsprozess Indiens, Saarbrücken/Fort Lauderdale 1982

*Weltbank*, Weltentwicklungsbericht 1986, Washington D.C. 1986

*Weltbank*, Weltentwicklungsbericht 1987, Washington D.C. 1987

*Wilkens Herbert/Petersen Hans J./Schultz Siegfried/Schumacher Dieter*, Wirtschaftliche, soziale und politische Bedingungen der Entwicklung: Ein Beitrag zur Erklärung von Entwicklungserfolgen in Ländern der Dritten Welt, München/Köln/London 1985

*Windhorst Hans-Wilhelm*, Die Agrarwirtschaft der USA im Wandel, Paderborn 1982

*World Bank*, Tunisia - Agricultural Sector Survey, Vol.I, Washinghton D.C. 1982

*Woskressenski L.*, Agriculture, Verlag Nowosti, Moskau 1985

*Wu Daxin*, Briefing on Agriculture of the People's Republic of China, in: Reisch Erwin M. (Hrsg.), Agricultura Sinica, Berlin 1982, S.13-25

*Wulf Herbert*, Indien, in: Nohlen Dieter/Nuscheler Franz (Hrsg.), Handbuch der Dritten Welt, Bd.7, Stuttgart 1983, S.122-167

*Yanov Alexander*, The Drama of the Soviet 1960s: A lost Reform, Berkeley 1984

*Young Kenneth B./Cramer Gail L.*, The Centrally Planned Countries' Livestock Product and Feed Grain Systems, in: Jones James R. (Ed.), East-West Agricultural Trade, Boulder/London 1986, S.123-152

*Zachariah Kunniparampil C.*, The Anomaly of the Fertility Decline in India's Kerala State - A Field Investigation, World Bank Staff Working Paper No.700, Washington D.C. 1984

*Zachariah Kunniparampil C./Patel Sulekha*, Determinants of Fertility Decline in India, World Bank Staff Working Paper No.699, Washington D.C. 1984

*Zingel Wolfgang-Peter*, Struktur- und Entwicklungsprobleme Südasiens, in: Nohlen Dieter/Nuscheler Franz (Hrsg.) Handbuch der Dritten Welt, Bd.7, Stuttgart 1983, S.12-49

## Statistiken

| | |
|---|---|
| FAO, | Fertilizer Yearbook, Rome div. Jahrgänge |
| FAO, | Production Yearbook, Rome div. Jahrgänge |
| FAO, | Trade Yearbook, Rome div. Jahrgänge |
| ILO, | Yearbook of Labour, Geneva div. Jahrgänge |
| UN, | Demographic Yearbook, New York div. Jahrgänge |
| UN, | Statistical Yearbook, New York div. Jahrgänge |
| UN, | Yearbook of National Accounts, New York div. Jahrgänge |
| UNCTAD, | Monthly Commodity Price Bulletin, Geneva div.Jahrgänge |
| Weltbank, | Weltentwicklungsbericht, Washington D.C. div.Jahrgänge |

## Tageszeitungen

NZZ: Neue Zürcher Zeitung
TA : Tages Anzeiger (Zürich)

917984